OLDENBOURG
GRUNDRISS DER
GESCHICHTE

OLDENBOURG
GRUNDRISS DER
GESCHICHTE

HERAUSGEGEBEN
VON
LOTHAR GALL
KARL-JOACHIM HÖLKESKAMP
HERMANN JAKOBS

_____

BAND 36

DAS MODERNE JAPAN
1868–1952

Von der Meiji-Restauration
bis zum Friedensvertrag von San Francisco

VON

GERHARD KREBS

R. OLDENBOURG VERLAG
MÜNCHEN 2009

Bibliografische Information der Deutschen Nationalbibliothek

Die Deutsche Nationalbibliothek verzeichnet diese Publikation in der Deutschen Nationalbibliografie; detaillierte bibliografische Daten sind im Internet über <http://dnb.d-nb.de> abrufbar.

© 2009 Oldenbourg Wissenschaftsverlag GmbH, München
Rosenheimer Straße 145, D-81671 München
Internet: oldenbourg.de

Umschlaggestaltung: Dieter Vollendorf, München
Gedruckt auf säurefreiem, alterungsbeständigem Papier (chlorfrei gebleicht).

Satz: primustype Robert Hurler GmbH, Notzingen
Druck: MB Verlagsdruck Ballas, Schrobenhausen
Bindung: Kolibri, Schwabmünchen

ISBN 978-3-486-55894-4 brosch.
ISBN 978-3-486-55893-7 gb.

VORWORT DER HERAUSGEBER

Die Reihe verfolgt mehrere Ziele, unter ihnen auch solche, die von vergleichbaren Unternehmungen in Deutschland bislang nicht angestrebt wurden. Einmal will sie – und dies teilt sie mit anderen Reihen – eine gut lesbare Darstellung des historischen Geschehens liefern, die, von qualifizierten Fachgelehrten geschrieben, gleichzeitig eine Summe des heutigen Forschungsstandes bietet. Die Reihe umfasst die alte, mittlere und neuere Geschichte und behandelt durchgängig nicht nur die deutsche Geschichte, obwohl sie sinngemäß in manchem Band im Vordergrund steht, schließt vielmehr den europäischen und, in den späteren Bänden, den weltpolitischen Vergleich immer ein. In einer Reihe von Zusatzbänden wird die Geschichte einiger außereuropäischer Länder behandelt. Weitere Zusatzbände erweitern die Geschichte Europas und des Nahen Ostens um Byzanz und die Islamische Welt und die ältere Geschichte, die in der Grundreihe nur die griechisch-römische Zeit umfasst, um den Alten Orient und die Europäische Bronzezeit. Unsere Reihe hebt sich von anderen jedoch vor allem dadurch ab, dass sie in gesonderten Abschnitten, die in der Regel ein Drittel des Gesamtumfangs ausmachen, den Forschungsstand ausführlich bespricht. Die Herausgeber gingen davon aus, dass dem nacharbeitenden Historiker, insbesondere dem Studenten und Lehrer, ein Hilfsmittel fehlt, das ihn unmittelbar an die Forschungsprobleme heranführt. Diesem Mangel kann in einem zusammenfassenden Werk, das sich an einen breiten Leserkreis wendet, weder durch erläuternde Anmerkungen noch durch eine kommentierende Bibliografie abgeholfen werden, sondern nur durch eine Darstellung und Erörterung der Forschungslage. Es versteht sich, dass dabei – schon um der wünschenswerten Vertiefung willen – jeweils nur die wichtigsten Probleme vorgestellt werden können, weniger bedeutsame Fragen hintangestellt werden müssen. Schließlich erschien es den Herausgebern sinnvoll und erforderlich, dem Leser ein nicht zu knapp bemessenes Literaturverzeichnis an die Hand zu geben, durch das er, von dem Forschungsteil geleitet, tiefer in die Materie eindringen kann.

Mit ihrem Ziel, sowohl Wissen zu vermitteln als auch zu selbständigen Studien und zu eigenen Arbeiten anzuleiten, wendet sich die Reihe in erster Linie an Studenten und Lehrer der Geschichte. Die Autoren der Bände haben sich darüber hinaus bemüht, ihre Darstellung so zu gestalten, dass auch der Nichtfachmann, etwa der Germanist, Jurist oder Wirtschaftswissenschaftler, sie mit Gewinn benutzen kann.

Die Herausgeber beabsichtigen, die Reihe stets auf dem laufenden Forschungsstand zu halten und so die Brauchbarkeit als Arbeitsinstrument über eine längere Zeit zu sichern. Deshalb sollen die einzelnen Bände von ihrem Autor oder einem anderen Fachgelehrten in gewissen Abständen überarbeitet werden. Der Zeitpunkt der Überarbeitung hängt davon ab, in welchem Ausmaß sich die allgemeine Situation der Forschung gewandelt hat.

Lothar Gall   Karl-Joachim Hölkeskamp   Hermann Jakobs

INHALT

VORWORT

Der vorliegende Band behandelt die japanische Geschichte von der Modernisierungsphase, die mit der Meiji-Restauration 1868 begann, bis zum Friedensvertrag von San Francisco, mit dem der Pazifische Krieg gewissermaßen zu den Akten gelegt wurde. Dass er politisch damit keineswegs aufgearbeitet war, soll u. a. in Teil II, Grundprobleme und Tendenzen der Forschung, klargestellt werden.

Die Abhandlung beruht zu einem großen Teil auf Quellen und Literatur in japanischer Sprache. Da das Buch sich aber nicht nur an Japanologen wendet, sondern mehr noch an allgemein interessierte Historiker, sind im Literaturverzeichnis bis auf wenige Ausnahmen Werke in japanischer Sprache nicht aufgeführt. In den letzten Jahrzehnten ist in den deutschsprachigen Ländern eine Generation von Wissenschaftlern herangewachsen, die in der Lage ist, Werke im japanischen Original zu lesen. Dieser Kreis wird daher ohne Probleme weiterführende Literatur finden.

Die in der Japanologie üblichen Dehnungszeichen für lang gesprochene Vokale wurden fortgelassen (also: Tokyo statt Tôkyô), außer bei der Vorstellung von Fachbegriffen (z. B.: bushidô), bei japanischen Titeln im Literaturverzeichnis und im Glossar.

Ein ganz herzlicher Dank von mir geht an Matthias Koch, Spezialist für japanische Wirtschaftsgeschichte, der das gesamte Manuskript Korrektur gelesen und mir zahlreiche wertvolle Hinweise gegeben hat.

Ich widme dieses Buch meiner Tochter Hanna, geboren in Tokyo und gegenwärtig Studentin an der National Taiwan University.

Berlin, im Sommer 2008   Gerhard Krebs

I. Darstellung

1. DAS ENDE DER TOKUGAWA-ZEIT UND DIE MEIJI-RESTAURATION

Unter Tokugawa-Zeit versteht man die Periode von 1603 bis 1868, in der die Familie der Tokugawa als Shogune nach Jahrhunderten von Bürgerkriegen die wahre Macht in Japan ausübte und dabei ihren Sitz in Edo, dem heutigen Tokyo, hatte, sodass man auch von der Edo-Zeit spricht. Der Tenno in Kyoto wurde dagegen zu einem Schattendasein verurteilt und als Oberpriester des Shintoismus auf religiöse Funktionen beschränkt. Währenddessen förderten die Tokugawa den aus China übernommenen Buddhismus sehr, nicht nur um das Christentum auszurotten, sondern auch um den Einfluss des Kaisers weiter zu begrenzen. Soziales Konzept und politische Ordnung des Shogunats basierten größtenteils auf dem Konfuzianismus. `Kaiser und Shogun`

Die Tokugawa übten nicht nur rigide Kontrollen innerhalb Japans aus, um ihre Herrschaft zu sichern und das Wiederaufflammen der Bürgerkriege zu verhindern, sondern schotteten das Land auch gegenüber dem Ausland ab, da im 16. Jahrhundert Fremde, besonders Portugiesen, zunehmend Einfluss erlangt hatten, vor allem durch die Tätigkeit katholischer Missionare. Kurzentschlossen verwiesen die Tokugawa, um nicht in eine drohende koloniale Abhängigkeit zu geraten, die Ausländer per Gesetz des Landes, untersagten `Landabschließung` das Christentum und führten blutige Verfolgungen gegen Gläubige durch. Japanern wurde untersagt, das Land zu verlassen, oder, soweit sie sich in Übersee aufhielten, in ihre Heimat zurückzukehren.

In den nächsten Jahrhunderten wurden nur noch Chinesen und den an Missionierung uninteressierten Niederländern der Warenaustausch und eine streng begrenzte Präsenz in Japan gestattet. Die Holländer verschafften Japan nicht nur eine Nabelschnur zum Welthandel, sondern boten auch Zugang zu westlicher Wissenschaft, da ihre Fachbücher systematisch importiert und übersetzt wurden.

Das Land wurde in sogenannte *han* gegliedert, etwa 260 Domänen unter der Herrschaft eines *daimyô*, eines Feudalherrn und Angehörigen der höchs- `Daimyo` ten Samurai-Schicht, der auch über eine bestimmte Justizgewalt verfügte, aber selbst kein Land besitzen durfte. Dabei unterschied man neben der Verwandtschaft der Shogune (*shinpan*) und den ebenfalls privilegierten inneren (*fudai*) Daimyo, die schon vor der Entscheidungsschlacht von Sekigahara im Jahre

1600 auf Seiten der nun siegreichen Tokugawa gestanden hatten und jetzt in den politisch wichtigeren oder wirtschaftlich ertragreicheren Gebieten die Verwaltung ausübten, noch die äußeren (*tozama*) Daimyo in den Randlagen des Reiches. Von letzteren, unterprivilegierten Tokugawa-fernen Fürsten sollten dann bezeichnenderweise im 19. Jahrhundert die Aktivitäten zum Sturz des Shogunats ausgehen. Die Tokugawa selbst herrschten über Land, das ein Viertel der Produktion von Reis erbrachte. Die Domänen wurden

Steuersystem nicht von den Shogunen besteuert, sondern in Form von Reisabgaben an die Daimyo, denen diese Einnahmen zum eigenen Unterhalt und dem ihrer Gefolgsleute, den Samurai (auch: *bushi*), sowie zur Bestreitung von Verwaltungsaufgaben und militärischer Vorsorge dienten. Um die Daimyo weiter unter Kontrolle zu halten, wurde außerdem angeordnet, dass diese jedes zweite Jahr in Edo verbringen und ständig Geiseln in Form von Familienmitgliedern stellen mussten.

Samurai   Die Angehörigen der Kriegerkaste der Samurai, die als einzige Waffen tragen durften, widmeten sich weiter der Ausübung und Vervollkommnung ihrer Kampfkunst, die in der langen Friedensperiode mehr der eigenen Idealisierung diente, als dass sie einer Notwendigkeit entsprang. Um sich von anderen Schichten abzugrenzen, entwickelten sie auch sonst eigene Verhaltensweisen, darunter ihren Ehrenkodex *bushidô* (Weg des Samurai). Im Ausland erregte dabei der rituelle Selbstmord *seppuku*, im Westen meist Harakiri genannt, größtes Befremden, die Selbsttötung durch Aufschlitzen des Leibes, vorgenommen in auswegloser Lage, als Eingeständnis von Schuld oder als Protest gegen ungerechte Behandlung durch Vorgesetzte.

Viele Samurai widmeten sich auch den Wissenschaften und errangen einen hohen Bildungsstand. Dadurch entwickelte sich eine Intellektuellenschicht für Verwaltungs-, Justiz-, Polizei- oder auch Lehraufgaben, Positionen, die den anderen Ständen verwehrt wurden. In Einzelfällen gelang den Samurai auch der Aufstieg zu geachteten Beratern des Shogunats. Die zwar theoretisch den zweithöchsten Stand im Staate mit 80 % der Bevölkerung

Stände bildende Bauernschaft litt unter der Steuerlast oft größte Not, sodass es häufig zu Unruhen kam. Darunter gab es noch die Handwerker und Händler. Der Wechsel von einem Stand zum anderen wurde unterbunden und war nur in wenigen Ausnahmefällen möglich, z. B. durch Adoption oder Einheirat, ein Phänomen, das allerdings erst in der Spätzeit der Tokugawa gehäuft auftritt. Mit der dann stark anwachsenden Bevölkerung Japans, besonders der privilegierten und sich daher besserer Gesundheit erfreuenden Samurai, die im 19. Jahrhundert auf zwei Millionen und damit 10 % der Einwohnerschaft anwachsen sollten, wurde dieses System nicht mehr finanzierbar.

Wirtschaft   Die Wirtschaft der Tokugawa-Zeit litt unter dem weitgehenden Wegfall des Außenhandels und hatte große Strukturprobleme zu überwinden. Durch den An- und Weiterverkauf der eingetriebenen Reissteuern entstanden die Grundlagen für das Bankwesen und die großen Handelshäuser wie Mitsui und Sumitomo, bei denen neben vielen Samurai auch Daimyo und zeitweise sogar das Shogunat verschuldet waren.

Zu keinem der vier Stände gehörten die Ausgestoßenen, für die man ent- Ausgestoßene weder die Namen *eta* (viel Schmutz), *burakumin* (Dorfbewohner) oder *hinin* (Nicht-Menschen) verwendete. Sie unterschieden sich ursprünglich weder rassisch noch kulturell von den übrigen Japanern, wurden aber schon seit dem 8. Jahrhundert verachtet, da sie Tätigkeiten ausübten, die mit einem Makel behaftet waren, da sie mit Schmutz, Blut oder Leichen zu tun hatten. Dazu gehörten z. B. die Arbeiten von Schlachtern, Abdeckern, Gerbern, lederverarbeitenden Handwerkern wie Schuhmachern und Sattlern, Leichenbestattern und Henkern ebenso wie Straßen- und Toilettenreinigung, Müllbeseitigung und Erdarbeiten.

In der Spätzeit der Tokugawa drohte zunehmend eine äußere Gefahr, vor allem durch das Zarenreich, das nach Sibirien und bis zu den Kurilen expandierte. Ab 1778 liefen russische Schiffe mehrmals Japans nördlichste Insel Auftauchen fremder Hokkaido an und schlugen die Aufnahme von Handelsbeziehungen vor. Schiffe Die Briten folgten drei Jahre später mit ihrer ersten Landung auf Kyushu. Der Wunsch nach einem Warenaustausch wurde von den zuständigen Daimyo allerdings abgewiesen. Japan fürchtete, das Schicksal Chinas teilen zu müssen, wo die fremden Mächte, zunächst Russland und dann nach dem Opiumkrieg 1842/43 vor allem Großbritannien, nacheinander Sonderrechte erpresst und das Land zur Öffnung für den Handel gezwungen hatten, der auch für die USA zunehmend an Bedeutung gewann. Daher unternahm das Shogunat Rüstungsanstrengungen und ordnete verstärkt Maßnahmen zur Küstenbefestigung an. Damit legte es den Daimyo schwere finanzielle Lasten auf, förderte aber auch deren Verselbständigung und beschleunigte so den eigenen Untergang. Die Samurai der niederen Schicht erlebten einen permanenten wirtschaftlichen Abstieg und so manch einer gab seinen ererbten Stand auf, um in die inzwischen prosperierende Kaufmannsklasse einheiraten oder adoptiert werden zu können. Die Landbevölkerung verarmte währenddessen weiter und nach einer Reihe von Missernten brach 1836 eine Hungerrevolte aus.

Parallel zu der Bedrohung von außen und der wirtschaftlichen Not entwickelte sich in Japan eine Identitätskrise, die mit der Zeit für die Tokugawa und ihre Herrschaft gefährlich werden und die geistigen Grundlagen für die Meiji-Restauration schaffen sollte. Intellektuelle Samurai propagierten, ausgehend vom Studium altjapanischer Literatur, seit dem Ende des 17. Jahrhunderts die Abkehr von fremden, d. h. von China übernommenen, Strukturen und entsprechender kultureller Überlagerung. Diese Denkrichtung wird als Nationale Schule (*kokugaku*) bezeichnet. Ihre Anhänger entwickelten Nationale Schule extrem nationalistische und fremdenfeindliche Theorien, die den als „unjapanisch" angesehenen Buddhismus zusammen mit dem Konfuzianismus für den Niedergang des eigenen Landes verantwortlich machten. Stattdessen warb man für eine Wiederbelebung des japanischen Altertums, eine Aufwertung des Shintoismus, der im Zentrum der Nation stehen müsse, und damit für eine glühende Verehrung des Tenno als Abkömmling und Vertreter der Sonnengöttin Amaterasu. Mit dem Schlagwort der „nationalen Eigenart" (*kokutai*) wurde mit geradezu religiöser Inbrunst bis zum Ende des Zweiten Weltkriegs starke nationalistische Euphorie hervorgerufen und ein göttlich legitimierter Führungsanspruch Japans über die Welt verkündet.

Kokutai

Viele Schriften der Kokugaku mit ihrem Kaiserkult wurden vom Bakufu (Militärregierung) in Edo verboten, obwohl sie die Herrschaft des Shoguns als legitim ansahen, solange sie den Willen des Hofes verkörperte. Eine Abart dieser Geistesrichtung hatte sogar im Daimyat Mito ihren Ursprung, das von engen Verwandten der Tokugawa geführt wurde. Diese „Mito-Schule" (*Mitogaku*) strebte neben dem Shintoismus als Grundlage auch einen japanisierten Neokonfuzianismus als Herrschaftsinstrument an. Außerdem wurden zur Stärkung der angeschlagenen Nation Anstrengungen zu vermehrter Lerntätigkeit propagiert. Auch die Mito-Schule besann sich zurück auf die nationale Vergangenheit und hob das auf viele Jahre Arbeit angelegte Mammutprojekt aus der Taufe, eine „Geschichte Großjapans" zu verfassen.

Mito-Schule

Als seit den 1830er Jahren immer mehr fremde Schiffe an Japans Küsten landeten, fühlten sich die Daimyate von Satsuma im Süden Kyushus und Choshu im Westen der Hauptinsel Honshu ganz besonders bedroht, die wegen ihrer langen Küstenabschnitte eine starke Belastung durch Befestigungskosten tragen mussten. Inzwischen verstärkte sich das Auftreten der Amerikaner, deren Chinahandel sich ausweitete und sichere Zufahrtswege sowie Kohlestationen erforderlich machte. Bei der Verwirklichung dieser Interessen sollte auch gleich der Warenaustausch in japanischen Häfen ermöglicht werden. Im Jahre 1853 erschien daher eine amerikanische Kriegsflotte unter Commodore Matthew C. Perry in der Bucht von Edo und überbrachte einen Brief des Präsidenten Millard Fillmore an den Herrscher von Japan – darunter verstand man den Shogun. Gefordert wurde die Öffnung der Häfen und eine Antwort sollte im nächsten Jahr bei der Wiederkehr der Flotte entgegengenommen werden.

Das Auftreten der Amerikaner

Das Bakufu nahm wegen seiner Schwäche Verhandlungen mit den Amerikanern auf, wandte sich aber in einer bis dahin nie erlebten Demütigung um Rat an die Daimyo, allerdings vergebens, und erstattete dem Kaiserhaus Bericht. Die Front der Gegner aber wurde für das Shogunat dadurch nur größer, dass es im folgenden Jahr widerwillig mit den USA den „Vertrag über Frieden und Freundschaft" von Kanagawa abschloss und eine erhebliche Einschränkung der japanischen Souveränität hinnahm: Den USA wurden bestimmte Häfen – zunächst nur Shimoda und Hakodate, bald aber schon weitere – geöffnet; Japan verzichtete außerdem auf die Zollhoheit und gestand Amerika die Konsulargerichtsbarkeit und eine Meistbegünstigungsklausel für den Fall künftiger Handelsabkommen mit anderen Staaten zu. Die menschliche Behandlung von Schiffbrüchigen wurde zugesagt und konsularische Beziehungen wurden aufgenommen.

1854 Vertrag von Kanagawa

Der Vertragsabschluss bildete den Anfang vom Ende der Tokugawa-Herrschaft, gegen die sich starker Widerstand erhob. Der volle Titel des Shoguns, der sich als so schwach erwiesen hatte, lautete ironischerweise *seii taishôgun*, d. h. Generalissimus zur Unterwerfung der Barbaren. Satsuma und Choshu, als „äußere Daimyo" traditionell Gegner der Tokugawa, wandten sich am schärfsten gegen Zugeständnisse an die fremden Mächte und plädierten für die Beibehaltung der Abschließungspolitik. Der Ruf *fukoku kyôhei* (reiches Land, starke Streitkräfte) wurde zum Motto der Reformbewegung und der Slogan *sonnô jôi* (verehrt den Kaiser, vertreibt die Barbaren), bald darauf abgewandelt in *sonnô tôbaku* (verehrt den Kaiser, stürzt das Shogunat), zeigte die Richtung an. Als innerhalb von zwei Jahren auch andere Mächte ähnliche Zugeständnisse erreichten – Großbritannien, Russland und die Niederlande – fielen nicht nur Ausländer einer Reihe von Attentaten zum Opfer, sondern auch Beamte des Shoguns.

Widerstand gegen das Shogunat

Dem 1856 in Shimoda eingetroffenen amerikanischen Konsul Townsend Harris gelang nach langwierigen Verhandlungen und Drohungen mit militärischer Gewalt 1858 der Abschluss eines „Freundschafts- und Handelsvertrages", denn ein Warenaustausch war in dem Vertrag von Kanagawa noch nicht vorgesehen. Nach diesem Durchbruch erhielten das gleiche Privileg auch die anderen Vertragsmächte, zu denen noch Frankreich stieß und mit einiger Verspätung 1861 Preußen. Diese Abkommen öffneten nacheinander sieben japanische Hafenstädte für den Handel. Außerdem waren in den Verträgen Zölle festgesetzt, die Exterritorialität zugesichert und der Austausch von diplomatischen Vertretern vorgesehen. Um einer zu erwartenden Opposition vorzubeugen, ersuchte das Bakufu um die Zustimmung des Kaisers zu dem Handelsvertrag mit den USA, der sie aber verweigerte, zum ersten Mal seit Beginn der Tokugawa-Zeit.

Handelsvertrag mit USA

Ein Sturm der Entrüstung erhob sich gegen die trotzdem vorgenommene Unterzeichnung und um den Kaiserhof scharte sich eine Oppositionsbewegung, die vor allem aus den „äußeren Daimyo" bestand: Satsuma, Choshu, Tosa (auf Shikoku) und Hizen (auf Kyushu). Kämpfe flammten in verschiedenen Landesteilen auf.

Das Shogunat versuchte zunächst, der Unzufriedenheit mit Härte bis hin zu Todesurteilen zu begegnen. Unter den Delinquenten befand sich 1859 auch der gelehrte Samurai Yoshida Shoin aus Choshu, Lehrer vieler Staatsmänner der späteren Meiji-Ära und deren geistiger Vater, der wesentliche Impulse von der Mito-Schule empfangen hatte.

Parallel dazu bemühte sich das Shogunat um eine Modernisierung Japans und damit eine Stärkung der eigenen Position. Zu diesen Maßnahmen gehörte seit 1860 unter anderem die Entsendung mehrerer Missionen ins Ausland, um sich über die Verhältnisse in der Welt kundig zu machen. Allein achtzig Personen gingen in die USA, unter ihnen Fukuzawa Yukichi, einer der eifrigsten Reformer, insbesondere auf dem Gebiet des Erziehungswesens und der Verbreitung liberalen Gedankenguts. Um Japan auch militä-

Modernisierungsversuche durch das Shogunat

risch zu modernisieren, warb man französische Heeres- und Marineoffiziere an.

Eine Stärkung der eigenen Position versprach sich das Bakufu auch von einer engeren Anlehnung an den Hof. Dazu heiratete der erst sechzehnjährige Shogun Tokugawa Iemochi 1862 die Schwester von Kaiser Komei. Zunächst schien diese Politik auch von Erfolg gekrönt, aber vier Jahre später starben sowohl der junge Shogun als auch der Tenno. Inzwischen hatten Choshu und Satsuma es mit den äußeren Gegnern aufgenommen, indem sie fremde Schiffe beschossen. Diese Aktionen und die Ermordung eines Engländers hatten jedoch eine harte Reaktion zur Folge. Britische, französische, niederländische und amerikanische Flotteneinheiten legten 1863 und 1864 mit ihren Geschützen die Städte Shimonoseki/Choshu und Kagoshima/Satsuma in Schutt und Asche und demonstrierten ihre waffentechnische Überlegenheit. Die äußeren Daimyate, besonders Choshu, entschlossen sich daher zu einer Modernisierung ihres Militärs.

Als weitere Reformmaßnahme wurde eine Reihe hochgebildeter junger Leute heimlich und unter falschen Namen zu technologischen und militärischen Studien nach Europa entsandt, besonders in die führende Industrienation England. Dabei machte Choshu 1863 den Anfang, aber Satsuma folgte zwei Jahre später mit einer noch größeren Gruppe. Unter diesen jungen Intellektuellen befanden sich mehrere, die später eine wichtige Rolle bei der Gründung und dem Aufbau eines modernen Staates spielen sollten, so vor allem Inoue Kaoru und Ito Hirobumi aus Choshu sowie Mori Arinori aus Satsuma. Zu dieser Zeit hatte auch das Shogunat bereits Gesandtschaften ins Ausland geschickt. Im Jahre 1867 sollte Japan sogar offizieller Teilnehmer an der Pariser Weltausstellung werden.

Angesichts der erodierenden Macht in Edo schlossen sich das bis dahin dem Shogunat gegenüber eher gemäßigte Satsuma und das radikalere Choshu zu einer Allianz zusammen. Als sich nacheinander auch namhafte „innere Daimyo" und sogar Verwandte der Tokugawa wie derjenige von Mito an der Bewegung beteiligten, sah sich der letzte Shogun, Tokugawa Yoshinobu, im Herbst 1867 zur Abdankung gezwungen. Er gab im November das De-facto-Recht zur Herrschaft über Japan an den Kaiser zurück, erhielt jedoch den Auftrag, vorläufig die Amtsgeschäfte weiter auszuüben.

Zu der Zeit aber waren die oppositionellen Daimyo, besonders Choshu und Satsuma, nicht mehr zu Kompromissen bereit. Am 3. Januar 1868 brachten sie den jungen Kaiser Mutsuhito in ihre Gewalt und verkündeten in seinem Namen „die Restauration der Monarchie" (ôsei fukko). Der Shogun, der einen Teil seiner alten Machtstellung hatte retten wollen, erhob sich mit seinen Streitkräften, die aber von der kaiserlichen Armee aus den Daimyaten Choshu, Satsuma und Tosa im Raum Kyoto geschlagen wurden. Führer der siegreichen Truppen war der Samurai Saigo Takamori aus Satsuma. Die Burg von Edo befand sich zu der Zeit noch in der Hand der Tokugawa-Getreuen, wurde aber nach Verhandlungen am 27. April friedlich übergeben. Der Sho-

Marginalia (left):

Versuch zur Verbindung von Shogunat und Kaiserhaus

Beginn der Reformen in den Daimyaten

Entsendungen ins Ausland

Abdankung des Shogun

Übergabe der Burg von Edo

gun zog sich ins Exil nach Mito zurück. Noch im gleichen Jahr wurden die neue Regierung und der Tenno in die Stadt gebracht, die später den Namen „Tokyo" (= östliche Hauptstadt) erhielt. Die Burg von Edo wurde bis auf den heutigen Tag zum Kaiserpalast.

Der Tenno wählte „Meiji" (erleuchtete Regierung) als Motto seiner Regierungszeit, die mit der Modernisierung und dem Aufstieg Japans zum Synonym wurde und bis 1912 dauern sollte. Der Umschwung ist daher mit dem Begriff „Meiji-Restauration" und der Kaiser als Meiji-Tenno in die Geschichte eingegangen. Das japanische Fachwort *meiji ishin* ist jedoch eher mit einer der Zukunft zugewandten „Erneuerung" zu übersetzen als mit „Restauration", die eine rückwärtsgewandte Entwicklung impliziert. Da sich letzterer Begriff aber eingebürgert hat, soll er hier ebenfalls Verwendung finden, auch wenn es sich bei den Veränderungen um einen Umsturz von geradezu revolutionärem Ausmaß gehandelt hatte.

Beginn der Meiji-Zeit

2. DER WEG ZU EINEM MODERNEN STAAT

a) DIE STAATSSTRUKTUR

Chartereid
Wenige Monate nach seiner Thronbesteigung schwor der junge Kaiser Meiji im Rahmen einer shintoistischen Zeremonie im Palast einen Chartereid, in dem er sich verpflichtete, alle Schichten der Nation zu einen, die negativen Gewohnheiten der Vergangenheit auszurotten und alle Handlungen auf international üblichem Brauch aufzubauen. Außerdem sollte die Nation in der ganzen Welt Kenntnisse erwerben und dadurch die Grundlagen der kaiserlichen Herrschaft stärken. Gerade diejenigen Kräfte, die anfangs die Landesabschließung am vehementesten verteidigt hatten, Choshu, Satsuma und der Hof, führten künftig erst recht eine Öffnung Japans durch. Für den noch immer instabilen Meiji-Staat wurde die Verehrung des Tenno zum einigenden Band und zur Kraftquelle mit dem von ihm verkörperten Shintoismus als

Stärkung des Shintoismus
einer Art Staatsreligion. Um diese reinzuhalten und von fremden Einflüssen zu befreien, wurde ihre Trennung vom Buddhismus angeordnet und die alte synkretistische Verbindung rückgängig gemacht. Man orientierte sich dazu an archaischen Vorbildern bzw. archaisierenden Mythen, besonders bezüglich der Kaiserverehrung. Im Jahre 1873 wurde auf westlichen Druck hin aber die Religionsfreiheit verkündet und das über zweihundert Jahre alte Verbot des Christentums aufgehoben.

Auch bei der Schaffung von Behörden und Ministerien machte man in der Anfangsphase zwar noch Anleihen bei Institutionen des 8. Jahrhunderts, aber schon nach wenigen Monaten setzte sich die Einsicht durch, dass die Zukunft der Nation nur mit einer Staatsform nach westlichen Modellen zu gestalten war. Im Juni 1868 wurden daher mit einer „Schrift zur Regierungsform" (*seitaisho*) die künftigen Prinzipien schriftlich fixiert und der erste Schritt auf dem Weg zur Abkehr von dem militärgestützten Lehensstaat hin zu einer konstitutionellen Monarchie beschritten. Durch eine Abgrenzung der Aufgaben in drei Bereiche wurde sogar ansatzweise eine Gewaltenteilung hergestellt.

Regierungsform
Der kollektive Name für die japanische Regierung lautete „Großer Rat des Staates" (*dajôkan*, auch: *daijôkan*), dem der „Große Staatsminister" (*dajô daijin*) vorstand, assistiert von einem Minister zur Rechten und einem zur Linken. Alle waren kaiserliche Prinzen oder Angehörige des Hochadels und besaßen direkten Zugang zum Thron. Auch eine Vorform des Parlaments (*kôgisho*) bestand bereits, das aber dem Charakter nach eher dem späteren Oberhaus entsprach und in dem sich vor allem Verwandte des Kaisers, die Hofaristokratie und Daimyo befanden. Die wahren Persönlichkeiten mit Einfluss im Staate bildeten hingegen die Samurai der westlichen Daimyate von relativ geringem Stand, die für die Restauration verantwortlich gewesen waren wie Kido Takayoshi (auch: Koin), Inoue Kaoru und Ito Hirobumi aus

Choshu sowie Saigo Takamori und Okubo Toshimichi aus Satsuma, Okuma Shigenobu aus Hizen und Itagaki Taisuke aus Tosa.

Im Jahre 1869 gaben die Daimyo dem Druck nach, „ihre Lehen an den Tenno zurückzugeben", um eine Zentralisierung und eine Stärkung des Kaisers gegenüber den fremden Mächten zu ermöglichen. Die Daimyo wurden zwar vom Thron vorübergehend zu Gouverneuren ihrer ehemaligen Territorien ernannt, doch wurden diese zwei Jahre später in Präfekturen umgewandelt, ihre Zahl von rund 270 auf 40 verringert und von Beamten verwaltet. Außerdem wurden die Regionalarmeen entwaffnet und aufgelöst. Die ehemaligen Daimyo wurden in Form von staatlichen, verzinsten Schuldverschreibungen in großzügiger Weise finanziell abgefunden und dadurch ruhig gestellt. **Abschaffung der Daimyate**

Dagegen verarmten die einfachen Samurai zunehmend und beim Aufbau eines zentralistischen Staates wurde ihr Stand schrittweise bis 1876 ganz abgeschafft. Zunächst wurde 1869 die traditionelle Einteilung in vier Klassen aufgehoben und ein neuer Adel (*kazoku*) gebildet, bestehend aus 427 Familien der Daimyo und Hofadligen (*kuge*), deren alte Bezeichnungen damit verschwanden. Sie mussten in Tokyo residieren, wenn sie nicht gerade mit Verwaltungsaufgaben in den Provinzen betraut waren. Die Samurai bildeten einen eigenen Adelsstand (*shizoku*). Fünfzehn Jahre später, 1884, wurde ein System mit fünf Adelsstufen etabliert, mit Erbfolge in der männlichen Linie, das sich an das europäische System anlehnte. Neben Personen, die sich aus der alten Aristokratie rekrutierten, konnte der Kaiser auch Personen aus dem Bürgertum – vor allem aus Bürokratie, Militär, Erziehungswesen und Wirtschaftskreisen – für besondere Verdienste in den Adelsstand erheben. **Abschaffung des Samuraistandes**

Neuer Adel

Das Kaiserhaus (*kôzoku*) stand über und außerhalb dieser Klassen. Zu ihm gehörte nicht nur die Familie des Tenno, sondern alle seine männlichen Verwandten mitsamt Angehörigen. Alle trugen den Titel „kaiserlicher Prinz" – also nicht beschränkt auf Brüder und Söhne des Monarchen – bzw. „kaiserliche Prinzessin" (unabhängig vom Geschlecht: *miya*). Ihre Rechte und Pflichten legte später das „Kaiserliche Hausgesetz" (*kôshitsu tenpan*) fest, das gleichzeitig mit der Verfassung 1889 verabschiedet werden sollte. Um die wirtschaftliche Unabhängigkeit zu garantieren, wurde der Grundbesitz des Tenno in dem Jahrzehnt ab 1881 erheblich vergrößert und machte schließlich 3 700 000 Hektar aus. Außerdem wurde dem Kaiser noch eine große Zahl an Aktien und Schuldverschreibungen übertragen.

Alle anderen Japaner gehörten zu den Gemeinen (*heimin*), denen 1870 gestattet wurde, Familiennamen anzunehmen, bis dahin ein Privileg der Samurai-Kaste. Berufswechsel, Einheirat in andere Klassen und Landerwerb waren künftig unproblematisch. Im Jahre 1871 wurde per Gesetz die Klasse der Ausgestoßenen abgeschafft, die de jure in den Gemeinen aufging, de facto aber bis heute unter Diskriminierung zu leiden hat. **Die Gemeinen**

Neben dem Verlust anderer Privilegien verlor der Samurai-Stand mit der Einführung der allgemeinen Wehrpflicht 1873 auch das Vorrecht, als einziger

Waffen zu tragen. Es kam zu einem Aufbäumen unzufriedener Samurai, das durch die lange De-facto-Abwesenheit der Regierung noch gefördert wurde. In den Jahren 1871 und 1872 hatte eine große Studienkommission mit vielen führenden Staatsmännern unter dem Hofadligen Iwakura Tomomi Amerika und Europa bereist. Zwar erwies sich eine der dahinter stehenden Hoffnungen, die Revision der ungleichen Verträge mit den USA oder den europäischen Mächten zu erreichen, als Illusion, aber die Delegation gewann wertvolle Einblicke in die Struktur und den Zustand der besuchten Länder und konnte eine Verstärkung der Wirtschaftsbeziehungen einleiten. Der Nachteil der Reise lag darin, dass fast die gesamte politische Führungsspitze Japans zwei Jahre außer Landes war und ihr in dieser Zeit die Zügel entglitten. Unzufriedene Samurai schmiedeten währenddessen Pläne, ein Expeditionsheer nach Korea zu entsenden, um das Nachbarland gewaltsam zu öffnen und damit de facto unter Japans Einfluss zu bringen. Auch Expansionspläne bezüglich der chinesischen Insel Taiwan (Formosa) wurden erwogen. Die Staatsspitze missbilligte diese Pläne nach ihrer Rückkehr, da sie Japan dafür noch nicht stark genug einschätzte, und beschwor damit den Zorn unzufriedener Samuraikreise herauf. Saigo aus Satsuma, der als Held der Restaurationsbewegung immer noch über hohes Ansehen verfügte, fühlte sich politisch diskreditiert und trat im Oktober 1873 unter Protest aus der Regierung aus. Die Samurai fühlten sich aber erst aufs Äußerste provoziert, als 1876 ihr Stand abgeschafft wurde, und viele von ihnen nahmen im folgenden Jahr an einem groß angelegten Aufstand teil, dessen Führung Saigo Takamori übernahm. Die Rebellion wurde nach acht Monaten blutig von der Regierungsarmee niedergeschlagen, die mit französischer Hilfe aufgestellt und modern ausgerüstet worden war und zahlreiche Wehrpflichtige einschloss. Nach der Niederlage beging Saigo auf dem Schlachtfeld rituellen Selbstmord.

Okubo Toshimichi, ebenfalls aus Satsuma, wurde 1878 wegen seiner führenden Rolle bei diesem Krieg auf Regierungsseite und wegen anderer Aktivitäten von Anhängern Saigos ermordet. Kurz zuvor war auch Kido Takayoshi gestorben und die Meiji-Führung war durch den Tod von drei der prominentesten Politiker stark ausgedünnt. Es drängte daher in den kommenden Jahren eine jüngere Generation in den Vordergrund, vor allem Ito Hirobumi und Yamagata Aritomo aus Choshu, Matsukata Masayoshi aus Satsuma sowie die Hofadligen Iwakura Tomomi und Saionji Kinmochi.

Trotz des Sieges gegen Saigos Truppen hatte in der von französischen Ausbildern aufgestellten Regierungsarmee ein nicht zu übersehendes Chaos geherrscht. Umso mehr stieg daher das Interesse am System des preußisch-deutschen Heeres mit seiner sprichwörtlichen Disziplin nach seinem Sieg über Frankreich 1871, besonders bei dem Begründer der Streitkräfte Yamagata Aritomo, dem Choshu-Veteranen der Restaurationskriege. Der preußische Generalstab mit seiner Unabhängigkeit von der Regierung und seiner gründlichen Organisation gewann zusehends an Attraktivität, sodass im Jahre 1878 sein japanisches Gegenstück gegründet wurde (*sanbô honbu*). Erster

Marginalien:

Iwakura-Mission

Satsuma-Aufstand

Generationswechsel in der Staatsführung

Gründung des Generalstabs

Chef wurde Yamagata selbst, der dafür das Amt des nun weniger einflussreichen, nur noch mit Verwaltungsaufgaben betrauten, Heeresministers niederlegte. Diese Reform hatte weitreichende politische Folgen, da sie die Verselbständigung und Unkontrollierbarkeit des Militärs förderte. Die Unabhängigkeit des Generalstabs wurde auch 1885 bei der Einführung eines Kabinettsystems und in der Verfassung von 1889 bestätigt. Zwar spricht letztere nur davon, dass der Kaiser den Oberbefehl über Heer und Marine führe, doch wurde dieser Artikel so interpretiert, dass unter dem Begriff „Unabhängigkeit des Oberkommandos" (*tôsuiken no dokuritsu*) das Militär nur seinem Oberkommandierenden verantwortlich war, dem Tenno, und direkten Zugang ohne Konsultierung der Regierung zu ihm hatte. Mit der Gründung der Admiralität (*kaigun gunreibu*) sollte die japanische Marine 1893 die gleichen Rechte erhalten. Auch Heeres- und Marineminister sowie der Generalinspekteur für militärische Ausbildung im Generalstab erhielten direkten Zugang zum Thron. Im Jahre 1882 gründete Japan nach dem Vorbild der deutschen Kriegsakademie die Heereshochschule (*rikugun daigakkô*), in die etwa 10 % der Absolventen der schon 1874 etablierten Offiziersschule eintreten konnten.

Die Wehrpflicht wurde auf Yamagatas Betreiben auf drei Jahre festgelegt und vier weitere Jahre – später sogar noch mehr – mussten in der Reserve verbracht werden. Es gab jedoch zahlreiche Ausnahmeregelungen. Außerdem bestand die Möglichkeit, sich von dem Dienst freizukaufen. Die Wehrpflicht hatte nicht nur militärische und finanzielle Vorteile für den Staat, sondern ermöglichte auch die Indoktrinierung der männlichen Bevölkerung, am deutlichsten sichtbar in dem „Kaiserlichen Erlass für die Angehörigen der Streitkräfte" von 1882 (*gunjin chokuyu*), der die unmittelbare Bindung an den Monarchen betonte. Die Samurai blieben auch nach Verlust ihrer Privilegien die Vorbilder der modernen Soldaten und wurden von offizieller Seite bewusst dazu hochstilisiert. Eine Militarisierung von Staat und Gesellschaft wurde auch dadurch erreicht, dass der Tenno verfügte, alle männlichen Mitglieder des Herrscherhauses müssten in die Streitkräfte eintreten. Daneben bemühten sich Hof und Staat um eine Versöhnung und Verschmelzung mit der auf dem Samurai-Stand basierenden Tokugawa-Ordnung. Diesem Ziel diente auch die Heiratspolitik des Kaiserhauses. Ein Enkel des Meiji-Tenno, Prinz Chichibu, sollte eine Matsudaira, also das Mitglied einer alten Daimyo-Familie und Verwandte der Tokugawa, heiraten und dessen Bruder Takamatsu eine Tokugawa direkt aus dem Haus des letzten Shoguns.

Für den Aufbau der Armee wurden ab 1884 deutsche Offiziere als Ausbilder angeworben, darunter als der wichtigste von 1885 bis 1888 Major Klemens Meckel, der für den Generalstab und als Lehrer an der Heereshochschule tätig war. Er, ein Schüler des Generalfeldmarschalls von Moltke, legte die Basis für Gliederung, Kommandostruktur, Strategie, Logistik, Garnisonssystem, strategisch bedingten Eisenbahnbau, Rüstungsindustrie und Küstenbefestigungen.

Unabhängigkeit des Oberkommandos

Kaiser und Militär

Deutsche Militärberater

Da Yamagata zeitweise auch Innen- oder Justizminister war, konzentrierte er sich auf den Aufbau einer Polizei, die hierdurch einen weitgehend militärischen Charakter annahm. Von 1885 an war der preußische Polizeihauptmann Heinrich Friedrich Wilhelm Höhn aus Berlin sechs Jahre lang als Ausbilder für Offiziere tätig. Er legte den Grundstein für die Organisation der Polizei und das Wachstuben-System (*kôban*), das bis heute ganz Japan überspannt.

Großbritannien und die Marine

Die Marine folgte dagegen dem Vorbild Englands, der damals unbestreitbar führenden Seemacht. Ein Brite leitete deshalb die 1873 gegründete Kaiserliche Marineakademie und zahlreiche Kadetten wurden zur Ausbildung nach England entsandt. Darunter befand sich auch der spätere Admiral und Held des Japanisch-Russischen Krieges, Togo Heihachiro. Großbritannien profitierte insofern selbst von der Zusammenarbeit, als Japan in den ersten Jahrzehnten der Meiji-Zeit seine Kriegsschiffe zum größten Teil bei englischen Werften orderte. Während bei der Einnahme von Stellen in der Armeeführung Choshu ein leichtes Übergewicht hatte, erhielt Satsuma dafür fast ausschließlich die weniger begehrten Posten in der Marine, die anfangs organisatorisch sogar dem Heer unterstand.

Bewegung für Freiheit und Volksrechte

Bald aber entstand eine Strömung, die den Oligarchen von Choshu und Satsuma gefährlich werden sollte und auch das Militär nicht unberührt ließ, nämlich eine von Intellektuellen ausgehende Bewegung, die lautstark nach „Freiheit und Volksrechten" (*jiyû minken undô*) rief. Diese Kräfte waren einerseits vom europäisch-amerikanischen Liberalismus beeinflusst, andererseits drückte sich in ihren Aktivitäten der Protest gegen die sich in den Händen von Choshu und Satsuma immer mehr verstärkende Machtkonzentration aus. Ihre Forderung nach Einführung eines vom Volk gewählten Parlaments fand ein großes Echo und ein Kompromiss zwischen Regierungs- und Oppositionsvertretern schuf 1875 die Grundlage zur Vorbereitung eines verfassungsmäßigen Systems, das durch ein kaiserliches Versprechen garantiert wurde.

Vorbereitung einer Verfassung

Regionalvertretungen und ein „Ältestenrat" (*genrôin*) wurden dazu mit vorbereitenden Studien beauftragt, doch wurden die Beratungen immer wieder verschleppt. Auftrieb erhielt die Bewegung erst Anfang der achtziger Jahre unter Okuma Shigenobu aus Hizen, der geschickt die schweren Regierungskrisen ausnutzte, um Machtmissbrauch und Korruption der Choshu-Satsuma-Clique anzuprangern. Er stellte Großbritannien als Modell für Japan dar und nicht etwa das von den dominierenden Kräften bewunderte Preußen-Deutschland. Okuma verlor zwar 1881 seinen Posten in der Regierung – er war de facto Finanzminister –, doch errangen er und seine Anhänger zumindest einen Teilsieg: Der Kaiser sagte in einem Edikt zu, im Jahre 1890 ein Parlament einzuberufen.

Entstehung von Parteien

In der nun beginnenden Phase ernsthafter Vorbereitungen entstanden in Japan politische Parteien. Die radikaleren Kräfte gründeten im Herbst 1881 die Liberale Partei (*Jiyûtô*) unter Itagaki Taisuke aus Tosa, die dem französisch-revolutionären Modell folgte und von Grundbesitzern, niederem Adel sowie mittelständischen Unternehmern getragen wurde. Die stärker an Großbritannien orientierte konkurrierende Konstitutionelle Reformpartei (*Rikken Kaishintô*, kurz: *Kaishinto*), die im folgenden Jahr unter Okuma Shigenobu aus der Taufe gehoben wurde, war konservativer und urbaner und zählte zu ihren Anhängern vor allem Vertreter von Wirtschafts- und Finanzkreisen – insbesondere den Mitsubishi-Konzern. Intellektuelle und Großgrundbesitzer fanden sich in beiden Parteien, wenn auch in unterschiedlicher Zahl. Innere Differenzen in der Kaishinto führten bald zu einer Zerreißprobe und Okuma zog sich von ihr 1884 zurück. Die Partei überlebte jedoch bis 1896, als sie sich mit anderen Gruppierungen zur Fortschrittspartei (*Shinpotô*) zusammenschloss.

Begleitet war die Entstehung der ersten Parteien von Unruhen in verschiedenen Landesteilen, die sich mitunter zu einem regelrechten Bauernaufstand und blutigen Zusammenstößen mit der Staatsgewalt steigerten und im Dezember 1887 einen „Kaiserlichen Erlass zur Wahrung der öffentlichen Ordnung" (*hoan jôrei*) zur Folge hatten. Öffentliche Versammlungen und Reden wurden nun streng reguliert und die Pressefreiheit eingeschränkt. Innenminister war damals bezeichnenderweise General Yamagata Aritomo, der überzeugte Bewunderer des preußischen Militär- und Polizeiwesens.

Einschränkungen

Inzwischen war, um die Entwicklung im Sinne der Regierung zu beeinflussen und in die gewünschte Bahn zu lenken, in den Jahren 1882/83 eine Delegation unter der Leitung von Fürst Ito Hirobumi in verschiedene Länder Europas und in die USA gereist. Sie untersuchte die dortigen Verfassungen und ihre Adaptionsfähigkeit für Japan. Besonders beeindruckt waren die Teilnehmer vom preußischen Modell mit seinem starken Staat, basierend auf militärischen Siegen und dem Patriotismus nationaler Einheit. Der halbfeudalen preußischen Monarchie mit den zu allgemeingültigen Idealen erklärten Werten des Junkertums, aber geringen Rechten für das Parlament waren eine eindrucksvolle Industrialisierung und eine wirtschaftlich wie militärisch führende Stellung – der Sieg über Frankreich 1871 hatte auch auf Japan einen überwältigenden Eindruck gemacht – in der Welt gelungen. Die Symbiose von Adel und Bürgertum, durch welche die statischen Kräfte nicht allzu viel von ihrer Macht abzugeben brauchten und beide Partner wirtschaftlich profitierten, schien auch auf Japan übertragbar.

Interesse am preußischen Modell

In Berlin hörten die Mitglieder der Gesandtschaft private Vorlesungen der bekannten Juristen Rudolf Gneist und Albert Mosse sowie in Wien bei Lorenz von Stein. Außerdem führte Ito mehrere Unterredungen mit Bismarck und erhielt von ihm Empfehlungen für eine konservative Staatsstruktur. Zunächst aber, im Jahre 1885, wurde statt des Dajokan eine Regierung nach westlichem Modell gebildet. Erster Premierminister Japans wurde Ito Hirobumi, der weiter die Arbeit an der Verfassung leitete. Beraten wurde seine Kommission dabei von dem deutschen Juristen Hermann Roesler, der nach Tokyo berufen worden war.

Einführung des westlichen Kabinettssystems

Erlass der Meiji-
Verfassung Schließlich wurde am 11. Februar 1889, dem Jahrestag der angeblich im Jahre 660 v. Chr. erfolgten japanischen Reichsgründung durch Kaiser Jimmu, die „Verfassung des Groß-Japanischen Reiches" erlassen und zwar als Geschenk des Tenno an sein Volk. Die starke Stellung des Monarchen war nun konstitutionell abgesichert, begründet mit seiner göttlichen Abstammung und der ununterbrochenen Linie seiner Dynastie und Japans einmaligem Kokutai: Er war sakrosankter Herrscher, besaß das Recht, das Parlament zu berufen und seine Auflösung – in der Praxis auf Antrag der Regierung – anzuordnen. Er war Oberbefehlshaber des Militärs – und daher leitete die Führung der Streitkräfte ihre Unabhängigkeit von der Regierung ab –, erklärte Krieg, schloss Frieden und ratifizierte Verträge. Das Parlament, das aus zwei Kammern bestand, verfügte nur über begrenzte Rechte, zu denen die Billigung bzw. Ablehnung der Gesetze inklusive des Budgets und die Einbringung von Vorlagen gehörten. Allerdings konnte der Kaiser, wenn er es für angebracht halten würde, auch Edikte mit Gesetzeskraft ohne Zustimmung des Parlaments erlassen. Die Untertanen erhielten Rechte wie Rede-, Presse- und Versammlungsfreiheit garantiert, aber nur, soweit damit nicht gegen Gesetze verstoßen oder Frieden und Ordnung gestört würden. Beraten wurde der Kaiser von seinen Ministern. Sie trugen die Verantwortung und mussten alle Gesetze gegenzeichnen, wobei offen blieb, ob der Kaiser die Empfehlungen akzeptieren müsse. Die Regierungsmitglieder waren nur ihm verantwortlich, nicht aber dem Parlament.

Parlament mit zwei
Kammern Die beiden Kammern wurden gebildet durch das Unter- oder Abgeordnetenhaus (*shûgiin*) und das Adelshaus (*kizokuin*), auch oft als Ober- oder Herrenhaus bezeichnet. In ersteres wurden gemäß preußischem Vorbild nach dem an den Zensus gebundenen Wahlrecht Vertreter gewählt, in letzterem war der hohe Adel mit seinen beiden obersten Rängen durch Geburtsrecht vom 30. Lebensjahr an auf Lebenszeit Mitglied. Der niedere Adel wählte aus seinen Reihen Abgeordnete für eine Periode von sieben Jahren und eine dritte Gruppe bestand aus verdienten Persönlichkeiten, die vom Tenno ernannt wurden. Alle kaiserlichen Prinzen waren ebenfalls Mitglieder, nahmen aber an den Sitzungen nicht teil, da das Kaiserhaus sich aus der Politik herauszuhalten versuchte. Außerdem wurden die größten Steuerzahler der einzelnen Präfekturen in das Oberhaus berufen. Dieses war gedacht als konservatives Gegengewicht gegen das für unberechenbar und unkontrollierbar gehaltene Unterhaus.

Eines der wenigen Druckmittel, über die das Parlament, besonders das Unterhaus, verfügte, war die Bewilligung des Budgets. Im Falle, dass der Haushalt abgelehnt wurde, hatte das Kabinett die Möglichkeit, mit dem des Vorjahres weiterzuregieren, auch hier übrigens nach preußischem Vorbild. Die Minister brauchten über keinen Sitz im Parlament zu verfügen und hatten meist auch keinen. Sie konnten aber jederzeit in beiden Häusern das Wort Wahlrecht erhalten. Das aktive (ab 25 Jahre) wie das passive Wahlrecht (ab 30 Jahre) besaßen nur die Männer, die pro Jahr mindestens 15 Yen direkte Steuern zahlten. Damit bestand der Kreis der Berechtigten zum größten Teil aus Großgrundbesitzern und vermögenden Bauern, sodass nur gut 1 % der Bevölkerung an den ersten Wahlen im Jahre 1890 teilnehmen konnte. Zehn Jahre später wurde die Steuergrenze für das Wahlrecht auf 10 Yen gesenkt und damit das Wählerpotenzial verdoppelt. Dadurch kam das wohlhabende Bürgertum verstärkt als Wählergruppe hinzu. Erst im Jahre 1900 sollte das geheime Wahlrecht eingeführt werden und bis 1919 wurde das an die Steuer gebundene Wahlrecht so stark erweitert, dass die Zahl der Wahlberechtigten auf über drei Millionen stieg, d. h. ca. 5,5 % der Bevölkerung.

Die ersten Wahlen von 1890 gerieten für die Regierung zu einer Katastrophe, da die beiden großen Parteien die überwiegende Mehrheit der 300 Sitze gewannen. Das Unterhaus bestand daher fast nur aus „Opposition" und sollte   Das erste Unterhaus sich bald mit Forderungen bemerkbar machen, die von dem Kabinett als unannehmbar angesehen wurden: Senkung der Steuern für Grundbesitz, Subventionen für die Industrialisierung und Reduzierung des Rüstungsetats. Auf Anraten der Regierung und seiner Berater löste der Kaiser das Unterhaus schon nach eineinhalb Jahren wieder auf, aber die Neuwahlen Anfang 1892 brachten trotz massiver Eingriffe des Innenministeriums keine wesentlich anderen Ergebnisse. Das Patt wurde schließlich durch ein Edikt des Kaisers überwunden, der zur Zusammenarbeit aufforderte. Eine grundlegende Frontstellung von Regierung und Unterhaus aber blieb bestehen, wohingegen das konservativere Oberhaus in der Meiji-Zeit mit dem Kabinett eine weitgehende Interessengleichheit verband.

Neben den Ministern war als weiteres verfassungsmäßiges Beratungsorgan der Geheime Staatsrat (*sûmitsuin*) bestimmt, der 1888 durch eine kaiserliche   Geheimer Staatsrat Verordnung zur Erarbeitung der Verfassung eingerichtet worden war, aber auch danach bestehen blieb. Ihm gehörten neben allen Ministern noch speziell vom Kaiser berufene, mindestens 40 Jahre alte Mitglieder an, deren ursprüngliche Zahl von 12 später auf 24 erweitert wurde und die sich durch eine besonders konservative bis reaktionäre Gesinnung auszeichneten.

Noch wichtiger als der Geheime Staatsrat waren die sogenannten Älteren Staatsmänner (*genrô*), die in der Verfassung gar nicht vorgesehen waren. Bei   Genro ihnen handelte es sich um Persönlichkeiten, die sich in der Gründungsphase des neuen Staates besonders verdient gemacht hatten. In der Meiji-Zeit wurden zunächst sieben Staatsmänner zu Genro ernannt und in der nachfolgenden Taisho-Ära sollte der Kreis um zwei erweitert werden. Sie stellten jahrzehntelang den Kabinettschef und viele Minister aus ihren Reihen und nahmen auch die führenden Positionen in den Streitkräften sowie Sitze im Geheimen Staatsrat ein.

Gleichzeitig mit der Verfassung, aber unabhängig von ihr, wurde das „Kaiserliche Hausgesetz" (*kôshitsu tenpan*) erlassen. Es regelte vor allem   Kaiserliches die Erbfolge, die Regentschaft, die Stellung der kaiserlichen Familie, die   Hausgesetz Erbgüter, die Finanzen, die religiösen Aufgaben des Tennos (*saishi*), Vorschriften für den Fall von Rechtsstreitigkeiten und Angelegenheiten des

„Kaiserlichen Familienrats" *(kôzoku kaigi)*. Das Hausgesetz machte die Hofverwaltung von der Regierung völlig unabhängig.

Eine Bremsfunktion gegen politische Entwicklungen, die außer Kontrolle geraten könnten, war dem im Hausgesetz vorgesehenen Kaiserlichen Familienrat zugedacht, der aber in der Praxis kaum zur Krisenbewältigung eingesetzt wurde. Er bestand aus den männlichen Mitgliedern der kaiserlichen Familie, soweit sie volljährig waren. Die hohen Hofbeamten im Amt des Lordsiegelbewahrers und des Kaiserlichen Haushaltsministers, der Präsident des Geheimen Staatsrates, der Justizminister und der Präsident des Kassationshofes waren als Teilnehmer an den Besprechungen vorgesehen.

Die konstitutionelle Allmacht des Tennos war in der Praxis durch die wahren Machtverhältnisse im Staat beschränkt und besaß daher eher eine theoretische Natur. Die Bestimmungen der Verfassung waren so unklar, dass bis zum Zweiten Weltkrieg sowohl autoritäre als auch demokratische Regierungen möglich wurden. Kurioserweise fanden in den Artikeln weder Kabinett noch Premier irgendeine Erwähnung, obwohl ihre Existenz natürlich vorausgesetzt wurde und der Regierungschef mit der Einführung eines Kabinettssystems per kaiserlichen Erlass 1885 eine große Machtfülle erhalten hatte. In der Verfassung wurde sie ihm durch die Ignorierung seines Amtes wieder genommen, in Abweichung von dem sonst als Vorbild dienenden preußisch-deutschen Modell. Die konstitutionelle Lücke wurde am 24. Dezember 1889 durch einen kaiserlichen Erlass geschlossen, wonach der Kabinettschef die Stellung eines Primus inter Pares *(dôhaishachû no daiichininsha)* in der Ministerrunde einnehmen würde.

Zwiespältig und unklar blieb auch das Verhältnis zwischen Regierung und Militär. Heeres- und Marineminister wurden von der jeweiligen Teilstreitkraft ausgewählt, deren Interessenvertreter im Kabinett sie waren, und nicht etwa vom Premierminister. Besonderen Druck konnten sie dadurch ausüben, dass sie mit Rücktritt drohten oder ihn gar vollzogen. Benannten die Militärs dann keinen Nachfolgekandidaten, war die Regierung zur Demission verurteilt, da sie nicht mehr vollständig war. Davon wurde aber erst in den Perioden nach Meiji intensiv Gebrauch gemacht. Im Jahre 1900 legte ein kaiserlicher Erlass fest, dass die beiden Waffenminister von aktiven Offizieren der beiden obersten Dienstgrade in Heer bzw. Marine gestellt werden müssten. Im Jahre 1913 sollte diese Bestimmung dahingehend geändert werden, dass auch Militärs der Reserve dafür in Frage kämen; diese Ausweitung wiederum sollte 1936 zurückgenommen werden.

Bei der Schaffung des Fundamentes für den Meiji-Staat diente Preußen nicht nur als Modell für die Verfassung, sondern auch für viele andere Bereiche wie z. B. den Aufbau einer Bürokratie. Die „Kaiserliche Universität" in Tokyo (heute: Universität Tokyo) war 1877 vorrangig dazu gegründet worden, diese Elite heranzubilden, besonders an der Juristischen Fakultät. Andere Kaiserliche Universitäten *(teikoku daigaku)* folgten bald. Die Bürokratie bildete ein konservatives Gegengewicht im Dienste der Regierung

Regierung und Militär (margin note)

Heranbildung einer Bürokratie (margin note)

gegen die Parteien und das Unterhaus. Gleichzeitig mit dem Konstitutionalismus erarbeitete Japan auch ein Rechtssystem zwecks Assimilierung an den Westen. Nur dadurch glaubte es, langfristig als ebenbürtig akzeptiert zu werden und mit seiner Forderung nach Aufhebung der „ungleichen Verträge" durchdringen zu können. Das Justizwesen war zwar laut Verfassung unabhängig, vertrat aber in der Praxis meist die Interessen der Regierung. Bei der schriftlichen Fixierung lehnte man das britische Recht als zu liberal ab und orientierte sich zunächst am französischen Code civil, der besonders attraktiv schien, da er auf der Zentralisierung des Staates beruhte. Die ersten von Japan eingestellten juristischen Berater waren daher Franzosen. Aufbau einer Rechtsordnung

Im Bürgerlichen Gesetzbuch, das in einem langwierigen Prozess entstand und erst 1898 in Kraft trat, dominierten zwar deutsche Vorstellungen, aber der französische Einfluss war nicht ganz verschwunden. Familien- wie Erbrecht blieben dagegen der japanischen Tradition verhaftet. Das Handelsgesetzbuch folgte einem Entwurf des Rostocker Professors Hermann Roesler und das Strafgesetzbuch von 1880 basierte auf französischen Vorschlägen, doch spielte Deutschland eine Rolle bei der revidierten Fassung von 1907. Die Zivilprozessordnung war weitgehend eine Übersetzung der deutschen, zeigt aber auch einige Anklänge an französisches und britisches Recht. Die Strafprozessordnung war von einem Franzosen vorbereitet worden und galt ab 1880, wurde aber später mehrmals geändert. Einflüsse des anglo-amerikanischen Rechts sollten sich erst nach dem Ersten Weltkrieg bemerkbar machen, so z. B. bei dem Treuhandgesetz von 1922, der Schwurgerichtsordnung von 1923 und der Reform des Aktienrechts 1938. Deutsche und andere Vorbilder

b) Das Bildungswesen

Als eine unverzichtbare Voraussetzung für eine energische Modernisierung betrachtete Japan den Aufbau eines Bildungssystems nach westlichem Vorbild. Hatte es in der Tokugawa-Zeit nur von Privatleuten oder von einzelnen Daimyaten betriebene Lehranstalten gegeben, so wurde im Jahre 1871 das Erziehungsministerium geschaffen und im folgenden Jahr die „Grundsätze des Erziehungswesens" (*gakusei*) festgelegt, durch die eine Schulpflicht eingeführt wurde. Die ursprünglich vorgesehenen acht Jahre für Jungen wie Mädchen im Alter von sechs bis vierzehn Jahren erwiesen sich jedoch für Japans Verhältnisse als zu ehrgeizig, sodass die Dauer je nach örtlichen Voraussetzungen auf vier Jahre gesenkt werden durfte – und durch eine Reform von 1880 sogar zeitweise auf nur drei. Alle Schulen wurden der zentralen Kontrolle des Ministeriums unterstellt. Die überstürzt und zur großen Überraschung weiter Teile der Bevölkerung eingeführte Schulpflicht ließ sich in der Praxis aber nur schwer durchsetzen. Besonders auf dem Land erhob sich bald Widerstand, da man den Wert eines Schulbesuchs nicht einsah, mit dem zwangsläufig ein Entzug von Arbeitskraft einherging und Schulpflicht der Kosten verursachte, denn schließlich wurden bis 1898 selbst in den Elementarschulen Gebühren erhoben. Auch waren viele Gemeinden mit der Finanzierung überfordert und die Verbreitung westlicher Ideale durch den Unterricht wurde häufig als Gefahr für die traditionelle Sozialordnung angesehen. Schulgebäude wie Lehrkräfte wurden daher bald Gegenstand und Opfer von Gewaltanwendung.

Zum Aufbau eines effektiven und modernen Bildungswesens trat eine Reihe ausländischer Berater und Lehrer in Japans Dienste, meist Amerikaner. Das Schulsystem folgte daher weitgehend dem Modell der USA mit ihrer nach japanischer Ansicht besten allgemeinen Schulbildung. So führte man in der Meiji-Zeit anfangs nur einen einzigen Schultyp ein, an den sich auf freiwilliger Basis zwei weitere Bildungsstätten für Jungen anschlossen: die Mittelschule (*chûgakkô*) und die Höhere Mittelschule (*kôtô chû-gakkô*), später Oberschule (*kôtôgakkô*) genannt. Eine Aufgliederung wie in einigen Ländern Europas, wo nach einigen wenigen gemeinsamen Anfangsjahren der größte Teil der Bevölkerung schon in früher Kindheit von einer späteren Universitätskarriere ausgeschlossen wurde, sollte dagegen vermieden werden.

Ausländische Einflüsse

Die Spannungen zwischen Modernisierung bzw. Verwestlichung und Nationalismus wurden nur langsam überwunden. Das 1872 eingeführte Fach „Moralkunde" (*shûshin*) legte zunächst Lehrbuchinhalte ausländischer Unterrichtswerke zugrunde und rief deshalb den Unmut konservativer Kräfte hervor. Daher schaltete sich der Tenno ein, vermutlich auf Einwirken der unter Druck geratenen Regierung. Er verkündete 1879 sogenannte Grundprinzipien der Erziehung (*kyôgaku taishi*), in denen auch er die Konfusion und Degeneration innerhalb der japanischen Gesellschaft und Kultur auf die Verwestlichung zurückführte und deshalb empfahl, durch die Wiederbelebung der Traditionen das Bildungswesen von negativen Erscheinungen zu reinigen und dadurch eine positive Entwicklung der Nation herbeizuführen. Ziele der Erziehung seien die Heranbildung zu Humanität, Gerechtigkeit und Loyalität. Unterrichtsinhalte und Schulbücher mussten jetzt neuen Richtlinien angepasst werden, von denen eine direkte Verbindung zu dem späteren Kaiserlichen Erziehungsedikt von 1890 führte. Die Moralkunde wurde auf konfuzianische und shintoistische Grundlage gestellt und nahm künftig einen bedeutenderen Platz im Curriculum ein.

Grundprinzipien der Erziehung

Ein besonders aktiver Politiker auf dem Gebiet des Bildungswesens war Mori Arinori, ab 1885 Erziehungsminister, aus einer Samurai-Familie in Satsuma. Er hatte seit der ausgehenden Tokugawa-Ära reichlich Auslandserfahrung gesammelt und war zum Christentum übergetreten. Fasziniert von den angelsächsischen Nationen und ihren liberalen Ideen, wie er war, befürwortete er sogar die Abschaffung der japanischen Sprache zugunsten der englischen. Bald aber entwickelte sich Mori, einem Zeittrend folgend, zu einem glühenden Bewunderer Bismarcks und Preußens. Er führte daher Reformen mit konservativer Tendenz im Bildungswesen durch. Im Jahre

Mori Arinori als Erziehungsminister

1886 wurde die Schule wie in Deutschland nach dem vierten Jahr aufge- Das deutsche Modell
gliedert. Der größte Teil der Schüler absolvierte dann vier weitere Elementar-
schuljahre. Nur eine kleine Elite von Jungen erhielt die Möglichkeit, in eine
vier- oder fünfjährige Mittelschule zu wechseln und daran eventuell noch eine
zwei- oder dreijährige Oberschule anzuschließen. Danach bestand die Möglichkeit eines Studiums an einer Kaiserlichen Universität oder einer privaten
Hochschule. Dieses duale System sollte im Wesentlichen bis zum Ende des
Zweiten Weltkrieges bestehen bleiben. Mädchen allerdings stand die Alternative einer höheren Schulbildung erst allmählich offen, beginnend mit der
ersten speziell für sie gegründeten Oberschule im Jahre 1895. In den 1880er
Jahren wurde zusätzlich ein Berufsschulwesen aufgebaut.

Das moderne Bildungssystem blieb das Hassobjekt vieler Nationalis-
ten, denen Erziehungsminister Mori am 11. Februar 1889, wenige Stunden Moris Ermordung
vor der Verkündigung der Verfassung, bei einem Mordanschlag zum Opfer
fiel. Angeblich war sein respektloses Verhalten gegenüber Kaiserhaus und
Shintoismus dafür verantwortlich. Sein früher Tod im Alter von nur 41 Jahren
führte zu einer neuen Welle des Chauvinismus. Im gleichen Jahr wurde auch
ein Attentatsversuch von radikalen Nationalisten auf den als liberal angesehenen Okuma Shigenobu unternommen, der dabei schwer verletzt wurde
und lange Zeit für eine politische Betätigung ausfiel. Moris Tod machte den
Weg frei für eine weitere Japanisierung des Bildungswesens. Kurz darauf, im
Jahre 1890, proklamierte ein „Kaiserliches Erziehungsedikt" (*kyôiku cho-*
kugo) die ethischen Grundsätze der Bildung, um die Reformdiskussion Kaiserliches Erzie-
zum Schweigen zu bringen und stattdessen die gewünschte ideologische hungsedikt
Orientierung der Schulen zu stärken und mit konfuzianischen Wertvorstel-
lungen zu indoktrinieren: Loyalität, kindliche Liebe, Gehorsam gegenüber
Vorgesetzten und Kaiserverehrung statt Liberalismus und Individualismus.
Folgsamkeit und Pflichten der Kinder gegenüber ihren Eltern wurden auf die
Beziehung der Untertanen zum Tenno und Staat übertragen.

Die Regierungspropaganda, die nun über das Bildungswesen große Ver-
breitungsmöglichkeiten erhielt, betonte zunehmend die göttliche Herkunft
des japanischen Volkes insgesamt, das als rasserein erklärt wurde, und leitete
daraus eine natürliche Führungsrolle in der Welt her. Darin liegt eine der Schule und
Wurzeln für den bald entflammenden Nationalismus des Tenno-Reiches und Propaganda
die nach Beginn der Modernisierung einsetzende Expansion. Bis in den
Zweiten Weltkrieg hinein findet sich dafür die ideologische Untermauerung,
z. B. in der Forderung, nach göttlichem Willen „die acht Ecken der Welt"
(d. h. die ganze Welt) unter einem Dach (*hakkô ichiu*) zu vereinigen (d. h.
unter der Führung des Tennohauses). Die Modernisierung nach westlichen
Vorbildern wurde unter diesen Umständen besonders für liberal eingestellte
Intellektuelle zu einem schwierigen Balanceakt.

c) Wirtschaft und Industrialisierung

Das Bürgertum und die Kaufmannsschicht nutzten schnell die Chance neuer Betätigungsfelder, die sich durch die Meiji-Restauration bot. Dabei sollten Zaibatsu die sogenannten Zaibatsu (wörtlich: Finanzcliquen) eine herausragende Rolle spielen. Es handelte sich bei ihnen um große Konzerne in Familienbesitz, die aus den alten Handelshäusern hervorgegangen waren. Mitsui, in der Tokugawa-Ära das größte von ihnen, hatte bis zuletzt enge Beziehungen zum Shogunat unterhalten, sich aber noch rechtzeitig doppelt abgesichert und auch Kontakte zur Gegenseite geknüpft, besonders zu Choshu, sodass die Familie auch in der Meiji-Zeit eine beherrschende Stellung einnehmen konnte und im Jahre 1900 sogar geadelt werden sollte. Führender Reformer auf wirtschaftlichem Gebiet und der Vater von Japans industrieller Revolution war im Regierungslager Okubo Toshimichi aus Satsuma, der ab 1871 Finanzminister war.

Trotz technischer und wirtschaftlicher Rückständigkeit herrschte in Japan eine Reihe von Bedingungen, die sich auf die Modernisierung positiv auswirken sollten. Dazu gehörten der relativ hohe Bildungsstand, über den ein Großteil der Bevölkerung verfügte, der Überschuss an Arbeitskräften in der Landwirtschaft und der Drang der Samurai-Schicht nach Übernahme von Führungs- und Verwaltungsaufgaben. Schon in der Tokugawa-Zeit hatte sich nicht nur ein zentralisierter Beamtenstaat entwickelt, der in der Meiji-Ära seine Fortsetzung fand und dirigistische Eingriffe bei der Industrialisierung erleichterte, sondern das Shogunat hatte in seiner Spätzeit auch den Aufbau zahlreicher Produktionsstätten gefördert.

Im Jahre 1872 wurde Fremden per Gesetz verboten, Bergbaurechte zu erwerben und ein Jahr später wurde ihnen Grundbesitz in Japan untersagt. Steuerreform Bald wurde die Bodensteuer reformiert und von Reis- auf Geldzahlung umgestellt. Sie stellte noch jahrelang über 50 % der Staatseinnahmen, mitunter sogar 70 %. Viele Kleinbauern mussten sich verschulden und sahen sich schließlich zum Verkauf ihres Bodens gezwungen. Dadurch fand eine immer stärkere Konzentration des Ackerlandes in den Händen von Grundbesitzern statt, die es wiederum an Pächter – oft die ehemaligen Besitzer – übergaben und oft mehr als 50 % Pacht von der Ernte eintrieben. Das dabei angesammelte Kapital wurde zur Gründung von Unternehmen in ländlichen Gegenden oder zu Investitionen in der aufblühenden Industrie eingesetzt. Die Großgrundbesitzer, die dadurch oft zu Unternehmern wurden, entwickelten sich zu einer politischen Machtgruppe, die durch ihre finanziellen Mittel die Wahlen in ihrem Bezirk stark beeinflussen und daher auf Rücksicht von Seiten der bald aufstrebenden Parteien zählen konnten. In der frühen Meiji-Zeit kam es immer wieder zu Bauernunruhen, die aber nicht koordiniert waren, sondern als lokale Erhebungen anzusehen sind. Die Not wurde Lage der Landbe- dadurch etwas gemildert, dass sich bald Beschäftigungsmöglichkeiten in der völkerung Industrie fanden.

Als im Jahre 1878 das Verkaufsverbot für die staatlichen Schuldverschreibungen endete, die bei Auflösung der Daimyate verfügt worden waren, wurden erhebliche Mittel in Aktien der aufstrebenden Industrie angelegt. Der Zufluss von fremdem Kapital nach Japan wurde vorläufig auf ein Minimum begrenzt, um die Gefahr einer Abhängigkeit von anderen Mächten zu unterbinden. In Ausnahmefällen aber wurden durchaus ausländische Finanzquellen genutzt, so z. B. für den 1872 begonnenen Eisenbahnbau. Investitionskapital

Die Währung wurde 1871 vereinheitlicht und auf Dezimalsystem umgestellt. Dann begann der planmäßige Aufbau eines Bankwesens nach dem amerikanischen Modell der Nationalbanken (*kokuritsu ginkô*). Der Ersten Industrieförderungsbank (*Dai-Ichi Kangyô Ginkô*) von 1873 folgten bald weit über einhundert Gründungen. Die erste Privatbank, die Mitsui-Bank, wurde 1876 zugelassen. Im Jahre 1880 förderte die Regierung mit finanzieller Unterstützung die Gründung der Yokohama Specie Bank (*Yokohama Shôkin Ginkô*; später: Bank of Tokyo, *Tôkyô Ginkô*), um den Außenhandel zu erweitern. Sie spezialisierte sich auf den Handel mit fremden Zahlungsmitteln und auf die Finanzierung des internationalen Handels. Im Jahre 1882 wurde die Bank of Japan (*Nihon Ginkô*) als Zentralbank gegründet, die dem europäischen Modell folgte und künftig das alleinige Recht zur Ausgabe von Banknoten besitzen sollte. *Bankensektor*

In den späten 1870er Jahren führte Finanzminister Matsukata Masayoshi erfolgreich eine Deflationspolitik durch. Für viele Japaner aber gab es keine Rettung aus der Not. Sinkende Preise, steigende Steuern sowie eine Missernte im Jahre 1884 führten zu einer Verelendung weiter Landstriche und zum Bankrott kleinerer Betriebe. Wieder flammten Unruhen auf dem Land auf, darunter vor allem 1884 in Chichibu, nördlich von Tokyo, und unter Bergarbeitern. Dieser Aufruhr verband sich zeitweise mit der Bewegung für Freiheit und Volksrechte, wurde aber wie alle derartigen Zwischenfälle von Polizei und Armee blutig niedergeschlagen. *Matsukata-Deflation*

Im Gegensatz zu der sich ausbreitenden Not setzte nun verstärkt der Aufstieg der Zaibatsu ein. Diese hatten sich ursprünglich nicht mit Manufaktur und Produktion beschäftigt, sollten sich aber ca. 20 Jahre nach der Meiji-Restauration massiv an der Industrialisierung beteiligen, indem sie die Chance zur Konzentration nutzten und vor allem Pilotprojekte der Regierung nach der Konsolidierungsphase übernahmen. Die Zaibatsu blieben in Familienbesitz, doch rekrutierte sich das Management seit den 1890er Jahren immer mehr aus externen Fachleuten. Jeder von ihnen sollte schließlich ein Konglomerat aus Firmen und Finanzinstituten bilden, hatte aber durch geschickte Diversifikation unterschiedliche Schwerpunkte. Konzentrierte sich Yasuda vor allem auf das Bank- und Finanzwesen, so spielten im Mitsubishi-Konzern bald Schifffahrt und Schiffbau eine entscheidende Rolle. Als die rivalisierende Mitsui-Gruppe mit Unterstützung der Regierung ebenfalls eine Schifffahrtsgesellschaft gründete, setzte ein ruinöser Wettbewerb ein, und der Bankrott beider Konkurrenten konnte nur dadurch verhindert werden, dass *Industrialisierung durch Zaibatsu* sie 1885 zur Japanischen Dampfschifffahrtsgesellschaft (*Nippon Yūsen Kaisha*) fusionierten, in der aber Mitsubishi dominierte.

Die Werft von Nagasaki, die von der japanischen Regierung aus dem Besitz des Shoguns übernommen worden war, wurde 1884 für zwanzig Jahre an Mitsubishi verpachtet, ging aber schon drei Jahre später durch Verkauf an die Gesellschaft über. Damit erhielt eine der größten Schifffahrtslinien auch Zugang zum Schiffbau sowie zu Industrieanlagen und ein schier unaufhaltsamer Aufstieg begann.

Regierungs-investitionen
Die Regierung investierte auch direkt in Bergbauunternehmen sowie in Rüstungsbetriebe und Produktionsstätten für Güter des zivilen Bedarfs. Im Jahre 1873 wurde das erste staatliche Eisenwerk errichtet, das aber trotz englischer Technik nicht recht florieren wollte. Mit der Gründung des ersten integrierten Eisen- und Stahlwerks in Yawata auf Kyushu im Jahre 1896 gelang dann aber der große Durchbruch, dem bald weitere in Privatbesitz befindliche Werke in anderen Teilen des Landes folgen sollten.

Privatisierung
Der Staat verkaufte ab 1880 nach und nach die von ihm aufgebauten und betriebenen Unternehmen an private Geschäftsleute und zog sich aus der Industrie zurück. Da zunächst die defizitären Betriebe angeboten wurden, lief das Geschäft nur schleppend an. Schließlich, ab etwa 1884, verkaufte die Regierung auch profitable Unternehmen, darunter zahlreiche Bergwerke, achtete aber nun darauf, dass der Käufer ausreichendes Know-how besaß, um das Unternehmen erfolgreich weiterzuführen und auszubauen. Ausgenommen von der Privatisierung waren weiterhin Rüstungswerke und Kommunikationseinrichtungen. Bevorzugt wurde an bereits etablierte Konzerne wie Mitsui, Mitsubishi und Furukawa verkauft, oft unter Wert und unter den Gestehungskosten, dafür aber unter der Auflage, für langfristige Planung und Ausbau zu sorgen.

Anwerbung ausländischer Spezialisten
Die Regierung warb außerdem Tausende von Spezialisten aus anderen Ländern an, die den Aufbau der Industrie ermöglichten. Viele von ihnen lehrten an den neu geschaffenen Universitäten, andere wiederum wurden benötigt, um japanische Arbeitskräfte für den Einsatz an importierten Maschinen anzulernen und sie mit der Wartung vertraut zu machen. Diese hochbezahlten Spezialisten wurden, soweit sie auf technischem Gebiet tätig waren, bevorzugt aus dem als führend angesehenen England angeworben. Deutsche sollten wegen ihrer Spezialkenntnisse für einzelne Branchen auch bald eingestellt werden, so z. B. auf den Gebieten Maschinenbau, Hütten- und Elektroindustrie.

Raupenzucht und Seidenindustrie
Die Textilproduktion tat sich anfangs gegen die fremde Konkurrenz schwer, da wegen der vom Ausland festgelegten niedrigen Zölle billige Produkte den japanischen Markt überschwemmten. Der Staat förderte daher die Zucht von Seidenraupen, um der Landbevölkerung zu einem Einkommen zu verhelfen, und richtete auch Musterbetriebe für die Seidenindustrie ein. Da man – neben dem Reisanbau als wichtigstem Betätigungsfeld – allmählich von der Raupenzucht fast als einer Monokultur sprechen konnte, war das Land

krisenanfällig, wie sich schon im Jahre 1890 zeigen sollte, als Binnen- und Exportmarkt gleichermaßen gesättigt waren. Im Laufe der Zeit wurde Japan aber der führende Exporteur von Textilprodukten – aus Seide ebenso wie aus Baumwolle –, die jahrzehntelang bis über 50 % der Ausfuhren bildeten, besonders auf den asiatischen Kontinent.

Im Jahre 1897 gab Japan den Silber- zugunsten des Goldstandards auf und verbesserte damit seine Kreditwürdigkeit auf den internationalen Finanzmärkten erheblich. Die von dem 1895 geschlagenen China gezahlten hohen Reparationen hatten diesen Umschwung ermöglicht. Damit endete auch die chronisch schlechte Finanzlage der Regierung. `Goldstandard`

d) Die Aussenpolitik der frühen Meiji-Zeit

Um sich zu modernisieren und den westlichen Mächten ähnlich zu werden, glaubte Japan, „Asien verlassen" zu müssen (*datsu-A*). Damit wurde aber gleichzeitig das Ziel ins Auge gefasst, den anderen Nationen des Kontinents überlegen zu werden. Hierin bestand wiederum der Ausgangspunkt für das spätere imperialistische Ausgreifen auf die Nachbarländer. Offenbar machte sich dabei die Schulung bemerkbar, welche die prominentesten Choshu-Politiker von ihrem Lehrer Yoshida Shoin genossen hatten. Zunächst aber war es schon ein Erfolg, von China als ebenbürtig anerkannt zu werden: Im Jahre 1871 schlossen beide Länder einen Freundschaftsvertrag ab, in dem sie die Gleichberechtigung des Partners anerkannten, niedrige Zölle auf Gegenseitigkeit zusagten, diplomatische Beziehungen aufnahmen und einander Exterritorialität gewährten. `Asien verlassen` `Freundschaftsvertrag mit China`

Mit den westlichen Mächten aber gelang die Anerkennung als gleichwertige Nation noch lange nicht, ein oft als „Versagen" der Politiker angesehener Zustand, der zu entsprechenden Vorwürfen führte und die Regierung unter Druck setzte. Außenminister Inoue Kaoru führte daher ab 1886 Gespräche mit den Vertretern der Vertragsstaaten, die jedoch ergebnislos endeten. Die Opposition gegen die als unzureichend angesehenen Emanzipationsversuche schwoll zusehends an und erhielt starke Unterstützung aus der Bewegung für die Volksrechte, sodass Inoue sich im folgenden Jahr zum Rücktritt gezwungen sah. Sein Nachfolger Okuma Shigenobu versuchte von da an, in bilateralen Verhandlungen und mit viel Geduld in kleinen Schritten dem großen Ziel näherzukommen.

Bald wurden Abkommen mit Deutschland sowie den USA erreicht, doch waren die Abstriche an den westlichen Sonderrechten eher kosmetischer Natur. Außerdem wurden Gespräche mit Großbritannien eröffnet. Wieder fanden öffentliche Unruhen wegen der angeblichen japanischen Nachgiebigkeit statt, wobei es zu dem bereits erwähnten Anschlag auf Außenminister Okuma kam, sodass die Verhandlungen zum Stillstand kamen. Ab Anfang der 1890er Jahre aber, als die Regierung immer stärker unter Druck durch das `Erste Abstriche an den Sonderrechten` neu geschaffene Parlament geriet, zeigten die fremden Mächte etwas mehr Bereitschaft zur Nachgiebigkeit, musste man doch die inzwischen erzielten Fortschritte bei Verfassung und Rechtssystem respektvoll anerkennen. Auch sah das Ausland ein, dass es angesichts des anschwellenden Nationalismus nichts Unmögliches von der Regierung in Tokyo verlangen konnte, ohne eine Destabilisierung herbeizuführen, die niemandem nützen würde. Der Durch-

Einigung mit
England bruch gelang schließlich im Jahre 1894, als Außenminister Aoki Shuzo mit seinem britischen Kollegen einen Handels- und Schifffahrtsvertrag abschloss, in dem die Aufgabe der Exterritorialität und die teilweise Rückgabe der Zollhoheit bis zum Jahre 1899 vorgesehen waren. Der Text behandelte beide Nationen gleich und wurde zum Vorbild für Verträge, die Japan in den nächsten Jahren mit anderen Ländern unterzeichnete. Sein erstaunlicher Sieg über China 1894/95 förderte die sich anbahnende Tendenz und im Jahre 1899 erhielt Japan seine Souveränität zurück. Es gehörte fortan als geachtetes Mitglied zur internationalen Staatengemeinschaft, errang seine volle Zollhoheit allerdings erst 1911. China dagegen musste bis zum Zweiten Weltkrieg mit ungleichen Verträgen leben.

3. EXPANSIONSPOLITIK UND DER WEG ZUR GROSSMACHT

a) OKINAWA UND DER PAZIFIK

Schon früh stellten sich für das aufstrebende Japan Verlockungen nach territorialer Expansion ein. Das gelang als erstes mit dem Königreich Ryu-Kyu, von den Japanern als Okinawa bezeichnet, das sich von den Kyushu vorgelagerten kleineren Inseln bis vor die Küste von Taiwan erstreckte. Dort hatte sich eine japanisch-chinesische Mischkultur, die zusätzlich Elemente aus der Südsee aufgenommen hatte, mit einer eigenen animistischen Religion entwickelt. Die doppelten kulturellen Wurzeln spiegelten sich jahrhundertelang in den Tributzahlungen wider, die das Königreich sowohl an China als auch an Satsuma entrichtete. Königreich Ryu-Kyu

Als im Jahre 1871 54 schiffbrüchige Bewohner Ryu-Kyus auf Taiwan von Angehörigen der Urbevölkerung ermordet wurden und China jegliche Verantwortung ablehnte, entsandte Japan drei Jahre später eine Strafexpedition an den Ort des Geschehens, getrieben von der Hoffnung, in irgendeiner Weise auf der Insel Fuß fassen zu können. Die Truppen stießen aber auf unerwartet starken Widerstand und das Unternehmen war weitgehend als Misserfolg zu werten. Unter britischer Vermittlung stimmte China schließlich zu, 500 000 Taels Entschädigung für die ermordeten Bewohner von Okinawa als „Untertanen Japans" und für die – in Wirklichkeit sehr viel höheren – Expeditionskosten zu bezahlen. Damit erkannte es die Oberhoheit Japans über die Inselgruppe an und schwächte seine eigenen Ansprüche entscheidend. Die Regierung in Tokyo forderte nun von Ryu-Kyu, seine Bande zu China zu kappen und annektierte schließlich 1879 in einem völkerrechtlich fragwürdigen Akt die Inseln. Sie wurden kurzerhand zur Präfektur Okinawa erklärt und der König, der ins Exil nach Tokyo gehen musste, erhielt später den Adelsrang eines Marquis mit Pensionsanspruch. Taiwan-Expedition Annexion Okinawas

Mit weniger Schwierigkeiten verbunden war die Sicherung Ogasawaras (Bonin-Inseln), einem Archipel knapp 1 000 km südlich von Tokyo, der kein respektierter Besitz irgendeines Staates war. 1876 wurde er von der Meiji-Regierung annektiert und bald darauf verwaltungsmäßig der Stadt Tokyo unterstellt. Die Inseln waren ohne wirtschaftlichen Wert, besaßen aber eine militärische Bedeutung, da von ihnen aus die Schifffahrtsrouten zwischen Amerika und Ostasien entweder gesichert oder aber gefährdet werden konnten. Ogasawara

Auch die USA expandierten zu dieser Zeit stark im pazifischen Raum. Sie erwarben 1867 Alaska käuflich von Russland. Im gleichen Jahr erklärten sie die Midway-Inseln zu amerikanischem Territorium, gelegen auf halbem Wege zwischen Ogasawara und Hawaii, einem damals noch unabhängigen Königreich, wo sich viele amerikanische Firmen wirtschaftlich engagierten, aber gleichzeitig der japanische Bevölkerungsanteil durch die Zuwanderung von Amerikanische Expansion im Pazifik

Arbeitskräften für die Zuckerrohrplantagen rapide anstieg. Im Jahre 1871 schloss Hawaii mit Tokyo einen Handels- und Freundschaftsvertrag. Die USA nahmen 1898 aus Furcht vor japanischen Annexionsplänen die Inselgruppe vorsorglich mitsamt den benachbarten Atollen Johnston sowie Palmyra in Besitz und fügten zwei Jahre später noch Wake hinzu. Durch den amerikanisch-spanischen Krieg von 1898 wurden außerdem die Marianen-Insel Guam und die Philippinen den Vereinigten Staaten zugeschlagen.

b) Hokkaido, Sachalin und die Kurilen

Wahrscheinlicher als territoriale Streitigkeiten mit den USA waren zu dieser Zeit Konflikte mit Russland. Die Japaner betrachteten Hokkaido (Weg zum nördlichen Meer), die nördlichste ihrer vier Hauptinseln, bis Anfang der Meiji-Zeit noch nicht als festen Bestandteil des Mutterlandes. Es lebten dort noch hauptsächlich die Ureinwohner, das Volk der Ainu, die mit den Japanern nicht verwandt sind. Dort ergab sich im Jahre 1869 Enomoto Takeaki, der nach der Meiji-Restauration Führer republikanischer Truppen war und mit seinen verbliebenen Streitkräften in Gefangenschaft geriet, aus der er 1872 schließlich freigelassen wurde. Danach spielte er eine konstruktive Rolle für die neue Regierung in Tokyo und wurde mit dem Amt eines Generalsekretärs für die Kolonialisierung Hokkaidos betraut. Zu dieser Zeit wurde nämlich eine planmäßige Besiedelung der Insel gefördert, um den japanischen Besitzanspruch zu untermauern.

Sicherung Hokkaidos

Zum Abbau der vielen Reibungspunkte zwischen beiden Nationen hatten Japan und Russland in ihrem 1855 geschlossenen Freundschaftsvertrag von Shimoda unter anderem eine Grenzlinie festgelegt. Diese sollte zwischen den beiden Kurilen-Inseln Iturup (Etorofu) und Urup verlaufen – und wird von Japan auch heute noch bzw. heute wieder gefordert. Für Sachalin wurde dagegen nur die Vereinbarung getroffen, dass die Insel ungeteilt bleibe, sodass der unklare Zustand vorläufig bestehen blieb. Damit war aber das Startzeichen für ständig eskalierende Spannungen gegeben. Beide Länder wetteiferten mit der Entsendung von Siedlern und Garnisonen. Eine Lösung wurde schließlich im Vertrag von St. Petersburg 1875 gefunden, in dem Japan alle Ansprüche auf Sachalin aufgab und als Gegenleistung die gesamte Kurilen-Kette erhielt. Reibungen wegen der Aktivitäten japanischer Fischereiflotten wurden dadurch beigelegt, dass Tokyo ab 1885 gegen finanzielle Zuwendungen Fangrechte erhielt.

Vertrag von St. Petersburg 1875

Die bilateralen Spannungen waren damit aber längst nicht beseitigt. Als der russische Kronprinz, der spätere Zar Nikolaus II., im Jahre 1891 Japan einen Besuch abstattete, wurde er bei einem Attentatsversuch durch einen nationalistisch eingestellten Polizisten in Otsu nahe Kyoto verletzt. Die überschwänglichen japanischen Entschuldigungen konnten nicht verhindern, dass die Spannungen zwischen den beiden Nationen weiter zunahmen. Als Zankapfel

Attentat auf den russischen Kronprinzen

kristallisierte sich immer mehr Korea heraus, das wegen seiner eigenen Schwäche die Begehrlichkeit der beiden Nachbarn weckte und dessen lockere Abhängigkeit von dem ebenfalls ständig an Kräften verlierenden China offensichtlich seinem Ende entgegenging. Der 1891 von Russland in Angriff genommene Bau der Transsibirischen Eisenbahn zielte offensichtlich auf eisfreie Häfen mit Zielpunkt in Korea oder der Mandschurei ab und wurde von Japan als Bedrohung empfunden.

Korea und die Mandschurei zwischen Russland und Japan

c) Der Chinesisch-Japanische Krieg 1894–1895

Die anfänglich guten Beziehungen des jungen Meiji-Staates zu China wurden durch den offensichtlichen japanischen Expansionsdrang harten Belastungen ausgesetzt. Die einflussreiche nationalistische Gesellschaft des Schwarzen Ozeans (*Gen'yôsha*), gegründet 1881 und benannt nach dem Meeresgebiet zwischen Kyushu und Korea, verband sich zunächst mit der Bewegung für Volksrechte und polemisierte gegen die ungleichen Verträge, arbeitete langfristig aber auf eine aktivistische Kontinentalpolitik hin. Die zivilen Extremisten in der Gesellschaft agitierten in enger Kooperation mit radikalen Heereselementen und verübten einzelne Terrorakte wie z. B. das Attentat auf Okuma. Von der Gen'yosha sollte sich 1901 die Amur-Gesellschaft (*Kokuryûkai*) abspalten, die schon mit ihrer Namensgebung auf den Raum Mandschurei-Sibirien abzielte und sogar finanzielle Unterstützung von Zaibatsu wie Mitsui und Mitsubishi erhielt.

Nationalistische Gesellschaften in Japan

Eine Einflusserweiterung in Korea war ohnehin Regierungspolitik und der erste Schritt dazu sollte die Herauslösung des Nachbarlandes aus dem jahrhundertealten chinesischen Tributsystem sein. Man hielt die Halbinsel, die „wie ein Dolch auf Japans Herz gerichtet war", für äußerst wichtig, was die Sicherheit des Tenno-Reiches betraf. Bereits Ende des 16. Jahrhunderts hatten die Japaner unter ihrem Feldherrn Toyotomi Hideyoshi versucht, Korea in einem groß angelegten Krieg niederzuwerfen, zu annektieren und sich damit den Weg zu einem weiteren Vorstoß nach China zu öffnen, hatten sich aber nicht behaupten können und waren unter Zurücklassung „verbrannter Erde" wieder abgezogen.

Das abgeschlossene Korea verweigerte den Forderungen der Meiji-Regierung nach einer Öffnung seine Zustimmung, musste aber im Jahre 1876 dem Druck nachgeben und schloss einen „ungleichen" Vertrag. Peking wetteiferte nun fast zwanzig Jahre lang mit Tokyo um Einfluss in dem umstrittenen Land und beide rivalisierenden Mächte hatten dort ihre „Fünfte Kolonne". Häufig kam es zu antijapanischen Aufständen im Land, woraufhin Tokyo Strafexpeditionen entsandte sowie Entschädigungen, die Öffnung weiterer Häfen, größere Bewegungsfreiheit für seine Staatsbürger und das Recht erzwang, zum Schutz seiner Botschaft in Seoul Truppen zu stationieren. Ein Umsturz-

Ungleicher Vertrag mit Korea

Japanisch-chinesische Rivalität in Korea

versuch Japans wurde zwar von chinesischen Einheiten niedergeschlagen, brachte Tokyo aber immerhin Entschädigungszahlungen der koreanischen Seite ein. Um die Lage zu stabilisieren, entsandte Tokyo im März 1885 mit Ito Hirobumi einen seiner einflussreichsten Politiker nach China, der den „Vertrag von Tientsin" aushandelte. Darin verpflichteten sich beide Mächte, ihre Truppen aus Korea abzuziehen, keine Instrukteure zur militärischen Ausbildung zu entsenden und künftig nur noch in beiderseitigem Einvernehmen Streitkräfte zu stationieren. Der erreichte Kompromiss sollte sich aber als trügerisch erweisen.

Vertrag von Tientsin

Seit den frühen achtziger Jahren des 19. Jahrhunderts hatte Japan systematisch Planungen und Rüstungsmaßnahmen für einen Präventivkrieg gegen China durchgeführt. Die Chance für eine militärische Aktion bot sich, als Anfang 1894 in Korea Unruhen unter der Landbevölkerung ausbrachen, die einen religiösen Ursprung hatten, aber bald in soziale und fremdenfeindliche Forderungen übergingen. Schnell entstand eine Bürgerkriegssituation und die bedrängte Regierung in Seoul rief zur Niederwerfung der Aufständischen Anfang Juni 1894 chinesische Truppen ins Land. Japan entsandte daraufhin ebenfalls Militär unter Berufung auf den Vertrag von Tientsin. Neben der Armee betätigte sich auch Außenminister Mutsu Munemitsu als Scharfmacher. Die Kontingente beider Mächte waren nicht sonderlich groß, aber am 20. Juli stellte der japanische Gesandte der Regierung in Seoul das Ultimatum, innerhalb von zwei Tagen Chinas Truppen auszuweisen, und kündigte widrigenfalls „ernste Schritte" an. Da eine Antwort ausblieb, besetzte japanisches Militär drei Tage später nach kurzen Kämpfen den Königspalast und setzte eine neue Regierung in Korea ein, die am 25. Juli mit Tokyo einen Bündnisvertrag gegen China abschloss. Japan begann wenige Stunden darauf seinen Angriff auf das Reich der Mitte, indem es dessen Flotte im Gelben Meer überfiel. Vier Tage später attackierte es Kontingente des Gegners mit Invasionstruppen auf der koreanischen Halbinsel und erklärte etwa eine Woche nach Abgabe des ersten Schusses den Krieg.

Japanische Kriegser-öffnung gegen China

General Yamagata Aritomo, ehemaliger Generalstabschef, Premier, zuletzt Präsident des Geheimen Staatsrates und die treibende Kraft hinter dieser Expansionspolitik, übernahm das Kommando über die 1. Armee, drang über den Yalu in die Mandschurei vor und siegte in einer Reihe von Schlachten. Dabei besetzte er z. B. das strategisch wichtige Port Arthur (Lüshun) und Dairen (Dalian) auf der Liaotung-Halbinsel. Japanische Truppen bemächtigten sich außerdem der stark befestigten Hafenstadt Weihaiwei auf der Shantung-Halbinsel. Yamagata forderte nun eine weitere Ausweitung der Kampfhandlungen in das Innere Chinas, doch fürchtete die Regierung unter Premier Ito Hirobumi die rasant steigenden Kriegskosten und die sich abzeichnenden internationalen Verwicklungen, insbesondere mit Russland. Sie gab daher dem Ausland Garantien, einen weiteren Vorstoß zu unterlassen, und arbeitete auf einen Friedensschluss hin. In Japan war dieser Kurs umstritten, sodass Ito häufig als „Pazifist" diffamiert wurde.

Japanische Siege in der Mandschurei

Im Vertrag von Shimonoseki musste sich China am 17. April 1895 einem Diktatfrieden beugen. Es sah sich gezwungen, endgültig die Unabhängigkeit Koreas anzuerkennen und Taiwan, die Pescadores-Inseln sowie die Liaotung-Halbinsel mit dem wichtigen Stützpunkt Port Arthur an Japan abzutreten, 200 Millionen Tael an Entschädigung zu zahlen, weitere Häfen für den Handel zu öffnen und dem Sieger dieselben Privilegien einzuräumen, wie die westlichen Mächte sie dank der ungleichen Verträge genossen. In Weihaiwei sollte Japan vorübergehend Stationierungsrechte erhalten. Friede von Shimo-
noseki

Das aufstrebende Japan wurde den Großmächten langsam unheimlich. Russland, Frankreich und Deutschland entschlossen sich, mit ihrer berühmt gewordenen Triple-Intervention Tokyo zu zwingen, auf einen Teil der Beute zu verzichten. Japan gab auf einen entsprechenden „Rat" der drei Mächte hin nach monatelangem Gezerre im November 1895 grollend die Liaotung-Halbinsel auf, allerdings gegen eine Aufstockung der Entschädigungssumme um 30 Millionen Tael. Der nationale Stolz Japans sollte noch Jahrzehnte darunter leiden, dass man militärisch nicht stark genug gewesen war, dem Druck zu widerstehen. Der deutsche Gesandte war bei der Übermittlung der „Ratschläge" besonders aggressiv aufgetreten. Triple-Intervention

Japans Modernisierungsprogramm hatte nach allgemeiner Auffassung mit dem Sieg von 1895 die Feuerprobe bestanden. Es gewann nun auch für viele Chinesen Modellcharakter und zahlreiche Studenten gingen zum Studium an die Universitäten des Nachbarlandes. Außerdem wurden von den chinesischen Streitkräften Offiziere an die japanische Militärakademie entsandt, darunter von 1908 bis 1910 auch Chiang Kai-shek, der später als „Marschall" zum Führer Chinas werden sollte.

d) Das Britisch-Japanische Bündnis 1902 und der Russisch-Japanische Krieg 1904–1905

Seine Schwäche nach dem verlorenen Krieg brachte China in starke Abhängigkeit von den europäischen Mächten. Russland schloss 1896 einen Vertrag, der ihm das Recht zum Bau der Ostchinesischen Eisenbahn durch die Mandschurei einbrachte und den Weg nach Wladiwostok erheblich abkürzen würde. Gleichzeitig unterzeichneten beide einen geheimen Bündnisvertrag gegen Japan. Im Jahre 1898 eröffnete Deutschland durch die Abpressung der Kiautschu-Bucht mit der Stadt Tsingtau, ergänzt durch Eisenbahn- und Bergbaurechte in der Provinz Shantung, den Reigen zur Schaffung von sogenannten Pachtgebieten. Dann übernahm Russland im gleichen Jahr für 25 Jahre die Liaotung-Halbinsel mit Port Arthur und Dairen, die Japan nach dem Sieg über China durch die Triple-Intervention wieder entwunden worden war, und England sicherte sich Weihaiwei sowie ein zusätzliches Stück der Halbinsel Kowloon zur Abrundung seines Besitzes Hongkong. Frankreich erwarb Sonderrechte in Südchina. Chinas Schwäche
und die Großmächte

Der Nationalismus im gedemütigten China erreichte bald einen nie ge-
kannten Höhepunkt, der in der Boxer-Rebellion gegen die Fremden von 1900
seinen sichtbarsten Ausdruck fand. Die „weißen" Mächte intervenierten gemeinsam mit Japan und schlugen den Aufruhr nieder. Russland erwirkte nun
von der chinesischen Regierung das Einverständnis, Truppen in der Mandschurei zu belassen. Daraufhin bestanden die anderen Mächte, Japan einge-
schlossen, erfolgreich darauf, ähnliche Rechte in verschiedenen Gebieten
Chinas zu erhalten, darunter in den Städten Shanghai, Peking und Tientsin.

Inzwischen hatte Japan mit Hilfe der von China erhaltenen Kriegsent-
schädigungen in großem Maße aufrüsten können und der wahrscheinlichste
Gegner war das Zarenreich. Als im Oktober 1895 die koreanische Königin
auf Betreiben des japanischen Gesandten, General Miura Goro, ermordet
wurde, suchte der Hof Schutz in der russischen Mission. Zur Deeskalation
schlossen St. Petersburg und Tokyo 1896 Abkommen, gemeinsam die Unabhängigkeit Koreas zu respektieren, dort nur Truppen beider Länder in gleicher Stärke zu stationieren sowie eine gemeinsame Finanz- und Sicherheits-
politik zu führen. Um sich selbst aufzuwerten, ernannte sich Korea 1897 zum
Kaiserreich.

Den Vorschlag Tokyos, ein Tauschgeschäft zu arrangieren – freie Hand in
der Mandschurei für Russland gegen freie Hand in Korea für Japan – lehnte
St. Petersburg ab und forderte stattdessen eine von der Regierung des Tennos
als Zumutung empfundene einseitige Verzichterklärung auf die Mandschurei
ohne irgendeine Gegenleistung. Angesichts der zunehmenden Konfrontation
suchte Japan eine Annäherung an England, das ebenfalls mit Russland verfeindet war und in den vorausgegangenen Jahrzehnten wiederholt eine
freundliche Haltung gegenüber Tokyo eingenommen hatte. Am 30. Januar
1902 kam es zum Abschluss einer britisch-japanischen Militärallianz mit einer
Laufzeit von fünf Jahren. Sein Geltungsbereich war auf Ostasien beschränkt
und sah den Bündnisfall vor, falls einer der Signatarstaaten von mehr als einer
Macht angegriffen würde. Russland setzte trotz seiner Isolierung weiter seine
rücksichtslose Expansionspolitik fort und zwang z. B. 1903 Korea zur Verpachtung eines Flottenstützpunktes.

Mit Argwohn sah Japan zu dieser Zeit dem Abschluss des russischen
Eisenbahnbaus in Sibirien entgegen, denn für den Sommer 1904 wurde die
Fertigstellung des Abschnitts erwartet, der über chinesisches Territorium
nach Wladiwostok führte. Am 4. Februar des Jahres beschloss daher das
Kabinett in Tokyo gemeinsam mit den Genro in Anwesenheit des Kaisers
den Krieg gegen das Zarenreich. Vier Tage später überfiel eine japanische
Flotte überraschend in der Nacht das vor Port Arthur ankernde russische
Fernostgeschwader und vernichtete den größten Teil der Schiffe. Eine Kriegserklärung gab Tokyo erst zwei Tage später ab und begründete diese mit der
Bedrohung Koreas und der Mandschurei durch Russland. Nach allgemein
herrschender Auffassung war damit Japans Schicksal besiegelt. Für England
bestand keine Bündnispflicht.

Marginalien:
Boxer-Krieg

Ausgleichsversuch
bezüglich Koreas

Tauschvorschlag

Britisch-japanisches
Bündnis 1902

Kriegseröffnung
durch Japan

Als in einer Schlacht im Gelben Meer das russische Geschwader weiter dezimiert wurde, entschloss sich St. Petersburg, seine Baltische Flotte zur Verstärkung zu entsenden. Japan nutzte seine Überlegenheit zur See, um Truppen in Korea und der Mandschurei zu landen. Es gewann in den folgenden Kämpfen zwar schnell die Oberhand, musste aber große Verluste hinnehmen, da der Oberkommandierende, General Nogi Maresuke, ohne Rücksicht auf seine eigenen Truppen vorging. Port Arthur fiel im Januar 1905 und im März nahmen die Japaner die Festung Mukden in der größten Schlacht des Krieges ein. Sie landeten auch auf der Insel Sachalin und erzielten bald Geländegewinne. Eine Kriegsentscheidung aber war noch lange nicht in Sicht, zumal die Russen die Weite ihres Landes nutzen konnten. *Schwere Kämpfe in der Mandschurei*

Inzwischen traf die Baltische Flotte, unterwegs von Frankreich und Deutschland mit Kohle versorgt, in der Koreastraße zwischen Japan und dem Festland ein. Dort wurden die russischen Schiffe am 27. und 28. Mai 1905 von ihren Gegnern unter Admiral Togo Heihachiro gestellt und in der Seeschlacht von Tsushima, benannt nach der benachbarten Insel, fast vollständig versenkt. *Seeschlacht von Tsushima*

In Russland brach unter den wirtschaftlichen Belastungen eine Revolution aus, die das Zarenreich in seinen Grundfesten erschütterte, während das im Ausland hoch verschuldete Japan dem finanziellen Zusammenbruch entgegenging und seine Truppen mit 100 000 Gefallenen unter hohem Blutzoll litten. Daher schien schließlich beiden Beteiligten ebenso wie den meisten Neutralen ein baldiger Friedensschluss angeraten. Tokyo griff nun die seit Monaten immer wieder vorgebrachte Anregung des amerikanischen Präsidenten Theodore Roosevelt zu einer Vermittlungsaktion auf. Hatten die Vereinigten Staaten zu Anfang aus Furcht vor einer gefährlichen Machterweiterung Russlands im asiatisch-pazifischen Raum auf das Waffenglück der Japaner gehofft, so waren deren unerwartete Erfolge ihnen inzwischen unheimlich und sollten begrenzt werden, da sonst das Reich des Tennos als eine für Amerika gefährliche neue Großmacht in diesem Gebiet dominieren würde. Nach der zögerlich gegebenen russischen Zustimmung kam es im amerikanischen Portsmouth (New Hampshire) unter der Schirmherrschaft von Präsident Roosevelt zu Verhandlungen, die von beiden Seiten mit großer Hartnäckigkeit geführt wurden. *Amerikanische Friedensvermittlung*

Am 5. September 1905 wurde endlich ein Friedensvertrag abgeschlossen, in dem Russland zahlreiche Zugeständnisse machte: Es trat die Liaotung-Halbinsel (künftig: Kwantung-Pachtgebiet) und die Südhälfte der Insel Sachalin an Japan ab und übertrug dem bisherigen Gegner die Südmandschurische Eisenbahn – d. h. den Abschnitt der Ostchina-Bahn, der von Changchun bis Port Arthur führte, mitsamt Nebenlinien und in russischem Besitz befindlichen Bergwerken. Die Zahlung von Kriegsentschädigung konnte Japan dagegen nicht durchsetzen. Außerdem erkannte das Zarenreich die Unabhängigkeit Koreas und die Vorherrschaft an, die Japan in dem Land ausüben würde. Russland erklärte weiter, über keinerlei Privilegien und Konzessionen in der *Friede von Portsmouth*

Mandschurei zu verfügen. Als Ergebnis der russischen Zugeständnisse wurde im Jahre 1906 die Südmandschurische Eisenbahn als japanische Aktiengesellschaft gegründet, die zur Hälfte im Staatsbesitz war. Sie engagierte sich in einer Fülle von wirtschaftlichen Unternehmen und entwickelte sich nicht nur zu einem monopolartigen Konzern, sondern auch zu einer hochpolitischen Organisation, die in den folgenden Jahrzehnten auf die Annexion der Mandschurei durch Japan mit hinwirken sollte, immer in enger Zusammenarbeit mit der japanischen Kwantung-Armee (*Kantô-gun*), die auch die Anlagen der Südmandschurischen Eisenbahngesellschaft außerhalb des Pachtgebietes „schützte". Auf der Konferenz von Peking Ende des Jahres 1905 stimmte auch China den Bestimmungen von Portsmouth zu, soweit sie sein Territorium betrafen, und gewährte Japan sogar noch einige zusätzliche Rechte in der Mandschurei.

Japans Kwantung-Pachtgebiet

Die japanische Öffentlichkeit sah nicht den Druck, unter dem ihre vor dem Bankrott stehende Regierung verhandelt hatte, und war mit dem Ergebnis unzufrieden. Aufgeputscht von der Presse hatte man hohe Entschädigungszahlungen und größere territoriale Gewinne erwartet. In Tokyo kam es deshalb zu tumultartigen Unruhen. Bei einer Kundgebung im Hibiya-Park, die von der Regierung verboten worden war, und einem anschließenden Marsch zum Kaiserpalast kam es am 6. September, dem Tag nach der Unterzeichnung in Portsmouth, zu schweren Zusammenstößen zwischen Demonstranten einerseits sowie Polizei und Militär andererseits mit vielen Toten und Verletzten. Die Regierung verhängte das Kriegsrecht, bekam die Lage aber nicht unter Kontrolle. Schließlich bereitete das schlechte Wetter den Kundgebungen ein Ende.

Unzufriedenheit in Japan

Durch seinen Sieg über Russland gewann Japan auch für seinen Verbündeten Großbritannien an Wert. Am 12. August 1905, also noch vor dem Friedensschluss, wurde ein neuer Allianzvertrag abgeschlossen, in dem u. a. Japans besondere Interessen in Korea anerkannt wurden. Das Abkommen sollte nun sogar zehn statt fünf Jahre Laufzeit haben. Außerdem wurde Japan nach den neuen Bestimmungen zusätzlich verpflichtet, Indien zu schützen, sodass London beruhigt von dort Flotteneinheiten abziehen und in europäische Gewässer entsenden konnte, wo sie gegen die zunehmende Gefahr der deutschen Marinerüstung zur Verfügung stehen sollten.

Revision des Bündnisses mit England 1905

Während Russland seine Träume in Ostasien begrub und sich wieder Europa zuwandte, erkannten die USA in dem erstarkten Japan einen gefährlichen künftigen Gegner. Ab 1907 spielte das jeweils andere Land für die Entwürfe der Marineplaner die Rolle des wahrscheinlichsten Hauptgegners. Außerdem wuchs die wirtschaftliche Rivalität zwischen Tokyo und Washington schnell, besonders wegen China. Bald machte sich auch aufgrund der von den USA verhängten Einwanderungsbeschränkungen Spannungen bemerkbar, die von einem versöhnlichen Abkommen 1908 nur notdürftig kaschiert wurden. Die wachsenden Probleme mit Amerika führten dazu, dass Tokyo eine gewisse Annäherung an Russland vollzog, zunächst am 30. Juli 1907 mit

Root-Takahira-Abkommen

Annäherung an Russland

dem Abschluss eines bilateralen Vertrages, in dem die Partner ihre jeweiligen Interessen in der Mandschurei und der Mongolei festlegten. Daneben bestimmten sie Zonen für ihre Bahn- und Telegrafenhoheit: Die Nord-Mandschurei und Äußere Mongolei für Russland und die Süd-Mandschurei und Innere Mongolei für Japan. Außerdem war eine Zusammenarbeit vorgesehen, um Spannungen oder Missverständnisse in Korea zu vermeiden.

Am 4. Juni 1910 wurde ein weiterer japanisch-russischer Vertrag geschlossen, der neben der Bestätigung der Interessensphären in einem geheimen Zusatzabkommen gegenseitigen Beistand vorsah, falls die entsprechende Zone eines der Signatarstaaten von einem Drittstaat bedroht werden sollte. Diese Entwicklung rief Großbritannien auf den Plan, das befürchten musste, durch Japan in einen höchst unerwünschten Konflikt mit den USA verwickelt zu werden. Es drängte daher auf eine Revision des Bündnisvertrages mit Tokyo, der noch vier Jahre Gültigkeit besaß, aber nun im Jahre 1911 durch ein neues Abkommen mit zehnjähriger Laufzeit abgelöst wurde und Großbritannien von einer Beistandspflicht gegen die USA befreite. *Weitere Revision des britisch-japanischen Bündnisses*

e) Die Annexion Koreas

Bei Beendigung des Russisch-Japanischen Krieges erkannten nicht nur Russland und Großbritannien quasi ein japanisches Protektorat über Korea an, sondern auch die USA, letztere in einem Geheimabkommen. Hilferufe des koreanischen Hofes an das Ausland verhallten daher ungehört. Im November 1905 konnte Tokyo deshalb einen regelrechten Protektoratsvertrag mit Seoul schließen. Das Land wurde der Kontrolle und Führung des japanischen Außenministeriums unterstellt und ein „Generalstatthalter", zu dem Fürst Ito Hirobumi ernannt wurde, kontrollierte das Land. *Protektoratsvertrag*

Nun stationierte Japan zwei Divisionen in Korea, denen eine einheimische Untergrundarmee aber schwer zu schaffen machte. Eine spezielle Gendarmerie aus beiden Ländern sollte für Ruhe und Ordnung sorgen. Außerdem wurden japanische Beamte in die koreanische Bürokratie eingegliedert und verschiedene politische, militärische und wirtschaftliche Institutionen wurden eingerichtet, um die Kontrolle über das Land zu sichern.

Fürst Ito zwang im Juli 1907 den koreanischen Kaiser, zugunsten des bisherigen Thronfolgers, abzudanken und übernahm die volle Kontrolle über die Regierung. Im Jahre 1909 beschloss das japanische Kabinett unter dem Druck nationalistischer Organisationen, Korea ganz zu annektieren, angeblich aus Sorge wegen des Einflusses von amerikanischen Missionaren, die den dortigen Widerstand stärken würden. *Annexionsbeschluss*

Fürst Ito aber sprach sich gegen eine sofortige Annexion aus und trat im April 1909 als Generalstatthalter zurück. Obwohl er nicht zu den radikalsten japanischen Politikern gehört hatte, wurde er im Oktober des Jahres von einem koreanischen Patrioten ermordet. Sein Tod beschleunigte die Anne- *Ermordung Itos* xionspläne nur noch. Der japanische Heeresminister Terauchi Masatake rief bald darauf das Kriegsrecht in Seoul aus und traf mit dem projapanischen Premier Yi Wan-yong ein Arrangement, wonach am 22. August 1910 der

„Anschlussvertrag" unterzeichnet würde. De jure übertrug darin der Kaiser von Korea dem Kaiser von Japan die vollständige Herrschaftsgewalt über das Land, das von einem Gouverneur verwaltet werden würde. Der erste Amtsträger wurde General Terauchi und alle seine Nachfolger sollten hohe Offiziere sein, meist aus der Armee und nur selten aus der Marine. Bis zum Ende des Zweiten Weltkriegs blieb Korea eine Kolonie Japans, in dessen Imperium es aber immer den unruhigsten Bestandteil bilden sollte. Eine brutale Japanisierungspolitik, die auch den Gebrauch der koreanischen Sprache unter Strafe stellte, und der Zustrom von japanischen Siedlern auf konfisziertes Land führten zu einem abgrundtiefen Hass gegen die Eroberer, der bis auf den heutigen Tag zu erkennen ist und die bilateralen Beziehungen noch immer belastet.

4. DER ERSTE WELTKRIEG UND SEINE FOLGEN

a) Japans Kriegseintritt und Kriegsteilnahme

Im Jahre 1912 starb Kaiser Meiji und sein Sohn Yoshihito bestieg den Thron. Die neue Epoche sollte gemäß dem gewählten Motto als die Ära Taisho (große Gerechtigkeit) in die Geschichte eingehen und bis 1926 dauern. Das Ende einer Ära fand ihren deutlichsten Ausdruck in dem Selbstmord von General Nogi Maresuke, dem Helden des Russisch-Japanischen Krieges, und seiner Frau, die dem Herrscher in altertümlicher Gefolgschaftstreue in den Tod folgten. In der Öffentlichkeit entstand mit dem neuen Zeitalter ein Gefühl der Unsicherheit, noch verstärkt dadurch, dass sich in den nächsten beiden Jahren instabile Regierungen mit chaotischen Begleiterscheinungen und öffentlichen Tumulten in schneller Folge ablösten, sodass der Begriff „Taisho-Krise" geprägt wurde. Dabei äußerte sich Unmut in Kreisen gemäßigter Liberaler, welche die Cliquen-Wirtschaft von Oberhaus, Staatsrat, Ministerialbürokratie und Genro als anachronistisch empfanden, stattdessen eine bestimmende Rolle der Parteien und damit des Unterhauses für zeitgemäß hielten und dafür auch auf der Straße demonstrierten. In den letzten Jahren der Meiji-Ära waren angeblich sogar sozialistische und anarchistische Umtriebe aufgedeckt worden, die allerdings brutal unterdrückt wurden und 1911 in einem vermutlich konstruierten Fall von Attentatsplänen zu 24 Todesurteilen führten, von denen die Hälfte vollstreckt wurde. Das Ansehen der Monarchie verblasste zu dieser Zeit, da der Taisho-Tenno physisch gebrechlich war und psychisch erkrankte, sodass man ihn von der Öffentlichkeit abschirmte, um nicht das mühsam aufgebaute Bild einer gottgleichen Monarchie zu beschädigen. Sein Sohn Hirohito, der spätere Kaiser der Ära Showa, sollte im Jahre 1921 die Regentschaft übernehmen.

Taisho-Zeit

Mit dem Ausbruch des Ersten Weltkrieges 1914 stellte sich dann für Japan die Frage einer eventuellen Kriegsteilnahme und führte zu einer starken Polarisierung politischer wie ideologischer Natur. Einflussreichster Genro war seit der Ermordung von Ito Hirobumi Feldmarschall Yamagata Aritomo. Von 1903 bis zu seinem Tode 1922 bekleidete er das Amt des Staatsratspräsidenten, agierte aber auch sonst hinter den Kulissen und wirkte über die große Zahl seiner Anhänger direkt auf die japanische Politik ein. Bei der Auswahl des Premierministers sprach er das entscheidende Wort und ermöglichte im April 1914 eine Kabinettsbildung durch Okuma Shigenobu, der aber im Gegensatz zu seiner ersten Regierungszeit 1898 kein Vorsitzender einer politischen Partei mehr war und Yamagata als kleineres Übel gegenüber der wachsenden Macht der Mehrheitspartei Gesellschaft der Freunde konstitutioneller Politik (*Rikken Seiyûkai*, kurz: *Seiyukai*) erschien.

Ausbruch des Ersten Weltkriegs

Für Yamagata und seine Gefolgsleute in Armee und ziviler Bürokratie war die Parteinahme in dem europäischen Konflikt von höchster Bedeutung auch für die innere Struktur Japans, da für ihn nach dem Modell Preußen-Deutschlands ein militaristisches Reich mit einem in autoritärem Geist zu erziehenden Volk das Ideal bildete. Daher schien seinem Lager die Vorstellung durchaus attraktiv, sich auf die Seite der Mittelmächte zu schlagen, auf die man eventuell im Laufe der Zeit auch Russland ziehen könnte, um ein Gegengewicht zur angelsächsischen Welt zu bilden. Die Alternative war, die Partei Großbritanniens, Frankreichs und schließlich vielleicht auch der USA zu ergreifen. Der Bündnisvertrag mit England, in dem Yamagata nach dem Sieg über Russland von 1905 keinen großen Wert mehr sah, hätte Japan nicht zur Kriegsteilnahme verpflichtet. Yamagatas Ideen wurden am energischsten von seinem engsten Gefolgsmann vertreten, Vizegeneralstabschef Tanaka Giichi, dem angesichts des anstehenden Generationswechsels designierten Führer der Choshu-Clique. Tanaka sollte es bis Ende der 1920er Jahre zu hohen und höchsten militärischen Posten und zivilen Ämtern bringen, bis hin zum Premierminister.

Yamagatas Vorstellungen

In Yamagatas Augen bildete Großbritannien das Haupthindernis für eine japanische Expansion in China und die USA stellten eine starke wirtschaftliche Konkurrenz in der Mandschurei dar. Langfristig rechnete er mit Kriegen zwischen den Rassen, d. h. „Farbige" gegen „Weiße". Japan müsste daher seine Bindungen an China festigen, andere Nichteuropäer für sich gewinnen und zusätzlich eine europäische Großmacht an sich binden. Das könnte am ehesten mit Russland gelingen, das am wenigsten in die westliche Welt integriert schien. Eine Parteinahme für Großbritannien dagegen könnte innenpolitisch zur Gefahr von Forderungen nach größeren politischen Rechten der breiten Bevölkerung, zu einer Stärkung des Parlaments, zu Rüstungsbegrenzungen und zum Verlust von Japans göttlicher Staatsstruktur in einer unangefochten von den angelsächsischen Mächten dominierten Welt führen.

Das Gegenlager wurde von Außenminister Kato Takaaki (auch: Komei) angeführt, der für seine Anglophilie und seine Bewunderung des britischen Parlamentarismus bekannt war. Er hatte lange den Posten des Gesandten bzw. Botschafters in London bekleidet und aktiv am Zustandekommen der Allianz mit England mitgewirkt, an der er unerschütterlich festhielt. Bald nach Kriegsausbruch gelang es ihm, den Regierungschef zur Kriegserklärung an Deutschland zu überreden. Geschickt manövrierte er seine Gegner aus und läutete damit eine Ära ein, in der das Kabinett, besonders das Außenministerium, statt der noch verbliebenen Genro den bestimmenden Einfluss auf die Politik erringen sollte.

Katos Manöver

Großbritannien stärkte unabsichtlich das Lager der Kriegsbefürworter in Japan, als es am 7. August 1914 an Tokyo die Bitte richtete, deutsche Hilfskreuzer in Ostasien aufzuspüren und zu vernichten. Die japanische Regierung verfügte nun über einen Vorwand zum Kriegseintritt, der schon am folgenden Tag beschlossen wurde, und konnte verschleiern, dass dieser Schritt in Wirklichkeit aus reiner Opportunität ergriffen wurde, in der Aussicht auf leichte Beute. In den nächsten Tagen stimmten der Kaiser und die wichtigsten

Kriegsbeschluss

Genro zu, letztere allerdings unter deutlich vernehmbarem Murren. Für sie war völlig unklar, wer überhaupt den Sieg in Europa davontragen würde. Auch Deutschland wurde ja prinzipiell als befreundete Macht angesehen. Tokyo stellte Berlin am 15. August ein Ultimatum, alle Schiffe aus Ostasien abzuziehen, sie zu entwaffnen und Kiautschu bis zum 15. September an Japan zu übergeben, damit es schließlich an China rückerstattet werde. Als aber bis zum Ablauf einer auf acht Tage begrenzten Frist keine Antwort erfolgte, erklärte Japan dem Deutschen Reich den Krieg. Premierminister Okuma rechtfertigte den Schritt nicht nur mit einer angeblichen Bündnisverpflichtung gegenüber Großbritannien, die gar nicht bestand, sondern auch mit dem notwendigen Kampf gegen den deutschen Militarismus, den Yamagatas Lager und die japanische Armee aber gerade so bewunderten. Kriegserklärung an Deutschland

England war jedoch an einer japanischen Kriegserklärung gar nicht interessiert und Tokyos unmittelbar darauf erfolgte Ankündigung, das deutsche Pachtgebiet Kiautschu angreifen zu wollen, löste in London Alarm aus, drohte doch diese Art von „Unterstützung" zu einer Einflusserweiterung des Verbündeten in China auszuarten. Vergeblich suchte Großbritannien den Übereifer mit der Empfehlung zu dämpfen, sich auf Operationen zur See zu beschränken, aber als Japan trotzdem Anfang September unter Verletzung der chinesischen Neutralität eine Landung in Shantung durchführte und Tsingtau einschloss, beteiligte sich England lieber mit einem kleinen Kontingent des Commonwealth daran, das allerdings dem japanischen Kommando unterstand. Mit dem Fall der Stadt am 7. November des Jahres begann für die überlebenden 5000 Mann die Gefangenschaft in japanischen Lagern. Eroberung Tsingtaus

Bald nach Kriegsbeginn hatten die britischen Dominien Australien und Neuseeland ebenso wie die USA und die Niederlande geglaubt, Anzeichen für ein geplantes japanisches Vorgehen gegen die deutschen Inseln Mikronesiens zu erkennen, und schlugen Alarm. Großbritannien warnte Tokyo zwar nachdrücklich vor einer Übernahme, ergriff aber wegen der eigenen Überbeanspruchung in Europa keine konkreten Schritte. So besetzte Japan ungehindert, angeblich nur vorübergehend, im Oktober 1914 kampflos die pazifischen Besitzungen des Deutschen Reiches nördlich des Äquators, also die Marianen, Karolinen und Marshall-Inseln, und überließ Australien sowie Neuseeland die weiter südlich gelegenen Gebiete: Deutsch-Neuguinea, Nauru und Samoa. Japans Besetzung von Mikronesien

Japan beteiligte sich an keinen weiteren Schlachten des Ersten Weltkriegs und lehnte es ab, Streitkräfte nach Europa zu entsenden, mit Ausnahme einiger Flotteneinheiten als Geleitschutz bis ins Mittelmeer. Es nutzte vielmehr die Inanspruchnahme der europäischen Großmächte durch den Krieg, um von China, das von den Erschütterungen im Gefolge der Revolution von 1911 noch stark geschwächt war, erneut Zugeständnisse zu erpressen. Auf Betreiben von Außenminister Kato, aber auch mit Billigung des als liberal angesehenen Premiers Okuma, wurden im Januar 1915 an den schwachen Nachbarn „21 Forderungen" gestellt. Das Reich der Mitte sollte nach Tokyos 21 Forderungen an China

Willen u. a. im Voraus seine Zustimmung zu jeder künftigen Friedensregelung zwischen Tokyo und Berlin geben, was im Klartext hieß, dass Japan die früheren deutschen Rechte in Shantung zu übertragen seien. Außerdem würde China sich verpflichten, keiner fremden Macht in dieser Provinz weitere Gebiete zu verpachten, Japan dort den Bau einer Eisenbahn zu gestatten und wichtige Städte für die Niederlassung und den Handel von Ausländern zu öffnen. Ferner müssten die nach den geltenden Abkommen für die Liaotung-Halbinsel mit Port Arthur und Dairen sowie die Hauptlinien der Südmandschurischen Eisenbahn 1923 bzw. 1931 ablaufenden Pachtverträge ohne Gegenleistung auf 99 Jahre verlängert werden. Japanern sollte zudem gestattet werden, in der südlichen Mandschurei und der Inneren Mongolei Land zu erwerben, Handel zu treiben, Bergwerke anzulegen und Industrieunternehmen zu gründen. Ferner dürfte die chinesische Regierung nicht ohne Zustimmung Tokyos ausländische Anleihen aufnehmen, die den Eisenbahnbau zum Ziel hätten, keine Steuern verpfänden und keine Fremden für finanzielle, politische oder militärische Angelegenheiten einstellen. Japan würde eine Beteiligung an dem wichtigsten Unternehmen der Eisenhüttenindustrie erhalten, um sich zusätzliche Kohle- und Erzbergwerke zu sichern. Ferner müsste China sich verpflichten, keiner dritten Macht einen Hafen an seiner Küste oder eine Insel abzutreten.

Japans Desiderata Japan unterteilte seine Forderungen in einzelne Gruppen, von denen die fünfte und letzte nur als „Desiderata" betitelt wurde, die, zum größten Teil auf Entwürfen des Generalstabs in Tokyo beruhend, besonders extreme Punkte enthielt wie den Einsatz japanischer Berater auf Gebieten wie Politik, Finanzwesen und Militär sowie von Polizisten und eine Beteiligung an der Kontrolle über die Polizei in bedeutenden chinesischen Städten. Japaner würden das Recht auf Landbesitz im Inneren Chinas erhalten und wären zur Einrichtung von Institutionen wie Krankenhäusern, Schulen und Tempeln berechtigt. Rüstungsimporte in festzusetzendem Umfang müssten aus japanischer Produktion bezogen und gemeinsame Arsenale angelegt werden. Tokyo würde außerdem die Rechte zum Bau strategisch wichtiger Eisenbahnen in Zentralchina erhalten. Schließlich müssten Japan in der Taiwan gegenüberliegenden Provinz Fukien Sonderrechte in Handel, Eisenbahnbau, Bergbau, der Erweiterung von Hafenanlagen und in der Werftindustrie eingeräumt werden. Dort eventuell beabsichtigte Investitionen einer dritten Nation würden eine Genehmigung durch Tokyo erforderlich machen.

Druck aus USA Da China sich unter Missachtung der japanischen Forderung nach Geheimhaltung um Unterstützung an die anderen Großmächte wandte, übte Großbritannien auf seinen Verbündeten Druck aus, die Punkte zumindest abzumildern. Noch stärker aber engagierten sich die USA nach langem anfänglichem Zögern zugunsten Chinas und wurden mit massiven Warnungen an die Adresse Tokyos zum selbst ernannten Beschützer des *open-door*-Prinzips, d. h. gleicher Handelschancen für alle Nationen. Trotzdem wiederholte Japan seine Forderungen in ultimativer Form und China stimmte zu, erreichte allerdings einige Abschwächungen, vor allem die „Vertagung der Diskussion" über die besonders radikalen Punkte von Gruppe 5.

Das vorläufige Scheitern der angestrebten „besonderen Beziehungen" zu China führte in Japan zu Unzufriedenheit mit der Regierung, die nicht nur von Seiten der Armee geäußert wurde, sondern auch die Oppositionsparteien sparten nicht mit Kritik, geführt von den Parteivorsitzenden Hara Takashi (auch: Kei) und Inukai Tsuyoshi. Auch der Yamagata-Kreis klagte Außenminister Kato erbarmungslos wegen seiner stümperhaften Diplomatie an, war sich aber nicht einig bezüglich der Linie, die man China gegenüber einschlagen solle. In Wirklichkeit ging es bei der Kritik aber um einen inneren Machtkampf und zwar vorrangig darum, welche Machtgruppe in Tokyo zur Führung der aktiven Politik berechtigt wäre, Genro oder Außenministerium.

Kritik an der Regierung in Japan

Im August 1915 trat Kato dann zurück, aber nicht aus Resignation, sondern wegen einer – selbst für japanische Begriffe übergroßen – Wahlmanipulation zugunsten seiner Partei Gesellschaft Gleichgesinnter für konstitutionelle Politik (*Rikken Dôshikai*, kurz: *Doshikai*) durch den Innenminister in den gerade abgehaltenen Unterhauswahlen. Yamagata duldete zwar das nun umgebildete Kabinett Okuma, sicherte sich aber dafür einen erweiterten politischen Einfluss. So trat Japan im Oktober 1915 endlich der Erklärung der drei europäischen Mächte England, Frankreich und Russland bei, keinen Sonderfrieden abzuschließen, und gewährte damit dem Zarenreich die bis dahin verweigerte Rückendeckung. Auf Drängen Yamagatas schloss Tokyo im Juli 1916 mit St. Petersburg sogar eine Konvention, der zufolge über gemeinsam zu treffende Maßnahmen beraten würde, wenn durch eine dritte Macht die Interessen eines der Signatarstaaten bedroht werden sollten, insbesondere diejenigen in China, für die in einem geheimen Zusatz das Abkommen de facto zu einem Beistandspakt ausgeweitet wurde. Nach der Oktoberrevolution sollte die neue Sowjetmacht diese geheimen Abmachungen veröffentlichen und das peinlich berührte Japan bloßstellen.

Konvention mit Russland

Die Gnadenfrist für das Kabinett lief im Oktober 1916 ab und nach dem Rücktritt des zermürbten Okuma gelang es Yamagata mühelos, statt eines Parteipolitikers einen „neutralen" Kandidaten auf den Schild zu heben, den ehemaligen Gouverneur von Korea, Feldmarschall Terauchi Masatake aus Choshu, einen engen und prominenten Gefolgsmann, der aber von nun an überraschend auf seiner Unabhängigkeit gegenüber dem Genro bestand.

Bildung des Kabinetts Terauchi

Die neue Regierung besaß insofern Kompromisscharakter, als sich Yamagata inzwischen an die Oppositionspartei Seiyukai unter Hara Takashi angenähert hatte, die Terauchis Kabinett unterstützte. Bei vorgezogenen Neuwahlen im April 1917 wurde diese Partei wieder zur stärksten Fraktion im Unterhaus, verfügte aber nicht über die absolute Mehrheit.

Unterstützung durch die Seiyukai

Terauchi träumte zwar davon, ganz Asien der Herrschaft des Tenno zu unterstellen, lehnte aber unter dem Einfluss seines engsten zivilen Beraters, des damaligen Innenministers Goto Shinpei, eine militärische Intervention in

China ab und strebte stattdessen nach Erweiterung wirtschaftlichen Einflusses. Dabei kam ihm zugute, dass Japan durch den Ersten Weltkrieg einen
Wirtschaftsboom erlebte, der in großem Umfang Finanzen für Investitionen
freisetzte, welche die verarmten, kriegführenden Nationen Europas in China
nicht mehr vornehmen konnten. Die Armeeführung, besonders der radikalere
Tanaka Giichi, spielte dagegen permanent mit dem Gedanken militärische
Gewalt anzuwenden.

Das Außenministerium übernahm nun Motono Ichiro, ein prorussischer
Diplomat und seit dem Vorjahr Yamagatas Wunschkandidat für diesen Pos-
ten. Der Kabinettswechsel hatte zur Folge, dass Russland Großbritannien als
Japans Hauptverbündeten ersetzte, wie der Abschluss der Allianz mit dem
Zarenreich im Juli schon angekündigt zu haben schien. Die Übernahme der
Regierung durch Terauchi wurde in London mit Aufmerksamkeit und einer
gewissen Beunruhigung verfolgt, da dessen prodeutsche Sympathien ebenso
wie diejenigen Goto Shinpeis seit Langem bekannt waren.

Die Furcht, dass Tokyo mit Berlin separat eine Beendigung des Krieges
aushandeln könnte, war nicht ganz unbegründet, denn in all diesen Jahren,
besonders 1914/15, wurden in Stockholm und – weniger intensiv – in Peking
inoffizielle deutsch-japanische Gespräche der jeweiligen Gesandtschaften da-

Deutsch-japanische
Friedenskontakte

rüber geführt. Von Seiten der Mittelmächte bestand ein Interesse, das fern-
östliche Kaiserreich als das schwächste Glied aus der Front der Gegner her-
auszubrechen und möglicherweise auch als „Boten nach St. Petersburg" zur
Erreichung eines Sonderfriedens zu benutzen. Langfristig wären dann sogar
eine Abkehr Tokyos von Großbritannien und eine Anlehnung an Deutschland zu erhoffen. Diese Überlegungen sind völlig mit denen des Yamagata-
Kreises identisch, mit dem die Deutschen allerdings nicht in Kontakt kamen.

In diesem Zusammenhang ist auch das berüchtigte Zimmermann-Telegramm vom Januar 1917 zu sehen. Darin drückte das Auswärtige Amt in
Berlin nach dem Beschluss zur Wiederaufnahme des uneingeschränkten
U-Boot-Krieges, der ein Ende der amerikanischen Neutralität wahrscheinlicher machte, in einer Depesche an die Gesandtschaft in Mexiko die Hoffnung
aus, dieses Land zum Kriegseintritt gegen die USA anstacheln zu

Zimmermann-
Telegramm

können. Außerdem solle die mexikanische Regierung dafür gewonnen werden, einen Frieden zwischen Deutschland und Japan zu vermitteln, das dann
ebenfalls die USA angreifen sollte. Als Lohn wurde für Mexiko die Wieder-
angliederung der verlorenen Gebiete New Mexico, Texas und Arizona in
Aussicht gestellt. Das Telegramm stammte von dem Staatssekretär im Auswärtigen Amt, Arthur Zimmermann, der möglicherweise ohne Absprache
mit Reichskanzler und Oberster Heeresleitung gehandelt hatte. Der Text
konnte allerdings vom britischen Geheimdienst aufgefangen und entschlüsselt werden. Der Inhalt wurde Ende Februar den USA mitgeteilt, die zu
diesem Zeitpunkt die diplomatischen Beziehungen zu Deutschland bereits
abgebrochen hatten. Die amerikanische Propaganda schlachtete den unge-
schickten deutschen Schritt genüsslich aus und interpretierte ihn gemeinsam

mit dem U-Boot-Krieg als Grund für die im April abgegebene Kriegserklärung, doch dürfte letzterer in Wirklichkeit die Hauptrolle gespielt haben.

Um das als unsicheren Kandidaten angesehene Japan bei der Stange zu
halten, zeigten sich dessen Verbündete zunehmend zu Zugeständnissen bereit. Im Februar und März 1917 garantierten Großbritannien, Frankreich und
Italien in geheimen Verträgen die von Tokyo gestellten Ansprüche auf die
ehemaligen Rechte Deutschlands in Shantung und dessen Südseekolonien
nördlich des Äquators für die abzuhaltende Friedenskonferenz. Auch die
USA, obwohl noch nicht geschwächt, machten nach ihrem Kriegseintritt
Zugeständnisse: Im November des Jahres erkannten sie im Lansing-Ishii-
Abkommen – benannt nach dem amerikanischen Außenminister und dem
japanischen Sondergesandten in Washington – Tokyos Sonderinteressen in
China an, allerdings sehr vage formuliert, und ließen sich im Gegenzug noch
einmal ein Bekenntnis zur *open door* geben, d. h. der wirtschaftspolitischen
Gleichberechtigung im Reich der Mitte. *(Randnotiz: Nachgiebigkeit durch Japans Verbündete)*

Das Jahr 1917 erlebte nicht nur den amerikanischen Kriegseintritt und zwei
Revolutionen in Russland, sondern auch Machtverschiebungen im Fernen
Osten. In Peking putschte sich ein Militärregime unter General Tuan Ch'i-jui
an die Macht und erhielt von Tokyo Anleihen, die bis zum folgenden Jahr eine
Höhe von 145 Millionen Yen erreichten und zum großen Teil den Bürgerkrieg in China finanzierten. Was wie eine Stärkung aussah, war gleichzeitig
eine Abhängigkeit und Japan erwartete als Gegenleistung die Zustimmung für
die Übernahme deutscher Rechte in Shantung. Im Gegensatz zu früher
drängte Tokyo ab Februar 1917 Peking zu einer Kriegserklärung an Deutschland, die nach langem Zögern im August 1917 erfolgte, aber mit keinerlei
militärischem Einsatz verbunden war. China verband damit offensichtlich die
Hoffnung, bei der Friedensregelung nicht völlig übergangen zu werden. *(Randnotiz: Chinas Kriegserklärung an Deutschland)*

In der chinesischen Öffentlichkeit kam es aber angesichts der zunehmenden Abhängigkeit bald zu Massenkundgebungen gegen Tokyo und
zum Boykott von japanischen Waren, der sich noch jahrelang fortsetzen
sollte. Unter verstärktem japanischem Druck schlossen die beiden Länder
im Mai 1918 einen Militärpakt und Tokyo erhielt außerdem die Zusage für
Unterstützung bei dem Durchmarsch seiner Truppen durch die Mandschurei
nach Sibirien, falls diese gegen das revolutionäre Russland eingesetzt werden
sollten. Zu dieser Zeit befand sich Japan nämlich in Gesprächen mit Washington, ob man gemeinsam mit anderen Alliierten angesichts der siegreichen
Oktoberrevolution 1917 in Russland und dem Abschluss eines sowjetisch-
deutschen Separatfriedens im März des folgenden Jahres in Sibirien inter-
venieren solle. Dabei würde man den 50 000 Mann tschechischer Truppen,
ehemaligen österreichischen Kriegsgefangenen und Deserteuren, die durch
die Herrschaft der Kommunisten von Europa abgeschnitten waren, den Weg
zum Pazifik ermöglichen, alliiertes Kriegsmaterial in Wladiwostok vor dem
Zugriff der Sowjets retten und das Überspringen revolutionärer Strömungen
auf den Fernen Osten verhindern. Japan verstieg sich sogar zu der Behaup-

tung, man müsse drohenden Aktivitäten freigelassener und bewaffneter deutscher Kriegsgefangener oder gar dem Durchbruch regulärer Streitkräfte der Mittelmächte durch Sibirien vorbeugen.

Die erwogene Operation der Westmächte sollte auch der Eindämmung Japans dienen, da man, vor allem auf amerikanischer Seite, dessen territoriale Ambitionen auf dem asiatischen Kontinent fürchtete, war es doch seit Januar 1918 mit Kriegsschiffen und bald darauf auch mit Landungstruppen in dem unruhigen Wladiwostok präsent. Schon im November des Vorjahres hatte der Generalstab Truppenentsendungen gefordert, um japanische Staatsbürger in der Nord-Mandschurei und der sibirischen Küstenprovinz zu schützen, doch war keine Einigung erreicht worden.

Die Sibirische Intervention

Der Schlüssel für das Unternehmen in Sibirien lag nun bei den Vereinigten Staaten. Um eine eigenmächtige Aktion Japans zu verhindern, schlug US-Präsident Wilson im Juli vor, 7 000 Soldaten des Kaiserreiches in das alliierte Expeditionskorps von 25 000 Mann zu integrieren, also nicht mehr als die Amerikaner selbst stellten. Tokyo willigte ein, deutete dabei aber an, dass es in „Notfällen" Verstärkungen entsenden würde. Im August 1918 begann der Einsatz als alliiertes Unternehmen der USA, Großbritanniens, Frankreichs und Japans.

Eigenmächtige Ausweitung durch Japan

Der Tokyoter Generalstab setzte kurz darauf nicht nur eine geografische, sondern auch zahlenmäßige Ausweitung auf zunächst 12 000 Mann durch, die jedoch bald noch aufgestockt wurde. Dabei festigte die Armee auch ihren Griff auf die nördliche Mandschurei und gründete dort ein „Organ für Sonderaufgaben" (*tokumu kikan*), das nicht nur Spionage betrieb, sondern auch an Plänen arbeitete, Marionettenregime zu fördern und weite Teile Nordchinas mitsamt der Inneren Mongolei unter japanische Kontrolle zu bringen. Bis November 1918 hatte Japan in der Mandschurei und in der sibirischen Küstenprovinz 70 000 Mann stehen, weit mehr als die anderen Interventionsmächte zusammen, und dehnte seine Operationen schließlich bis zum Baikal-See aus.

Bald aber stoppte Japan die ständige Ausweitung der Operationen, da das neue Kabinett unter dem Seiyukai-Präsidenten Hara Takashi an guten Beziehungen zu den Vereinigten Staaten interessiert war und die Truppen um mehr als 50 % reduzierte. Mit den verbliebenen Kräften konnte man keine neue Initiative entfalten, fand sich aber auch nicht zu einem einseitigen Abzug bereit.

Japanische Besetzung von Nord-Sachalin
Abzug der alliierten Truppen

Im März 1920 kam es in dem sibirischen Ort Nikolajevsk zu einem Massaker an japanischen Zivilisten und Soldaten durch russische Partisanen, das Tokyos Haltung versteifte und die Aussicht auf Einstellung des Unternehmens zunichtemachte. Als Gegenmaßnahme besetzte Japan den nördlichen, zu Russland gehörenden Teil der Insel Sachalin. Im folgenden Monat zogen die USA ohne jegliche Vorankündigung und zu Japans völliger Verblüffung ihre Truppen aus Sibirien ab, als der Abtransport der Tschechen beendet war, und kurz darauf schlossen sich die anderen Alliierten an. Damit aber lieferten sie Tokyo den Vorwand, allein weiter für Recht und Ordnung zu sorgen.

Da die Japaner sich weigerten, mit einem kommunistischen Regime zu verhandeln, ließ die Sowjetunion in Sibirien noch im Jahre 1920 eine angeblich unabhängige „Fernostrepublik" als Pufferstaat gründen, regiert von konservativen und sozialistischen Parteien. Diese Maßnahme förderte in Japan den Widerstand gegen die Intervention, die mit fast einer Milliarde Yen immer kostspieliger wurde, eine Steigerung der Lebenshaltungskosten zur Folge hatte und deshalb zu Unruhen unter der Bevölkerung führte. Daher entschloss sich die Regierung zu Verhandlungen mit der Fernostrepublik, deren Gründung eine Gesichtswahrung Tokyos erlaubte. In einem Vertrag vom September 1922 verpflichtete sich Japan zu einem Truppenabzug. Im nördlichen, also russischen Teil der Insel Sachalin mit seinen reichen Öl- und Kohlevorkommen blieben allerdings japanische Streitkräfte stationiert. Nach dem Abzug der letzten Truppen vom sibirischen Festland löste sich auch die de jure unabhängige Fernostrepublik wieder auf und wurde in die Russische Sozialistische Sowjetrepublik integriert. *[Randnotiz: Japanischer Truppenabzug]*

Die Verhandlungen mit den Russen ebneten immerhin den Weg für die japanische Anerkennung der UdSSR und die Aufnahme diplomatischer Beziehungen durch einen im Januar 1925 in Peking abgeschlossenen Grundvertrag. Eingefädelt hatte ihn Goto Shinpei, zu jener Zeit Bürgermeister von Tokyo, der langjährige Vertraute Yamagatas und seit Jahren Befürworter einer deutsch-russisch-japanischen Blockbildung. Japan stimmte nun auch einem Truppenabzug aus Nord-Sachalin zu, setzte aber im Gegenzug Konzessionen zur Ausbeutung von Kohle- und Ölvorkommen in dem Gebiet durch, die es bis 1944 behielt. Auch erkannte Moskau alle Vereinbarungen aus dem Friedensvertrag von Portsmouth 1905 als für die UdSSR gültig an. Ferner ebnete der Vertrag den Weg für den Abschluss von Fischerei-, Handels- und Schifffahrtsabkommen sowie für Konzessionen zur Ausbeutung von Rohstoffen in Sibirien durch japanische Unternehmer. *[Randnotiz: Aufnahme japanisch-sowjetischer Beziehungen]*

b) VERSAILLER FRIEDENSORDNUNG UND VÖLKERBUND

Nach dem Ende des Ersten Weltkriegs ließ Japan sich nur noch widerwillig in die von den Westmächten etablierte neue Weltordnung eingliedern. Dies wurde bereits 1919 auf der Versailler Friedenskonferenz deutlich, obwohl die neue Regierung unter dem Parteipolitiker Hara Takashi mit der Zusammenstellung der Delegation, die aus Diplomaten mit engen Bindungen an die westlichen Nationen bestand, ein deutliches Signal im Sinne einer Verständigungsbereitschaft mit den führenden Großmächten abgab. Leiter war der als liberal angesehene Fürst Saionji Kinmochi, der nach dem Sturz seines Kabinetts 1912 zum Genro ernannt worden war und gleichzeitig sein Amt als Präsident der Seiyukai aufgegeben hatte. Als De-facto-Leiter aber fungierte *[Randnotiz: Japans Teilnahme an der Friedenskonferenz]* der ebenfalls als gemäßigt geltende Diplomat Makino Nobuaki (auch: Shin-ken).

Japan nahm als gleichberechtigte Großmacht am Tisch der Sieger teil und konnte zunächst auch einen Erfolg verbuchen, als Chinas Forderung, Tsing-tau zurückzuerhalten, abgelehnt wurde. Außerdem wurden seine Rechte in Shantung, die ebenfalls den Deutschen abgenommen worden waren, gegen den hinhaltenden Widerstand der USA weitgehend bestätigt, da England und Frankreich während des Krieges Tokyo in geheimen Zusagen ihrer diesbezüglichen Unterstützung versichert hatten: Man einigte sich auf eine Kompromissformel, wonach Japan zwar die ehemals deutschen Privilegien in China erhielt, aber zusagte, sie später an das Reich der Mitte zurückzugeben, **Vorteile für Japan** wobei der Zeitpunkt offen blieb. Außerdem erhielt das Kaiserreich die ehe-maligen deutschen Südseekolonien nördlich des Äquators als Völkerbunds-mandat der Klasse C zugesprochen, was de facto auf eine kaum verschleierte **Niederlage Japans** Annexion der Inseln hinauslief. Tokyo scheiterte jedoch mit seinem Versuch – in diesem Punkt übrigens unterstützt von China –, die grundsätzliche Gleich-heit aller Rassen in der Satzung des auf der Friedenskonferenz gegründeten Völkerbundes festschreiben zu lassen. Die angelsächsischen Mächte zeigten sich entschlossen, ihre rassistische Einwanderungspolitik und den Bestand des auf Diskriminierung basierenden Britischen Empires zu verteidigen. Japan reagierte zutiefst verletzt.

China war empört über den Ausgang der Versailler Konferenz, weigerte sich, den Friedensvertrag zu unterzeichnen und schloss stattdessen im Jahre 1921 mit Deutschland ein separates Abkommen, ebenso wie kurz darauf die USA, wo der Senat die Ratifizierung abgelehnt hatte. In China erlebten jetzt die Boykottmaßnahmen gegen japanische Waren einen neuen Höhepunkt. Die beiden Kontrahenten waren aber beide Mitglieder des Völkerbundes. Japan nahm sogar einen permanenten Sitz im Rat ein und stellte Mitglieder für **Japan und der** alle wesentlichen Ausschüsse. Sein jedoch nur begrenztes Engagement im **Völkerbund** Völkerbund war wohl auch dadurch bedingt, dass so wichtige Länder wie die USA, Deutschland und die Sowjetunion nicht Mitglieder wurden und das Gremium dadurch erheblich an Bedeutung verlor. Der Völkerbund war in Japan außerdem umstritten, weil die Furcht herrschte, souveräne Rechte an diese Körperschaft abgeben zu müssen. Er wurde aber von politischen Kräf-ten geschätzt, die eine Einbindung in die anglo-amerikanische Weltordnung wünschten, notfalls als Juniorpartner, da sie für ihr Land keine Zukunft in der Isolation vom Westen sahen und meist auch Sympathien für liberales Ge-dankengut hegten. Dazu gehörte auch das Kabinett Hara, das aber wegen der Niederlage bezüglich der Rassenfrage regierungsfeindliche Kundgebungen und eine scharfe Kritik in den Medien auf sich zog.

Ablehnung der Der Völkerbund wurde in Japan vor allem von Kreisen abgelehnt – und je **Versailler Ordnung** mehr man sich vom Ersten Weltkrieg zeitlich entfernte, desto deutlicher –, die **in Japan** nationalistischer Ideologie verhaftet waren, eine geistig-politische Abschot-tung vom Westen befürworteten und eine Hegemonialstellung für Japan in

Asien anstrebten. Es war daher kein Zufall, dass gerade in der frühen Nachkriegszeit der extreme Pan-Asianismus, für den Japan angeblich der natürliche Führer sei, eine Renaissance erlebte. Fürst Konoe Fumimaro, der in den dreißiger und frühen vierziger Jahren drei Kabinette bilden und dabei entscheidende Weichen für den Ausbruch des China-Krieges 1937 und des Pazifischen Krieges 1941 stellen sollte, prangerte schon als junger Mann auf dem Weg zur Versailler Konferenz, die er nur als Beobachter erlebte, publizistisch die anglo-amerikanische Weltordnung mit ihrer Propagierung von Pazifismus und Demokratie als heuchlerisch an, da sie nur auf die Zementierung bestehender Besitzverhältnisse abziele. Der Erste Weltkrieg sei nicht als Sieg von Demokratie und Recht anzusehen, sondern sei durch rein wirtschaftliche Überlegenheit der Alliierten entschieden worden.

c) Die Washingtoner Ordnung

Japan strebte zur Überwindung seiner Isolation eine Verlängerung des 1911 auf zehn Jahre geschlossenen Bündnisses mit Großbritannien an, das aber eigentlich in Ostasien keinen Verbündeten mehr benötigte und sich dem Partner stark entfremdet hatte. Die Dominien Australien und Neuseeland sprachen sich zwar für eine Erneuerung der Allianz aus, da sie darin einen gewissen Schutz vor Japan sahen und äußerste Zweifel hegten, ob die USA die Verteidigungslast anstelle Englands übernehmen würden, aber Kanada mit seinem Streben nach enger Anlehnung an die Vereinigten Staaten verhielt sich völlig ablehnend. Man einigte sich schließlich, die Frage im Rahmen einer Konferenz über pazifische Probleme zu behandeln, die einer von den USA vorgeschlagenen Abrüstungskonferenz vorangehen sollte. Die Teilnehmer, die im November 1921 in Washington zusammentraten, bestanden aus den wichtigsten Siegerstaaten des Ersten Weltkrieges und den in Asien durch ein großes Kolonialreich vertretenen Niederlanden.

Die Frage der britisch-japanischen Allianz

Um das für alle Beteiligten finanziell stark belastende Wettrüsten zur See zu begrenzen, unterbreiteten nun die angelsächsischen Nationen den Vorschlag, für die Tonnage der Schlachtschiff- und Flugzeugträgerflotten einen Prozentsatz festzulegen, der das Stärkeverhältnis der einzelnen Seemächte zueinander regeln sollte, und zwar mit einer Quote von 10:10:6 für die USA, Großbritannien und Japan. Die Kaiserliche Marine beharrte jedoch auf einer Quote von 10:10:7, die man für unverzichtbar zur Sicherung der eigenen Defensivkraft hielt. Es kam deshalb in Tokyo zu heftigen politischen Auseinandersetzungen, bei denen sich der radikalere Flügel der Marine unter ihrem technischen Experten, Admiral Kato Kanji (auch: Hiroharu), gemäßigten Kräften in den eigenen Reihen, allen voran Marineminister Kato Tomosaburo, der selbst die japanische Delegation in Washington anführte, und der ebenfalls nachgiebig gestimmten Regierung gegenübersah. Weitere Reibereien ergaben sich wegen der China entgegenkommenden Politik in der Frage der

Kritik in Japan an der Regierungspolitik

japanischen Besetzung von Tsingtau und der Sonderrechte in Shantung. Premierminister Hara Takashi und sogar Heeresminister Tanaka Giichi sahen ein, dass es unklug wäre, die USA zu provozieren und sich für immer die Feindschaft Chinas mit seinem großen Markt einzuhandeln. Außerdem erkannte man den Wert finanzieller Einsparungen bei der Marinerüstung und einer vertraglich garantierten Sicherheit in Ostasien.

Ein Vorschlag Japans in Washington, das Bündnis mit Großbritannien zu verlängern oder durch eine Einbeziehung der USA zu einer Dreierallianz auszuweiten, fand nicht die Unterstützung der anvisierten Partnerländer.

Viermächtevertrag für Asien-Pazifik Stattdessen wurde im Dezember 1921 auf einen amerikanischen Vorschlag hin ein Sicherheitsvertrag zwischen den Vereinigten Staaten, Großbritannien, Japan und Frankreich für die Aufrechterhaltung des Status quo im asiatisch-pazifischen Raum abgeschlossen.

Bereits im Vormonat war Premier Hara von einem fanatischen Nationalisten ermordet worden. Die Nachfolgeregierung unter dem bisherigen Finanzminister Takahashi Korekiyo nahm weiter an der Washingtoner Konferenz teil und stimmte einer Reihe von anderen Verträgen zu, die im Februar 1922 unterzeichnet wurden. Dabei akzeptierte Japan nun das Verhältnis 10:10:6 für die Marinerüstung; Frankreich und Italien wurde eine Quote von 3,5

Vertrag zur Flottenbegrenzung zugestanden. Der Vertrag erhielt eine ungewöhnlich lange Laufzeit von 15 Jahren und legte außerdem für die angelsächsischen Mächte Obergrenzen für die Großkampfschiffe fest. Tokyo errang dadurch einen Erfolg, dass diese Staaten sich zur Begrenzung von militärischen Befestigungen und Flottenstützpunkten im pazifischen Raum verpflichteten.

Weitere Vereinbarungen befassten sich mit der Politik gegenüber China. Unter kollektivem Druck fand sich Japan bereit, in einem Abkommen gemeinsam mit acht anderen Staaten – zu den am Flottenabkommen beteiligten kamen noch Belgien, die Niederlande, Portugal und China hinzu – die nationale Souveränität und territoriale Integrität Chinas sowie die Chancen-

Weitere Zugeständnisse Japans gleichheit bezüglich wirtschaftlicher Betätigung zu garantieren. Tokyo gab außerdem seine Herrschaft über Tsingtau und seine Sonderrechte in Shantung auf. Es sagte vertraglich zu, seine dort stationierten Truppen abzuziehen, und erhielt die chinesische Verpflichtung zur Zahlung von Entschädigungen, die für den durchgeführten Ausbau und die Wartung des Eisenbahnnetzes gezahlt werden sollten.

Einen Sieg der Amerikaner bildete auch die Tatsache, dass Tokyo sich verpflichtete, seine Truppen aus Sibirien abzuziehen, wenn auch vorläufig nicht aus Nord-Sachalin. Die japanische Regierung kam dafür und für den in den kommenden Jahren weiterverfolgten Kurs des Ausgleichs mit den Westmächten immer mehr unter Beschuss durch rechtsgerichtete Kreise und unzufriedene Militärs, die gegen den angeblichen Ausverkauf nationaler Interessen protestierten, und auch in der allgemeinen Bevölkerung entstand eine Abneigung gegen das als permanente Demütigung empfundene „Versailler-Washingtoner System".

d) Die Taisho-Demokratie

Schon vor dem Ersten Weltkrieg waren Parteienvertreter an der Regierung beteiligt worden und hatten sogar Kabinette geführt, doch hatte es sich bei diesen Premierministern um adlige Oberhausmitglieder gehandelt: Okuma Shigenobu 1898 und Saionji Kinmochi 1906 und noch einmal 1911. Inzwischen war die Parteienlandschaft durch Abspaltungen auch vielfältiger geworden. Im Jahre 1906 war mit der Sozialistischen Partei Japans die erste legale linksgerichtete Partei gegründet worden. Sie lähmte sich jedoch durch Aufsplitterungen, die von Anarchisten bis Legalisten reichten, bald selbst und wurde schon nach gut einem Jahr wegen angeblich revolutionärer Ziele wieder verboten. Parteipolitiker als Premiers der Meiji-Zeit

Die Armee stürzte beide Kabinette Saionjis und in beiden Fällen bildete der Choshu-General Katsura Taro die Nachfolgeregierung. Während dessen zweiter Amtszeit aber formierte sich wegen der Missachtung parlamentarischer Interessen zunehmend der Widerstand der großen Parteien, die eine Reihe einflussreicher Journalisten auf ihre Seite zogen. Eine Gruppierung zum Schutz der Verfassung (*gokenha*) bildete sich und organisierte Massenveranstaltungen, auf denen der Rücktritt der neuen Regierung gefordert wurde. Finanz- und Industriekreise unterstützten die Bewegung weitgehend, doch floss auch Geld, so vom Mitsubishi-Konzern, an Abgeordnete, die Katsura auf seine Seite zog und die nun eine eigene Partei gründeten, die bereits erwähnte Doshikai. Diese Neugründung bildete zusammen mit der mächtigeren Seiyukai, die der Mitsui-Konzern finanziell unterstützte, das Zweiparteiensystem, das für die Taisho- und frühen Showa-Jahre typisch wurde. Zweiparteiensystem

Bald aber riefen Machenschaften des Premiers zur Ausschaltung des Parlaments öffentliche Proteste hervor. Im Tokyoter Hibiya-Park versammelten sich im Februar 1913 Zehntausende mit der Forderung nach einem Rücktritt des Kabinetts. Mit Polizei und Armee kam es zu Handgreiflichkeiten, die schließlich das Ausmaß von Tumulten annahmen. Die bedenkliche Lage veranlasste Katsura zum Rücktritt nach nur sieben Wochen Regierungszeit. Erstmals hatte eine Bewegung aus den Reihen der Bevölkerung und ihrer Vertreter im Parlament einen General zum Rücktritt gezwungen. Nach einem nur gut einjährigen Zwischenspiel unter Admiral Yamamoto Gonbei schlug im April 1914 die Stunde von Okuma Shigenobu, einem Aktivisten der ersten Stunde für eine parlamentarische Politik, der sein Kabinett auf die Doshikai und die Tolerierung durch den Genro Yamagata stützte. Die Bande zwischen dessen Gefolgsmann Tanaka Giichi und dem Premierminister wurden immer enger, zumal sie eine gemeinsame Abneigung gegen Kato Takaaki, den Präsidenten der Doshikai, hegten. So war der Boden gut vorbereitet, als die Situation im Jahre 1918 nach einem Wandel rief. Die Demokratien gingen als Sieger aus dem Krieg hervor und stützten damit auch liberale Tendenzen in Japan, wo die Periode der sogenannten „Taisho-Demokratie" begann. Sie deckt sich nicht ganz mit der Ära des Kaisers, die ihr den Namen gab, sondern Hibiya-Unruhen sollte bis in die späten zwanziger oder, je nach Sichtweise, frühen dreißiger Jahre andauern.

Gefördert wurde die Demokratiebewegung 1918 durch Protestbewegungen aus wirtschaftlicher Not, besonders durch die berühmten Reisunruhen im Reisunruhen Sommer des Jahres, die fast zwei Monate andauerten. Diese richteten sich zunächst gegen Lieferungen des japanischen Grundnahrungsmittels für die Interventionstruppen in Sibirien, durchgeführt trotz des durch eine Missernte im Vorjahr bedingten Mangels und steigender Preise, führten aber sehr schnell auch zu anderen Forderungen auf sozialem und wirtschaftlichem Gebiet. Die Unruhen nahmen schließlich revolutionsähnliche Ausmaße an und erfassten das ganze Land. Angesichts zahlreicher blutiger Zusammenstöße zwischen Hungerdemonstranten einerseits sowie Polizei und Militär andererseits schien es schließlich geraten, eine Regierung mit stärkerem Rückhalt in der Öffentlichkeit zu bilden. Ein Teil der Presse stellte sich auf die Seite der Unzufriedenen und im September 1918 trat das Kabinett Terauchi zurück.

Die Genro sahen nun keinen anderen Weg als den Präsidenten der Seiyukai, Hara Takashi, mit der Kabinettsbildung zu beauftragen, dem sich Yamagata Das Kabinett Hara ohnehin schon angenähert hatte. Ein anderer Genro, Saionji, war ohnehin selbst ein ehemaliger Seiyukai-Vorsitzender. Hara war der erste „Bürgerliche" im Amt des Premierministers und stammte nicht aus einer der Regionen, die seit der Meiji-Restauration beinahe durchgehend die Staatsführung gestellt hatten, sondern aus dem Norden Honshus. Fast alle Ministerämter wurden von nun an bis 1932 von Parteipolitikern bekleidet, mit Ausnahme des Heeres- und des Marineministers und meist auch des Außenministers.

Der für westliche Begriffe ausgesprochen konservative Hara hielt auch während seiner Amtszeit regelmäßige Kontakte zu Yamagata und beide lernten sich im Laufe der Jahre offenbar schätzen. Ihre Kooperation wurde besonders bei der Verhinderung des allgemeinen Wahlrechts, dem Kampf gegen neue, als gefährlich angesehene Ideologien wie den Sozialismus und bei Die Zusammenarbeit Abrüstungsfragen deutlich. Der von Yamagata empfohlene Tanaka Giichi zwischen Yamagata übernahm das Heeresministerium und sollte in den kommenden Jahren und Hara persönlich eine geradezu wundersame Annäherung an die Seiyukai vollziehen, sodass er 1925 sogar Parteivorsitzender wurde.

Noch im Jahre 1919 errang die Demokratiebewegung, getragen hauptsächlich von der Oppositionspartei Kenseikai, die sich aus der Doshikai entwickelt hatte, einen wichtigen Erfolg, als der zur Erlangung des Wahlrechts Reform des notwendige Jahressteuersatz von zehn auf drei Yen gesenkt wurde. Die Wahlrechts Masse der Bevölkerung blieb aber immer noch ausgeschlossen und Gesetzesvorlagen zur Gewährung des allgemeinen Wahlrechts scheiterten im Parlament schon allein an der Ablehnung der Regierungspartei Seiyukai.

Akademiker und Journalisten, die Schrittmacher der Liberalisierung, wagten sich nun sogar auf bis dahin tabuisierte Gebiete vor, darunter die Ver-Aufkommen marxis- breitung von marxistischem Gedankengut. Besonders der Sieg der Oktober-tischer Strömungen revolution in Russland versprach völlig neue gesellschaftliche und wirtschaftliche Experimente und die Krise mit der sozialen Not von Stadt- wie Landproletariat nach den Boomjahren des Ersten Weltkriegs förderte diesen Trend. Die ab 1920 veränderte wirtschaftliche Stimmung erhielt die Bezeichnung „Panik" und die materielle Not in Verbindung mit der Verärgerung über das vorenthaltene Wahlrecht machten ein Ventil erforderlich. Die Studenten- und Arbeiterschaft radikalisierte sich, spaltete sich aber in unzählige Gruppierungen von sozialdemokratischer bis anarchistischer Ausrichtung auf. Die Kommunistische Partei wurde im Jahre 1922 als Zweig der Komintern und mit deren finanzieller Unterstützung gegründet, wurde aber sofort unterdrückt und konnte nur noch in der Illegalität weiter existieren.

Das Gewerkschaftswesen erlebte nach dem Ersten Weltkrieg ebenfalls einen Aufschwung. Im Jahr 1919 betrug die Mitgliedschaft in der Freundschaftsgesllschaft (*Yûaikai*), der größten Vertretung der Arbeitnehmer, 25 000 Personen. Sie war schon 1912 gegründet worden, radikalisierte sich aber erst jetzt und organisierte trotz offizieller Verbote Streiks, die von Polizei und Militär brutal niedergeschlagen wurden. Sie wurde nach einer Erweiterung und Umbenennungen schließlich 1921 in Arbeitervereinigung (*Sôdômei*) umbenannt und weitere Organisationen entstanden in schneller Folge, sodass es zu einer starken Zersplitterung der Bewegung kam. Trotzdem waren während der „Taisho-Demokratie" nur ca. 8 % der Arbeiterschaft Mitglied in den Gewerkschaften, die zwar nicht verboten waren, aber wegen der Opposition in dem konservativen Oberhaus auch nicht rechtlich anerkannt wurden. Einen gewissen Schutz besaßen sie durch Japans Mitgliedschaft im Völkerbund und in dessen Arbeitsorganisation (ILO).

Das Erstarken der Gewerkschaften

Japan erlebte trotz aller noch bestehenden Einschränkungen in den zwanziger Jahren eine bis dahin nie gekannte Presse- und Redefreiheit. Der Rundfunk wurde 1925 eingeführt. Auch Frauen begannen sich zur Durchsetzung ihrer Rechte zu organisieren, vor allem in der 1920 gegründeten Gesellschaft der neuen Frau (*Shin fujin kyôkai*), und erreichten innerhalb von zwei Jahren, dass ihnen künftig eine politische Betätigung erlaubt wurde. Ebenso entstand 1922 ein Interessenverband der geächteten Burakumin (*Zenkoku suiheisha*), der unterprivilegierten Kaste, die nur zu niederen Arbeiten herangezogen wurde.

Die Kenseikai – ab 1927 Rikken Minseitô (kurz: Minseito) – setzte sich neben den nahezu einflusslosen kleinen sozialistischen Parteien gemeinsam mit der jungen Beamtenschaft des Innenministeriums für die Rechte der Arbeiter ein und konnte einige kleine Erfolge erringen. Dazu gehörten Gesetze zur Krankenversicherung, zur Garantie eines Mindestlohnes und zum Arbeitsschutz.

Aus Sicht der Oligarchie war daher die konservativere Seiyukai das geringere Übel und genoss Unterstützung vor allem von Großgrundbesitzern, Unternehmern und dem erzkonservativen Justizministerium mit seinem wahnhaften Antikommunismus. Stark am Vorbild des britischen Parlamenta-

rismus orientiert war dagegen die Kenseikai/Minseito, die vor allem eine
Stütze im städtischen Bürgertum und in der jüngeren Bürokratie des Innenministeriums fand. Sie forderte permanent die Einführung des allgemeinen
Wahlrechts für Männer, eine Sozialgesetzgebung zugunsten der Industrie-
arbeiterschaft und die rechtliche Absicherung der Gewerkschaften.

Die Demokratiebewegung wurde von Intellektuellen untermauert, die oft
viel liberaler eingestellt waren als die großen Parteien, wenn sie nicht sogar
mit sozialistischen Ideen sympathisierten. Prominente Staatsrechtler wie Minobe Tatsukichi und Yoshino Sakuzo von der Universität Tokyo lieferten
dabei Verfassungsinterpretationen, die im Meiji-Staat umstritten waren, und
es in den dreißiger Jahren auch wieder werden sollten, in der Taisho-Ära
dagegen ungestraft verbreitet werden durften. Sie behaupteten, der Tenno sei
ein konstitutionelles Organ des Staates, wohingegen reaktionäre Politiker den
Kritische Intellek- Monarchen außerhalb aller Gesetze und über ihnen stehend ansahen. Yoshino
tuelle war übrigens Christ und erreichte mit seiner Monatszeitschrift *Chûô Kôron*
breite Schichten des Bürgertums. Diese Intellektuellen lehnten das Genro-
System ebenso ab wie allzu große Rechte für das Oberhaus und den Geheimen Staatsrat und kritisierten militaristische Tendenzen. Unter dem Einfluss solch liberaler Professoren bildeten sich an den Universitäten Studenten-
vereinigungen, die Demokratisierung und soziale Reformen auf ihre Fahnen
schrieben und von der Polizei als „Radikale" äußerst argwöhnisch beobachtet
wurden. Besonders einflussreich wurde die Ende 1918 gegründete Gesellschaft des neuen Menschen (*Shinjinkai*) an der Universität Tokyo. Aus ihr
gingen mehrere prominente Führer der sozialistischen Bewegung hervor,
doch wurde die Vereinigung 1927 verboten und konnte nur noch im Untergrund agieren.

Schon vorher war es zu einer schweren Staatskrise gekommen, als der
japanische Staat durch die Ermordung von Premier Hara im November
1921 und dem drei Monate später erfolgten Tod Yamagatas sein Fundament
verlor. Nach einem Übergangskabinett der Seiyukai unter Takahashi Korekiyo, der sein bisheriges Amt als Finanzminister zusätzlich behielt, wurde ein
halbes Jahr später von dem bisherigen Marineminister Admiral Kato Tomosaburo eine Regierung gebildet. Damit war die Zeit der Parteienherrschaft fürs
Vorläufiges Ende der Erste vorbei. Der neuen Regierung gehörten vor allem Mitglieder der höheren
Parteienkabinette Bürokratie und des Oberhauses an.

Ende August 1923 verstarb Premier Kato Tomosaburo plötzlich und bevor
ein Nachfolger benannt werden konnte, brach am 1. September über die
Das große Kanto- Kanto-Region, d. h. Tokyo-Yokohama, eine schwere Erdbebenkatastrophe
Erdbeben 1923 herein, die über 100 000 Tote und Vermisste zur Folge hatte und die Städte in
Schutt und Asche legte. Die Regierung verhängte ein abgemildertes Kriegsrecht und rechtsradikale Kräfte nutzten die Panik, um politische Ziele zu
verfolgen. Gerüchte wurden gestreut, dass Koreaner, Sozialisten und Ge-
werkschaftler dabei seien, das Chaos für einen politischen Umsturz und für
Plünderungen auszunutzen. Polizei und Armee entfachten eine Hetzjagd, bei

der es nicht nur zu zahlreichen Verhaftungen – oft „mit Todesfolge" – kam, sondern zu einem Pogrom durch aufgewiegelte Teile der Bevölkerung. Koreaner kamen zu Tausenden ums Leben, doch wurde die genaue Zahl nie ermittelt. Linksextreme Vereinigungen wurden verboten, ihre Mitglieder zusammen mit den Kommunisten im Untergrund von der Polizei unerbittlich verfolgt, und auch liberale Strömungen gerieten in Misskredit.

Nun bildete ein weiterer Admiral ein Kabinett, Yamamoto Gonbei, das dem Charakter nach stark an die Meiji-Zeit erinnerte, aber bald durch die anhaltende Wirtschaftskrise in Bedrängnis geriet. Den Todesstoß versetzte der Regierung Ende 1923 der Attentatsversuch eines Jugendlichen aus der linksradikalen Szene auf den Regenten des Kaisers, Kronprinz Hirohito. Die Regierung übernahm die Verantwortung und trat zurück. Attentatsversuch auf den Kronprinzen

Das noch stärker als sein Vorgänger in veralteten Strukturen verwurzelte Nachfolgekabinett unter Kiyoura Keigo, dem bisherigen Präsidenten des Geheimen Staatsrats, ignorierte die Parteien völlig und stützte sich hauptsächlich auf Adelskreise. Um ihre Entmachtung nicht zum Dauerzustand werden zu lassen, begründeten Seiyukai, Kenseikai und der kleinere Reformclub (*Kakushin Kurabu*) die Bewegung Drei-Parteien-Kabinett zum Schutz der Verfassung (*goken sanpa naikaku*) und stellten gemeinsam die Forderung nach Einführung eines allgemeinen Wahlrechts für Männer, wie die Kenseikai es schon seit Längerem angestrebt hatte. Ihr Sieg in den von Kiyoura veranlassten Neuwahlen vom Mai 1924 schwächte den Premier und führte zu seinem Rücktritt. Zusammenarbeit von drei Parteien

Da zu dieser Zeit einer der beiden letzten Genro, Matsukata Masayoshi, im Sterben lag, ruhte die Last der Auswahl eines neuen Kandidaten für die Regierungsbildung allein auf den Schultern Saionjis. Dieser machte den Weg zu einer vom Unterhaus unterstützten Regierung frei, sodass zum ersten Mal in der japanischen Geschichte ein Kabinettswechsel als Ergebnis von Wahlen erfolgte. Die drei bisherigen Oppositionsparteien bildeten eine Koalitionsregierung unter dem ehemaligen Außenminister Kato Takaaki, dem Präsidenten der Kenseikai, die als stärkste Fraktion aus den Wahlen hervorgegangen war. Der Premierminister, dessen Regierungsübernahme Yamagata bis zu seinem Tod verhindert hatte, legte sogar seinen Adelstitel und seinen Sitz im Oberhaus nieder. Zweite Runde der Parteienkabinette

Schon im folgenden Jahr, 1925, wurde das Gesetz zur Gewährung des allgemeinen Wahlrechts für Männer im Alter ab 25 Jahren erlassen. Bald darauf wurden auch Verbesserungen für die Gewerkschaften und das Gesundheitswesen eingeführt. Außerdem wurde eine Reform des Oberhauses durchgeführt, durch welche die auf Lebenszeit vergebenen Sitze für den hohen Adel verringert und stattdessen künftig mehr verdiente Persönlichkeiten vom Kaiser zu Mitgliedern ernannt wurden, sodass zahlreiche Intellektuelle auch in diese Kammer einzogen und das Bürgertum stärkten. Gegenspieler des Unterhauses war künftig weniger das Oberhaus als der Geheime Staatsrat. Allgemeines Männerwahlrecht
Reform des Oberhauses

Konservative Eliten unter Einschluss der Mehrheit innerhalb der Seiyukai setzten mit dem reaktionären ehemaligen Justizminister Hiranuma Kiichiro an der Spitze durch, dass gleichzeitig mit der Gewährung des allgemeinen Wahlrechts ein „Gesetz zur Wahrung der öffentlichen Sicherheit" (*chian iji hô*) erlassen wurde. Es löste den „Kaiserlichen Erlass zur Wahrung der

Ordnungsgesetze   öffentlichen Ordnung" (*hoan jôrei*) von 1887 ab, war aber im Gegensatz dazu kein Mittel zur pragmatischen Arbeit, sondern stark ideologielastig, um Rede-, Meinungs-, Publikations- und Organisationsfreiheit einzuschränken. Das vage formulierte Gesetz stellte „Agitation" verschiedenster Art unter Strafe, so z. B. Kritik am System des Privatbesitzes und am Kokutai. Es sollte im Jahre 1928 noch verschärft werden und sah dann sogar die Todesstrafe für entsprechende „Verbrechen" vor, auch wenn sie dafür nie verhängt wurde. Der Apparat der in der späten Meiji-Zeit gegründeten Geheimpolizei (*Tokubetsu kôtô keisatsu*, kurz: *Tokkô*) wurde zur Überwachung des neuen Gesetzes erheblich vergrößert.

Mit Hilfe des Sicherheitsgesetzes von 1925 wurde gegen die Bauern- und Arbeiterpartei (*Nômin Rôdôtô*) im Dezember desselben Jahres innerhalb weniger Stunden nach ihrer Gründung wegen der angeblichen Beteiligung von Kommunisten ein Verbot verhängt. Als weniger radikal angesehene linke Parteien wurden dagegen zugelassen, litten aber unter Zersplitterung und

Sozialistische   ideologischen Grabenkämpfen. Im Dezember 1926 wurde die Sozialistische
Parteien   Volkspartei (*Shakai Minshûtô*) gegründet, die nach der Fusion mit anderen Splittergruppen in den dreißiger Jahren zumindest Achtungserfolge erzielen sollte.

Der lange Kampf um das Wahlrecht, die Oberhausreform und die Abrüstung zermürbten Premierminister Kato stark, zumal sich in seiner brüchigen Koalition zentrifugale Kräfte bemerkbar machten. Die größte Herausforderung kam aus dem Lager der rivalisierenden Seiyukai, die seit April 1925 von General Tanaka Giichi geführt wurde und drei Monate später wegen

Das Ende der   Streitigkeiten um Steuerreformen aus der Koalition austrat. Die Regierung
Koalition   siechte dahin, wagte aber auch keine Neuwahlen. Im Januar 1926 starb Premier Kato im Amt, ohne sein vielfältiges Reformprogramm zu Ende gebracht zu haben. Mit der Kabinettsbildung wurde der bisherige Innenminister Wakatsuki Reijiro von der Kenseikai beauftragt, aber auch er konnte keine größere Stabilität erlangen als sein unglücklicher Vorgänger.

Im Dezember 1926 starb Kaiser Taisho, doch fand eine Epochenwende nur nominell statt. Hirohito, der als Showa-Tenno in die Geschichte eingehen

Krisenhafter Beginn   sollte, war ohnehin seit 1921 Regent. Bald darauf kündigte sich eine krisen-
der Showa-Zeit   hafte Entwicklung an, als der Exportmarkt für Seide einbrach und zahlreiche Bauern ihre Existenzgrundlage verloren, die Deflation der Industrie schwer zu schaffen machte und viele kleine Betriebe in Konkurs gingen. Schließlich führte ein Bankenkrach im Frühjahr 1927 zu einer schweren Wirtschafts- und Finanzkrise. Die halbstaatliche Bank of Taiwan konnte nur durch Intervention der Regierung gerettet werden. Die oppositionelle Seiyukai nutzte die

Gunst der Stunde, um in Verbindung mit dem Geheimen Staatsrat dem Kabinett die Zustimmung zu weiteren Unterstützungsanträgen für die Geldinstitute zu verweigern, angefeuert von nationalistischen Organisationen. Im April 1927 trat Wakatsuki zurück und General Tanaka Giichi von der Seiyukai wurde zu seinem Nachfolger ernannt. Damit erhielten auch Militärs einen größeren politischen Einfluss, die dem Unterhaus sehr reserviert gegenüberstanden. Deren Abneigung gegen die Volksvertreter hatte durch das Washingtoner Flottenabkommen und die Verringerung der Heeresstärke um ca. 100 000 Mann zwischen 1922 und 1925 durch die Herabsetzung der Wehrpflicht noch zugenommen. Tanaka übernahm von Wakatsuki die Wirtschaftskrise als schweres Erbe, die durch seine stärker nationalistisch ausgerichtete Politik noch verschärft wurde, denn die in den Jahren zuvor abgeflaute Boykottbewegung in China gegen japanische Waren setzte wieder ein.

e) Die Aussenpolitik der Taisho-Zeit

Wie in der Innenpolitik, so waren auch in der Außenpolitik während der Taisho-Ära über lange Perioden gemäßigte Strömungen dominierend. So bemühte sich das Kabinett Hara um Nichteinmischung in China, beendete die von seinem Vorgänger initiierte einseitige Unterstützung für die Machthaber in Peking und strebte eine Kooperation auch mit anderen regionalen Regimen an, vor allem mit Sun Yat-sens Kuomintang in Kanton. Ab Anfang der 1920er Jahre verbanden sich Kreise der kaiserlichen Armee eigenmächtig immer enger mit Chang Tso-lin, dem Warlord der Mandschurei. Noch dominierten die radikalen Kräfte nicht die japanische Politik, sondern wurde über weite Strecken der zwanziger Jahre Außenminister Shidehara Kijuro mit seiner „kooperativen Diplomatie" zum Synonym für einen gemäßigten Kurs. Er übernahm das Ressort zum ersten Mal 1924 im Kabinett von Kato Takaaki, mit dem ihn nicht nur lange gemeinsame Amtsjahre im Außenministerium verbanden, sondern auch die Tatsache, dass ihre Ehefrauen Schwestern waren und familiär dem Mitsubishi-Konzern entstammten. Bei dem oft verklärt gezeichneten Bild Shideharas in der Geschichte, besonders in der Gegenüberstellung mit Tanaka Giichi, wird oft übersehen, dass auch er nicht zur Aufgabe imperialistischer Vorteile in China bereit war.

Wende in der China-Politik

Nach dem Ersten Weltkrieg hatte Japan auf dem äußerst wichtigen chinesischen Markt Exporteinbußen von durchschnittlich 40 % hinnehmen müssen, weitgehend als Folge seiner aggressiven Politik. Shidehara verkündete das Prinzip, sich nicht in den dortigen Bürgerkrieg einzumischen und den Einigungskampf der Kuomintang-Truppen gegen die Warlords in Nordchina nicht zu behindern. Japans Misstrauen gegen Sun Yat-sens erstarkende Regionalmacht in Kanton verstärkte sich dadurch, dass diese sich seit 1920 an die UdSSR anlehnte, die offiziell auf alle Rechte und Konzessionen in China verzichtete und zahlreiche Berater entsandte, darunter Offiziere zur Modernisierung der Streitkräfte und zur Gründung der Kriegsakademie Whampoa. Diese wurde militärisch der Leitung von General Chiang Kai-shek unterstellt, aber auch der Kommunist Chu En-lai spielte eine wichtige Rolle, dessen Partei inzwischen in die Kuomintang integriert worden war. Am wichtigsten aber war für Shidehara das Verhältnis zu Amerika, Japans bedeutendstem Handelspartner, an den ca. 40 % der Exporte gingen und von wo man wichtige Rohstoffe importierte. Allerdings führte ein neues Einwanderungsgesetz vom Mai 1924, das die japanische Immigration fast völlig ausschloss, zu starken Spannungen.

Bald fand in China nach dem Tode Sun Yat-sens im Jahre 1925 von dem weitgehend konsolidierten Gebiet der Südregierung ausgehend eine große Einigungs- und Expansionsbewegung mit militärischen Mitteln statt. Die Armee des nun schnell zum neuen Führer der Kuomintang aufsteigenden Chiang Kai-sheks eroberte bis 1927 die wichtigsten Regionen und Städte Süd- und Zentralchinas. Im März des Jahres begingen diese Truppen bei der Eroberung von Nanking Übergriffe gegen Ausländer, plünderten die Geschäfte der Fremden und griffen Konsulate an. Daraufhin beschossen englische und amerikanische Kanonenboote die Stadt. Das ebenfalls betroffene Japan hielt sich aus den Kämpfen heraus und beschränkte sich auf Aktionen zur Evakuierung seiner Staatsbürger. Als jedoch im folgenden Monat General Tanaka Giichi das Amt des Premierministers und gleichzeitig des Außenministers übernahm, war es mit der Zurückhaltung vorbei. Der Übergang zu einer „aktiven Chinapolitik" wurde proklamiert. Unverzüglich wurden 2 000 Mann der Kwantung-Armee nach Shantung in die Stadt Tsinan entsandt, um dort lebende Japaner zu „schützen", mit dem Ergebnis, dass es bald zu verlustreichen Zusammenstößen zwischen den Truppen beider Länder kam. Derartige Vorstöße von japanischer Seite trafen bald auch andere Gegenden Chinas.

Dort überschlugen sich inzwischen die Ereignisse. Chiang Kai-shek hatte sich durch Einheirat eng mit den reichen Shanghaier Finanz- und Wirtschaftskreisen verbunden und führte im April 1927 einen überfallartigen Schlag gegen die Kommunistische Partei. Dabei liquidierte er zahlreiche ihrer Mitglieder und wies anschließend die sowjetischen Berater aus dem von der Kuomintang kontrollierten Gebiet aus. Gleichzeitig wurde Nanking zur Hauptstadt der Nationalregierung ernannt, da Peking sich noch in der Hand der Nordregierung befand. Im November 1927 traf Chiang zu Unterredungen mit Premier Tanaka in Tokyo ein, um die wegen chinesischer Übergriffe auf japanische Staatsbürger erregten Gemüter zu beruhigen. Die Gegensätze wurden dabei nicht ausgeräumt und der siegreiche Einzug Chiangs mit seinen Kuomintang-Truppen in Peking 1928, der damit die Einigung des Landes weitgehend abschloss, war gar nicht in Japans Sinne, das immer wieder versucht hatte, eine Oberherrschaft über Nordchina zu errichten.

Aggressivere Politik gegenüber China

Chiang Kai-sheks Schlag gegen die Kommunisten

Japan und die Einigung Chinas

5. VON DER KRISE ZUM KRIEG

a) Die Wirtschaftskrise

Die Auswirkungen der Weltwirtschaftskrise von 1929 erreichten Japan erst im folgenden Jahr, sieht man einmal davon ab, dass die Probleme dort bereits 1927 begonnen hatten. Aktiensturz, Firmenpleiten, Produktionseinschränkungen, Arbeitslosigkeit und damit auch eine politische Radikalisierung waren die Folgen. Um das Vertrauen in die Finanzen zu stärken, setzte Japan im Januar 1930 die Rückkehr zum Goldstandard durch und zwar zur Vorkriegsparität, um sich dem internationalen Trend in der Währungspolitik anzupassen. Der Kurs des Yen stieg dadurch stark an, verteuerte aber die sich schnell verringernden Exporte, wohingegen die angelsächsischen Nationen zu Dumpingpreisen übergingen. Massenentlassungen, Lohnkürzungen und Werksstilllegungen waren die Folge. Die großen Konzerne konnten mit dieser Situation eher fertig werden und es gelang ihnen sogar, auf Kosten der kleineren Unternehmen die Konzentration weiter voranzutreiben. `Handelsprobleme`

Ende 1931 hob die Regierung den Goldstandard wieder auf. Inzwischen aber hatte das Elend auch auf die ländlichen Gebiete Japans übergegriffen und in weiten Landstrichen zu Hungersnöten geführt, da die Seidenraupenzucht wegen der weltweiten Krise zusammengebrochen war. In dieser Lage erlebte `Verelendung der` eine Form des Nationalismus ihre Blüte, die man als „Prinzip der Agrarwirt- `Landbevölkerung` schaft als Basis" (*nôhonshugi*) bezeichnete. Diese Ideologie erfasste nicht nur das Landproletariat, sondern auch die Grundbesitzer und zeigte stark antimodernistische, antikapitalistische sowie antiwestliche Tendenzen. Sie richtete sich gegen Stadtkultur, Industrie und Großfinanz, d.h die angeblichen Nutznießer der unter einer schier unerträglichen Steuerlast ächzenden Provinz. Die Bewegung konnte positive Formen annehmen wie die Bildung von Selbsthilfegruppen und Agrargenossenschaften, aber auch zu blankem Terror übergehen, ohne eine einheitliche Organisationsform zu finden. Sie breitete sich auch in der Armee aus, in der hauptsächlich Söhne von Bauernfamilien dienten. Ihr Elend und das ihrer Familien wiederum bewegten die Gemüter ihrer Vorgesetzten, sodass sich in Offizierskreisen ebenfalls gegen Industrie und Finanzwelt eine starke Abneigung ausbreitete, die im Laufe der folgenden Jahre den japanischen Staat destabilisieren sollte. Dabei verschmolzen linkes und rechtes Gedankengut oft miteinander zu einer national-sozialistischen Ideologie im wahrsten Sinne des Wortes, so auch bei dem später noch zu behandelnden Theoretiker Kita Ikki, der das geistige Rüstzeug für einen Putschversuch im Jahre 1936 liefern sollte.

b) Die Londoner Flottenkonferenz

In dieser explosiven Stimmung fand im Jahre 1930 die Londoner Flotten-konferenz statt. Auf ihr sollte eine Regelung für diejenigen Schiffstypen gefunden werden, die im Washingtoner Vertrag von 1922 nicht erfasst worden waren, d. h. Schwere und Leichte Kreuzer, Zerstörer und U-Boote. Wie schon auf einer in Genf abgehaltenen Vorkonferenz forderte Japan ein Verhältnis von 10:10:7 für die USA, Großbritannien und sich selbst, stieß aber wieder auf die Ablehnung der angelsächsischen Mächte. Schließlich kam ein Kompromiss zustande: Japan wurden 70 % für Schwere Kreuzer, d. h. mit einer Bewaffnung von acht Zoll, zugestanden, 60 % für Leichte Kreuzer sowie Zerstörer und sogar Gleichstand für U-Boote. Am 22. April 1930 fand die Unterzeichnung statt. Das Abkommen hatte jedoch nur eine Laufzeit von fünf Jahren, sodass danach eine Folgekonferenz notwendig werden würde.

Londoner Flotten-abkommen

Damit aber begann in Japan der Kampf um die Ratifizierung. Trotz des relativen Erfolgs wurde das Abkommen stark kritisiert, insbesondere durch die Admiralität unter ihrem Chef Kato Kanji und seinem Stellvertreter Sue-tsugu Nobumasa, einen Teil des Geheimen Staatsrats, den Obersten Kriegsrat und die oppositionelle Seiyukai. Premier Hamaguchi suchte mit seinem Minseito-Kabinett Rückendeckung von Seiten des Unterhauses, obwohl die-ses gar nicht für einen internationalen Vertrag zuständig war. Schließlich konnte der Regierungschef die Zustimmung von Marineminister Takarabe Takeshi gewinnen und damit seine Position entscheidend stärken. Auch der Kaiser bezog in einem selten gezeigten Fall von Aktivität Stellung und zwar für die Regierung und gegen die oppositionelle Falkenfraktion innerhalb der Marine. Damit brüskierte er allerdings die Admiralität und ihre unzufriede-nen Führer traten zurück. Im Oktober 1930 gab schließlich nach langem Zögern und heftigen Debatten der Geheime Staatsrat seine Zustimmung und der Kaiser siegelte das Dokument am folgenden Tag.

Auseinandersetzun-gen in Japan

Auf Premierminister Hamaguchi wurde daraufhin im folgenden Monat auf dem Bahnhof von Tokyo durch einen Rechtsradikalen ein Pistolenattentat verübt. Der schwer verletzte Politiker starb nach längerem Leiden im August 1931 an den Folgen. Die Polizei ging nur gegen den Täter vor, nicht aber gegen rechtsgerichtete Organisationen wie diejenige, der er angehört hatte, der Patriotischen Gesellschaft (*Aikokusha*). Das Attentat bildete den Auftakt zu einer Reihe politisch motivierter Morde in den 1930er Jahren.

Attentat auf Premier Hamaguchi

Die nächste Marinekonferenz, abgehalten in London 1935–1936, scheiterte und bald lief auch das Washingtoner Abkommen von 1922 nach fünfzehn-jähriger Laufzeit aus, ohne verlängert zu werden. Vorher hatten die Enthül-lungen von Herbert Yardley, dem früheren Chef der amerikanischen Dechiff-rierabteilung, die Stimmung weiter angeheizt, als klar wurde, dass die USA während der Washingtoner Konferenz 1921–1922 Tokyos Telegrammverkehr entschlüsselt und ihre Kenntnisse zur Auslotung der japanischen Bereitschaft zu Zugeständnissen genutzt hatten.

Funkentschlüsselung der USA

c) Der Mandschurische Konflikt

Über die Mandschurei, ein aus den drei nordöstlichen Provinzen Chinas gebildetes Gebiet, hatte Japan seit dem Sieg über Russland 1905 immer mehr Kontrolle gewonnen. Nicht nur die Armee, die im „Kwantung-Pacht-gebiet" Truppen unterhielt, sondern auch das Außenministerium übte durch ein ganzes Netz von Konsulaten mit Mukden als Zentrum und über die Konsularpolizei Einfluss aus. Hauptsächlich durch die Südmandschurische Eisenbahngesellschaft unternahm Japan wirtschaftliche Aktivitäten, vor allem die Ausbeutung von Bodenschätzen wie Eisen- und Kohlevorkommen, doch war die Unterlegenheit gegenüber der amerikanischen Konkurrenz mit ihrem reichen Investitionskapital deutlich spürbar. Seit Mitte der zwanziger Jahre sah Tokyo außerdem mit großer Sorge, wie die chinesische Einigungsbewe-gung durch Chiang Kai-sheks Kriegführung allmählich nach Norden voran-kam. Die Regierung Tanaka setzte den Kriegsherrn der Mandschurei, Chang Tso-lin, der zu dieser Zeit in Peking residierte und auch andere, nicht mand-schurische Gebiete beherrschte, unter Druck, um seine eventuelle Annähe-rung an Chiang Kai-shek zu verhindern, und drängte ihn zur Rückkehr in die Mandschurei. Nach längerem Sträuben stimmte Chang Tso-lin zu und reiste per Sonderzug Richtung Mukden. Kurz vor Erreichen der Stadt aber wurde er Opfer eines Bombenattentats, das Offiziere der japanischen Kwantung-Armee auf seinen Waggon verübten. Die dabei gehegte Hoffnung der Täter auf eine chinesische Intervention, die von Japan mit militärischen Mitteln zurückgeschlagen werden würde und zur Kontrolle der Mandschurei geführt hätte, trog, da die Kuomintang sich nicht dazu provozieren ließ. Sie antwor-tete nur mit Boykottmaßnahmen und der Kündigung des Handelsvertrages mit Japan. Die Regierung Tanaka geriet daher im eigenen Lande stark in die Kritik. International isoliert war sie durch das Mordkomplott ohnehin.

Attentat auf Chang Tso-lin

Neben den unter dem chinesischen Boykott leidenden Wirtschaftskreisen und der oppositionellen Minseito forderten auch konservative Machtgruppen wie das Oberhaus und der Geheime Staatsrat eine rücksichtslose Aufklärung der Hintergründe, die zu dem Attentat geführt hatten, und brachten Premier Tanaka in schwerste Bedrängnis. Er hatte zwar mit dem Mord absolut nichts zu tun, sondern hatte vielmehr seinen Partner Chang Tso-lin verloren, aber als ehemals aktiver General konnte er es sich nur schlecht leisten, Armeekreise an den Pranger zu stellen.

Kritik an Tanaka

Tanakas Lavieren kam zu einem jähen Ende, als der Kaiser mit größtem Nachdruck auf einer rückhaltlosen Aufklärung bestand und sich entschlossen zeigte, den Premier andernfalls zum Rücktritt aufzufordern. Er zwang Mili-tärs und Regierung zum öffentlichen Eingeständnis des wahren Sachverhalts. Als daraufhin die gesamte Regierung im Juli 1929 zurücktrat, erschrak der Monarch angesichts der übergroßen Wirkung seines Eingreifens. Tanaka verstarb wenig später als gebrochener Mann. Zu dessen expansionistischen Zielen passte durchaus der Inhalt eines angeblich aus seiner Feder stam-

Rücktritt Tanakas

menden „Memorandums", das im Herbst 1929, wenige Wochen nach seinem Tod, zuerst in China auftauchte, dort veröffentlicht wurde und dann weltweit Beachtung fand. Enthalten waren darin Eroberungspläne, die mit der späteren japanischen Politik weitgehend übereinstimmten und deshalb von vielen Politikern und Historikern als „Blaupause" ernst genommen wurden. Das Dokument dürfte zwar kaum echt gewesen sein, wurde aber von China erfolgreich instrumentalisiert, um Unterstützung in der Welt zu finden.

Das Tanaka-Memo-randum

In dem von der Minseito gebildeten Nachfolgekabinett unter Hamaguchi wurde Shidehara wieder Außenminister und behielt sein Amt auch, als im April 1931 der wegen des auf ihn verübten Attentats gesundheitlich schwer angeschlagene Premier zurücktrat und Wakatsuki sein zweites Kabinett antrat. In der Armee gärte es zu dieser Zeit noch stärker als in der durch das Londoner Abkommen erbosten Marine und aktivistische Offiziere stellten Überlegungen an, wie eine Militärdiktatur etabliert werden könnte.

Inzwischen hatte in der Mandschurei der Sohn des ermordeten Chang Tso-lin die Herrschaft übernommen, der „junge Marschall" Chang Hsüeh-liang. Sein Verhältnis zum übrigen China blieb noch in der Schwebe, doch sollte sich schon bald zeigen, dass die erfolgreichen Einigungsbemühungen der Kuomintang auch eine Sogkraft auf die Mandschurei entwickelten. Verschwörer aus den mittleren Rängen der Kwantung-Armee entschlossen sich deshalb zum Handeln und am 18. September des Jahres schritten sie zur Tat.

Inszenierung eines Sprengstoffanschlags

Sie zündeten eine Sprengladung auf den Gleisen der Südmandschurischen Eisenbahn bei Mukden und schoben die Tat angeblichen chinesischen Terroristen in die Schuhe. Streitkräfte der Kwantung-Armee holten zum Gegenschlag aus und nahmen noch in derselben Nacht die chinesische Garnison in Mukden ein.

Vorausgegangen war der Aktion eine zweijährige Planung, deren führende Köpfe die Kwantung-Offiziere Ishiwara (auch: Ishihara) Kanji und Itagaki Seishiro waren, im Rang von Oberstleutnant bzw. Oberst. Der Anschlag war nicht von Tokyo aus gesteuert, wurde aber dort vom Generalstab stillschweigend gebilligt. Die Korea-Armee sandte ohne Order oder Autorisierung aus dem Mutterland der Kwantung-Armee einige Einheiten zu Hilfe. Bis Ende 1931 waren die wichtigsten Gebiete der Mandschurei, die größer war als Japan selbst, in der Hand der Eroberer.

Ishiwara erwies sich trotz des eher bescheidenen Dienstranges eines Oberstleutnants nicht nur als ein genialer Planer, sondern auch als ein einflussreicher Theoretiker. Er visierte eine japanische Weltherrschaft an, auf die man sich planmäßig vorbereiten, die Rohstoffe Asiens sichern und die noch erheblich zu erweiternde Industrie der Mandschurei mit ihren reichen Ressourcen streng an militärischen Bedürfnissen ausrichten müsse. Ishiwara wurde mit dem Coup von Mukden zum Idol aktivistischer junger Offiziere. Bald nahm die Kwantung-Armee mit potenziellen chinesischen Kollaborateuren wegen der Gründung eines „unabhängigen" Staates mit dem Namen Manchukuo (jap.: *Manshûkoku*) Kontakt auf. Im Dezember 1931 aber fasste der Völkerbund eine Resolution, in der er die beiden Krieg führenden Staaten aufforderte, die militärischen Aktivitäten einzustellen und den Untersuchungsbericht einer eigens aufgestellten Kommission unter der Leitung des Engländers Lord Victor Lytton abzuwarten.

Inzwischen kochte die Stimmung in Japan hoch, wo die forschen Aktionen der Kwantung-Armee die Bewunderung und den Zuspruch der japanischen Öffentlichkeit erregten und eine Welle des Chauvinismus hervorriefen. Nationalistische Organisationen gründeten sich in schneller Folge, viele davon bereit zu Terrorakten gegen zögerliche Politiker, halbherzige Militärs sowie die angeblich selbstsüchtigen Vertreter von Geschäfts- und Finanzwelt. Der Kaiser beließ es unter dem Einfluss seiner engsten Berater bei halbherzigen Warnungen und billigte schließlich das Vorgehen in der Mandschurei. *Zunehmende Radikalisierung in Japan*

Selbst Außenminister Shidehara rechtfertigte die Aktionen in der Mandschurei gegenüber dem Ausland durchweg als „Selbstverteidigung". In der aufgeheizten Atmosphäre aber wurde im Dezember 1931 Wakatsukis Minseito-Kabinett hinweggefegt, das sich der Entwicklung, wenn auch zaghaft, entgegengestellt hatte. Damit endete gleichzeitig die „Shidehara-Diplomatie". Die neue Regierung der stark nationalistischen Seiyukai unter Inukai Tsuyoshi nahm in der Mandschurei-Frage eine härtere Haltung ein, kehrte mehr oder weniger zur „Tanaka-Diplomatie" zurück und bereitete bei Wahlen im Februar 1932 der Minseito eine erdrutschartige Niederlage. Ohne Widerspruch konnten nun große Verstärkungen in die Mandschurei entsandt werden, von wo aus 1933 auch noch die Nachbarprovinz Jehol besetzt wurde.

Als die militärischen Auseinandersetzungen im Januar 1932 auch auf Shanghai übergegriffen hatten, wo die wirtschaftlichen Interessen der Westmächte gebündelt und direkt gefährdet waren, reagierte das bis dahin weitgehend passive Ausland sofort und forderte erfolgreich Verhandlungen zur Beilegung des Konfliktes. Bis dahin hatte Japan, das in der Stadt wie andere Mächte auch über Sonderrechte einschließlich Truppenstationierungen verfügte, Verstärkungen entsandt und sich mehrmals Kämpfe mit den Chinesen geliefert. Im Mai schloss es einen Waffenstillstand und sagte den Abzug seiner Einheiten zu. *Beilegung des Shanghai-Zwischenfalls*

In Japan aber kritisierten Rechtsextreme die als zu nachgiebig angesehene Haltung und nur zwei Wochen nach dem Waffenstillstand, am 15. Mai 1932, wurde Premierminister Inukai von jungen Marineoffizieren ermordet. Gleichzeitig wurden weitere Angriffe gegen Institutionen und Personen geführt, doch erfüllte sich die Hoffnung der Täter nicht, das Kriegsrecht würde ausgerufen und mit einem Militärputsch beantwortet. Vielmehr wurden alle Beteiligten verhaftet, wenn auch in dem folgenden Kriegsgerichtsverfahren wegen ihrer „patriotischen Motive" nur relativ milde bestraft.

Auf Inukai folgte kein Parteienkabinett mehr, sondern eine „Regierung der nationalen Einheit" unter dem inaktiven Admiral Saito Makoto. Darin war nicht einfach eine Abkehr von liberalen Tendenzen zu sehen, denn auch in *Ende der Parteienkabinette* den Parteien war ein Rechtsruck zu verzeichnen. Daher weigerte sich Genro Saionji nach dem Mord an Premier Inukai, dessen Nachfolger im Amt des Seiyukai-Präsidenten Suzuki Kisaburo für eine Regierungsbildung vorzuschlagen, da ihm der Politiker zu chauvinistisch erschien. Im Jahre 1934 sollte Saito von einem weiteren inaktiven Admiral abgelöst werden, Okada Keisuke, dessen Regierung etwa den gleichen Kompromisscharakter aufwies.

Unabhängigkeit für Manchukuo

Premier Saito, dessen schwaches Kabinett sich in einer ständigen Krise befand, kapitulierte vor dem nationalistischen Druck und erkannte unmittelbar vor dem Abschluss des Lytton-Berichts im Oktober 1932 Manchukuo an, das im Jahre 1934 zum Kaiserreich unter Pu-Ji ausgerufen wurde, dem 1911 gestürzten letzten chinesischen Kaiser aus der Dynastie der Mandschuren. Das Provinznest Hsingking (früher: Changchun) wurde zur Hauptstadt ernannt. Keine der Großmächte erkannte das neue Staatsgebilde an. Im Frühjahr 1933 war Japan aus dem Völkerbund ausgetreten.

Japans Austritt aus dem Völkerbund

Manchukuo wurde de facto von der japanischen Kwantung-Armee beherrscht, deren Kommandeur gleichzeitig Gouverneur des Pachtgebietes im Süden des riesigen Territoriums war und nun zum japanischen Botschafter in Hsingking ernannt wurde. In dem de jure unabhängigen Land war Japan nur für die innere Sicherheit und Verteidigung verantwortlich, beherrschte es aber tatsächlich als reinen Marionettenstaat. Die Auswanderung von Japanern in das eroberte Gebiet wurde von staatlicher Seite propagiert und gefördert, sodass, besonders in den Grenzregionen zur Sowjetunion und zur Äußeren Mongolei eine Art Wehrbauern angesiedelt wurden, oft Reservisten der japanischen Armee mit der Aufgabe, diesen Gürtel zu sichern. Zusammen mit den Soldaten, Unternehmern und Beamten waren es insgesamt eine Million Japaner, die bis 1945 in das Gebiet übersiedelten, und die Zahl der Koreaner war noch höher.

Die Mandschurei als Experimentierfeld

Die Mandschurei wurde unter der Führung radikaler Heeresoffiziere und ziviler „Reformisten" zum vielseitigen Experimentierfeld, dessen Ergebnisse gegebenenfalls auf das Mutterland zu übertragen wären. Sie führten planwirtschaftliche Maßnahmen ein und richteten die Produktion ganz auf militärische Bedürfnisse aus. Zunehmend konnte die Armee dabei auf Unterstützung in anderen Gruppierungen Japans bauen, so z. B. in der jüngeren Bürokratie, radikalen Parlamentariergruppen, Gewerkschaften, Agrargenossenschaften und den Massenmedien, insbesondere der Tagespresse. Unter dem Slogan des „nationalen Notstands" (hijôji) gingen eine schleichende Militarisierung und Umstrukturierung des japanischen Mutterlands vor sich. Die Heeresführung nutzte die selbst erzeugte Stimmung, um dort einen „nationalen Verteidigungsstaat" mit staatssozialistischen Elementen zu propagieren.

Kabinettsagenturen

Die Armee schuf in Japan gemeinsam mit zivilen Verbündeten Kabinettsagenturen, die offiziell dem Premierminister unterstanden, tatsächlich aber vom Heer dominiert wurden. Dazu gehörte als wichtigste das 1935 gegründete Untersuchungsamt des Kabinetts (Naikaku chôsakyoku), das später zum Planungsbüro (Kikakuchô, Mai 1937) aufgewertet und bald durch Fusion mit dem Rohstoffamt (*Shigenkyoku*) unter dem neuem Namen „Planungsamt" (*Kikakuin*, Oktober 1937) einem Ministerium gleichgestellt und schließlich 1943 nach Vereinigung mit anderen Ministerien zum Rüstungsministerium umgewandelt wurde (*Gunjushô*).

Auch Industrie und Armee schlossen sich enger zusammen, da die Militärs auf Finanzkapital und technisches Know-how der früher verhassten Konzerne angewiesen waren, die wiederum zwecks Expansion neue Betätigungsfelder suchten. Es entstanden neue Zaibatsu, die nicht immer über den besten Leumund verfügten, aber in der Mandschurei willkommen waren, wie Nissan und Idemitsu.

Im April 1934 erklärte der Chef der Informationsabteilung im Außenministerium, Amau Eiji, auf Betreiben seines Ressortchefs Hirota Koki gegenüber ausländischen Korrespondenten, Tokyo werde bei der Erfüllung seiner Mission in Ostasien keine Einmischung europäischer Mächte oder der USA in China dulden, nicht einmal finanzielle oder technische Unterstützung für das Reich der Mitte. Damit verkündete Japan eine Art asiatische Monroe-Doktrin, begleitet von einer Erweiterung des Einflussbereiches in Nordchina. Wie üblich bildete dabei die Kwantung-Armee die Speerspitze. Bis 1936 wurde durch erzwungene Verträge der größte Teil der Provinz Hopei von Truppen und Organen der Kuomintang geräumt. Dort und in Chahar wurden schließlich Satellitenregime etabliert und in der Inneren Mongolei eine Unabhängigkeitsbewegung gefördert. All diese demütigenden Bedingungen akzeptierte Chiang Kai-shek, da sein Entschluss, gegen die Kommunisten im eigenen Land vorzugehen, oberste Priorität besaß, und er dafür die Abwehr Japans als Ziel zurückstellte.

Japans Einflusserweiterung in Nordchina

Der stark nationalistische Außenminister Hirota Koki, der Politik der japanischen Armee seit Jahrzehnten zugeneigt, setzte im Oktober 1935 in Absprache mit Heer und Marine durch, dass die Regierung seine außenpolitische Richtlinie zur offiziellen Politik erhob: China sollte gezwungen werden, auf eine enge Zusammenarbeit mit den USA und den europäischen Mächten zugunsten einer Partnerschaft mit Japan zu verzichten, Manchukuo anzuerkennen, einen Sonderstatus für die nordchinesischen Provinzen zu akzeptieren und gemeinsam mit Tokyo einen Kampf gegen den Kommunismus zu führen.

In China aber regte sich Widerstand. Im Dezember 1936 wurde Chiang Kai-shek, der gerade wieder einen großen Feldzug gegen die Kommunisten begonnen hatte, von eigenen Generalen, allen voran dem aus der Mandschurei vertriebenen Chang Hsüeh-liang, in Sian gefangen genommen und gezwungen, die Operationen abzusagen und stattdessen künftig mit der Kommunistischen Partei die Japaner zu bekämpfen. Gleichzeitig kündigte sich auch eine Wiederannäherung zwischen der UdSSR und China an. Die Sowjetunion hatte nach dem Mandschurei-Konflikt Tokyo mehrmals vergeblich den Abschluss eines Nichtangriffspaktes angeboten. Sie handelte danach aber pragmatisch und verkaufte 1935 die nun durch japanisches

Zwischenfall von Sian

Machtgebiet führende Ostchinesische Eisenbahn an Manchukuo, eröffnete ein Konsulat in Hsingking und sprach damit de facto eine Anerkennung Manchukuos aus.

d) Von den Putschversuchen zum China-Krieg

Neben dem Mord an zwei Premiers innerhalb kürzester Zeit kam es zu Putschversuchen im März und Oktober 1931, die nur knapp scheiterten. Der japanische Nationalismus nahm zu dieser Zeit eine stark antikapitalistische Ausprägung an, da die wirtschaftlichen Stützungsmaßnahmen und Kredite des Staates einseitig die Zaibatsu begünstigt hatten. Daher fielen der ehemalige Finanzminister Inoue Junnosuke und der Manager des Mitsui-Konzerns Dan Takuma Attentaten zum Opfer. Neben den älteren nationalistischen Gesellschaften, die einen starken Zulauf erlebten, kam es zu zahlreichen Neugründungen, die zum Teil den Charakter von Geheimbünden annahmen. Immer stärker wurde zu dieser Zeit die Armee zum Hoffnungsträger einer „nationalen Neuordnung".

Attentate und Putschversuche

In dieser angeheizten Atmosphäre gewann ein Mann namens Kita Ikki (1885–1937) an Bedeutung. Als Anhänger – so wie auch Ishiwara Kanji – des aggressiven Nichiren-Buddhismus und Mitglied der Amur-Gesellschaft hatte er sich jahrelang als intellektueller Abenteurer in China aufgehalten und im Jahre 1919 ein aufsehenerregendes Buch mit dem Titel *Entwurf für eine Neuorganisation Japans (Nihon kaizô hôan taikô)* veröffentlicht. Darin forderte er einen Staatsstreich des Militärs, um die Ziele der Meiji-Restauration zu erfüllen. Die schwächlichen Ratgeber am Thron sollten wegen des von ihnen verübten Verrats ausgeschaltet und dem Tenno die wahre Macht zurückgegeben werden. Außerdem seien die Verfassung aufzuheben und das Parlament abzuschaffen. Der Adelsstand solle beseitigt und die Zaibatsu enteignet werden. Stattdessen sei die Arbeiterschaft zu fördern. Auch der Kaiser solle zugunsten des Staates auf seine Reichtümer verzichten. Schließlich müsse Japan eine Führungsposition in Asien erkämpfen und den ganzen Kontinent von den Einflüssen des Westens befreien. Das Buch wurde schnell verboten, kursierte aber jahrzehntelang in Nationalistenkreisen und im Militär.

Kita Ikkis Programmschrift

Zu den Männern, die Kita Ikkis Lehren unter den jungen Offizieren zu verbreiten suchten, gehörte auch Okawa Shumei, ein Lehrer an der Kolonialakademie. Er leitete die Kirschblütengesellschaft (*Sakura-kai*), einen der Geheimbünde, die ihre Mitglieder zu Attentaten anstifteten. In dieser Atmosphäre hatten liberale Intellektuelle einen besonders schweren Stand. So wurde der einst so geschätzte Verfassungsrechtler Minobe Tatsukichi, obwohl aus Altersgründen längst nicht mehr Inhaber eines Lehrstuhls, 1935 zur Zielscheibe nationalistischer Kreise und des Heeres, da er mit seiner Theorie, der Kaiser sei in die konstitutionelle Ordnung eingebunden, angeblich Ma-

Hetze gegen Liberale

jestätsbeleidigung betrieben hatte. Er wurde deshalb gezwungen, seinen Sitz im Oberhaus aufzugeben.

Die japanische Armee, die nach außen so selbstherrlich auftrat, war in Wirklichkeit tief gespalten. General Araki Sadao, seit 1931 Heeresminister, galt als Sympathisant radikaler Zirkel und Teilnehmer an Verschwörungen, ebenso wie sein Gesinnungsgenosse Mazaki Jinzaburo, seit 1932 Stellvertretender Chef des Generalstabs und ab 1934 Chef der militärischen Ausbildung (*kyôiku sôkan*). Araki stand an der Spitze der sogenannten Faktion des „Kaiserlichen Weges" (*Kôdô-ha*) und brach während seiner Amtszeit die praktisch seit der Meiji-Restauration anhaltende Vorherrschaft des Choshu-Clans in der Armee. Seine Clique hatte ihren Namen wegen der häufigen Benutzung des Begriffes „Kaiserlicher Weg" (*kôdô*) erhalten, mit dem alte japanische Tugenden und das Kokutai als Grundelemente politisch-militärischer Führung sowie eine angeblich göttliche Mission des Tenno-Reiches zur Beherrschung der Welt beschworen wurden. Während die rivalisierende Kontroll-Faktion (*Tôsei-ha*), gestützt auf Studien zur Ludendorffschen Kriegsmobilisierung im Ersten Weltkrieg und Anleihen beim sowjetischen Fünfjahresplan, auf eine totale Einstellung der Wirtschaft auf Kriegsproduktion und auf kontrollwirtschaftliche Maßnahmen drängte, pochte die Araki-Gruppe auf das traditionelle militärische Konzept Japans als Schlüssel zum Sieg: aggressiven Kampfgeist. Ihren Hauptfeind sah die Kodo-Faktion eindeutig in der UdSSR und zwar nicht nur aus Gründen militärischer, sondern auch ideologischer Bedrohung, welche die kaiserliche Herrschaftsstruktur gefährde. Auch die Tosei-Gruppe, deren langjähriger Führer Generalmajor Nagata Tetsuzan war, sah in der UdSSR den Hauptgegner, aber nicht so einseitig und hasserfüllt wie die Kodo-Faktion.

Spannungen innerhalb der Armee

Die Araki-Clique zeigte sich auch an sozialen Problemen interessiert, stark beeinflusst von Theoretikern wie Kita Ikki. Die Kodo-Generale brachten daher großes Verständnis für die Notlage der Landbevölkerung auf und wurden durch ihr Mitgefühl zu Idolen junger, radikaler Offiziere. Für die Misere machten sie vor allem die Großkonzerne mit ihrer ungebremsten Profitgier verantwortlich.

Armee und soziale Probleme

Bald trieb die Zerreißprobe innerhalb der Armee ihrem Gipfel zu. Araki musste wegen seiner selbstherrlichen Art im Januar 1934 zurücktreten. Jetzt war der Weg frei für Nagata Tetsuzan, der kurz darauf im Heeresministerium das einflussreiche Militärbüro (*gunmukyoku*) übernahm, das politische Nervenzentrum der Armee. Im folgenden Jahr verlor Arakis Vertrauter Mazaki den Posten als Generalinspekteur der militärischen Ausbildung. Junge Hitzköpfe innerhalb der Armee führten diese Veränderungen auf Intrigen Nagatas zurück, den im August 1935, als die Stimmung den Siedepunkt erreichte, ein Oberstleutnant namens Aizawa Jinzaburo in dessen Dienstzimmer mit dem Schwert tötete. Der Prozess gegen den Attentäter wurde zum Forum der jungen Offiziere zwecks öffentlicher Propagierung ihrer Ziele, die wahre Macht an den Kaiser zurückzugeben und damit die de facto ausgeübte Herr-

Mord an Nagata

schaft von Industrie, Hochfinanz, Bürokraten, Parteien und Hofbeamten zu beenden.

In dieser brisanten Lage beschloss die Armeeführung im Februar 1936, die Erste Division, in der die meisten der Hitzköpfe dienten, in die Mandschurei zu verlegen, um eventuellen Gewaltaktionen vorzubeugen. Die Aktivisten, keiner im Rang höher als Hauptmann, entschlossen sich deshalb zur Durchführung eines Staatsstreichs, der einem der Kodo-Offiziere zur Kabinettsbildung verhelfen würde, nach Möglichkeit Mazaki. Sie erhielten auch die Zusage von Einheiten der Kaiserlichen Garde für eine Mitwirkung und rückten am 26. Februar 1936 in dichtem Schneetreiben mit ca. 1 400 Mann um 5 Uhr morgens aus ihren Kasernen aus, um die strategisch wichtigen Putsch im Februar Punkte der Hauptstadt zu besetzen. Gleichzeitig überfielen Kommandos 1936 die Häuser von missliebigen Politikern und Militärs. Dabei ermordeten sie den Lordsiegelbewahrer und ehemaligen Premierminister Admiral Saito Makoto, den Finanzminister und ehemaligen Premier Takahashi Korekiyo und General Watanabe Jotaro, den Generalinspekteur der Militärischen Ausbildung und damit Nachfolger Mazakis im Amt. Statt des Regierungschefs, Admiral Okada Keisuke, ermordeten sie versehentlich dessen Schwager. Außerdem verletzten die Rebellen Admiral Suzuki Kantaro lebensgefährlich, den Obersten Kammerherrn des Kaisers, und hielten ihn für tot.

Das Regierungsviertel befand sich fest in der Hand der Putschisten und General Mazaki zeigte durchaus Bereitschaft, das Amt des Premierministers zu übernehmen. Sogar der Bruder des Kaisers, Prinz Chichibu, zeigte Sympathien für die Aufrührer. Der Tenno aber sprach sich von Anfang an gegen die Putschisten aus und riss daher auch die noch unentschlossene Armeeführung mit. Loyale Truppen marschierten nun in der Hauptstadt auf, verstärkt durch Marineinfanteristen aus Yokohama, während in der Bucht von Tokyo drohend Flotteneinheiten Position bezogen. Am 29. Februar gaben die Putschisten auf, ohne dass es zu weiteren Toten gekommen war, und kehrten Das Ende des in ihre Kasernen zurück. Die Anführer wurden vor Gericht gestellt und in Putsches einem nicht öffentlichen Verfahren zum Tode verurteilt, darunter auch die Ideologen Kita Ikki und Nishida Mitsugi, obwohl sie an der Aktion gar nicht beteiligt waren. Der Ausnahmezustand wurde erst im Juli 1936 aufgehoben. In der Armee dominierte jetzt unangefochten die Tosei-Gruppe.

Die japanische Politik aber verlief durch die Niederschlagung des Putsches in nicht weniger radikalen Bahnen. Da Okada die Verantwortung für die Wirren übernahm, wurde nun der nationalistische Berufsdiplomat Hirota Koki Regierungschef. Am 7. August 1936 beschloss eine Fünfministerkonferenz aus Premier, Außen-, Finanz-, Heeres- und Marineminister als entscheidendes Gremium die „Grundsätze nationaler Politik" (*kokusaku no kijun*), Grundsätze nationaler Politik die besagten, sich bezüglich der Rüstung sowohl auf eine Auseinandersetzung mit der UdSSR als auch mit den Westmächten im pazifisch-südostasiatischen Raum einzustellen, wo man vor allem der US-Flotte ebenbürtig sein müsse. Mit dieser Entscheidung als Kompromiss waren die Präferenzen von Heer,

d. h. einer kontinentalen Expansion, wie Marine, also einer maritimen Stoßrichtung, gleichermaßen berücksichtigt.

Im November 1936 fand der noch zu behandelnde Abschluss des Antikominternpaktes mit Deutschland und im Monat darauf der Zwischenfall von Sian statt, der die Weichen für Chinas Politik gegenüber Japan völlig neu stellte. In dieser Situation führte die Armee künstlich eine Regierungskrise herbei, da ihr Hirotas Politik nicht weit genug ging, stürzte das Kabinett und sorgte dafür, dass schließlich der inaktive General Hayashi Senjuro zum Premier ernannt wurde, dem die Etablierung einer staatlich kontrollierten Wirtschaftsordnung nach den Vorstellungen der Armee eine Herzensangelegenheit war. Kabinettsbildung durch General Hayashi

Zunächst aber überraschte das neue Kabinett mit einer moderaten Politik gegenüber China, die hauptsächlich auf den neuen Außenminister Sato Naotake zurückzuführen war. Premier Hayashi sah sich aber schon nach wenigen Monaten zum Rücktritt gezwungen, da er das Unterhaus wegen Spannungen durch den Kaiser auflösen ließ, aber nach den darauffolgenden Wahlen die ihm feindlich gesonnenen beiden großen konservativen Parteien weiterhin dominierten. Nachfolger als Regierungschef wurde im Juni 1937 Fürst Konoe Fumimaro, Haupt der prominentesten Adelsfamilie, Verwandter des Kaisers und seit 1933 Präsident des Oberhauses. Er war für das Amt des Premierministers mit 45 Jahren nach japanischen Begriffen ungewöhnlich jung, war aber wegen seiner Herkunft und seines Charismas seit Jahren der Favorit sowohl radikaler wie auch gemäßigter Kreise. Konoes erstes Kabinett

Wenige Wochen später, am 7. Juli 1937, kam es zu einem Feuergefecht an der Marco-Polo-Brücke bei Peking zwischen chinesischen Einheiten und japanischen Soldaten, die dort über Stationierungsrechte aus dem BoxerProtokoll verfügten. Trotz der sofort aufgenommenen Ausgleichsgespräche übte Heeresminister Sugiyama Gen (auch: Hajime) erfolgreich Druck aus, der Entsendung von Verstärkungen aus der Mandschurei und Korea zuzustimmen. Die Feindseligkeiten eskalierten daher ständig und griffen bald auch auf Shanghai über, hauptsächlich – wie schon 1932 – auf Betreiben der japanischen Marine. Die Stadt sollte aber erst nach unerwartet hartem Widerstand im November fallen. Ausbruch des Krieges mit China

Am 21. August 1937, eine Woche nach Beginn der Kämpfe in Shanghai, schlossen das bedrängte China und die UdSSR einen Nichtangriffspakt und beendeten ein Jahrzehnt tiefer Feindschaft. Anfang November konkretisierte Japan seine Bedingungen für einen Friedensschluss: Die Entmilitarisierung einer Zone in Nordchina und in Groß-Shanghai, die Schaffung eines autonomen Regimes in der Inneren Mongolei, eine gemeinsame Bekämpfung des Kommunismus und wirtschaftliche Vorteile für Japan wie Senkung der Zölle. Chinas Hoffnungen auf ausländischen Beistand wurden schnell enttäuscht. Die Mächte, die 1922 in einem der Washingtoner Verträge die Integrität Chinas garantiert hatten, hielten zwar in Brüssel eine Konferenz ab, der Japan aber fernblieb und die am 24. November ohne konkretes Ergebnis zu Ende ging.

Wenige Tage zuvor war, angeblich um die Kriegführung zu koordinieren, erstmals seit dem Russisch-Japanischen Krieg von 1904/05 das Kaiserliche Hauptquartier (*daihon'ei*) wieder eingerichtet worden, in dem Generalstab und Admiralität vertreten waren, aber kein Regierungsmitglied. Die notwendige Zusammenarbeit mit dem Kabinett wurde vielmehr durch die Abhaltung von Verbindungskonferenzen (*renraku kaigi*) hergestellt, an der neben den Spitzen der beiden Stäbe auch der Premier und die wichtigsten Minister teilnahmen. Inzwischen rückten die Japaner nach dem Fall von Shanghai auf die feindliche Hauptstadt Nanking vor.

Gründung des Kaiserlichen Hauptquartiers

Der Tokyoter Generalstab vertrat zu dieser Zeit gegenüber China eine gemäßigtere Position als die wichtigsten Mitglieder der Regierung, da er in der Sowjetunion den Hauptfeind sah. Er bemühte sich daher um eine schnelle Beilegung des Konflikts und bat dazu das mit beiden Ländern befreundete Deutschland um Vermittlung, die von dem Botschafter des Reiches in China, Oskar Trautmann, auch in Angriff genommen wurde. Der Generalstab aber traf auf heftigen Widerstand der japanischen „Falken", zu denen neben den Feldarmeen mehr oder weniger die gesamte Kabinettsspitze gehörte.

Generalstab und deutsche Vermittlungsaktion

Als am 13. Dezember 1937 Nanking von den Japanern mit erstaunlich wenig Mühe eingenommen wurde, kam es zu unvorstellbaren Grausamkeiten der siegreichen Truppen gegenüber Zivilisten und flüchtenden Soldaten. Schätzungen sprechen von bis zu 300 000 Toten neben Plünderungen und Massenvergewaltigungen. Mit dem Fall der gegnerischen Hauptstadt, aus der sich die chinesische Regierung und militärische Führung schon vorher abgesetzt hatten, verhärtete sich die japanische Haltung weiter. Etwa zehn Tage später forderte Tokyo über das vermittelnde Deutschland, China solle nun offiziell die Mandschurei und das Japan hörige Regime in Nordchina anerkennen, der Erweiterung der entmilitarisierten Zone auf Zentralchina zustimmen, Reparationen zahlen und die Stationierung japanischer Truppen in nicht näher definierten Gebieten Nord- und Zentralchinas sowie der Inneren Mongolei zugestehen. Die Zustimmung Chiang Kai-sheks wurde dadurch erschwert, dass die Bedingungen zwar nur in Andeutungen genannt, aber eine pauschale Annahme in einem ausgesprochen kurzfristigen Ultimatum gefordert wurde. Auch Deutschland geriet dadurch als Vermittler in Bedrängnis.

Der Fall von Nanking

Inzwischen war in Japan eine Führungskrise ausgebrochen, da der Generalstab unter General Tada Hayao die harte Politik der Regierung und insbesondere das intrigante Verhalten Außenminister Hirotas nicht billigte. Die Falken setzten aber durch, dass am 11. Januar 1938 eine Kaiserliche Konferenz (*gozen kaigi*), d.h eine Art Verbindungskonferenz in Anwesenheit des Tennos, abgehalten wurde, auf der eine härtere Gangart für den Fall einer negativen oder auch nur ausbleibenden Antwort aus China beschlossen wurde. Um nicht einen Sturz des Kabinetts herbeizuführen, beugte sich der Generalstab widerstrebend der harten Linie. Als China, wie nicht anders zu erwarten, Fragen nach den konkreten Punkten der japanischen Forderungen

Kaiserliche Konferenz

stellte, erklärte das Kabinett in Tokyo am 16. Januar angesichts der angeblichen Starrköpfigkeit des Gegners, es werde die Regierung Chiang Kai-
sheks „nicht mehr als Partner ansehen". Vielmehr würde man sich um die
Bildung einer neuen chinesischen Regierung bemühen, die derjenigen von
Manchukuo ähnlich wäre.

Japans Abbruch der Beziehungen zu China

Chiang Kai-shek zog sich weiter ins Landesinnere zurück, wo er schließlich Chungking bis zum Ende des Zweiten Weltkriegs zu seinem provisori-
schen Amtssitz machte. Die Japaner eroberten bis Ende 1938 alle bedeutenden Gebiete in Nord- und Zentralchina sowie die wichtigsten Verkehrslinien
und Küstenabschnitte, führten dann aber bis 1944 keine großen Offensiven
mehr durch. Am 3. November 1938 verkündete die Regierung Konoe die
Errichtung einer „Neuen Ordnung in Ostasien" (*Tô-A shinchitsujo*), bestehend aus Japan, China und Manchukuo als einer Friedenszone, die durch die
Zusammenarbeit der drei Länder auf allen erdenklichen Gebieten geprägt
würde.

Japans „Neue Ordnung in Ostasien"

Tokyo befand sich in Wirklichkeit aber in einem großen Dilemma, weil der
erwartete schnelle Sieg ausgeblieben war. Eine Lösung schien sich zu bieten,
als sich im Dezember 1938 ein führendes Mitglied der Kuomintang, Wang
Ching-wei, nach Indochina absetzte und sich in japanische Hand begab. Es
sollte aber noch bis März 1940 dauern, dass er in Nanking eine chinesische
Gegenregierung bildete, die natürlich von Japan abhängig war, aber seiner
Definition zufolge eine spätere Vereinigung der chinesischen Kräfte anstreben
sollte. In all den Kriegsjahren streckte Chiang Kai-sheks Regierung immer
wieder Fühler nach Japan aus, während die Kommunisten hinter den japanischen Linien einen Guerillakrieg führten und sich allmählich den Nimbus
schufen, bessere Patrioten zu sein als die Nationalisten.

Wang Ching-wei und Japan

e) Das Bündnis mit Deutschland und Italien

Eine erste Annäherung Japans an das nationalsozialistische Deutschland fand
unter antisowjetischen und antikommunistischen Vorzeichen statt. Hitler
verfügte zunächst über kein Konzept für eine Ostasienpolitik und hegte als
Rassenfanatiker eine Abneigung gegen nicht europäische Völker, von der die
Japaner nur ganz bedingt ausgenommen waren. Ihm imponierten allerdings
die „Reinrassigkeit" des Volkes und seine soldatischen Tugenden. Seine
Grundkonzeption war, die europäische Herrschaft über die Welt auszubauen
und damit vor allem den Bestand des britischen Weltreiches zu sichern. Damit
standen seine Ziele denjenigen Japans diametral entgegen, die ja darauf gerichtet waren, den „weißen Mann" aus Ostasien zu vertreiben.

Nach ersten vorsichtigen Sondierungen, vermittelt von dem Waffenhändler
Friedrich Wilhelm Hack, kam es im Jahre 1935 zu Kontakten zwischen
Militärattaché Oshima Hiroshi in Berlin und Joachim v. Ribbentrop, einem
Vertreter der NSDAP und späteren Außenminister, sowie Admiral Wilhelm

Canaris, dem Chef der militärischen Abwehr. Nach dem Februarputsch 1936 gewann die japanische Armee größeren Einfluss auf die Politik und der von ihr favorisierte Hirota als neuer Premier sowie Außenminister Arita Hachiro waren wegen ihrer stark antisowjetischen Einstellung für eine etwaige Verbindung mit Deutschland gegen die UdSSR – möglichst unter Einschluss Polens – zu gewinnen. Der japanische Botschafter in Berlin, Graf Mushakoji Kintomo, wurde daher von seiner Regierung beauftragt, selbst die Verhandlungen mit Ribbentrop zu führen, d. h. unter Ausschaltung des Auswärtigen Amtes, und am 25. November 1936 unterzeichneten beide den Antikomin-

Abschluss des Anti-
kominternpakts

ternpakt. Dieser sah in seinem veröffentlichten Teil einen Informationsaustausch über die Zersetzungsarbeit der Komintern vor und enthielt in einem geheimen Zusatz die Verpflichtung, die UdSSR mit keinerlei Maßnahmen zu entlasten, falls einer der Signatarstaaten Opfer eines sowjetischen Angriffs würde. Außerdem dürften mit der UdSSR von wenigen Ausnahmen abgesehen keine politischen Verträge geschlossen werden. Oshimas ursprüngliches Anliegen eines Abkommens mit militärischem Charakter hatte damit nur Eingang in den geheimen Teil gefunden.

Der Vertrag schockierte nicht nur die UdSSR, sondern auch die Westmächte, zumal man hinter dem veröffentlichten Inhalt noch weitergehende geheime Absprachen von einer Bedeutung vermutete, die es gar nicht gab.

Beitritt Italiens

Der ein Jahr später erfolgte Beitritt Italiens zu dem veröffentlichten Teil des Vertrages verstärkte die Beunruhigung noch. Wegen der entsetzten Reaktion im Ausland wuchs der Widerstand gegen den Antikominternpakt auch innerhalb Japans, insbesondere in Wirtschaftskreisen, am Hof und im Parlament. Man machte sich weniger Sorgen bezüglich der ohnehin schlechten Beziehungen zur UdSSR als hinsichtlich einer Belastung im Verhältnis zu den Westmächten. In den Parteien kam außerdem die dunkle Ahnung auf, dass eine Anlehnung an das totalitäre Deutschland diktatorische Tendenzen in Japan stärken und eine weitere Schwächung des Parlamentarismus mit sich bringen könnte. Die Armee aber nutzte die Debatte im Unterhaus, um sich „beleidigt" zu fühlen, aus Protest ihren Minister zurückzuziehen, das Kabinett Hirota zu stürzen und durch eine Nachfolgeregierung unter General Hayashi zu ersetzen. Wegen der negativen Reaktionen im In- und Ausland

Abkühlung der
Beziehungen zu
Deutschland

ging Japan zunächst wieder auf Distanz zu Deutschland. Diese Haltung änderte sich jedoch allmählich, als im Juli 1937 der Krieg mit China ausbrach.

Deutschlands Bezie-
hungen zu China

Dort waren seit einem Jahrzehnt deutsche Militärberater tätig, die zwar auf der Basis privater Verträge eingestellt waren, aber eng mit der Wirtschaft und Rüstungsindustrie kooperierten und deren Tätigkeit von Seiten des deutschen Staates sehr gern gesehen wurde. Berlin war nämlich an umfangreichen Lieferungen aus dem mit Rohstoffen reich gesegneten Land und an Exporten dorthin äußerst interessiert und man hoffte außerdem auf eine Einbindung Chinas in eine antisowjetische Frontstellung. Daher führte Deutschland auch die Vermittlung über Botschafter Trautmann durch, die aber letztlich scheiterte.

Japan musste jedoch bald erkennen, dass der erwartete schnelle Sieg gegen China ausbleiben und sich stattdessen ein langer Krieg entwickeln würde. Außenminister Hirota musste deshalb im Mai 1938 sein Amt an den gemäßigteren inaktiven General Ugaki Kazushige abgeben, dessen Auftrag zu einer Kabinettsbildung die Armee im Vorjahr torpediert hatte. Außerdem geriet Japan im Sommer desselben Jahres gegenüber der Sowjetunion in eine bedrängte Lage, da es bei Changkufeng (auch: am Khasan-See) im sibirisch-mandschurisch-koreanischen Grenzgebiet zu einem Krieg kam und Tokyo einen ungünstigen Frieden schließen musste, der die territorialen Streitpunkte in dem Raum zugunsten der UdSSR entschied. Da Japan außerdem ein Eingreifen der Sowjetunion oder der angelsächsischen Mächte in den China-Krieg zu befürchten hatte, die alle bereits Wirtschafts- und Rüstungshilfe an Chiang Kai-shek leisteten, legte es im Herbst 1938 Deutschland und Italien ein Bündnisangebot vor und stieß auf Interesse. Besonders Deutschland hatte schon in den vorangegangenen Monaten erhebliche Vorleistungen zugunsten des erhofften Verbündeten erbracht. Es zog seine Militärberater ab, verpflichtete sich zur Einstellung der Rüstungslieferungen an China, schränkte auch den sonstigen Warenaustausch stark ein und erkannte die Mandschurei diplomatisch an. Die Bündnisverhandlungen aber zogen sich endlos hin und führten zu keinerlei Ergebnis, da Berlin und Rom sich nicht auf die japanische Forderung einließen, die Allianz expressis verbis auf die UdSSR als potenziellen Gegner zu beschränken und sie gegen andere Mächte nur als „Damoklesschwert" zu verwenden. Die beiden europäischen Verhandlungspartner aber bestanden auf einer klaren Bündnispflicht auch gegen England und Frankreich. Das lehnte in Japan vor allem die Marine ab, die sich einem Konflikt mit den angelsächsischen Mächten nicht gewachsen fühlte, aber trotzdem durch eine Ausweitung der Operationen im China-Krieg auf die südlichen Regionen des feindlichen Landes und auf kleinere Inseln ungeklärter Zugehörigkeit vor den Küsten Französisch-Indochinas und Niederländisch-Indiens erheblich zu den Spannungen in Asien beigetragen hatte.

An dem Patt in den Bündnisverhandlungen änderte sich auch nichts, als Premierminister Konoe Anfang Januar 1939 zurücktrat, hauptsächlich wegen des festgefahrenen China-Krieges, und seinem Nachfolger Hiranuma Kiichiro ein schweres Erbe übergab. Bis zum August des Jahres tagte eine Vierministerkonferenz wegen des Bündnisproblems über siebzigmal, ohne ein Ergebnis zu erreichen. Japans Zögern führte dazu, dass Deutschland allmählich umdisponierte und Italien mit sich zog. Im Mai 1939 schlossen sie daher erst einmal ein Bündnis zu zweit ab, den sogenannten Stahlpakt, hielten diesen aber für einen späteren Beitritt Tokyos offen. Etwa seit dieser Zeit befand sich Japan in einem weiteren Grenzkrieg gegen die UdSSR und zwar bei Nomonhan im mandschurisch-mongolisch-sowjetischen Grenzgebiet, wo es immer mehr in Bedrängnis geriet. Nichts konnte daher ungelegener kommen als ein von Hitler seit Jahresbeginn erwogener radikaler Kurswechsel, nämlich Japan zugunsten der UdSSR fallen zu lassen. Entspre-

Krieg von Changkufeng

Bündnisangebot an Deutschland und Italien

Bündnisverhandlungen

Kabinettswechsel von Konoe zu Hiranuma

Deutsch-italienischer Stahlpakt

Nomonhan-Krieg

chende Warnungen aus Berlin wurden in Tokyo nicht ernst genommen. Einen drohenden deutschen Angriff auf Polen, das seit Jahrzehnten mit dem fernöstlichen Kaiserreich befreundet war, versuchte Japan durch eine Vermittlungsaktion zu verhindern, die aber an Hitlers Kriegsentschlossenheit scheiterte. Vielmehr schloss Deutschland am 23. August 1939 mit der UdSSR einen Nichtangriffspakt, auch Hitler-Stalin-Pakt genannt, verstieß damit gegen die Abmachungen des Antikominternpaktes und ließ das im Nomonhan-Krieg in schwerste militärische Bedrängnis geratene Japan im Stich. Die bilateralen Beziehungen erlebten einen absoluten Tiefpunkt und das kompromittierte Kabinett Hiranuma stürzte.

In dem am 1. September ausbrechenden europäischen Krieg blieb Japan neutral, war aber weiterhin isoliert. Schon Ende Juli 1939 hatte Washington wegen des Krieges in China das Handelsabkommen mit Tokyo aus dem Jahre 1911 gekündigt und verfügte damit über ein ständiges Drohmittel. Im Dezember erließen dann die USA ein Embargo für eine Reihe von kriegswichtigen Gütern und Rohstoffen wie Flugzeugbenzin. Die schärfste Waffe, die Einstellung der Rohöllieferungen, blieb noch ungenutzt. Außerdem nahmen die USA nach Auslaufen der Verträge zur Flottenbegrenzung ein großes Aufrüstungsprogramm zur See in Angriff. Ein weiterer Schlag war für Japan der Nomonhan-Krieg, der zwar durch einen Waffenstillstand am 15. September beigelegt wurde, aber die unerwartete totale Niederlage führte zu einer Identitätskrise in der Armee.

In dieser Zeit kam es zu relativ gemäßigten Kabinetten unter General Abe Nobuyuki und Admiral Yonai Mitsumasa, ohne dass sich an dem größten Problem, dem Krieg in China, etwas änderte. Auch die Ende März 1940 erfolgte Bildung einer Regierung in Nanking unter dem Kuomintang-Dissidenten Wang Ching-wei erwies sich schnell als Fehlschlag, da Chiang Kai-shek dadurch keineswegs zum Einlenken veranlasst wurde.

Bald aber kam Bewegung in die internationalen Beziehungen, als sich die militärische Lage in Europa mit den Niederlagen Hollands und Frankreichs im Frühjahr 1940 rasch änderte und die Kapitulation Englands nur noch eine Frage von wenigen Wochen zu sein schien. Japan fürchtete einen Präventivschlag durch Großbritannien oder Amerika zur Besetzung der „herrenlos" erscheinenden Gebiete Niederländisch-Indien und Französisch-Indochina und bemühte sich um eine Anerkennung Ost- und Südostasiens als japanischer Einflusssphäre durch Deutschland als den vermeintlichen Sieger im europäischen Krieg. Berlin erklärte zu einer Zeit, als Frankreich noch nicht geschlagen war, zwar sein Desinteresse an Niederländisch-Indien, nicht aber an Indochina, da die französische Niederlage inzwischen komplett war und Hitler wegen des vermeintlich unmittelbar bevorstehenden Friedensschlusses mit England keine Schützenhilfe mehr zu benötigen glaubte.

In Japan zwang die Armee nun im Juli 1940 die ungeliebte Regierung unter Admiral Yonai zum Rücktritt. Das folgende zweite Kabinett Konoe mit Matsuoka Yosuke als Außenminister strebte eine Annäherung an Berlin –

Japanischer Vermittlungsversuch zwischen Deutschland und Polen

Hitler-Stalin-Pakt

Rücktritt Hiranumas

Erste amerikanische Embargomaßnahmen

Gemäßigte Kabinette in Japan

Nanking-Regierung

Japans Interesse an Südostasien

und eventuell auch an Moskau – an, um ein Ausgreifen nach Südostasien zu ermöglichen. Am 27. Juli 1940 legten Regierung und Oberkommando ein entsprechendes gemeinsames Programm fest. Etwa gleichzeitig wurde jetzt statt der auf drei Länder beschränkten „Neuen Ordnung in Ostasien" der Aufbau einer „Großostasiatischen Wohlstandssphäre" (*Dai-Tô-A kyôeiken*) propagiert, die praktisch ganz Ost- und Südostasien einschließen und die europäisch-amerikanische Kolonialherrschaft in diesem Raum beenden würde. Plan zur Annäherung an Deutschland und die Sowjetunion Großostasiatische Wohlstandssphäre

Hitlers Siegeszuversicht und damit sein Desinteresse an Japans Avancen änderten sich bald, da sein Blitzkriegkonzept gegen England scheiterte und die Gefahr eines amerikanischen Eingreifens in den europäischen Krieg wuchs. Daher machte sich eine Sondergesandtschaft unter Heinrich Georg Stahmer, einem engen Mitarbeiter von Außenminister Ribbentrop, auf den Weg nach Tokyo. Als dieser für die von Japan ersehnte Anerkennung der beanspruchten Einflusssphäre in Ost- und Südostasien die Bedingung stellte, eine Militärallianz gegen die USA abzuschließen, waren die Entscheidungsträger des Kaiserreiches wegen des damit verbundenen Risikos gespalten. Der energische Außenminister Matsuoka und die Armee aber setzten die zögerliche Marine erfolgreich unter Druck, sodass am 27. September 1940 Deutschland, Italien und Japan den sogenannten Dreimächtepakt unterzeichneten. Dabei handelte es sich um ein Verteidigungsbündnis auf Gegenseitigkeit mit einer Laufzeit von zehn Jahren für den Fall eines amerikanischen Angriffs. In einem geheimen Briefaustausch aber schränkte Japan auf Druck der eigenen Marine seine Verpflichtung zu militärischer Hilfeleistung erheblich ein. Dreimächtepakt

Außerdem erhielt Japan die Anerkennung Asiens als eigener Einflusssphäre durch die beiden anderen Signatarstaaten und billigte den Partnern Europa als Herrschaftsgebiet zu, in dem diese aber mit Ausnahme der britischen Insel ohnehin dominierten. Ferner verzichtete Deutschland endgültig auf seine ehemaligen Südseekolonien in Mikronesien, das inzwischen japanisches Mandatsgebiet war. Ein weiteres Motiv für Japans Zustimmung zu dem Vertrag war das von Deutschland gegebene Versprechen, sich um die Vermittlung eines Ausgleichs zwischen Tokyo und Moskau zu bemühen. Als Preis für den sowjetischen Beitritt zum Dreimächteblock war man bereit, der UdSSR den Iran und Indien zu überlassen. Großraumpläne

Wenige Tage vor der Unterzeichnung des Dreimächtepaktes hatte Japan schon mit deutscher Zustimmung den Norden von Französisch-Indochina besetzt, juristisch auf der Basis eines Vertrages, den es der hilflosen Regierung in Vichy abgepresst hatte. Offiziell blieben die Souveränität, die Verwaltung und die militärische Präsenz Frankreichs dabei unangetastet. Mit den durchgeführten japanischen Truppenstationierungen wurden nun Versorgungslinien per Bahn für Chiang Kai-shek unterbrochen. Die USA reagierten darauf mit einem Embargo für Stahl und Schrott. Im Juli hatte Tokyo schon das in Europa um sein Überleben kämpfende Großbritannien gezwungen, die ein- Japanische Besetzung von Nord-Indochina zige andere nennenswerte Versorgungsroute zu schließen, die sogenannte Burma-Straße, wenn auch zunächst nur für einige Monate.

Japan nahm nun auch im Inneren eine Politik wieder auf, die der Stärkung der Nation in Kriegszeiten dienen sollte und nach dem Rücktritt Konoes im Januar 1939 vorläufig nicht weiterverfolgt worden war. So war im Frühjahr 1938 das „Gesetz zur nationalen wirtschaftlichen Mobilisierung" (*kokka sôdôinhô*) und das „Gesetz zur nationalen Kontrolle der elektrischen Energie" (*denryoku kokka kanrihô*) erlassen worden. Im Juli 1938 war die Föderation für patriotischen Dienst in der Industrie (*Sangyô hôkoku renmei*, kurz: *Sanpô*) entstanden, in der sich neben den Mitgliedern der meisten Gewerkschaften, die sich angeblich freiwillig aufgelöst hatten, auch Vertreter der großen Unternehmen fanden und die an die deutsche „Arbeitsfront" erinnerte.

Mit der Bildung des zweiten Kabinetts Konoe im Sommer 1940 nahmen zivile und militärische Aktivisten ihre Arbeit zur inneren Umstrukturierung Japans wieder auf. Vorgesehen waren die Einführung eines Planwirtschaftssystems mit Anleihen bei den totalitären Mächten und die Gründung einer Einheitspartei. Viele der Beteiligten sahen eine Schicksalsgemeinschaft mit Deutschland und Italien, nicht nur weil alle drei Länder zu den *have nots* in der Welt gehörten, sondern auch wegen ideologischer Verwandtschaft. Zu den Hauptaktivisten gehörten Führer rechtsgerichteter Organisationen, kleinere nationalistische Parlamentsparteien, persönliche Freunde Konoes, dessen *brain trusts*, Minderheitsflügel der beiden großen Parteien, reformistische Bürokraten und schließlich die Sozialistische Massenpartei, die sich seit dem China-Krieg in nationalistischem Fahrwasser bewegte.

Die Angehörigen der an altjapanischen Werten und Mythen orientierten Nipponistischen (*Nihonshugi uyoku*) oder Idealistischen Rechten (*kannen* oder *seishin uyoku*), geführt von Ex-Premier Hiranuma Kiichiro, und die ehemaligen Kodo-Generale befürworteten zwar auch die Auflösung der Parteien sowie die Bildung einer „neuen Struktur", aber doch eine mit anderem Charakter. Sie sahen nämlich in der Reformistischen Rechten (*kakushin uyoku*), die sich eng an die dominierende Heeresführung anlehnte und bedenkenlos Vorbildern aus dem totalitären Ausland nacheiferte, ideologische Feinde und strebten im Gegensatz zu ihnen nicht die Gründung einer diktatorischen Partei an, sondern die Schaffung eines Propagandainstruments zur Bekämpfung kommunistischer und anderer „un-japanischer" Bestrebungen.

Kurz nach dem Abschluss des Dreimächtepaktes wurden in Japan die Parteien aufgelöst und die Gesellschaft zur Unterstützung der Kaiserlichen Herrschaft (*Taisei yokusankai*) aus der Taufe gehoben, die eine Art Einheitspartei darstellte, aber auch kulturelle Vereinigungen, Berufsvertretungen, Agrargenossenschaften und Journalisten umfasste. Die Präsidentschaft wurde in Personalunion an das Amt des Premiers gekoppelt. Da aber wegen der vielen unterschiedlichen Vorstellungen Charakter und Aufgaben der Orga-

Anlauf zu einer inneren Neustrukturierung Japans

Gesellschaft zur Unterstützung der Kaiserlichen Herrschaft

nisation im Dunkeln blieben, wurde die Klärung für eine spätere Zeit in Aussicht gestellt. Jedenfalls änderte sich an der Zusammensetzung des Parlaments nichts und auch die Loyalitäten und Gruppierungen blieben unverändert. Ab Ende 1940 verlor Konoe das Interesse an der Organisation, die er wegen der ständigen Grabenkämpfe immer mehr als Last empfand. Er nahm daher eine Änderung in Angriff, die sich zunächst in der Neubesetzung von Innen- und Justizminister mit konservativen Politikern ausdrückte.

In der Außenpolitik herrschte in dieser Zeit ebenfalls ausgesprochene Verwirrung, die zum großen Teil daher rührte, dass die USA sich wider Erwarten nicht durch den Dreimächtepakt hatten einschüchtern lassen und China weiterhin unterstützten, ein deutscher Sieg über England immer noch auf sich warten ließ und die Sowjetunion auf erste Avancen aus Tokyo für einen Ausgleich verhalten reagiert hatte. Im November 1940 stellte Außenminister Molotow bei einem Besuch in Berlin für einen Kriegseintritt an der Seite der Achsenmächte so hohe Forderungen – vor allem die Auslieferung Finnlands, Bulgariens und der türkischen Meerengen an Moskau –, dass Hitler in seinem wohl schon erwogenen Entschluss bestärkt wurde, die UdSSR innerhalb des Jahres 1941 anzugreifen. Die Pläne zur Bildung eines Viermächteblocks aus Deutschland, Italien, der Sowjetunion und Japan waren damit nur noch Makulatur. Enttäuschung über den Dreimächtepakt

In Tokyo war man sich über diese Entwicklung völlig im Unklaren, als im Frühjahr 1941 Außenminister Matsuoka auf eine mehrwöchige Europareise ging, um sich mit den anderen Dreierpaktmächten abzustimmen und nach Möglichkeit einen Nichtangriffspakt mit der UdSSR abzuschließen. Hitler und Außenminister Ribbentrop bemühten sich, Matsuoka in den verschiedenen Unterredungen zum Angriff auf britische Positionen in Asien, insbesondere gegen Singapur, zu überreden. Einen möglichen Krieg mit der UdSSR hingegen erwähnte die deutsche Seite nur in Andeutungen. Auf dem Rückweg schloss der japanische Außenminister am 13. April 1941 einen Neutralitätsvertrag mit Moskau ab, wenn auch nicht den von Tokyo favorisierten und auf seinem Hinweg vorgeschlagenen Nichtangriffspakt. Dieser Schritt aber lief bereits dem deutschen Interesse zuwider. Matsuokas Reise nach Europa

Abschluss eines japanisch-sowjetischen Neutralitätsvertrages

Konoe nutzte indes die Abwesenheit Matsuokas, der dem reformistischen Lager zuzurechnen war, um groß angelegte Umbesetzungen vorzunehmen. Er bediente sich dazu konservativer und nipponistischer Kräfte unter Führung des inzwischen zum Innenminister ernannten Hiranuma, nach deren Ansicht die Reformisten ein „kommunistisches", „faschistisches" oder „revolutionäres" System oder gar ein Shogunat anstrebten. Konoe wechselte nicht nur die gesamte Führungsspitze der Einheitsorganisation aus, sondern auch die des einflussreichen Planungsamtes (*Kikakuin*). Es wurden 17 von dessen Mitgliedern wegen angeblicher kommunistischer Umtriebe verhaftet und zu Freiheitsstrafen verurteilt. Mit diesen Maßnahmen konnte die feindselige Haltung konservativer Eliten gegen das Kabinett Konoe abgemildert werden und Japan behielt eine zwar autoritäre, aber doch pluralistische, von Säuberungen in Japan den Gründervätern des Meiji-Staates geschaffene Struktur, statt ein totalitärer Staat nach Muster der NSDAP zu werden.

Die Regierung nahm während Matsuokas langer Abwesenheit hinter seinem Rücken und zu seiner späteren Empörung mit den USA Ausgleichsgespräche auf, die einer privaten Initiative entsprungen waren. US-Außenminister Cordell Hull übermittelte dazu im April 1941 in schriftlicher Form „vier Prinzipien", die zu akzeptieren seien, bevor man in Verhandlungen über ein Abkommen eintreten könne: Wahrung von Souveränität und territorialer Integrität aller Staaten, Nichteinmischung in die inneren Angelegenheiten anderer Länder, Gleichheit – insbesondere der Handelschancen – für alle Nationen und keine Veränderung des Status quo im Pazifik mit gewaltsamen Mitteln. Zwei Monate später, am Vorabend des deutschen Angriffs auf die UdSSR, wurde die verklausulierte Forderung hinzugefügt, den Dreimächtepakt als tot zu betrachten.

Bald darauf wurde die Stellung Matsuokas im Kabinett weiter geschwächt, als Japan eine Entscheidung bezüglich seiner Haltung gegenüber der UdSSR fällen musste: Hitler begann am 22. Juni 1941 seinen Krieg gegen die Sowjetunion und Matsuoka plädierte für einen Beitritt an der Seite Deutschlands unter Bruch des gerade erst ratifizierten Neutralitätsvertrages. Kabinett und Oberkommando beschlossen jedoch, da ihr Hauptinteresse einem Vorstoß nach Südostasien galt, sich am Krieg gegen die Sowjetunion erst zu einem späteren Zeitpunkt zu beteiligen, wenn die Situation dafür günstig wäre. Drei Wochen später trat das zweite Kabinett Konoe zurück, um sich Matsuokas zu entledigen, und bildete sich gleich darauf mit wenigen Ausnahmen als dritte Regierung des Fürsten neu. Außenminister wurde der inaktive Admiral Toyoda Teijiro.

Außenminister Ribbentrop forderte von Anfang an Tokyo zu einem Kriegsbeitritt gegen die Sowjetunion auf, während von Hitler derartige Äußerungen in den ersten Kriegsjahren äußerst selten waren. Er wünschte vielmehr, dass Japan alle Kräfte auf den Kampf gegen die angelsächsischen Nationen konzentriere. Tokyo aber riet Berlin gerade wegen der gespannten Beziehungen zu den USA dazu, sich nicht zu verzetteln und unterbreitete schon bald erste Vorschläge zur Vermittlung eines Sonderfriedens mit der UdSSR.

f) Der Weg in den Pazifischen Krieg

Die japanische Regierung hatte durch das Ausscheiden Matsuokas zwar Handlungsfreiheit gewonnen, verspielte aber die Chance auf einen Ausgleich mit den Vereinigten Staaten gleich wieder leichtfertig, als sie am 21. Juli 1941 trotz amerikanischer Warnungen mit der Besetzung des Südens von Französisch-Indochina nach annähernd identischem Muster begann wie schon mit dem Norden im Vorjahr. Auf diesen Schritt hin verhängten die USA, England

Die Besetzung Süd-Indochinas

und Niederländisch-Indien ein erweitertes Wirtschaftsembargo. Japanische Guthaben wurden gesperrt und der Handel mit allen strategischen Rohstoffen inklusive Rohöl unterbunden, dessen in Japan gehortete Vorräte die Marineführung selbst bei sparsamstem Verhalten nur für maximal zwei Jahre als ausreichend einschätzte. Damit arbeitete die Zeit gegen Japan und statt in Untätigkeit wirtschaftlich und militärisch buchstäblich „auszutrocknen", neigte sich in Tokyo die Waage immer mehr dem Krieg zu. Embargomaßnahmen der Alliierten

Obwohl die Chancen für einen Sieg von der Marineführung skeptisch beurteilt wurden, beschloss die Verbindungskonferenz am 3. September, zwar die Ausgleichsgespräche mit den USA fortzusetzen, gleichzeitig aber die Kriegsvorbereitungen voranzutreiben, sie bis zum 10. Oktober abzuschließen und gegebenenfalls in der letzten Dekade desselben Monats anzugreifen. Diese Entscheidung wurde am 6. September auf einer Kaiserlichen Konferenz abgesegnet, obwohl der skeptische Tenno tags zuvor der militärischen Führung bohrende Fragen gestellt hatte und dabei auf Zweifel an den Siegeschancen gestoßen war. Jetzt ergriff er am Ende der Sitzung in Abweichung bisheriger Gepflogenheiten selbst das Wort und drückte seinen starken Wunsch nach Rettung des Friedens aus. Kriegsbeschluss am 6. September

Für die Ausgleichsgespräche zeigte die japanische Führung aber herzlich wenig Bereitschaft zu Zugeständnissen und stellte stattdessen Gegenforderungen auf wie die Einstellung aller Unterstützung für China. Sie bot nur die Aussicht auf einen Rückzug aus Indochina nach einem Friedensschluss mit Chiang Kai-shek und den Verzicht auf weitere Expansion an. Um die festgefahrenen Gespräche wieder in Gang zu bringen, schlug Premier Konoe gegen den Widerstand radikalerer Kräfte, besonders innerhalb der japanischen Armee, ab August mehrmals ein Gipfeltreffen mit Präsident Roosevelt vor. In seiner Absicht wurde er von dem amerikanischen Botschafter in Tokyo, Joseph C. Grew, unterstützt, doch zeigte Washington, wegen angeblich kaum vorhandener Erfolgsaussichten, keinerlei Bereitschaft zu einem derartigen Treffen. Die USA forderten stattdessen für eine Aufhebung der Embargomaßnahmen nicht nur den Rückzug aus Südindochina, das den eigentlichen Anlass für den Boykott gegeben hatte, sondern auch aus China – und das konnte heißen: auch aus der Mandschurei, wie Japan argwöhnte. Japanischer Vorschlag für ein Gipfeltreffen

Bald nach dem Beschluss zum Angriff wandte sich Japan wieder dem deutschen Bündnispartner zu, um ihn zu einer Zusage für einen Kriegseintritt, zu dem nach dem Dreimächtepakt keinerlei Verpflichtung bestanden hätte, im Fall des Falles zu veranlassen. Bis dahin hatten Hitler und Ribbentrop nur auf militärische Aktionen gegen britische und niederländische Besitzungen gedrängt, von einem Vorgehen gegen amerikanisches Territorium aber abgeraten. Im zweiten Halbjahr 1941 aber änderte sich allmählich auch ihre Haltung und zwar unter dem Einfluss der deutschen Marine. Diese sah sich im Atlantik bewaffneten Aktionen von US-Kriegsschiffen gegen eigene Einheiten ausgesetzt, ohne sich wehren zu dürfen. Die Marine erhoffte sich Kontaktaufnahme zu Deutschland daher von einem amerikanisch-japanischen Krieg eine Entlastung und stachelte Tokyo sogar zum Angriff an.

Inzwischen aber wurde Premier Konoe der von ihm selbst mitgetragene Kriegsbeschluss vom 6. September unheimlich, doch konnte er nicht mehr als einen Aufschub für den Angriffsbeginn erreichen. Mitte Oktober trat er daher zurück, da nur ein neues Kabinett die Entscheidung der Kaiserlichen Konferenz hätte neu überdenken können. Nachfolger als Regierungschef wurde der bisherige Heeresminister, General Tojo Hideki, der von dem besorgten Tenno ausdrücklich darauf hingewiesen wurde, dass er an die Beschlüsse der Vorregierung nicht gebunden sei, daher völlig freie Hand für eine neue Politik habe und sich durch eine Fortsetzung der Gespräche mit den USA um eine diplomatische Lösung bemühen solle. Als in diesen Tagen der deutsche Journalist Richard Sorge in Tokyo als enttarnter sowjetischer Spion verhaftet wurde, vermutete der ungläubige Botschafter des Reiches, Eugen Ott, darin eine „deutsch-feindliche Intrige", die auf ein Abrücken von der Achse und eine Annäherung an die USA schließen lasse.

In langen Sitzungen der Verbindungskonferenz, in der sich besonders der neue Außenminister Togo Shigenori für die Fortsetzung der Bemühungen um eine Friedenswahrung einsetzte, wurde letztlich beschlossen, die Gespräche in Washington bei einer gleichzeitigen Verstärkung der militärischen Vorbereitungen weiterzuführen. Ein eventueller Angriff aber konnte nur bis Anfang Dezember erfolgen, da später die einsetzende Monsunperiode eine Kriegführung erheblich erschweren würde. Am 3. November führten die beiden Stabschefs eine Unterredung mit dem Tenno, um ihn über die in den vorangegangenen Wochen erarbeitete strategische Planung zu unterrichten, die den gesamten Raum zwischen Burma und dem Bismarckarchipel umfasste, und um ihm damit die Grundlage für die in zwei Tagen abzuhaltende Kaiserliche Konferenz zu präsentieren. Bei diesem Anlass gab Admiralitätschef Nagano Osami dem Monarchen auch ausführliche Informationen zu einem beabsichtigten Überfall gegen Pearl Harbor auf Hawaii: Der Luftangriff gegen die dortige amerikanische Marinebasis solle gleich zu Anfang und zwar zur selben Zeit wie der Beginn der Operationen gegen die Philippinen und Malaya stattfinden.

Am 5. November wurde der Kriegsbeschluss auf einer Kaiserlichen Konferenz gebilligt. Unter schwersten Auseinandersetzungen war auf Drängen von Außenminister Togo noch einmal ein Kompromissvorschlag für die Unterredungen mit den USA zustande gekommen, nämlich gegen eine Wiederaufnahme der Öllieferungen Indochina zu räumen. Das Angebot stieß jedoch auf die Ablehnung Washingtons, das weiterhin einen vollständigen Truppenabzug aus China forderte. Diese harte Haltung fand sich in der am 26. November von dem amerikanischen Außenminister Cordell Hull an Japan übersandten Note, die in Tokyo als Ultimatum angesehen wurde und blankes Entsetzen auslöste: Alle seit 1931 erzielten territorialen Gewinne seien zu räumen, doch würde Japan dafür nur sehr vage Garantien für ein wirtschaftli

Kabinettsbildung durch General Tojo

Plan für die Kriegseröffnung

Erneuter Kriegsbeschluss

Hull-Note

ches Überleben erhalten. Damit war der Pazifische Krieg unvermeidbar, für den die Verbände der Vereinten Flotte Japans schon ihre Angriffspositionen in den Kurilen ansteuerten. Nach einer erneuten Kaiserlichen Konferenz am 1. Dezember wurden die endgültigen Angriffsbefehle erteilt und das Verhängnis nahm seinen Lauf.

g) Vom Kriegsausbruch zur Kapitulation

Materiell war Japan den USA hoffnungslos unterlegen, am krassesten auf dem Gebiet der Ölversorgung. Man hoffte aber, den Engpass durch die Förderung des zu erobernden Niederländisch-Indiens überwinden zu können. Dieses ölreiche Gebiet, das heutige Indonesien, war der Hauptzankapfel, der für den Weg in den Pazifischen Krieg den Ausschlag gab. Im Übrigen glaubte man, die materiellen Defizite durch den sprichwörtlichen japanischen Kampfgeist ausgleichen zu können. Die Amerikaner hielt man, bedingt durch Demokratie und Luxus, für zu verweichlicht, um einen jahrelangen Krieg durchzuhalten. In Wirklichkeit aber konnten die USA ihre Industrieproduktion derart rasant steigern, dass der Abstand zu ihren Gegnern immer größer wurde, und der als aufgezwungen empfundene Krieg schweißte die Bevölkerung zusammen.

Der Kampf war nach japanischer Planung, wie sie auf einer Verbindungs- Japans Kriegsplan konferenz am 15. November 1941 beschlossen wurde, in zwei Stufen zu führen:

1. Eine offensive Phase von ca. fünf Monaten, in welcher der gesamte Raum zwischen Burma und dem Bismarckarchipel erobert werden sollte.

2. Eine defensive Phase, um dieses Gebiet mit den für Japan wichtigen Rohstoffen gegen feindliche Gegenangriffe zu verteidigen und zu sichern.

Diese Strategie würde dazu dienen, dem Gegner die Aussichtslosigkeit seines Kampfes vor Augen zu führen und ihm dadurch den Willen zur Fortführung des Krieges zu nehmen. Nach Möglichkeit sollte die US-Flotte in das Seegebiet nahe Japan gelockt und zur Entscheidungsschlacht gezwungen werden. Außerdem war beabsichtigt, Deutschland und Italien zum Vorstoß über Suez in Richtung Indien und zur Seekriegführung gegen die USA zu bewegen. Eine Kapitulation von Amerikas Verbündeten China und England würde nach Tokyos Auffassung die Verhandlungsbereitschaft der USA fördern, die dann der Vermittlung einer neutralen Nation zustimmen würden. Japan müsse bis dahin wenn irgend möglich einen Krieg mit der UdSSR vermeiden und außerdem, wenn die Kriegführenden es wünschten, einen Frieden zwischen Deutschland und der Sowjetunion vermitteln, Moskau auf die Seite der Achse ziehen und je nach Umständen Russland zum Vorstoß in den Iran und nach Indien ermuntern, um die USA an den Verhandlungstisch zu bringen.

Vorbild für die Vorgehensweise sollte der Russisch-Japanische Krieg von 1904/05 sein. Auch damals hatte David den Goliath besiegt und die Erinnerung daran wirkte sehr stark nach. Die Vereinigten Staaten hatten damals als neutrales Land den Frieden vermittelt und eine Fortsetzung des Konfliktes verhindert. Allerdings war den Hauptverantwortlichen im Jahre 1941 durchaus bewusst, dass die USA höchstwahrscheinlich genau die entgegengesetzte Strategie verfolgen würden, nämlich auf einen langen Krieg zu setzen und den von Japan ersehnten Fall zu vermeiden, sich schon in der Anfangsphase zu einer Entscheidungsschlacht zu stellen. Der für die zweite Phase benötigte Zeitbedarf ließ sich schlecht kalkulieren, doch konzentrierten sich die meisten Schätzungen auf eine Länge von zwei bis drei Jahren.

Bei der Planung zu Pearl Harbor hatte man gehofft, dort auch eine Reihe von Flugzeugträgern vernichten zu können, der Waffe also, die das Rückgrat des künftigen Konfliktes bilden würde, doch befanden sich diese bei Kriegseröffnung auf hoher See. Die japanische Einsatzflotte näherte sich mit sechs Trägern, etwa 400 Flugzeugen und einer Anzahl anderer Kriegsschiffe über das wenig befahrene Seegebiet des Nord-Pazifik und unter Einhaltung absoluter Funkstille bis auf 200 Seemeilen ihrem Ziel an. Um acht Uhr morgens des 7. Dezember, einem Sonntag, – in Japan war schon der 8. Dezember – griffen die japanischen Maschinen mit Torpedos und panzerbrechenden Bomben die vor Anker liegende, auf eine Verteidigung völlig unvorbereitete amerikanische Schlachtschifflotte an und versenkten sieben Einheiten. Zahlreiche weitere Schiffe wurden z. T. sehr schwer beschädigt und fast 200 Flugzeuge zerstört, die meisten davon am Boden. Da der Aufenthaltsort der eventuell zur Gefahr werdenden amerikanischen Trägerflotte unbekannt war, verzichteten die Japaner auf eine zweite Angriffswelle, die den Werftanlagen und Ölvorräten hätte gelten sollen. Dadurch wurde der Wert der Marinebasis im Wesentlichen bewahrt, sodass die Amerikaner weiter über eine hervorragende Position für die Kriegführung im Pazifik verfügten. Außerdem waren dem Gegner nur veraltete Schiffe zum Opfer gefallen, von denen sogar einige wieder gehoben, repariert und erneut in Dienst gestellt werden konnten. Die in Pearl Harbor eröffnete neue Taktik führte dazu, dass sich in den Seeschlachten des Pazifischen Krieges die sich bekämpfenden Flotten meist gar nicht zu Gesicht bekamen, sondern sich gegenseitig mit ihren Flugzeugen bekämpften.

Oft ist behauptet worden, Roosevelt habe alle Anzeichen und Informationen für den Überfall bewusst ignoriert oder Japan geradezu zum Angriff animiert, um den Krieg gerade nicht zu vermeiden, der ihn durch diese „Hintertür" in den gewünschten Kampf gegen das nationalsozialistische Deutschland bringen würde. Für diese Theorie fehlen aber letzte Beweise und es scheint daher möglich, dass nur bodenlos leichtsinnig verfahren worden war. Tokyos Telegrammverkehr und die Funksprüche der Marine, die von den Amerikanern entschlüsselt wurden – allerdings hatte die Einsatzflotte selbst Funkstille eingehalten –, hatten darauf hingedeutet, dass sich irgend etwas im Pazifik zusammenbraute, doch rechneten die Alliierten eher mit einer Kriegseröffnung in Südostasien. Nach dem Angriff auf Pearl

Überfall auf Pearl Harbor

Das Rätsel um die Verantwortung für Pearl Harbor

Harbor benötigte die US-Regierung Sündenböcke und so wurden die Befehlshaber von Heer und Marine auf Hawaii, Generalleutnant Walter C. Short und Admiral Husband E. Kimmel, binnen Tagen von ihren Posten abgelöst.

Japan hatte ohne Kriegserklärung angegriffen und nur in einer – außerdem noch verspätet übergebenen – Note die Einstellung der Washingtoner Gespräche verkündet. Nach dem Angriff auf Pearl Harbor erklärten sich beide [Kriegserklärungen] Länder gegenseitig den Krieg, wobei Roosevelt besonders auf die „infame" Art des Angriffs hinwies und die amerikanische Nation zusammenschweißte. Die europäischen Achsenmächte folgten drei Tage später mit einer Kriegserklärung an die USA. Der Bündnisfall war zwar nicht gegeben, aber kurz [Kriegserklärung Deutschlands und Italiens] zuvor hatten Berlin und Rom mit Tokyo als Bedingung für den Kriegseintritt ein Abkommen unterzeichnet, dass keiner von ihnen einen Sonderfrieden mit den USA oder Großbritannien schließen würde. Zu dieser Zeit sah Hitler seinen geplanten Blitzkrieg gegen Russland gescheitert und außerdem schien ihm ein deutsch-amerikanischer Krieg viel wahrscheinlicher als ein japanisch-amerikanischer. Er war daher erleichtert, durch den Angriff im Pazifik entlastet zu werden. Im Januar 1942 folgte eine Kriegskonvention der Dreierpaktmächte, in der die Operationszonen festgelegt wurden; die Grenze verlief [Kriegskonvention der Dreierpaktmächte] am 70. Längengrad Ost, also ungefähr auf der Höhe von Karachi. Ein militärisches Zusammenwirken kam während des ganzen Krieges aber nicht einmal ansatzweise zustande. Zu unterschiedlich waren die strategischen Präferenzen, als dass eine zeitweise möglich erscheinende Verbindung über den Indischen Ozean oder über den Nahen Osten verwirklicht worden wäre.

Kurz vor dem Angriff auf Pearl Harbor waren japanische Truppen in Thailand, das notgedrungen zum Verbündeten wurde, und Malaya gelandet und begannen ihren Vormarsch nach Süden in Richtung Singapur. Zwei [Japans Vorstoß nach Südostasien] Tage später versenkten japanische Flugzeuge vor der dortigen Küste das Schlachtschiff Prince of Wales und den Schlachtkreuzer Repulse der Royal Navy, die ohne ausreichende Deckung durch die eigene Luftwaffe ausgelaufen waren. Die Japaner kämpften sich gegen einen zahlenmäßig überlegenen Gegner durch ganz Malaya voran und am 15. Februar 1942 kapitulierte das auf einer Insel gelegene Singapur, Großbritanniens stärkste Festung [Der Fall von Singapur] in Asien. Das kaum befestigte Hongkong war dagegen schon Weihnachten 1941 gefallen.

Auf den amerikanischen Philippinen, wo man durch die Nachrichten aus Pearl Harbor gewarnt war, ergriff man nicht von sich aus militärische Maßnahmen, sondern wartete einfach ab. Der größte Teil der Flugzeuge wurde [Angriff auf die Philippinen] von japanischen Angreifern am Boden zerstört und die am 10. Dezember beginnende Invasion traf daher auf völlig unzureichende amerikanische Landstreitkräfte. Anfang Mai 1942 fiel mit der Inselfestung Corregidor in der Bucht von Manila die letzte Stellung der USA. Oberbefehlshaber Douglas MacArthur war schon zuvor angewiesen worden, sich nach Australien abzusetzen, und wurde nun zum Oberkommandierenden im Südwestpazifik ernannt.

Die Eroberung von Niederländisch-Indien

Die Eroberung von Burma

Grausamkeiten der Kriegführung

Doolittle Raid

Planung zur Eroberung von Hawaii

Kriegswende bei Midway

Schlacht im Korallenmeer

Im Januar 1942 landeten die Japaner in Niederländisch-Indien und schlossen die Eroberung bis Anfang März ab. Damit hatten sie ihr eigentliches Ziel erreicht und brachten die Ölfelder auf Borneo, Sumatra und Java in ihre Verfügungsgewalt. Bis zum 20. Mai war auch das ehemals britische Burma fest in japanischer Hand.

Die Kriegführung im asiatisch-pazifischen Raum war von großer Härte geprägt. Die Japaner waren nicht nur unerbittlich gegen sich selbst und kämpften meist buchstäblich bis zum letzten Mann und bis zur letzten Patrone – Kriegsgefangenschaft galt als Schande, die auf die Familie des Betreffenden zurückschlagen würde –, sondern sie waren auch grausam gegenüber ihren Gegnern, besonders den Gefangenen, die mit ihrer Kapitulation ihre soldatische Ehre verloren hatten, und oft auch gegenüber der Zivilbevölkerung. Sie schreckten nicht vor biologischer Kriegführung zurück, die international geächtet war und für die man Gefangene zu Experimentierzwecken grausam misshandelte. Viele Frauen der beherrschten Gebiete wurden als Zwangsprostituierte für die Streitkräfte rekrutiert. Zwangsarbeiter aus China, Taiwan, Korea und den nacheinander eroberten Gebieten mussten für die Japaner schuften, sei es im Mutterland oder in den besetzten Regionen. In vielen Gebieten, in denen sie zunächst als Befreier begrüßt worden waren, so in Indonesien und Burma, verspielten die Japaner mit ihrer grausamen Besatzungsherrschaft schnell Sympathien.

Als Japan im Frühjahr 1942 fast den ganzen anvisierten Raum erobert hatte – nur Neuguinea sollte bloß zu einem geringen Teil eingenommen werden –, sich die US-Flotte aber nicht der ersehnten, alles entscheidenden Schlacht stellte, erwog man in Tokyo neue Ziele, die ursprünglich gar nicht ernsthaft in Betracht gezogen worden waren. Dazu gehörten die Beherrschung des Indischen Ozeans, die Einnahme von Hawaii oder eine Invasion in Australien. Den Ausschlag für die nächste Operation gab schließlich der „Doolittle Raid" auf japanische Städte im April 1942, der von amerikanischen Flugzeugträgern aus geführt wurde. Die Schäden waren relativ gering, aber der Schock war so groß, dass nun der Chef der Vereinten Flotte, Yamamoto Isoroku, gegen die Bedenken zahlreicher Militärs einen Vorstoß nach Hawaii durchsetzen konnte, um die Inselgruppe zu erobern und damit dem Gegner diese Flottenbasis zu nehmen. Dieser Angriff böte u. a. den Vorteil, die USA am ehesten aus der Reserve zu locken und zu der alles entscheidenden Seeschlacht zu provozieren. Die Operation scheiterte Anfang Juni 1942 mit der für die Japaner katastrophal verlaufenen Seeschlacht bei den Midway-Inseln. Sie verloren dabei vier ihrer besten Flugzeugträger, die Amerikaner hingegen nur einen. Hawaii war gerettet.

Nun wandten sich die strategischen Planer in Tokyo dem australischen Raum zu, der sich den Amerikanern als Basis zur Rückeroberung der Philippinen förmlich anbot. Anfang Mai 1942 hatten die Japaner in der Seeschlacht im Korallenmeer nördlich von Australien nur einen Pyrrhussieg errungen, der sie veranlasste, ein amphibisches Unternehmen gegen Port

Moresby auf Neuguinea aufzugeben, und ein Vormarsch zu Lande misslang in aufreibenden Dschungelkämpfen. Da eine Eroberung des australischen Kontinentes zu viele Landtruppen erfordert hätte, entschloss man sich, nur die dorthin und nach Neuseeland führenden Zufahrtslinien der Amerikaner zu durchtrennen. Dazu sollten die Inselgruppen Fiji, Samoa und Neukaledonien eingenommen werden. Der Vorstoß blieb aber im August 1942 auf der Salomonen-Insel Guadalcanal stecken, als mit einer amerikanischen Gegenlandung fast sechs Monate andauernde erbitterte Land-See-Luftschlachten um ein relativ kleines Gebiet begannen, die mit einer japanischen Niederlage enden sollten. Anfang 1943 errangen die Amerikaner auch ihre ersten Siege auf Neuguinea, waren aber bis Ende des Jahres noch auf den äußersten Osten der Insel beschränkt. Erst zum Jahreswechsel 1943/44 waren die USA in der Lage, groß angelegte Operationen zur Rückeroberung des von den Japanern gehaltenen Raumes zu starten. Zu dieser Zeit war der große Planer Yamamoto nicht mehr am Leben, da die Amerikaner in Kenntnis des japanischen Funkschlüssels seine Maschine auf einer Inspektionsreise im Südpazifik aufgespürt und abgeschossen hatten. Festfahren des japanischen Vormarsches auf Neuguinea und Guadalcanal

Auch die Lage der Verbündeten in Europa hatte sich dramatisch verschlechtert. Im November 1942 war Rommels Feldzug bei El Alamein in Ägypten gescheitert und die Alliierten hatten Truppen in Marokko und Algerien gelandet. Im Januar 1943 verkündeten sie auf der Konferenz von Casablanca, den Krieg bis zur „bedingungslosen Kapitulation" ihrer Gegner fortzusetzen. Anfang Februar 1943 kapitulierte die 6. Armee in Stalingrand. Kriegswende in Nordafrika und Europa Konferenz von Casablanca

Angesichts dieser Weltlage verfolgte ab Frühjahr 1943 der neue Außenminister Shigemitsu Mamoru, oft in enger Absprache mit dem Generalstab, die Idee eines stufenweise zu schließenden allgemeinen Weltfriedens:

1. Ein deutsch-sowjetischer Sonderfrieden durch japanische Vermittlung.

2. Ein Separatfrieden zwischen China und Japan, ermöglicht durch eine Aussöhnung Wangs (Nanking) mit Chiang (Chungking).

3. Ein deutsch-italienisch-japanischer Friedensschluss mit den angelsächsischen Mächten.

An diesem Konzept wurde mit nur wenigen Änderungen fast zwei Jahre festgehalten. Dass es keine Früchte trug, lag daran, dass es in diesem Stadium des Krieges wirklichkeitsfremd war und weder Berlin noch Moskau oder Chungking daran ein Interesse zeigten, die Kontaktaufnahme mit den Alliierten bis zum Frühjahr 1945 gar nicht versucht wurde, die Westmächte ohnehin nichts anderes als die bedingungslose Kapitulation zu akzeptieren bereit waren und auch innerhalb Japans so viele Gegensätze herrschten und so viele Details umstritten waren, dass die entsprechend dem Regierungssystem notwendige Einmütigkeit nicht erreicht werden konnte.

Stattdessen schloss Italien im September 1943 mit den Alliierten einen Waffenstillstand, und das schwer bedrängte Japan nahm Ende des Monats die Hauptverteidigungslinie bis zu den Marianen, Karolinen und West-Neuguinea zurück. Es bemühte sich nun, seine geschwächte Position dadurch Italiens Kriegsaustritt auszugleichen, dass es in Asien Unterstützung gewann. Daher verzichtete Tokyo gegenüber der Nanking-Regierung, die im Januar 1943 den Westmächten den Krieg erklärt hatte, auf die Exterritorialität und andere Sonderrechte in China, folgte aber damit nur dem Beispiel, das die Alliierten Chiang Kai-shek gegenüber gegeben hatten. Im Laufe des Jahres entließ Japan offiziell die Philippinen und Burma in die Unabhängigkeit und gründete die provisorische indische Nationalregierung unter Subhas Chandra Bose mit eigenen Streitkräften, hauptsächlich Ex-Gefangenen aus dem Feldzug in Malaya und Singapur, um mit deren Hilfe Indien zu „befreien". Die anderen eroberten Gebiete, die als wirtschaftlich wertvoller angesehen wurden, insbesondere das ölreiche Indonesien, verblieben unter direkter japanischer Kontrolle. Im November 1943 wurde in Tokyo eine Großostasien-Konferenz abgehalten. Teilnehmer waren, neben Japan selbst, Nanking-China, Manchukuo, Thailand, die Philippinen und Burma. Das Ergebnis erschöpfte sich im Deklamatorischen: In einem Manifest verpflichteten sich die Teilnehmerstaaten zu einer engen Zusammenarbeit beim Aufbau einer gemeinsamen Wohlstandszone und zur gegenseitigen Respektierung der Souveränität.

Japans neue Groß-ostasien-Politik

Wenige Wochen später, Ende November 1943, vereinbarten Roosevelt, Churchill und Chiang Kai-shek auf der Konferenz von Kairo, einen gemeinsamen Feldzug zur Rückeroberung Burmas zu führen, nach Ende des Krieges Korea die Unabhängigkeit zu verschaffen und Taiwan wieder an China anzugliedern. Noch war die Sowjetunion neutral und bei ihr errang Japan einen bescheidenen diplomatischen Erfolg. Im März 1944 kamen zwei Abkommen zustande: Ein Fischereivertrag zugunsten Japans mit fünfjähriger Laufzeit, wofür Tokyo Rechte zur Förderung von Öl und Kohle in Nordsachalin aufgab.

Konferenz von Kairo

Kurz zuvor, im Februar 1944, hatte Japan einen Angriff auf Indien begonnen, der aber scheiterte und die Rückeroberung Burmas durch britischindische, amerikanische und chinesische Streitkräfte einleitete, wie auf der Konferenz von Kairo vorgesehen. Der Feldzug sollte im Mai 1945 mit der Einnahme von Rangun abgeschlossen werden.

Japanische Niederlagen in Indien und Burma

Im November 1943 hatte der Oberkommandierende im Zentralpazifik, Admiral Chester Nimitz, mit einem Angriff auf die Gilbert-Inseln sein berühmtes Inselspringen begonnen. Anders als MacArthur, der im Wesentlichen einen Landkrieg führte und auf große territoriale Raumgewinne aus war, die viel Zeit in Anspruch nahmen, herrschte hier eine maritime Kriegführung vor, die durch die Beschränkung von Landungsoperationen auf nur wenigen ausgewählten Inseln relativ schnell immer weiter nach Westen vordrang. Andere Stützpunkte wurden umgangen, entweder weil sie zu unbedeutend waren, oder aber weil Risiko und zu erwartende Verluste in keinerlei vertretbarem Verhältnis zu dem zu erwartenden Nutzen gestanden hätten.

Kriegführung im Zentral-Pazifik

Im Januar 1944 unternahm Nimitz dann eine Invasion auf den Marshall-Inseln und im Sommer eine auf den Marianen. Letztere hatte Japan durch einen verzweifelten Flottenvorstoß in die Philippinen-See am 19./20. Juni zu verhindern versucht, war aber in einer großen See-Luftschlacht abgewehrt worden. Besonders auf Saipan kam es zu verlustreichen Kämpfen und der Fall der Insel im nächsten Monat hatte erhebliche Auswirkungen auf die politische Lage in Japan: Am 18. Juli trat die unter heftige Kritik geratene Regierung unter General Tojo zurück und wurde durch ein Kabinett unter dem inaktive General Koiso Kuniaki ersetzt. Dabei wurde der als gemäßigt geltende Admiral Yonai wieder einmal Marineminister mit dem Status eines Vizepremiers.

Der Fall Saipans hatte deswegen so große Bedeutung, weil amerikanische B-29-Bomber von dort und von benachbarten Inseln aus das japanische Mutterland erreichen konnten, das ab November des Jahres mit Angriffen überzogen wurde. Im März 1945 sollten bei Großeinsätzen auf Tokyo an einem einzigen Tag an die 100 000 Menschen sterben und eine Million obdachlos werden. Technischer Vorsprung wie das Radar, materielle Überlegenheit und die Kenntnis feindlicher Funkschlüssel durch die Alliierten trieben Japan immer mehr in die Enge.

Im Oktober 1944 landeten MacArthurs Truppen auf der Philippinen-Insel Leyte. Die Japaner setzten alles auf eine Karte und schickten das Gros ihrer verbliebenen Flotte in das Kampfgebiet. Es entspann sich in der Leyte-Bucht die größte Seeschlacht, welche die Weltgeschichte je erlebt hatte und die von den USA nach schweren Verlusten nur mit sehr viel Glück gewonnen wurde. Jetzt entwickelte die japanische Marine, nur noch ein Schatten ihrer einstigen Größe, Selbstmordeinsätze (Kamikaze) von Piloten, die sich mit geballten Sprengladungen auf feindliche Schiffe stürzten.

Im Februar 1945 wurde die philippinische Hauptstadt Manila von US-Truppen gegen heftigen japanischen Widerstand eingenommen und dabei fast völlig zerstört. Die japanischen Verteidiger begingen dabei unvorstellbare Massaker an der Zivilbevölkerung. Kurz darauf eroberten die Amerikaner die zu Japan gehörende Insel Iwojima, ca. 1 000 km südlich von Tokyo gelegen, und erlitten trotz der geringen Größe des umkämpften Terrains und eindeutiger Luftüberlegenheit schmerzhafte Verluste. Am 1. April landeten sie auf der Okinawa-Gruppe, zu deren Eroberung sie aber wegen des erbitterten Widerstandes fast drei Monate benötigten und viele Gefallene zu beklagen hatten. Zu der Zeit verfügten die Japaner auf ihren Hauptinseln noch über zahlreiche unverbrauchte Divisionen mit über drei Millionen Mann und bereiteten außerdem die Zivilbevölkerung auf einen Guerillakrieg vor. Mit der Vereitelung einer Invasion hofften sie, dem Gegner den Willen zur Fortsetzung des Krieges nehmen zu können.

Inzwischen tauchte für Japan eine neue Gefahr auf. Im Februar 1945 hatte die UdSSR auf der Konferenz von Jalta den Westalliierten zugesagt, spätestens drei Monate nach Ende der Kampfhandlungen in Europa in den Pazifischen Krieg einzutreten. Dafür erhielt sie die Zusage für die Übergabe der Kurilen und Süd-Sachalins sowie für Sonderrechte in der Mandschurei. Im

Schlacht in der Philippinen-See

Der Fall von Saipan

Tojos Rücktritt

Seeschlacht in der Leyte-Bucht

Rückeroberung der Philippinen

Kampf um Iwojima

Die Eroberung Okinawas

Kündigung des Neutralitätsabkommens durch die Sowjetunion

April kündigte Moskau gegenüber Tokyo das Neutralitätsabkommen mit Wirkung vom April 1946.

Etwa gleichzeitig, aber unabhängig von dem sowjetischen Schritt, trat das Kabinett Koiso zurück und wurde auf Betreiben friedensbereiter Kräfte von einer Regierung unter dem inaktiven Admiral Suzuki Kantaro, einem engen Vertrauten des Kaisers, ersetzt. Er war hochbetagt und schwerhörig und scheint seinem Amt nicht mehr gewachsen gewesen zu sein. Als das verbündete Deutschland am 8. Mai kapitulierte, verkündete Japan seinen unerschütterlichen Willen, den Krieg allein fortsetzen zu wollen. Insgeheim aber wurden unkoordinierte Sondierungen in den Hauptstädten mehrerer Länder unternommen, bis schließlich unter starkem Drängen von Außenminister Togo der Beschluss gefasst wurde, sich um eine sowjetische Vermittlung zu **Beschluss zur** bemühen, da die UdSSR die einzige neutrale Nation mit einem nennens-**Bemühung um eine** werten Gewicht sei. Der Widerstand der Armee gegen diesen Plan wurde **sowjetische Frie-** offenbar durch das energische Eingreifen des Kaisers gebrochen.

densvermittlung

Im Juli wurde daher Moskau gebeten, eine Sonderdelegation unter dem ehemaligen Premierminister Fürst Konoe zu empfangen. Die Wahl fiel nicht zufällig auf ihn, denn er hatte seit Jahren zusammen mit anderen friedensbereiten Kräften Pläne zu einer Beendigung des Krieges geschmiedet. Sie fürchteten, dass ein langer Krieg den Boden für eine kommunistische Revolu-**Friedensbereite** tion bereiten und nur sowjetischen Interessen dienen würde. Zu diesen **Oppositionelle** Pläneschmieden gehörten u. a. einige der „älteren Staatsmänner" (*jûshin*), d. h. ehemalige Premierminister als Berater des Tennos, zahlreiche Diplomaten wie Yoshida Shigeru, Journalisten, Bürokraten, Wirtschaftsführer, Hofbeamte, Parlamentarier, Marineoffiziere und auch Kaiserliche Prinzen sowie die nach dem gescheiterten Putschversuch von 1936 zwangsweise aus dem Dienst ausgeschiedene Generalität der Kodo-Faktion, für die mit ihrer stark antikommunistischen und antisowjetischen Einstellung der Konflikt mit den Westmächten der falsche Krieg war, geeignet, eine Revolution und die Abschaffung des Tenno-Systems herbeizuführen.

Diese Personen ohne offizielles Amt, die meist im Kabinett in dem jeweiligen Außenminister und am Hof in Lordsiegelbewahrer Kido einen Ansprechpartner hatten, genossen wegen ihrer Prominenz einen gewissen Schutz, vor allem ihr inoffizieller Führer, Fürst Konoe Fumimaro, der auch der größte Hoffnungsträger der Amerikaner war. Als ihr Wortführer unterstellte er, offenbar unter dem Einfluss der Kodo-Faktion, der Armee, im Laufe der Jahre immer stärker von verkappten Kommunisten dominiert worden zu sein und den Krieg mit China und den USA bewusst herbeigeführt zu haben, um in Japan den Boden für Revolution und Bolschewismus zu bereiten und **Konoes Drängen auf** damit das einmalige Tenno-System dem Untergang zu weihen. Diese Theorie **Frieden gegenüber** stand auch im Zentrum eines langen Vortrags, den er im Februar 1945 vor **dem Kaiser** dem Kaiser gehalten und ihn zur Beendigung des Krieges gedrängt hatte.

Japans Hoffnung auf Große Hoffnung setzte die Friedensgruppe in den ehemaligen US-Bot-**Joseph Grew** schafter Joseph Grew, seit November 1944 Staatssekretär im Außenministerium und 1945 sogar zeitweise amtierender Außenminister. Er hatte über den Rundfunk und durch verschiedene Publikationen Signale an friedensbereite Kräfte in Tokyo gesandt, wo er viele prominente Freunde hatte, und man wusste in Japan, dass der ehemalige Botschafter dem Kaiserreich wohlgesonnen und an einem starken, konservativen Partner als Bollwerk gegen die Sowjetunion und das Vordringen des Kommunismus interessiert war. Grews Einfluss in den USA wuchs an, als Harry S. Truman nach dem Tode Roosevelts im April 1945 das Präsidentenamt übernommen hatte und dessen Vertraute wie z. B. Finanzminister Morgenthau sich nicht mehr im gleichen Maße Gehör verschaffen konnten wie bisher.

Vor diesem Hintergrund nun war Konoe als Delegationsleiter zur Übergabe eines Friedensangebots in Moskau ausgewählt worden. Japan stieß mit seinem Ersuchen bei der sowjetischen Führung auf eine frostige Reaktion und wurde wochenlang hingehalten. Die Alliierten erfuhren aber durch die Funkentschlüsselung vom Inhalt des Plans. Deutlich wurde, dass der Kaiser hinter dieser Politik stand, aber Japan suchte offenbar das Gesicht zu wahren, indem es vermied, eine bedingungslose Kapitulation zu erklären und sich ausbat, dass vor allem die besondere monarchische Staatsform der Nation gerettet würde.

Auf der Potsdamer Konferenz Ende Juli 1945 kam Tokyos Wunsch nach einer sowjetischen Vermittlung und Entsendung Konoes zwar zur Sprache, doch wurde, da die Japaner offenbar über Konditionen zu verhandeln gedachten, in der Abschlusserklärung vom 26. des Monats nur ultimativ die Forderung nach bedingungsloser Kapitulation wiederholt, allerdings abgeschwächt zu einer „bedingungslosen Kapitulation der japanischen Streitkräfte". Außerdem wurden eine gerechte Behandlung des Landes, wenn auch nach erfolgter Entmilitarisierung und Besetzung, sowie die Möglichkeit in Aussicht gestellt, die Bevölkerung über die Staatsform entscheiden zu lassen. Eine andere Antwort erhielt Japan auf seine Initiative nicht. Die Erklärung enthielt weder eine Warnung vor dem Einsatz von Atomwaffen noch eine Zusage für den Weiterbestand der Monarchie, wie Kriegsminister Stimson und Joseph Grew, jetzt Staatssekretär im Außenministerium, dringend geraten hatten.

Potsdamer Erklärung

Obwohl einige Persönlichkeiten in der Führungsschicht, vor allem Außenminister Togo, der Potsdamer Erklärung durchaus positive Aspekte abgewannen, verkündeten die meisten Militärs ihren unerschütterlichen Willen, es auf eine entscheidende Schlacht nach einem amerikanischen Invasionsversuch ankommen zu lassen. Man einigte sich schließlich darauf, zunächst die Antwort der UdSSR auf die japanische Initiative abzuwarten. Die unter dem Einfluss der „Falken" stehenden Medien aber posaunten am nächsten Tag die Entscheidung der Regierung, die Aufforderung des Gegners zunächst zu ignorieren, als „Liquidierung durch Totschweigen" aus.

Japans Reaktion auf die Potsdamer Erklärung

Währenddessen blockierten sich unter heftigsten Auseinandersetzungen Gegner und Befürworter einer Kapitulation gegenseitig, wobei letztere immer

Patt in der japani-
schen Führung

noch auf eine Antwort aus Moskau hofften. Die „Falken", besonders zahlreich in der Armee, hofften noch weiter auf den glücklichen Ausgang einer alles entscheidenden Schlacht gegen die feindlichen Invasoren, während die zur Aufgabe bereiten Kräfte, zu denen neben Marineminister Yonai und Außenminister Togo nun auch der Kaiser persönlich gehörte, keinen Sinn mehr in der Fortsetzung des Krieges sahen und der Bevölkerung keine

Die Atombombe
von Hiroshima

weiteren Opfer mehr zumuten wollten. In dieser Pattsituation warfen die Amerikaner am 6. August eine Atombombe auf die Stadt Hiroshima, die völlig zerstört wurde.

Kriegseintritt der
Sowjetunion

Von den vier höchsten Militärs in Japan zeigten auch jetzt noch immer drei einen starken Widerwillen gegen eine Kapitulation und setzten weiterhin auf die Chancen bei der Abwehr einer Invasion. Zwei Tage nach Hiroshima, als man in Japan Tag und Nacht konferierte, erklärte die Sowjetunion Japan den Krieg, zwar unter Bruch des 1941 geschlossenen Neutralitätsabkommens, aber im Einklang mit der im Februar 1945 den Alliierten auf der Konferenz von Jalta gemachten Zusage. Sie rückte mit ihren Truppen in die Mandschurei ein, ohne auf nennenswerten Widerstand zu stoßen. Während einer erneuten Konferenzserie in Tokyo, als Kaiser, Oberkommando und Regierungsspitze ständig miteinander über die veränderte Lage konferierten, fiel die zweite

Atombombe auf
Nagasaki
Beschluss zur
Kapitulation

Atombombe und zwar auf Nagasaki. Noch immer wurde um eine Entscheidung gerungen, bis der Tenno sich schließlich durchsetzte. Am 10. August wurde den Alliierten über die neutralen Länder Schweiz und Schweden die japanische Kapitulation übersandt. Rückfragen führten dazu, dass sie erst am 15. des Monats in Kraft trat und dann vom Kaiser selbst über den Rundfunk

Gescheiterter
Putschversuch in
Tokyo

der erschütterten Öffentlichkeit mitgeteilt wurde. Kurz zuvor war ein Putschversuch fanatischer jüngerer Offiziere gescheitert, die den Krieg hatten fortsetzen wollen.

6. DIE NACHKRIEGSZEIT IN JAPAN

a) Die Besetzung des Landes

Bevölkerung und Militär respektierten die Entscheidung des Kaisers zur Kriegsbeendigung und erfüllten damit die Voraussetzung für eine reibungslose Besetzung. Das Kabinett Suzuki trat unmittelbar nach der Kapitulation zurück und wurde von dem Kaiserlichen Prinzen Higashikuni abgelöst, einem Onkel Hirohitos. Mit dessen doppelter Autorität – als General und Mitglied des Kaiserhauses – gelang es nicht nur, Unruhen unter der Bevölkerung zu verhindern, sondern einem eventuell anhaltenden Widerstand der Armeen im Mutterland oder in überseeischen Gebieten vorzubeugen. Das Außenministerium bestand weiter, musste aber alle diplomatischen Vertretungen schließen und das Personal zurückziehen. Es diente, da Japan seine Souveränität verlor, künftig nur noch als Verbindungsstelle zwischen Regierung und Besatzungsmacht. *(Bildung des Kabinetts Higashikuni)*

General Douglas MacArthur wurde zum SCAP (Supreme Commander of the Allied Powers) ernannt und mit umfangreichen Vollmachten ausgestattet. Dabei stand die Bezeichnung auch für die Institution Supreme Command of the Allied Powers, die sich nominell eigentlich aus vier Nationen zusammensetzte, unter Einschluss Großbritanniens, der Sowjetunion und Chinas. Ihr waren sowohl der Kaiser als auch die japanische Regierung unterstellt. *(SCAP)*

MacArthur landete am 30. August aus Manila kommend auf dem Luftwaffenstützpunkt Atsugi nahe Tokyo. Am 2. September erfolgte die Unterzeichnung der Kapitulationsurkunde auf dem amerikanischen Schlachtschiff Missouri in der Bucht vor Yokohama. Für die Regierung tat dies der neue Außenminister Shigemitsu Mamoru und für das Oberkommando Generalstabschef Umezu Yoshijiro. MacArthur löste nun zum ersten Mal Überraschung unter den Besiegten aus, als er seine nachfolgende Ansprache ganz auf Reform und Versöhnung ausrichtete. *(Unterzeichnung der Kapitulation)*

Die Rolle der USA war bei der Besatzungspolitik in Japan so dominant, dass ein Einfluss der anderen Siegermächte keiner vertiefenden Behandlung bedarf. Die amerikanischen Truppen hatten anfänglich eine Stärke von 500 000 Mann, konnten aber schon recht bald auf 150 000 reduziert werden. Zwar wurden außer ihnen noch britische Streitkräfte sowie solche der Commonwealth-Staaten Australien, Neuseeland und nach Gewährung der Unabhängigkeit 1947 auch aus Indien vorübergehend stationiert, doch wurden sie in entlegene Gebiete abgeschoben, wo sie schon innerhalb von zwei Jahren frustriert wieder abgezogen. Eine Besetzung Hokkaidos durch sowjetische Truppen scheiterte am Einspruch der USA, wobei sich MacArthur besonders unbeugsam zeigte. *(Besatzungstruppen)*

MacArthur verstand es, sich mit seinem Showtalent als unabhängigen Herrscher über Japan zu präsentieren, der weitgehend frei von Regierungskontrolle aus Washington schalten und walten konnte. Dieser Eindruck, den er selbst und seine engsten Mitarbeiter u. a. in ihren Memoiren verbreiteten, herrschte nicht nur unter den Zeitgenossen, sondern auch lange Zeit unter den Historikern vor, die erst nach Freigabe der relevanten offiziellen Dokumente in den 1980er Jahren zu differenzierteren Urteilen kamen. Bis dahin hatte MacArthur Beinamen wie Vizekönig, Amerikanischer Caesar, Prokonsul, Shogun oder „wohltätiger Diktator" erhalten. Zu seinen langjährigen Vertrauten gehörten vor allem die Generale Courtney Whitney als Leiter der Government Section, der für die Ausarbeitung einer neuen Verfassung und neuer Gesetze sowie die Errichtung eines demokratischen politischen Systems verantwortlichen Abteilung – und damit auch für die Überwachung von Kaiser, Regierung, Parlament, Gerichten und öffentlichem Dienst –, und Charles Willoughby mit Zuständigkeit für Aufklärungsarbeit, Gegenspionage und Zensur.

MacArthurs Bild in der Geschichte

Bei genauerer Untersuchung aber hatten viele Maßnahmen in Wirklichkeit ihren Ursprung in Entscheidungen der amerikanischen Regierung. Dem waren jahrelange Planungsaktivitäten (*presurrender planning*) vorangegangen, an denen zahlreiche Personen aus den verschiedensten Berufen und Positionen beteiligt waren. Am wichtigsten war die Planungskommission, die aus Vertretern von Außen-, Kriegs- und Marineministerium bestand. Auf dieser Basis verfügte MacArthur über Richtlinien für die Besatzungspolitik in Japan, an die er sich im Großen und Ganzen auch hielt. Die entscheidenden Weichenstellungen für seine Politik wurden also lange vor seiner Ernennung zum SCAP vorgenommen und ohne ihn zu konsultieren. Daher war es auch möglich, dass er, der für seine reaktionäre politische Überzeugung bekannt war, an der Spitze einer Besatzungsverwaltung stand, die in ihrer Anfangsphase von den Ideen des amerikanischen New Deal aus der Ära Roosevelt geprägt war. Damals, ab 1933, hatte der Präsident zur Überwindung der Wirtschaftskrise Maßnahmen eingeleitet, mit staatlich gelenkter Wirtschaftsplanung und einer gewerkschaftsfreundlichen Politik sowie sozialen Sicherungen den Wohlstand gerechter zu verteilen, war aber von republikanischen Gegnern des „Sozialismus" verdächtigt worden. MacArthurs Mitarbeiter gingen daher mit einem gewissen linksliberalen Idealismus an die Arbeit, verloren aber im Lauf der Jahre durch die starken konservativen Kräfte an Boden und wurden schließlich als Dogmatiker oder Demagogen verfemt.

Der Einfluss des New Deal

Für die Durchführung der Okkupationspolitik wurde ein General Headquarter (GHQ) eingerichtet, das aus amerikanischen Militärs und Zivilisten bestand und dessen Abteilungen den japanischen Ministerien Anweisungen erteilten und sie kontrollierten. Darunter befand sich kaum ein Japanspezialist und in den ersten Jahren dominierten sogar eher die Chinaexperten, die auch besser zu der New-Deal-Ausrichtung der frühen Besatzungszeit passten, wie z. B. der vor allem auf dem Gebiet der Zaibatsu-Auflösung engagierte T. A. Bisson.

GHQ

Als Japanexperten muss man allerdings William J. Sebald bezeichnen, der in der Vorkriegszeit einige Jahre im Lande verbracht hatte, zuerst als Sprachoffizier der Marine und später als Jurist mit Spezialkenntnissen über japanisches Recht. Außerdem war er mit einer Halbjapanerin verheiratet. Sebald war von 1947 an Leiter der Diplomatischen Sektion von SCAP und fungierte damit als Vertreter des US-Außenministeriums, das allerdings nicht die Besatzungspolitik bestimmte, sondern das US-Militär.

Der Vertreter des US-Außenministeriums

MacArthur verfügte bei seiner Landung in Japan schon über den Entwurf „Initial Post-surrender Policy for Japan", datiert auf den 29. August, der aber erst am 6. September von Präsident Truman offiziell gebilligt und am 3. November in erweiterter Fassung formuliert wurde. Diese Richtlinien sahen vor, dass SCAP sowohl den Kaiser als auch die existierende Regierung politisch einsetzen würden, solange sie seine Autorität akzeptierten und nicht die Demokratisierung behinderten. Weitere Anweisungen der US-Regierung befassten sich mit der Entwaffnung Japans, Zensur, Kriegsverbrechern, Medienkontrolle, Erziehung, Regierungsreform, Handel, Industrie, Landwirtschaft und Arbeitspolitik.

Anweisungen aus Washington

MacArthur hielt sich merkwürdigerweise in den ersten Tagen der Besatzungspolitik nicht an die Anweisung bezüglich einer weiter bestehenden japanischen Regierung. Wenige Stunden nach der Unterzeichnung der Kapitulation am 2. September verkündete er jedenfalls folgende Erlasse:

MacArthurs Erlasse

1. Alle Macht der japanischen Regierung einschließlich der exekutiven, legislativen und richterlichen Gewalt würde von der Besatzungsbehörde übernommen.
2. Militärgerichtsverfahren würden gegen Personen abgehalten, die gegen die Besatzungspolitik verstießen, und diese hätten mit der Todesstrafe zu rechnen.
3. Eine als B-Yen bezeichnete offizielle Währung, ausgegeben durch das amerikanische Militär, werde in Umlauf gebracht und dem von der Bank of Japan ausgegebenen Yen gleichgestellt.

In Tokyo waren Kabinett, Kaiserhof und das eilig zusammengerufene Parlament wie gelähmt. Man drängte MacArthur, unverzüglich seine Entscheidung zu revidieren: Im Gegensatz zu dem völlig desintegrierten Deutschland sei die Einrichtung einer Militärregierung nicht notwendig. Vielmehr hätten die alliierten Mächte den Tenno und die japanische Regierung anerkannt, über die deshalb Anweisungen an die Bevölkerung zu geben seien und die dadurch zur Stabilisierung des Landes beitragen würden. MacArthur gab sich zögerlich, stimmte den japanischen Interpretationen nach einer Unterredung mit Außenminister Shigemitsu aber zu und verhielt sich damit im Sinne der aus Washington erhaltenen Anweisungen, die am 7. September noch einmal in eindeutiger Form abgegeben wurden. Auch der B-Yen, von dem die ersten Banknoten schon im Umlauf waren, wurde zurückgezogen.

Verwirrung wegen MacArthur

MacArthurs Nachgeben

Auf Presseartikel aber, die MacArthurs Gesinnungswandel als „Sieg" Shigemitsus feierten, reagierten die amerikanischen Besatzungsbehörden gereizt und auch in Washington herrschte Irritation. Der Stern des Außenministers war in diesen Tagen im Sinken begriffen, aber wohl als Ergebnis innerjapanischer Rivalitäten, und am 17. September übernahm Yoshida Shigeru seinen

Wechsel von Shige-
mitsu zu Yoshida

Posten. Shigemitsu hätte sein Amt ohnehin nicht mehr lange ausüben können, da er in diesen Tagen gemeinsam mit General Umezu auf Betreiben der UdSSR auf die endgültige Liste der als Kriegsverbrecher anzuklagenden Personen gesetzt wurde.

Wenige Monate später, im Dezember 1945, wurde der Allied Council for Japan (ACJ) in Tokyo gegründet, dem die vier wichtigsten Siegermächte angehörten. Zur nachhaltigen Verärgerung der anderen Teilnehmernationen stellte MacArthur, der die erste Sitzung eröffnete, klar, dass dieser „Rat" wirklich nur beratende Funktion besitze und über keine Macht zur Fest-

Andere Gremien im
Zusammenhang mit
der Besatzungspoli-
tik

legung der Besatzungspolitik verfüge. Dann verließ er den Raum und nahm nie wieder an einer Zusammenkunft des Gremiums teil. Außerdem wurde in Washington die Far Eastern Commission (FEC) gebildet, dem neun – später elf, d. h. unter Einschluss Indiens und der Philippinen – Kriegsgegner Japans angehörten. Auch dieses Gremium hatte so gut wie keinen Einfluss auf die Besatzungspolitik, die von den USA selbstherrlich allein gestaltet wurde.

b) Die Reformpolitik

MacArthur stand in dem völlig daniederliegenden Land einer schieren Sisyphusarbeit gegenüber. Die Städte waren zerstört, die Menschen hungerten und die Heimkehrer, Zivilisten wie Soldaten, verschlimmerten das Elend

Die soziale Lage

noch. Die Inflation galoppierte und erreichte in den ersten zwölf Friedensmonaten ca. 1 000 %. Der Schwarzmarkt war oft die einzige Möglichkeit, das Überleben zu sichern, und elternlose Kinder schlossen sich zu marodierenden Banden zusammen. Gleichzeitig stieg die Kriminalitätsrate steil an und die Prostitution blühte. Nur allmählich gelang es, die Industrie, soweit sie nicht in Ruinen lag, von Kriegs- auf Friedensproduktion umzustellen.

MacArthur und seine Mitarbeiter aber machten sich mit geradezu missionarischem Eifer ans Werk. Die Streitkräfte wurden unverzüglich aufgelöst und jegliche Rüstungsproduktion untersagt. Bald darauf wurden die „Sicherheitsgesetze", die der Unterdrückung von Kritik und Unmutsäußerungen dienten, außer Kraft gesetzt. Die zivile Geheimpolizei wurde ebenso abgeschafft wie das Innenministerium, da es für den Repressionsapparat verantwortlich gemacht wurde. Die politischen Gefangenen wurden freigelassen und stattdessen nach und nach Personen verhaftet, die im Verdacht standen, Kriegsverbrechen begangen zu haben.

In dieser Situation trat Prinz Higashikuni im Oktober 1945 vom Amt des Premiers zurück, da er es ablehnte, weiter einem einflusslosen Kabinett vorzustehen und nur die ungeliebten Reformen der Amerikaner auszuführen. An seine Stelle trat der schon betagte Berufsdiplomat Shidehara Kijuro, der als Außenminister in den zwanziger Jahren mit seiner gemäßigten Politik und seinen guten Beziehungen zu den angelsächsischen Mächten bei den Alliierten einen guten Ruf genoss, auch wenn er MacArthur persönlich kaum ein Begriff war. Zu der künftig dominierenden Persönlichkeit in der japanischen Politik sollte allerdings Außenminister Yoshida Shigeru werden, der ebenfalls über alte freundschaftliche Kontakte zu den Alliierten verfügte und sich während des Krieges um die Erreichung eines Friedensschlusses verdient gemacht hatte. Kabinettsbildung durch Shidehara

Unverzüglich wurden Reformen in Angriff genommen: die Ausarbeitung einer Verfassung, verbriefte Rechte für die Arbeiterschaft und die Zulassung von Gewerkschaften, die Gleichberechtigung der Frau, die Liberalisierung des Bildungswesens, die Beseitigung des staatlichen Unterdrückungsapparates, die Demokratisierung der Wirtschaft durch eine Auflösung der Zaibatsu und eine Landreform. Erste Reformen

Noch im Jahre 1945 wurden ein an amerikanischem Vorbild orientiertes Gewerkschaftsgesetz, ein Gesetz zur Gleichberechtigung der Frau und ein Verbot der Kinderarbeit erlassen. Koalitionsfreiheit, kollektive Verhandlungsführung und Streikrecht wurden garantiert. Wegen der allgemeinen Verelendung hatten die Gewerkschaften großen Zulauf. Sie gewannen bis Mitte 1948 fast sieben Millionen Mitglieder, die sich allerdings auf über 30 000 Arbeitnehmervertretungen verteilten. Die Bewegung spaltete sich in zwei große Strömungen auf: antikommunistisch-sozialistische Verbände einerseits und kommunistische andererseits. Gründung von Gewerkschaften

Staat und Religion wurden getrennt, sodass der Shintoismus, der für die Militarisierung und Ideologisierung der Gesellschaft missbraucht worden war, seine privilegierte Stellung verlor. Am 1. Januar 1946 widerrief Kaiser Hirohito seine „Göttlichkeit", verbreitet über Presse und Rundfunk mit Kommentaren von Premier Shidehara. Die bald darauf erlassene Verfassung verpflichtete den Staat, sich der religiösen Erziehung und jeder anderen Art religiöser Betätigung zu enthalten. Angesichts der nun konstitutionell verbrieften Religionsfreiheit hoffte MacArthur, Japan könnte christianisiert werden, sollte aber darin enttäuscht werden. Trennung von Staat und Religion

Entwürfe zu einer neuen Verfassung aus japanischer Feder, die MacArthur angefordert hatte, waren meist kaum mehr als eine geschönte Meiji-Verfassung für eine konstitutionelle Monarchie mit einer weiterhin wichtigen Rolle für den Tenno und hatten keinerlei Chance für eine amerikanische Zustimmung. SCAP richtete daher selbst eine Verfassungskommission ein, die das in großer Eile zustande gebrachte Ergebnis einfach oktroyierte. Allerdings stimmte das kurz zuvor gewählte neue Parlament im Oktober 1946 mit überwältigender Mehrheit zu und der Kaiser verkündete am 3. November 1946 die neue Konstitution, die ein halbes Jahr später in Kraft trat. Erlass einer neuen Verfassung

Sie garantierte u. a. Rede-, Presse- und Versammlungsfreiheit, Religionsfreiheit, demokratische Grundrechte, die Unabhängigkeit der Justiz und die
Neue Rolle des Gleichberechtigung der Frau. Der Kaiser war künftig nicht mehr Herrscher,
Kaisers sondern „Symbol des Staates und der Einheit der Nation". Er wurde de jure
nicht einmal Staatsoberhaupt. Der Souverän war nicht mehr der Monarch,
sondern das Volk, dessen Wille auch über die Rolle des Kaisers zu befinden
hat. Die Regierung war nicht mehr ihm, sondern dem Parlament verantwortlich. Der Premier und mindestens die Hälfte der Minister mussten aus den
Reihen der Abgeordneten rekrutiert sein. Der Adel wurde abgeschafft, mit
Ausnahme der Kaiserfamilie, deren gesamtes Vermögen dem Staat gehören
würde; alle Ausgaben des Tenno-Hauses mussten in den Haushalt aufgenommen werden und bedurften der Bewilligung durch das Parlament. Das
Herrenhaus (*kizokuin*) wurde durch ein Räte-Haus (*sangiin*) als zweite
Neue Rolle der Kammer abgelöst, die zwar meist im Ausland immer noch als „Oberhaus"
zweiten Kammer bezeichnet wird, aber eher dem amerikanischen Senat entsprach, obwohl
Japan ein zentralistischer Staat blieb.

In Artikel 9 verzichtete Japan außerdem auf den Unterhalt von Militär und
Verzicht auf Militär das Recht auf Kriegführung. Unklar und umstritten ist bis heute, ob dieser
Paragraf auf japanischen Vorschlägen basiert oder auf einem Diktat der
Besatzungsverwaltung. Jedenfalls scheint er nicht von der US-Regierung
angeordnet worden zu sein. Für den kritischen Beobachter widersprüchlich
– und vielleicht auf die Hektik bei der Ausarbeitung der Verfassung zurückzuführen – ist die Bestimmung, dass der Premier und alle Kabinettsmitglieder
Zivilisten sein müssen, gab es doch nach der Abschaffung des Militärs gar
keine Soldaten mehr.

Zu den Reformen, wie die Besatzungsmacht sie verstand, gehörte auch die
exemplarische Aburteilung von Kriegsverbrechern. Die Beweisaufnahme litt
allerdings darunter, dass die Japaner in den zwei Wochen, die ihnen zwischen
Kapitulation und Beginn der amerikanischen Okkupation geblieben waren,
in großem Umfang Dokumente verbrannten, die in der Hand des Siegers als
Kriegsverbrecher- belastend hätten verwendet werden können. Im Mai 1946 nahm nach ent-
prozesse sprechenden Vorbereitungen als Gegenstück zu den Nürnberger Prozessen
der „Internationale Militärgerichtshof für den Fernen Osten" die Verhandlungen gegen die Hauptkriegsverbrecher auf, die sich zweieinhalb Jahre hin-
ziehen sollten. Unter Vorsitz des australischen Richters William Webb standen in der „Klasse A" hohe Militärs und Politiker vor Gericht, darunter als
prominentester der langjährige Kriegspremier Tojo. Chefankläger war der
Amerikaner Joseph B. Keenan. Anklagepunkte waren Verschwörung zum
Zwecke der Führung von Aggressionskriegen, Verbrechen gegen den Frieden, Verbrechen gegen die Menschlichkeit und herkömmliche Kriegsverbrechen. Einige der belasteten Personen wie der frühere Heeresminister und
Generalstabschef Sugiyama Gen oder der mehrmalige Premierminister Konoe Fumimaro hatten sich durch Selbstmord der Verhaftung entzogen. Ex-
Premier Tojo Hideki überlebte schwer verletzt einen Suizidversuch. Zwei

Angeklagte verstarben während des Tribunals und einer wurde wegen geistiger Unzurechnungsfähigkeit entlassen.

Schließlich wurden sechs hohe Militärs zum Tode durch den Strang verurteilt – neben Tojo selbst noch Doihara Kenji, Itagaki Seishiro, Kimura Heitaro, Matsui Iwane und Muto Akira – sowie ein Zivilist, der ehemalige Premier und Außenminister Hirota Koki. Sechzehn der Angeklagten erhiel- Urteile ten eine lebenslängliche und zwei von ihnen eine zeitlich begrenzte Haftstrafe. Die elf Richter hatten die Urteile nach Mehrheitsbeschluss gefällt, der oft knapp ausfiel, so im Falle Hirotas mit 6:5 Stimmen. Neben diesem Prozess gegen die „Hauptverdächtigen der Klasse A" fanden zahlreiche Verfahren wegen „normaler" Kriegsverbrechen statt, z. B. wegen Gräueln an der Zivilbevölkerung oder an Gefangenen. Außerdem wurden zahlreiche Japaner in anderen Ländern abgeurteilt, so z. B. auf den Philippinen, in China und in der UdSSR. Bis 1956 wurden alle der in Tokyo zu Haftstrafen Verurteilten, soweit sie nicht im Gefängnis verstorben waren, entlassen. Der zu einer siebenjährigen Freiheitsstrafe verurteilte ehemalige Außenminister Shigemitsu war sogar schon seit 1950 wieder ein freier Mann und kehrte 1954 in sein altes Amt zurück. Seit 1952 war er Vorsitzender der Reformpartei (*Kaishintô*), aber der Sprung ins Amt des Premiers sollte ihm nicht gelingen.

Viele Stimmen im Ausland, vor allem in den USA, hatten gefordert, auch den Kaiser als Kriegsverbrecher anzuklagen. In Japan selbst wurde die Kritik am Herrscherhaus nur zögerlich aufgenommen, schwoll aber im Laufe der Jahrzehnte immer mehr an. Die Frage nach der Kriegsschuld Hirohitos wurde in aller Welt bis über den Tod des Monarchen im Januar 1989 hinaus hitzig erörtert. In Washington aber war die Entscheidung zur Schonung des Kaisers Die Rolle des Kaisers bei Kriegsende grundsätzlich schon gefallen und MacArthur vertrat die im Krieg Ansicht, bei einer Anklage oder gar Verurteilung des Tennos wären die USA gezwungen, eine äußerst große Anzahl zusätzlicher Besatzungstruppen zu entsenden, um die Bevölkerung unter Kontrolle zu halten und einen Abzug für lange Zeit auszuschließen. Er zog es daher vor, die immer noch anhaltende Achtung der Japaner zu nutzen, um über den Kaiser Einfluss auszuüben und die breite Masse dadurch leichter zu lenken. Daher wurde eine Abdankung des Tennos überflüssig, die Hirohito zugunsten seines minderjährigen Sohnes anfangs durchaus selbst erwogen hatte und die nicht nur von Prinz Higashikuni mit schockierender Offenheit gefordert wurde, sondern auch von dem ehemals wichtigsten Hofbeamten Kido Koichi.

Schon bald nach Unterzeichnung der Kapitulation hatte MacArthur den Kaiser geschickt für seine Ziele eingespannt: Am 27. September 1945 empfing er ihn ausgesprochen freundlich in seinem Hauptquartier zu einer Unterredung und weitere Treffen sollten folgen. Eine dabei angeblich ausgespro- MacArthur und chene honorige Übernahme der alleinigen Kriegsschuld durch den Tenno Hirohito wird nur von MacArthur berichtet, nicht aber von den seinerzeit verbreiteten japanischen Quellen. Das wichtigste Ergebnis des Treffens war das am folgenden Tage veröffentlichte und in ganz Japan durch die Presse verbreitete Foto dieses denkwürdigen Augenblicks: Der große General in lässiger Haltung mit offenem Hemdkragen als Sieger neben dem schmächtigen, steifen und nun in förmliches Zivil gekleideten Kaiser als Besiegtem. Diese plastische Darstellung der Machtverhältnisse prägte sich den Japanern bis auf den heutigen Tag ein und wird von ihnen mitunter als unnötige Demütigung empfunden. Im Sinne ihrer Demokratisierungsbemühungen schickten die Amerikaner den Tenno auf eine Rundreise durch ganz Japan, damit er sich um „Volksnähe" bemühe. Kritik an ihm unterdrückten sie. Nur die Kommunisten forderten künftig noch die Abdankung des Kaisers oder gar ein Ende der Monarchie.

Säuberungen   Die exemplarische Bestrafung der für den Krieg Verantwortlichen war nur ein Teil des Programms zur „Reinigung" (englisch: *purge*) Japans. Anfang 1946 begann die Besatzungsmacht, über 200 000 Personen, die als belastet angesehen wurden, von Tätigkeiten in Politik, Verwaltung, Erziehungswesen, Kulturleben und aus der Wirtschaft auszuschließen. Die damit beschäftigten zwanzig jungen Offiziere waren schlichtweg überfordert, zweieinhalb Millionen Fälle zu untersuchen. Sie waren daher auf die Mitwirkung der einheimischen Beamtenschaft angewiesen. Die aber bildete naturgemäß eher einen Schutzschild für ihre konservativen Gesinnungsgenossen.

Bodenreform   Von größter Bedeutung für die amerikanische Reformpolitik und mit langfristiger Wirkung sollte dagegen die Bodenreform sein, für die ein vom japanischen Parlament im Oktober 1946 gebilligtes Gesetz die Grundlage schuf. Die landwirtschaftliche Anbaufläche befand sich zum großen Teil in der Hand von Großgrundbesitzern und darin sahen die Amerikaner nicht nur ein feudales Relikt, sondern auch die klassische Brutstätte der japanischen Radikalisierung und damit ein Hindernis für die Demokratisierung des Landes. Zwischen 1946 und 1949 kaufte der Staat auf der jetzt existierenden gesetzlichen Grundlage ca. zwei Millionen Hektar Ackerland auf und übergab sie zu einem günstigen Preis an knapp fünf Millionen Kleinbauern, meist ehemalige Pächter. Insgesamt durfte niemand über mehr als drei Hektar verfügen, Eigentum und Pachtland zusammengenommen. Eine Ausnahme bildete nur die nördlichste Insel Hokkaido mit ihren weniger ertragreichen Böden, wo die Höfe 12 Hektar groß sein durften.

Auflösung der   Auch in den Zaibatsu sahen die Sieger nicht nur die Schuldigen für die
Zaibatsu   Aufrüstung und die Komplizen der Militaristen, sondern kritisierten hier ebenfalls die angeblich feudalen Strukturen. Dazu gehörten neben den dominierenden Konzernen Mitsui, Mitsubishi, Sumitomo und Yasuda noch über 50 weitere Familienimperien. Die USA waren entschlossen, die Zaibatsu aufzulösen, hatten aber dem Stab MacArthurs nur unklare Vorgaben gemacht, der daher im Detail nach eigenem Gutdünken agieren konnte und auch musste. Die Richtungsbestimmung überließ der General weitgehend den New Dealern, insbesondere Thomas A. Bisson, dem später linke Neigungen unterstellt wurden.

Ernsthafte Schritte zur Auflösung der Zaibatsu begannen erst im Herbst 1946 und im Dezember des Jahres verabschiedeten beide Häuser des Parla-

ments 39 entsprechende Gesetze, allerdings erst nach massivem Druck von
SCAP. Mit Zustimmung der amerikanischen Besatzungsmacht wurden das
gesamte Eigentum und die Wertpapiere der Firmen an den japanischen Staat
übertragen und gegen Schuldverschreibungen der Regierung eingetauscht,
mit denen man aber vorläufig nichts anfangen konnte. Vorgesehen war ein
späteres Aktienvorkaufsrecht der Belegschaft, wobei im Sinne einer Demokratisierung auf eine möglichst breite Streuung geachtet werden sollte. Eine
zeitweise erwogene Verstaatlichung der Konzerne wurde nicht durchgeführt,
wäre sie doch wegen der zu zahlenden Entschädigungen von Regierungsseite
kaum zu bezahlen gewesen. Die alten Firmennamen wurden zum Teil beibe-
halten, trotz der geänderten Strukturen. Die Japaner verstanden es außerdem, Das weitere Schick-
sich bei der Auflösung eine Reihe von Schlupflöchern offen zu halten, mit sal der Konzerne
denen sie getarnte Wiederzusammenschlüsse durchführen konnten, unter
anderem durch neue Namensgebung für einige der Unternehmen. Tausende
von leitenden Angestellten verloren ihre Posten, da sie als „belastet" eingestuft wurden, doch sollte sich im Laufe der Besatzungszeit erweisen, dass es
sich dabei nur um eine vorübergehende Maßnahme handelte.

1947 wurde ein Antimonopolgesetz erlassen, um einer erneuten Konzen-
trierung vorzubeugen. In den folgenden Jahrzehnten kam es zu Verflechtun-
gen, durch die sich die japanische Industrie- und Finanzwelt immer wieder
umgestaltete, dabei modernisierte und statt der von den Amerikanern beabsichtigten Schwächung vielmehr erstarkte. Nach dem Ende der Besatzungszeit 1952 besaß Japan ohnehin jegliche Freiheiten für erneute Konzentratio-
nen.

Durchgreifende Reformen wurden auch im Erziehungswesen durchge-
führt. Anfangs improvisierten die Amerikaner nur, indem sie ein solch chau- Reform des Erzie-
vinistisches Fach wie Moralkunde untersagten und die bestehenden Schul- hungswesens
bücher durch Streichungen „reinigten". Dann wurden neue Lehrmaterialien
erarbeitet und schrittweise eingeführt. Nun wurde Wert auf Frieden und
Demokratie gelegt. Außerdem wurde das Schriftsystem vereinfacht und die
Zahl der zu erlernenden Zeichen reduziert. Am wichtigsten aber war zunächst einmal die „Umerziehung" des Lehrkörpers, für den eine Fülle von
Richtlinien zur Unterrichtung demokratischer Gesinnung erlassen wurde. Bis
1947 wurde, unter Beteiligung von japanischen Pädagogen, ein umfassendes
Konzept für die propagierte „neue Erziehung" erarbeitet und umgesetzt: Die
Schulpflicht wurde von sechs auf neun Jahre durch die Einführung einer
dreijährigen Mittelschule verlängert, der Schulbesuch sollte kostenlos sein
und das System orientierte sich an dem der USA statt wie bis dahin an
demjenigen Deutschlands. Nach neun Jahren bestand die Möglichkeit, eine Orientierung am
dreijährige Oberschule und eine vierjährige Universitätsausbildung anzu- amerikanischen
schließen, auf die man keinen Anspruch hatte und für die – mitunter sehr System
strenge – Aufnahmeprüfungen eingeführt wurden, da man dem Ansturm der
Massen von Abiturienten nicht gewachsen war. Studiengelder in oft beträcht-
licher Höhe machten außerdem die erwünschte „Demokratisierung" fraglich.

Waren die Rechte der Frau schon durch die Verfassung stark erweitert worden, so wurden sie durch Reformen des Zivilrechts noch vergrößert, von denen vor allem nachgeborene Geschwister profitierten: Erbberechtigt war jetzt – im Gegensatz zu dem alten „feudalen" Recht – nicht mehr allein der

Reformen im Zivil-
und Strafrecht älteste Sohn, sondern alle Kinder wurden gleich behandelt. Außerdem konnte jetzt nicht mehr allein der Mann, sondern ebenso die Frau die Scheidung beantragen und von einer Gütertrennung profitieren. Politische Aktivitäten wurden durch ein neues Strafrecht entkriminalisiert, sodass Demonstrationen, Majestätsbeleidigung und „unpatriotische" Handlungen nicht mehr zu ahnden waren.

c) Die Neugründung von Parteien

Neben der Etablierung freier Gewerkschaften ermunterten die Amerikaner unverzüglich die Neubildung der Parteien, von denen sich die ersten noch im Jahre 1945 gründeten und die zum großen Teil auf Strukturen, Personen und Gefolgschaften aus der Vorkriegszeit zurückgreifen konnten. Bezeichnend

Neugründung kon-
servativer Parteien war dabei, dass sich wieder zwei konservative Parteien bildeten, zum einen die Liberale Partei Japans (*Nihon Jiyûtô*), nach Vereinigung mit anderen Gruppierungen im März 1948 in Demokratisch-Liberale Partei Japans (*Nihon Minshujiyûtô*) und nach weiteren Beitritten im März 1950 in Liberale Partei (*Jiyûtô*) umbenannt, die hauptsächlich aus der alten Seiyukai hervorgegangen war, und zum anderen die Fortschrittspartei Japans (*Nihon Shinpotô*), die hauptsächlich auf der ehemaligen Minseito basierte und sich in den folgenden Jahren nach Fusion mit anderen Gruppierungen mehrmals umbenannte, bis aus ihr im November 1954 die Demokratische Partei Japans (*Nihon Minshutô*) hervorging.

Aus den verschiedenen, von Flügelkämpfen und Bruderzwist geprägten sozialistischen und sozialdemokratischen Parteien und Gruppierungen der Vorkriegszeit entstand die Sozialistische Partei Japans (*Nihon Shakaitô*), die aber auch in den folgenden Jahren unter innerer Zerrissenheit litt und durch

Das linke Parteien-
spektrum wiederholte Abspaltungen immer mehr an Macht verlor. Die Kommunistische Partei Japans (*Nihon Kyôsantô*) gründete sich ebenfalls neu und konnte von einem Märtyrerimage profitieren, da ihre Mitglieder Militarismus, Kapitalismus, Feudalismus und Tennokult am entschiedensten und bis zur Selbstaufopferung bekämpft hatten. Überhaupt konnte man beobachten, dass marxistisches Gedankengut – wie schon nach dem Ersten Weltkrieg – in Japan auf eine große Aufnahmebereitschaft stieß, die in Intellektuellenkreisen bis heute anhält, so in den Medien, in der Studentenschaft, der Geschichtsschreibung und anderen Geisteswissenschaften.

Schon im April 1946 fanden allgemeine Unterhauswahlen mit neuem Wahlrecht statt: Das Wahlalter war von 25 auf 20 Jahre gesenkt worden und Frauen waren nicht nur stimmberechtigt, sondern verfügten auch über passives

Wahlrecht, sodass schließlich fast 40 weiblichen Abgeordneten der Einzug ins Parlament gelang, und zwar noch vor Erlass der neuen Verfassung. Sieger Wahlrechtsreform waren wie in der Vorkriegszeit die beiden konservativen Parteien, wobei die Jiyuto mit 140 Mandaten fast 50 mehr erhielt als die Shinpoto. Auch die Sozialisten errangen mit über 90 Sitzen ein erstaunliches Ergebnis, wohingegen die Kommunisten – ebenso wie andere kleinere Parteien – unter dem reinen Mehrheitswahlrecht litten.

Trotz des Wahlsieges der Liberalen Partei wurde deren Vorsitzender Hatoyama Ichiro nicht Premierminister, da er der Besatzungsmacht wegen seiner nationalistischen Vergangenheit nicht genehm war. Kurz nach den Wahlen wurde er daher, wie andere Konservative auch, von öffentlichen Ämtern ausgeschlossen. Als Parteivorsitzenden löste ihn Außenminister Yoshida Shigeru ab. Etwa zur gleichen Zeit übernahm Shidehara nach einigem Zögern die Führung der Fortschrittspartei, da sonst kein prominentes Mitglied zur Verfügung stand, das als unbelastet angesehen wurde. Als Premierminister aber wurde er bald darauf von Yoshida abgelöst, der mit einer Koalition aus Yoshida Shigeru wird Premier den beiden konservativen Parteien regierte.

Nach dem Zwischenspiel einer Koalitionsregierung unter dem Sozialisten Katayama Tetsu 1947/48 errangen die Konservativen unter Ashida Hitoshi Sozialistisches Zwischenspiel von der Demokratisch-Liberalen Partei wieder die Macht, doch schloss das kurzlebige Kabinett noch immer einige Sozialisten ein. Im Oktober 1948 wurde Yoshida wieder Premierminister.

Unter den politischen Architekten der Nachkriegszeit in Japan dominierten die Diplomaten, die ja über langjährige Erfahrungen mit den Westmächten verfügten und außerdem die englische Sprache beherrschten. Über einen Zeitraum von fast zehn Jahren führten mit einer Ausnahme ehemalige Beamte des Außenministeriums die Kabinette: Shidehara, Yoshida, Ashida und mehrmals wieder Yoshida. Die Spitzendiplomaten avancierten nun auch zu Parteiführern, wohingegen die Bürokratie bis 1945 in den politischen Parteien nur schwach vertreten war. Die Beamtenschaft ging nun geradezu eine Symbiose Bürokratie und Regierung mit den Abgeordneten ein, jedenfalls mit den konservativen unter ihnen, wie sie für das Nachkriegsjapan typisch werden sollte und durch eine enge Verflechtung mit der Wirtschafts- und Finanzwelt ergänzt wurde.

Einem amerikafreundlichen Kurs war die sich bildende Kombination konservativer Kräfte langfristig ausgesprochen förderlich. Yoshida war aber den Vertretern der USA zunächst zu reaktionär und wurde als Hindernis für gesellschaftliche, politische und wirtschaftliche Reformen angesehen, obwohl er nachgewiesenermaßen schon seit der Vorkriegszeit ein Gegner der Militärs gewesen war und mit seiner oppositionellen Haltung ein großes persönliches Risiko eingegangen war. Er vertrat nun vor allem wieder und wieder die Beginn reaktionärer Tendenzen Ansicht, die großen Konzerne seien alles andere als Kriegstreiber gewesen. Ihre Zerschlagung würde nach seiner Überzeugung Japan ruinieren und dem Kommunismus Tür und Tor öffnen. Immer wieder appellierte er auch an die angeblich gemeinsamen Interessen kapitalistischer Staaten wie der USA und

Japans. Yoshida förderte, wie von den Amerikanern befürchtet, mit seiner reaktionären Einstellung die ohnehin schon starke Polarisierung weiter. Langfristig aber sollte er, der als „japanischer Adenauer" in die Geschichte einging, sich für die USA als idealer Partner erweisen.

d) Der Beginn des Umkehrkurses

Das von den Besatzungsbehörden eingeführte Streikrecht wurde wegen der herrschenden Not so intensiv angewendet, dass es den Amerikanern unheimlich wurde, der wirtschaftliche Wiederaufbau in Gefahr geriet und der Hunger zu einer Dauererscheinung wurde. MacArthur bat daher schon 1946 mit Erfolg einen alten Freund, sich für Lebensmittellieferungen an Japan einzu-

Lebensmittelhilfe setzen. Es handelte sich um den ehemaligen republikanischen Präsidenten Herbert Hoover, der deshalb mit dem General in Tokyo zusammentraf und Vorsitzender des bald darauf gegründeten *Emergency Relief Committee* wurde.

Beide Männer verband seit über einem Jahrzehnt eine tiefe Abneigung gegen den „linken" Präsidenten Roosevelt. Hoover hatte sich, schon vor dem Ende des Krieges, wiederholt zu Wort gemeldet und war mit Hinweis auf die sowjetische Gefahr immer wieder für eine schonende Behandlung Japans eingetreten. Es wirkte sich später noch aus, dass er vor Jahrzehnten ein Förderer von Joseph Grew gewesen war, dem langjährigen Botschafter in Tokyo, der als führendes Mitglied der *Japan crowd* noch einen großen Einfluss in Washington ausüben sollte. Die vorerst noch kaum wahrnehmbare Strömung in den USA, einen milderen und konservativeren Kurs gegenüber Tokyo einzuschlagen, wurde durch den schnell eskalierenden Kalten Krieg beschleunigt.

Auch MacArthur selbst erschien inzwischen die sich radikalisierende Gewerkschaftsbewegung als zu mächtig und mitunter sogar als gewillt, die Fünfte Kolonne Moskaus abzugeben. Schließlich zog er die Notbremse, indem er einen für den 1. Februar 1947 geplanten Generalstreik des öffent-

Streikverbot lichen Dienstes kurzerhand verbot, der mit geschätzten vier Millionen Teilnehmern voraussichtlich die Wirtschaft lahmgelegt hätte, vor allem durch den Zusammenbruch des Transportwesens. Eigentlich hatten die Aktionen der Gewerkschaften die reaktionäre Politik des Premiers Yoshida als Angriffsziel, doch richtete sich der Unmut nun mehr und mehr gegen die Besatzungsmacht. Wenig später wurde das Streikrecht für den öffentlichen Dienst erheblich eingeschränkt. Es kam jedoch deshalb zu kaum noch kontrollierbaren Tumulten.

MacArthur hatte eigenmächtig gehandelt, da für eine Absprache mit Washington keine Zeit mehr blieb. Er fühlte aber zu dieser Zeit deutlich den Druck der Japan-Lobby in den USA, die in dem so stark gehätschelten Gewerkschaftswesen zusehends die Büchse der Pandora sahen, die zu un-

kontrollierbarer Verselbständigung führte, statt planmäßig gegen die ungeliebten Zaibatsu eingesetzt werden zu können. Ungewollt hatte MacArthur
dem bald einsetzenden Gegenkurs (*reverse course*) in der Besatzungspolitik
Tür und Tor geöffnet. Mit dem Streikverbot und den nachfolgenden Unruhen   MacArthurs
galt der General außerdem in den USA als Herrscher über ein wirtschaftliches   Probleme
Chaos und musste seine Ambitionen für die Präsidentschaft begraben; er
scheiterte 1948 schon in den Vorwahlen. Auch sein Engagement zugunsten
eines baldigen Friedensvertrages sah man in den Jahren 1947/48 noch als
verfrüht an.

Nach dem Erlass des Streikverbots führte der Unmut breiter Bevölke-
rungsschichten gegen Yoshida zu Neuwahlen, deren Ergebnis die Regierungsbildung unter dem Sozialisten Katayama Tetsu war. Schon bald aber
errangen die Konservativen nicht nur in Japan wieder die Macht, sondern
auch in den USA war inzwischen ein Rechtsruck eingetreten, da die Republikaner bei den Kongresswahlen 1946 die Mehrheit in beiden Häusern er-
rungen hatten. Damit sank die Chance für eine liberale Reformgesetzgebung   Rechtsruck in den
in Japan im Sinne des New Deal. Unter der Führung des Senators Joseph   USA
McCarthy setzte bald darauf eine kaum noch zu kontrollierende Kommu-
nistenfurcht und -jagd ein, die in den USA den New-Deal-Liberalen den
politischen und oft auch beruflichen Todesstoß versetzten. Dadurch erschien
der Kreis um Yoshida, der die in Amerika grassierende Revolutionsangst
nutzen konnte, zusehends als attraktiver Partner, zumal der Bürgerkrieg in
China und die Spannungen im geteilten Korea die kommunistische Gefahr
verdeutlichten. Dem sich abzeichnenden Gegenkurs fielen im Laufe der
folgenden Jahre in Japan gerade die bis dahin von der Besatzungsmacht
bevorzugten Personen mit linken Neigungen groß angelegten Säuberungen
zum Opfer.

Hatte die Linderung der Not unter der japanischen Bevölkerung ursprünglich für die Besatzungsmacht keinerlei Rolle gespielt, so erhielt das Land ab
1948 Unterstützung zur ökonomischen Erholung in Höhe von mehreren
Milliarden Dollar, vergleichbar mit dem schon 1946 angelaufenen Marshall-
Plan in Europa. Dies war das deutlichste Anzeichen für den Umkehrkurs in   Wirtschaftshilfe aus
der Besatzungspolitik und Japan sollte damit eine ähnliche Rolle spielen wie   den USA
(West-)Deutschland in Europa. Bezüglich der Wirtschaftspolitik, und hier
insbesondere der Haltung gegenüber den Zaibatsu, musste die ideologische
Ausrichtung praktischen Zwängen geopfert werden. Die Trennung zwischen
den beiden Besatzungsperioden war jedoch nicht so scharf, wie es im Nach-
hinein scheint: Viele Sozialreformen wurden auch nach 1949 weiter betrieben
und MacArthur hielt noch lange an den New Dealern und ihrer Politik mit
der ihm eigenen Starrköpfigkeit fest.

In der amerikanischen Führung war man überrascht, dass gerade MacAr-
thur, der Republikaner und eingefleischte Anti-New-Dealer der Roosevelt-
Ära, sich dem Umkehrkurs zu widersetzen suchte. Verteidigungsminister
James V. Forrestal, Heeresstaatssekretär William H. Draper und der einfluss-

reiche Diplomat George F. Kennan versuchten zunehmend, den General, der offensichtlich in die von Washington als überholt angesehenen Reformen vernarrt war, zu isolieren. Neben anderen mächtigen Personen in Trumans Regierung unterstützte Handelsminister W. Averell Harriman, einer der Hauptaktionäre der *Newsweek*, der Wochenzeitschrift mit einem projapanischen Charakter, einen Wechsel der Politik im Sinne des Umkehrkurses. Dieser Kreis errang immer mehr Einfluss und dirigierte die Besatzungspolitik von demokratischen Reformen in Richtung Wirtschaftsaufbau und schrittweise Restauration konservativer Herrschaft. Die in den ersten Nachkriegsjahren dominierenden linksliberalen, chinafreundlichen Elemente, die sich z. B. in Zeitschriften wie *Pacific Affairs*, *Nation* und *Amerasia* artikulierten, verloren dagegen an politischem Gewicht.

Die Japan-Lobby kritisierte vor allem das *purge*-Programm und die Zaibatsu-Entflechtung, die Japans ökonomische Erholung verhindert und gegen die kapitalistische Grundeinstellung der USA verstoßen hätten. Im März 1948 traf eine Delegation unter der Leitung von George F. Kennan ein, dem UdSSR-Spezialisten im Außenministerium, der die Japan-Lobby mit so hochkarätigen Experten wie den Diplomaten Joseph Grew, Joseph Ballantine und Eugene Dooman im Rücken hatte. Kennan hatte 1946 durch seine Interpretation des Kalten Krieges in Europa entscheidend auf die Politik Washingtons eingewirkt und war nun dabei, auch eine führende Rolle bei der Kursänderung gegenüber Japan zu spielen. Er hatte den Begriff „Eindämmung" (*containment*) für den Kurs kreiert, der Sowjetunion eine weitere Ausdehnung ihres Einflussgebietes zu verbauen, und warnte nun MacArthur vor einer Förderung „kommunistischer Unterwanderung" durch das Besatzungsprogramm.

Wenige Tage später traf eine weitere Delegation ein, geführt von William L. Draper, Heeresstaatssekretär im Verteidigungsministerium und vor dem Krieg ein Investment Banker der Wall Street, der im September 1947 schon einmal nach Tokyo gereist war. Die Abordnung drängte nun auf die Einsicht, dass die geplante Wirtschaftshilfe für Japan nur in Zusammenarbeit mit den dortigen etablierten Konzernen zum Erfolg führen könne. Dazu müssten die Auflösung der Zaibatsu, der Ausschluss der Kapitalistenklasse vom Wirtschaftsleben und noch weitere Maßnahmen wie die Zahlung von Reparationen eingestellt bzw. rückgängig gemacht werden, die allerdings bei genauerer Betrachtung ohnehin nur zögerlich in Angriff genommen und weitgehend im Planungsstadium stecken geblieben waren. Draper nahm, da er selbst kein Experte für das Land war, immer wieder dankbar Ratschläge der Japan-Lobby an und arbeitete eng mit Kennan zusammen. Diese *pressure group* institutionalisierte sich im Juni des Jahres, als prominente Politiker, Diplomaten, Geschäftsleute und Medienvertreter – vor allem von *Newsweek* – den American Council on Japan mit Joseph C. Grew und William R. Castle, dem ehemaligen Außenstaatssekretär unter Präsident Hoover und 1930 kurzzeitig US-Botschafter in Tokyo, als Ehrenvorsitzenden gründeten.

Kennans Delegation

Drapers Delegation

Darin setzten sich die jahrzehntelang von diesem Personenkreis vertretenen Ansichten durch, dass mit einem konservativen Japan zusammen ein
Bollwerk gegen die Sowjetunion geschaffen werden müsse. Jetzt tauchte sogar
die Idee für eine Wiederbewaffnung des Landes auf. Von diesem Kreis gestärkt, machten Kennan und Draper ihren Einfluss geltend, die Reformpolitik
zu stoppen, SCAPs Bemühungen um Unabhängigkeit zu behindern, die
Bewilligung der Wirtschaftshilfe durch den Kongress zu bringen und die
politische Hegemonie konservativer Kräfte in Japan zu sichern. MacArthur
empfand diese Politik als Eingriff in seine Kompetenzen. Als Anfang Dezem-   Druck auf
ber 1948 die Vereinigten Stabschefs der USA ihm ihre Entscheidung über-   MacArthur
mittelten, dass SCAP seine Kontrolle über Japan lockern, Personal abbauen,
die Autorität der japanischen Regierung stärken und einen durch das Außenministerium ernannten Botschafter akzeptieren solle, sträubte sich der General mit allen Mitteln.

Washington beließ es aber nicht bei leeren Worten, sondern beschloss
ebenfalls im Dezember 1948, Joseph Dodge, den Präsidenten der Detroit
Bank, der eine wichtige Rolle bei der finanziellen Stabilisierung Deutschlands
gespielt hatte, den Plan zur ökonomischen Genesung Japans überwachen zu
lassen und MacArthur damit weitestgehend die Zuständigkeit für die Wirtschaftspolitik zu entziehen. Die Truman-Regierung ernannte ihn trotz seiner
Mitgliedschaft in der Republikanischen Partei zum Berater von SCAP in
Finanzfragen. Zu Dodges Programm gehörten Inflationsbekämpfung,
Schwächung der Gewerkschaften, Senkung der Löhne und Stärkung der
Großindustrie. Dazu führte er ab 1948 mehrmals eine Mission nach Japan,   Dodges Missionen
wo er zunächst für eine Beschneidung der Ausgaben sorgte, um einen aus-
geglichenen Staatshaushalt zu erreichen, der nicht zuletzt unter den Besat-
zungskosten wie dem Wohnungsbau für amerikanische Offiziersfamilien zu
leiden hatte. Zahlreiche, als überflüssig angesehene Arbeitskräfte im öffentlichen Dienst, besonders bei der Eisenbahn, wurden entlassen. Eine Streik-
welle, zum Teil mit gewalttätigen Begleiterscheinungen, war die Folge, ohne
aber den Kurs aufhalten zu können. Im Gegenteil geriet die Führung der
Arbeitnehmervertretungen unter die Kontrolle konservativer Kräfte. Die
politische Führung sollte in Wirtschaft und Handel nur unterstützend tätig
sein, wozu im Jahre 1949 das MITI (Ministry of International Trade and
Industry) gegründet wurde, das im Laufe der kommenden Jahrzehnte zu
einer mächtigen Institution heranwachsen sollte. Den Widerstand der japanischen Regierung – ganz zu schweigen von dem der linksgerichteten Opposition – gegen einige seiner harschen Maßnahmen ignorierte Dodge einfach.

Die sich abzeichnende Parteinahme Amerikas zugunsten konservativer
Kräfte fand im General Headquarter sowohl Gegner wie General Courtney
Whitney, den Leiter der Government Section, und dessen Stellvertreter
Charles L. Kades, einen Juristen und liberalen New Dealer, als auch Befür-
worter wie den deutschstämmigen General Charles Willoughby, von MacAr-

thur liebevoll als „mein kleiner Faschist" bezeichnet und in späteren Jahren Berater des spanischen Diktators Franco. Die New Dealer innerhalb der Besatzungsverwaltung wurden zunehmend „linker" Neigungen verdächtigt, in der anbrechenden Ära McCarthy als „Doktrinäre" in die USA zurückgerufen und zum Teil zwecks Verhör vor das Komitee gegen unamerikanische Umtriebe gestellt, d. h. einer Hexenjagd preisgegeben.

Unterschiedliche Ansichten in der Besatzungsverwaltung

Die politische Wende in den USA war Wasser auf die Mühlen Yoshidas, der mit unverhohlener Schadenfreude das Schicksal dieser New Dealer quittierte, da sie nach seiner Ansicht Japan als Experimentierfeld für ihre abstrusen Theorien missbraucht und viel Schaden durch sogenannte Reformen wie *purge* und das Antimonopolgesetz angerichtet hätten. Dagegen hatte die China-Lobby in den USA ihr Terrain fast völlig verloren. Sie wurde nicht nur für den „Verlust" Chinas verantwortlich gemacht, sondern ihr wurde auch der Versuch unterstellt, in Japan den Boden für eine Revolution zu bereiten. In der Ära McCarthy wurde sie daher pauschal kommunistischer Sympathien verdächtigt und weitgehend kaltgestellt.

Zu den Maßnahmen, welche die USA ab 1948 in schneller Folge zur Stabilisierung Japans, vor allem zur Beseitigung von Mangel und Inflation, in der bisherigen Wirtschaftspolitik durchführten, gehörten die Beendigung der Zaibatsu-Entflechtung, die Abmilderung des Antimonopolgesetzes, die Aussetzung von Reparationszahlungen bis zum Abschluss eines Friedensvertrages, die Gewährung von Krediten zur Einfuhr von Lebensmitteln und Rohstoffen sowie die Erleichterung des Zugangs zum Welthandel. Gemäß der US-Planung wurde Japan, besonders nach der Ablösung von Außenminister George Marshall durch Dean Acheson Anfang 1949, zur Werkstatt Asiens und Südostasiens wurde zu seinem Rohstofflieferanten anstelle des verlorenen Marktes in China.

Maßnahmen der USA

Bald nach dem Wahlsieg Yoshidas im Januar 1949 kam es zu Massenentlassungen im öffentlichen Dienst, die zwar durch den Zwang zu Sparmaßnahmen bedingt waren, doch fiel auf, dass viele Personen mit „linker" Gesinnung in die Arbeitslosigkeit gehen mussten. Damit einher ging die Bekämpfung der Kommunisten in Form von Verhaftungen und Publikationsverbot durch die Besatzungsmacht. Auch die Gewerkschaften gerieten wegen echter oder angeblicher Radikalisierung zunehmend unter den Druck der Amerikaner als auch der japanischen Regierung. Unter Einwirkung von SCAP wurde im Juli 1950 als konservatives Gegengewicht zur Kommunistischen Partei ein Allgemeiner Rat Japanischer Gewerkschaften (japan. Abk.: *Sôhyô*) gegründet. Die Entgleisung von zwei Eisenbahnzügen wurde als Sabotageakt kommunistischen Gewerkschaftlern zugeschrieben, gegen die von den Gerichten harte Strafen verhängt wurden, darunter auch mehrere Todesurteile. Die Verhandlungen vor den verschiedenen Instanzen zogen sich allerdings über zehn Jahre hin und sollten schließlich zu Freisprüchen führen.

Der Kampf gegen die Linke

Zahlreiche andere Personen, die verdächtigt wurden, linke Tendenzen zu verfolgen oder Straftaten mit politischem Hintergrund begangen zu haben, wurden von öffentlichen Ämtern ausgeschlossen und zum Teil zu Haftstrafen verurteilt. Der politischen „Reinigung" (*purge*) der frühen Nachkriegszeit folgte also eine „Reinigung von Roten" (*red purge*) in der späten Besatzungszeit. Betroffen waren nicht nur Bedienstete staatlicher Institutionen, sondern auch Vertreter von Medien, Universitäten, kulturellen Vereinigungen und Mitarbeiter von Betrieben, soweit sie als Linksextreme oder deren Sympathisanten angesehen wurden, insgesamt ca. 13 000 Personen. So war es kein Wunder, dass die Kommunisten, die ursprünglich die Amerikaner als Retter von Militarismus und Faschismus begrüßt hatten, zu den schärfsten Kritikern sowohl der Besatzungsmacht als auch der eigenen konservativen Regierung wurden.   *Red purge*

Der neue Kurs der US-Regierung ermöglichte, dass Personen, die in der Vorkriegs- und Kriegszeit eine wichtige Rolle gespielt hatten, erneut an Einfluss gewannen. Sie wurden nach einer gewissen Schamfrist wieder zu öffentlichen Ämtern und hohen Positionen in Wirtschaft und Politik zugelassen. Auch fanden Kriegsverbrecherprozesse ab 1949 nicht mehr statt, weder durch die Siegermächte noch durch die Japaner nach der Wiedererlangung der Souveränität im Jahre 1952.

e) Vom Koreakrieg zum Frieden von San Francisco

Mit Sorge sahen die USA gegen Ende der 1940er Jahre den Sieg der Kommunisten im Chinesischen Bürgerkrieg und ihren wachsenden Einfluss in Korea sowie in Osteuropa. Als dann im Juni des Jahres 1950 nordkoreanische Streitkräfte nach dem Abzug der sowjetischen und amerikanischen Besatzungstruppen die Demarkationslinie am 38. Breitengrad überschritten und in der Folgezeit fast ganz Südkorea eroberten, suchten die USA verstärkt den Schulterschluss mit den Konservativen in Japan.   *Ausbruch des Koreakrieges*

Zunächst aber entsandten die Vereinigten Staaten starke Truppenverbände nach Korea, offiziell unter dem Mandat der Vereinten Nationen und unterstützt durch Streitkräfte aus vierzehn anderen Staaten. Unter dem Oberkommando von General MacArthur wurde Südkorea allmählich zurückerobert. Dabei wurden die amerikanischen Truppen in Japan stark ausgedünnt. SCAP beschloss daher, die Lücken durch die Aufstellung japanischer Verbände aufzufüllen. Diesem Plan standen die Verfassung und die von den USA für die Besatzungspolitik selbst aufgestellten Grundsätze jedoch entgegen. Ohne Befragung der Tokyoter Regierung wurden daher schon wenige Wochen nach Kriegsausbruch eine nationale Polizeireserve (*keisatsu yobitai*) aufgestellt und der „Küstenschutz" verstärkt, wobei zahlreiche ehemalige Angehörige der kaiserlichen Armee und Marine reaktiviert wurden. Bald standen 75 000 Mann unter Waffen, zu denen auch Panzer und Artillerie gehörten. MacArthur, früher der erbittertste Gegner einer japanischen Wiederbewaffnung, hatte eine Kehrtwende vollzogen bzw. vollziehen müssen.   *Beginn der Wiederbewaffnung in Japan*

Die Amerikaner machten auf ihrem Vormarsch in Korea nicht am 38. Breitengrad halt, sondern stießen weiter nach Norden bis in die Nähe der chinesischen Grenze vor. Das aufs äußerste alarmierte China entsandte daraufhin starke Verbände von sogenannten Freiwilligen nach Korea, um die dort schon fast geschlagenen kommunistischen Truppen zu unterstützen, und warfen die Amerikaner, deren chaotischer Rückzug eher einer Flucht glich, wieder bis etwa zur Mitte der Halbinsel zurück. In dieser Situation forderte MacArthur von seiner Regierung mit Nachdruck Vollmacht für Luftangriffe gegen chinesische Luft- und Nachschubbasen sowie Landungsunternehmen an einigen Punkten Chinas. Diese Ausweitung aber hätte zu jahrelangen Landoperationen mit endloser räumlicher Ausdehnung und vielleicht sogar zu einem Atomkrieg führen können. Daher verweigerte Präsident Truman aus Furcht vor einem dritten Weltkrieg seine Zustimmung und berief 1951 den unnachgiebigen MacArthur ab. Sein Posten als SCAP und der militärische Oberbefehl in Korea wurden General Matthew Ridgway übertragen.

Abberufung MacArthurs

Japan war während des Koreakrieges zur Operations- und Nachschubbasis geworden. Dadurch, und durch seine ideale Lage für Reparaturarbeiten, besonders auf den Werften, entstand ein Wirtschaftsboom, von Yoshida als „Geschenk der Götter" angesehen. Auch mit dem Aufbau einer bescheidenen Rüstungsindustrie begann man wieder. So wuchs Japan in die Rolle des von den USA umworbenen Juniorpartners in Asien hinein, dem man eine langfristige Bindung schmackhaft machen musste. Dazu würde auch der Abschluss eines Friedensvertrages gehören. Allerdings war das Lager von Japans früheren Kriegsgegnern und Opfern in der Zeit des Kalten Krieges völlig uneins. Allmählich erwogen die Vereinigten Staaten daher den Gedanken, einen Friedensvertrag notfalls auch ohne die UdSSR und das kommunistische China abzuschließen, und gewannen Ende 1949 England und Frankreich dafür. Der von Washington mit den Vorbereitungen beauftragte John Foster Dulles reiste ab 1950 mehrmals nach Japan – das erste Mal noch vor Ausbruch des Koreakrieges –, um dort mit Regierung und Opposition die anstehenden Fragen zu erörtern.

Der Plan für einen Friedensvertrag

Schließlich trat im September 1951 mit den USA als Wortführer die Friedenskonferenz in San Francisco zusammen, an der 47 weitere Staaten teilnahmen. Dulles als amerikanischer Verhandlungsführer war im Januar des Jahres zum Botschafter ernannt worden. Die Volksrepublik China, mit der sich die USA inzwischen in Korea in einem unerklärten Krieg befanden und die sie – übrigens im Gegensatz zu Großbritannien – völkerrechtlich gar nicht anerkannten, blieb von der Konferenz ausgeschlossen. Die UdSSR, die Tschechoslowakei und Polen nahmen zwar teil, protestierten aber ständig gegen die geplanten Bestimmungen wie die japanische Wiederaufrüstung, die anhaltende Stationierung von amerikanischen Streitkräften und den Ausschluss Chinas. Auch der chinesischen Regierung von Chiang Kai-shek, der sich mit seinen Kuomintang-Truppen nach Taiwan gerettet hatte, blieb die Teilnahme

Friedenskonferenz von San Francisco

verwehrt. Am 8. September 1951 wurde der Friedensvertrag ohne die Beteiligung Chinas und der drei kommunistischen Staaten Europas unterzeichnet. Tokyos ursprüngliche Hoffnung, durch das Abkommen nicht offen in einen Gegensatz zu den beiden großen kommunistischen Nachbarn zu geraten, erfüllte sich also nicht. Japan musste außerdem erhebliche Zugeständnisse an die USA machen, die z. T. erst in separaten Abkommen formuliert wurden: Neben der Wiederbewaffnung und der Zustimmung zu amerikanischen Truppenstationierungen leistete Tokyo dabei Verzicht auf alle nach 1895 erworbenen oder eroberten Territorien, d. h. seine ehemaligen Kolonien Taiwan, Kwantung, Korea und Mikronesien sowie die ab 1931 besetzten Gebiete Asiens. Es verpflichtete sich außerdem, Reparationen an diejenigen geschädigten Länder zu zahlen, die entsprechende Forderungen stellen würden. Ferner akzeptierte es die Bestimmungen des Abkommens von Jalta, die Abtretung Süd-Sachalins und der Kurilen. Es trat außerdem seine Verwaltungshoheit über die Amami-Inseln (bis 1953), Ogasawara (bis 1968) und Okinawa (bis 1972) an die USA ab. — *Bedingungen des Friedensvertrages*

In einer bilateralen Abmachung sagte Japan den USA schweren Herzens außerdem zu, die Regierung in Taipeh als alleinige Regierung Chinas anzuerkennen und keine Beziehungen zur Volksrepublik aufzunehmen. Letztere Verpflichtung sollte Japans Wirtschaft und Handel noch auf Jahrzehnte behindern und erst 1972 ein Ende finden, als die USA selbst Beziehungen zu Peking aufgenommen hatten. Außerdem hatten die USA ein Junktim zwischen Friedensvertrag und einem von Washington angestrebten Bündnis mit der Bezeichnung „Sicherheitsvertrag" hergestellt. Unter- und Oberhaus billigten beide Verträge, wenn auch nur mit knapper Mehrheit, die dann am 28. April 1952 in Kraft treten konnten. Bei den Oppositionsparteien und bei den Gewerkschaften stieß die Allianz allerdings auf wütende Ablehnung, die noch jahrzehntelang anhalten sollte. — *Amerikanisch-japanischer Sicherheitsvertrag*

Japan erhielt damit seine Souveränität zurück. Am gleichen Tag schloss es, ebenfalls nur widerwillig und dem Druck der USA nachgebend, einen separaten Friedensvertrag mit der Kuomintang-Regierung auf Taiwan als legitimer Vertreterin Chinas.

In Japan traf der Friedensvertrag auf breite Zustimmung, hatte das Land doch Bedingungen erhalten, von denen es in den vorangegangenen Jahren nur hatte träumen können. Die Ansichten über die von Amerika durchgesetzten Zugeständnisse waren geteilt. Dies betraf vor allem den Sicherheitsvertrag, welcher die Gewährung von Stützpunkten sowie die Wiederbewaffnung vorsah. Die „Polizeireserve", die bei ihrer Gründung eher zur Niederschlagung eines befürchteten kommunistischen Aufstandes gedacht war, sollte nach dem Abschluss des Friedensvertrages von 1952 in die Aufstellung von „Selbstverteidigungsstreitkräften" (*jieitai*) münden. Der Begriff „Militär" wird bis auf den heutigen Tag vermieden, da er dem Artikel 9 der Verfassung zuwiderlaufen würde.

Mit dem Abschluss des Friedensvertrags von San Francisco hatten die USA die Möglichkeit direkter Einwirkung in die japanische Politik aus der Hand gegeben. Allerdings waren die Weichen für Jahrzehnte im Sinne Washingtons gestellt und die enge Partnerschaft der beiden Länder auf lange Zeit gesichert. Für die in der Nachkriegsära zu beobachtenden konservativen oder gar reaktionären Tendenzen in Japans Politik, Gesellschaft und Medien, die Remilitarisierung und eine oft apologetische Geschichtssicht trifft also die USA eine entscheidende Mitverantwortung. Auch war ein Umfeld geschaffen, in dem sich Oppositionskreise aus der Vorkriegs- und Kriegszeit, personifiziert in Yoshida, zunehmend mit Vertretern der alten Ordnung verbanden. Stellvertretend dafür steht Kishi Nobusuke, einst Minister in Tojos Kriegskabinett und von 1957 bis 1960 japanischer Premierminister, der mit seiner antikommunistischen Einstellung nun auch für die USA ein akzeptabler Partner wurde. Die konservativen Parteien vereinigten sich 1955 zur Liberaldemokratischen Partei (*Jiyû Minshutô*) und regierten Japan seither mit nur kurzen Unterbrechungen. Auch zwischen den sozialistisch orientierten Parteien kam es 1955 zu einem Zusammenschluss, der Sozialistischen Partei Japans (*Nihon Shakaitô*), doch führten immer wieder aufflammende innere Kämpfe und Abspaltungen zu einer großen Schwächung.

II. Grundprobleme und Tendenzen der Forschung

Alle Verweise in eckigen Klammern beziehen sich auf Teil III „Quellen- und Literatur".

1. HISTORISCHE JAPANFORSCHUNG

a) Der Beginn westlicher und japanischer Historiografie

Zur Zeit der Landesöffnung besaß man im Westen nur äußerst beschränkte Kenntnisse von Japan und seiner Geschichte, die noch aus der Zeit des portugiesischen Einflusses, d. h. aus dem 16. und 17. Jahrhundert, und der anschließenden Kontakte mit den Niederländern bis zur Mitte des 19. Jahrhunderts stammten. Besonders verbreitet waren dabei die Schriften von Engelbert Kämpfer und Philipp Franz von Siebold, deutschen Ärzten in niederländischen Diensten, die sich Ende des 17. bzw. im frühen 19. Jahrhundert in Japan aufgehalten hatten. Die Beschäftigung mit der Geschichte begann nach der Landesöffnung auch nur sehr schleppend, da nicht wissenschaftliche, sondern geschäftliche und vielleicht noch politische Interessen den Aufenthalt der Fremden bestimmten. Allmählich aber entstand eine Japan-Literatur von Residenten, die sich aus beruflichen Gründen im Lande aufhielten, sei es als Diplomaten, Missionare, Geschäftsleute oder Lehrer, und die allmählich das Bild des Landes in aller Welt prägten. Ihre Ergebnisse veröffentlichten sie ab 1874 oft in den *Transactions of the Asiatic Society of Japan* oder den *Mitteilungen der Deutschen Gesellschaft für Natur- und Völkerkunde Ostasiens (OAG)*, d. h. in Reihen von Vereinigungen, die Angehörige verschiedener Nationen in Tokyo gegründet hatten. Einige Diplomaten, vor allem aus Großbritannien, entwickelten ein besonders starkes Interesse an Japan, einschließlich seiner Sprache und zunehmend auch seiner Geschichte, so z. B. William G. Aston (1841–1911), ab 1864 in Japan, Ernest Mason Satow (1843–1929), ab 1862 für insgesamt mehr als 25 Jahre seines Lebens im Lande, Charles Norton Edgcumbe Eliot (1862–1931), 1919–1926 als Botschafter in Tokyo, und vor allem George B. Sansom (1883–1965). Letzterer, 1904 erstmals in Tokyo, trug entscheidend dazu bei, die Grundlage für eine wissenschaftliche Japan-Historiografie zu schaffen. Naturgemäß war

Gründung wissenschaftlicher Gesellschaften durch Ausländer in Japan

Von Residenten zu Japan-Spezialisten

in dieser frühen Ära die Zeit vor der Meiji-Restauration Gegenstand der Untersuchung, so z. B. SANSOMS sehr verbreitetes Werk *Japan: a Short Cultural History*. In seinem Alterswerk *The Western World and Japan* [SANSOM 1. a] behandelte er allerdings auch die Zeit bis Ende des 19. Jahrhunderts. Schließlich war SANSOM in Washington an der alliierten Planung für die Besatzungspolitik beteiligt und wirkte als Angehöriger der Far Eastern Commission während der Okkupationszeit mit. Dann gelang ihm, anerkannt als führender Historiker auf seinem Gebiet, eine Universitätskarriere in den USA.

James Murdoch als Pionier Daneben war in der Meiji-Zeit das Wirken des aus Schottland stammenden James MURDOCH (1865–1921), der 1889–1917 mit nur einer kleinen Unterbrechung als Lehrer und Journalist in Japan arbeitete, besonders fruchtbar. Seine dreibändige *History of Japan* [MURDOCH 1.a] beschäftigt sich mit der Zeit von der Landung der Portugiesen im 16. Jahrhundert bis zur Meiji-Restauration und setzt schon allein dadurch Maßstäbe, dass sie auf Originalquellen seines Gastlandes basiert. Später legte Murdoch in Australien die Grundlage für die wissenschaftliche Beschäftigung mit Japan.

Andere angelsächsische Autoren William E. Griffith (1843–1928), amerikanischer Geistlicher und Erzieher, der sich 1870–1874 in Japan aufhielt, verfasste *The Mikado's Empire* (1872), das sich mit der Geschichte Japans bis zu den ersten Jahren der Meiji-Zeit befasst. Der Engländer Basil Hall Chamberlain, 1874–1882 als Lehrer an der japanischen Marineakademie tätig, wurde nicht nur durch Veröffentlichungen zur Sprache und Poetik, sondern auch zur Geschichte Japans und durch seine Enzyklopädie *Things Japanese* bekannt, die zahlreiche Auflagen erlebte.

Die Tätigkeit von Ludwig Rieß in Japan Für die Japaner selbst drehte sich die Geschichtsschreibung, hervorgegangen aus der *Kokugaku* und der *Mitogaku*, vorläufig noch um Staatsgründung, Kaiserhaus und Mythen, die als historische Wahrheiten gehandelt wurden, jedoch entwickelte sich parallel dazu, aus der Notwendigkeit zur Schaffung eines modernen Staates heraus, auch eine am Westen orientierte Geschichtswissenschaft. Zum Aufbau einer kritischen Historiografie wurde 1887 Ludwig Rieß (1861–1928) aus Deutschland für eine Professur an der Kaiserlichen Universität, der heutigen Universität Tokyo, angeworben, der über gute englische Sprachkenntnisse verfügte und nun Leopold von Rankes Methode und damit eine systematische Quellenkritik verbreitete. Wie in Deutschland diente die Geschichtswissenschaft der Identitätsfindung für den jungen bzw. sich neu definierenden nationalen Einheitsstaat und der Legitimation seiner Führungsschicht.

Gründung des Historiografischen Amtes Seit 1869 bestand ein von der Regierung geschaffenes Historiografisches Amt, das der Sammlung, Auswertung und Veröffentlichung historischer Dokumente dienen sollte und nach schwierigen Experimenten in der Anfangsphase 1881 mit der Arbeit an einer „Geschichte Groß-Japans" betraut und sieben Jahre später in die Universität Tokyo eingegliedert wurde. Im Jahre 1889 wurde die Gesellschaft für Geschichtswissenschaft (*Shigakukai*) gegründet, welche die *Shigakukai Zasshi* (ab 1892 *Shigaku Zasshi*) nach dem

Modell der *Historischen Zeitschrift* in Deutschland herausgab. Ab 1901 begann das Institut mit der Publikation von Quellen zur japanischen Geschichte, die bis ins 9. Jahrhundert zurückreichen und wofür man organisatorisch einige Anleihen bei den deutschen *Monumenta Germaniae Historica* machte [MEHL 1.a].

Die Politik der Regierung, nach einer in der Vergangenheit wurzelnden Legitimierung zu suchen, sicherte der japanischen Geschichte einen wichtigen Platz im Erziehungssystem. Dazu wurde auch eine Verbindung zur „Moralkunde" (*shûshin*) und zum Shinto-Glauben geschaffen, besonders nach 1890, als eine konservative Bewegung gegen eine allzu unkritische Akzeptanz westlicher Ideen und Gewohnheiten einsetzte. Das Dilemma zwischen Objektivität und Staatspropaganda führte 1891 unvermeidlich zum Zusammenprall der alten und der neuen Geschichtswissenschaft. Kume Kunitake (1839–1931), der ersten „deutsch" ausgebildeten Historikergeneration angehörig und ab 1879 Mitglied im Historiografischen Amt, ab 1888 Professor an der Universität Tokyo und bekannt als Chronist der Iwakura-Mission, kritisierte in einem wissenschaftlichen Aufsatz den Shintoismus als reformbedürftig, wenn man ihn für den Aufbau einer modernen Nation nutzen wolle. Er und ein anderer Kollege verloren ihre Posten und die Geschichtswissenschaft wie die akademische Freiheit insgesamt erlitten einen Rückschlag. Das in Angriff genommene große Werk zur japanischen Geschichte wurde eingestellt und blieb ein Torso. Das – mehrmals umbenannte – Historiografische Institut diente künftig nur noch der Sammlung und Veröffentlichung von Geschichtsquellen, nicht aber deren Interpretation. Kume selbst lehrte später an der Waseda-Universität, die für ihren regierungskritischen Geist bekannt war [MAYO 1.a; MEHL 1.a: 210–226].

Differenzen zwischen konservativer und liberaler Geschichtswissenschaft

Das Verhältnis zwischen Politik und Geschichtsschreibung sollte bis auf den heutigen Tag in Japan problematisch bleiben. Insbesondere bestand das Dilemma zwischen staatstragender Historiografie und unabhängiger kritischer Sichtweise weiter. Man brauchte die ganze Meiji-Zeit, um die moderne Tenno-Institution zu etablieren und in den Köpfen der Bevölkerung zu verankern. Die dabei entwickelten ideologischen Begriffe wie z. B. *kokutai* blieben bis 1945 gültig [GLUCK 1.a; FUJITANI 1.a]. Dieses Ziel musste mit der Übernahme westlichen Gedankenguts vereinbart werden, wie durch die „Erleuchtungs-"Kampagne der Regierung propagiert und von Intellektuellen wie Fukuzawa Yukichi, dem Gründer der renommierten privaten Keio-Universität, unterstützt. Diese Aktivisten waren keine Fachhistoriker, sondern eher Journalisten und Kulturpolitiker, für die westliche Ideale weitgehend universale Gültigkeit besaßen. Die Propagierung der Staatsideologie unter der Bevölkerung wurde seit den 1930er Jahren noch so verschärft, dass man von „Einbläuen" sprechen muss. Gleichzeitig wurde die wissenschaftliche Freiheit stark eingeschränkt und 1937 wurde die verbindliche Leitschrift *Kokutai no hongi* (Grundlagen der nationalen Wesensart) [HALL/GAUNTLETT, 1.a] vom Erziehungsministerium herausgegeben.

Verbreitung der Mythologie

Einfluss westlicher Aufklärung

Reaktionäre Tendenzen in den 1930ern

Nach dem Ersten Weltkrieg herrschte aber zunächst eine bis dahin nicht gekannte Freiheit in der Historiografie. Dabei fand auch die marxistische Geschichtsinterpretation Eingang in Japan, gewann starken Anhang, besonders an den Universitäten, und verstärkte die Beschäftigung mit Wirtschafts- und Sozialgeschichte. Dabei hob man im Gegensatz zu früher nicht die Erfolge der sich modernisierenden Nation hervor, sondern es wurden zunehmend der Gegensatz zwischen Regierung und Volk sowie die Unvollkommenheit der gesellschaftlichen Ordnung betont. Einer der bekanntesten marxistischen Wissenschaftler war Kawakami Hajime, Professor an der Universität Kyoto, der 1928 seinen Lehrstuhl aufgab, um sich politisch zu betätigen, und die Arbeiter-Bauern-Partei (*Rônôtô*) gründete. Zu seinen Schülern gehörte auch der spätere, langjährige Premierminister Konoe Fumimaro [BERNSTEIN 5.c].

Nun wurde auch der Wandel von 1867/68 einer Neuinterpretation unterzogen. In Japan herrscht als Bezeichnung für diese große Umwälzung der Begriff *ishin*, den man mit „Renovation" übersetzen könnte. Zwar wird in der westlichen Geschichtsschreibung mitunter auch von einer Revolution gesprochen wie bei AKAMATSU, HAROOTUNIAN und LEHMANN [alle 3.a; dazu auch SAALER 3.a; NAGAI/URRUTIA 3.a], doch wird meist die Bezeichnung Restauration bevorzugt. Umstritten ist vor allem der Charakter der Umwälzungen, welche die zwischen den beiden Weltkriegen – und dann wieder nach 1945 – einflussreiche marxistische Schule spaltete: Handelte es sich um eine gelungene oder um eine gescheiterte bürgerliche Revolution? Diese Frage war keine rein intellektuelle Spielerei, sondern sollte über die einzuschlagende politische Taktik entscheiden: Gemäß den von der Komintern 1927 vorgegebenen und von der Kommunistischen Partei Japans (KPJ) gläubig akzeptierten Thesen hätte auf eine erfolgreiche bürgerliche eine sozialistische Revolution folgen müssen; im Falle einer gescheiterten Revolution und damit weiter bestehenden Feudalordnung müsste man dagegen zunächst eine bürgerliche Revolution anstreben, die – so die marxistische Lehrmeinung und angeblich von der sowjetischen Entwicklung bestätigt – als Zwischenstufe dem sozialistischen Sieg vorauszugehen hätte. Stalin, der die KPJ zu unbedingtem Gehorsam zu zwingen suchte, erlaubte keine abweichende Interpretation. Die linksgerichteten Aktivisten der Arbeiter-Bauern-Faktion (*rônô-ha*), von ihren Gegnern auch als „Trotzkisten" bezeichnet, da sie den Leninismus als universal gültige Ideologie für sozialistische Revolutionen ablehnten, betrachteten die bürgerliche Revolution von 1868 als „unzureichend", da sie feudale Reste bewahrt habe, hielten sie letztlich aber doch für gelungen, da sich nach ihrer Ansicht bis zu den 1920er Jahren Monopolkapitalismus und imperialistisch eingestellte Bourgeoisie durchgesetzt hätten. Dieser Flügel, der sich 1927 von der KPJ trennte, forderte daher eine unmittelbare proletarische Revolution statt des Zwei-Stufen-Modells.

Dagegen ging die Lehrfaktion (*kôza-ha*) von einem Scheitern des Bürgertums aus und betrachtete Japan weiterhin als feudale Gesellschaft, da der

Spaltung der
Marxisten

Kapitalismus die agrarische Ordnung noch nicht erreicht habe und Kaiser-
institution, Adel, Bürokratie, Großgrundbesitz und Militärcliquen weiterhin
großen Einfluss ausüben würden [HOSTON 1.a]. In der KPJ obsiegte 1932
diese Interpretation, die auf Anweisung der Komintern schon in ähnlicher
Form fünf Jahre zuvor als verbindlich ausgegeben worden war. Als Schlussfolgerung sollte also eine Revolution in zwei Stufen angestrebt werden,
zunächst eine bürgerliche und dann eine sozialistische [FUKUZAWA 1.a:
101–118; HOSTON 1.a: 221–272].   *Einmischung der Komintern*

Einflussreiche Historiker wie Hani Goro und Hattori Shiso wandten die
marxistische Auffassung von den notwendigerweise aufeinanderfolgenden
Entwicklungsstufen auch auf die Geschichtswissenschaft an. Ihr Kreis, der
schnell Anhänger fand, gründete 1932 die Studiengesellschaft für Geschichtswissenschaft (*Rekishigaku Kenkyûkai*), die schon vom nächsten Jahr an die
eigene Zeitschrift *Rekishigaku kenkyû* herausgab und sich als Gegenmodell
zu der von der Universität Tokyo dominierten konservativen *Shigakukai*
verstand [NAGAHARA 1.a: 88–123; HOSTON 1.a]. Schon wenige Jahre später
aber wurde die marxistische Schule bis zum Ende des Zweiten Weltkriegs
rigoros unterdrückt und die Regierung gab die Interpretation der japanischen
Geschichte als diejenige des göttlichen Tenno-Staates weitgehend vor. Damit
verstummte vorläufig die Debatte über den Charakter der anzustrebenden
Revolution.   *Marxistische Historiker organisieren sich*

b) Die Förderung der angelsächsischen Japan-Historiografie durch den Zweiten Weltkrieg

Während des Zweiten Weltkrieges wurde in den USA die Zahl von Japan-
Spezialisten, ebenso wie in Großbritannien, planmäßig ausgeweitet. Beide
Länder hatten in den vorangegangenen Jahrzehnten bereits Offiziere zum
Sprachstudium nach Tokyo entsandt und nach Kriegsausbruch genoss diese
Ausbildung höchste Priorität, um zügig einen großen Kreis von Fachleuten
aufzubauen. Armee und Marine richteten dazu Intensivkurse ein, die von
Akademikern wie Edwin O. REISCHAUER und Hugh BORTON durchgeführt
wurden, unterstützt von Amerikanern japanischer Herkunft. Der Unterricht
fand meist auf dem Campus einer Universität statt [STRAUS 1.b: 89–115;
KEENE 1.b: 31–58; JANSEN 1.b: 32–41; LOUREIRO 1.b; DINGMAN 1.b; CENTER
FOR JAPANESE STUDIES 1.b]. Ähnliche Programme führte auch Großbritan-
nien durch, und zwar an der Universität London, wenn auch in geringerem
Umfang [OBA 1.b]. Benötigt wurden aber nicht nur Dolmetscher und Sprach-
lehrer, sondern auch Fachleute für die verschiedensten Planungsaufgaben. Es
war nach den Missionarskindern wie John W. HALL, E. Herbert NORMAN,
Donald H. SHIVELY und Edwin O. REISCHAUER, während Hugh BORTON als
Quaker in Tokyo unterrichtet hatte, praktisch die zweite Generation von   *Sprachkurse des Militärs*

Japan-Spezialisten, die nun aus den Trainingsprogrammen des Militärs hervorging.

Auch an der Planung amerikanischer Regierungsstellen für die Besatzungszeit in Japan nach dessen zu erwartender Niederlage waren REISCHAUER und BORTON beteiligt [REISCHAUER 1.b: XIII; BORTON 1.b: 16 f.; JANSSENS 7.a]. Der Brite Sir George SANSOM und der Kanadier Herbert E. NORMAN sollten

Japanspezialisten und Besatzungsplanung

sie bald dabei unterstützen. Wie diese glaubte Ruth BENEDICT, Ethnologin und keine Japanexpertin, aber bekannt für ihre antirassistische, liberale und tolerante Haltung, die im Auftrag des Office of War Information eine Studie über die Japaner erstellte, damit einen Bestseller schrieb und sehr einflussreich wurde, an die Wandlungsfähigkeit der Japaner zum Besseren und billigte ihnen zwei Seiten zu: gleichzeitig negative wie positive. Ihr revidiertes Manuskript wurde 1946 zum ersten Mal in Buchform gedruckt [BENEDICT 1.b] und diente als eine Art Kulturführer für die Besatzungstruppen. Benedict sah in der japanischen Kultur eine „Gesellschaft der Scham", in der im Unterschied zur westlichen Sozialordnung vor allem vertikale Beziehungen dominierten, also vormoderne Strukturen. Die Autorin konkurrierte mit den negativen Japan-Bildern wie sie von Journalisten der Kriegszeit verbreitet wurden [BYAS 1.b; TOLISCHUS 1.b]. Aus dem rechten Lager in den USA wurde sie daher stark angefeindet. In Japan stieß ihr Buch, das schon früh übersetzt erschien, auf viel Kritik, u. a. weil sie nur eine einzige Gesellschaftsschicht untersucht habe, die der alten Samurai-Klasse, daher eher die Feudalzeit als die Gegenwart behandele und zudem über keinerlei Erfahrungen im Lande verfüge [RYANG 1.b: 47–72].

Durch die nun von Regierungsseite geförderte Beschäftigung mit dem Fernen Osten entstand in den USA – und in geringerem Maße auch in Großbritannien – eine breite Japanwissenschaft, die aus dem Nischendasein der Vorkriegszeit heraustrat, als Spezialisten wie REISCHAUER und BORTON nach 1945 aus dem Dienst im Militär an ihre Hochschulen zurückkehrten und

Die im Militär ausgebildeten Japanwissenschaftler in der Nachkriegszeit

viele der in den Streitkräften trainierten jungen Leute sich ihr widmeten. Besonders an der Universität Harvard entstand ein großes Ostasien-Zentrum unter John FAIRBANK, Edwin O. REISCHAUER und Albert CRAIG, die auch gemeinsame Standardwerke erstellten. Historiker und Politikwissenschaftler wie William Theodore DE BARY, Hans BAERWALD, Sidney D. BROWN, Grant K. GOODMAN, Marius B. JANSEN, James W. MORLEY, Theodore MCNELLY, Robert A. SCALAPINO, Robert SCHWANTES, Thomas C. SMITH und George O. TOTTEN, die meist ihre Dissertationen in den späten vierziger bzw. frühen fünfziger Jahren abschlossen, waren aus den Trainingsschulen der Kriegsjahre hervorgegangen.

Auf japanisches Recht einschließlich Verfassungsfragen spezialisierte sich aus ihren Reihen Dan Fenno Henderson, auf Erziehungsfragen Herbert PASSIN und auf Literaturwissenschaft Donald KEENE, der sich aber z. B. auch mit der Geschichte des Meiji-Tenno befasste [KEENE 3.b]. Die Historiker widmeten sich vor allem der späten Tokugawa- und der frühen Meiji-

Zeit, oft durch Biografien prominenter Persönlichkeiten, die an der Modernisierung beteiligt waren [JANSEN 3.a; BROWN 3.b].

Diese konservativen Autoren standen im Gegensatz zu marxistisch beeinflussten Wissenschaftlern wie E. Herbert NORMAN und Hugh BORTON und betonten die positiven Aspekte der japanischen Geschichte bis zum Ende des 19. Jahrhunderts, die Vorbild für eine Wiedergeburt werden könnten. Auch wenn NORMANS Ansichten von ihnen nicht akzeptiert wurden, so waren doch seine Werke während und unmittelbar nach dem Zweiten Weltkrieg Ausgangspunkt für die Diskussion um die Meiji-Restauration. Spaltung in marxistisch beeinflusste und konservative Japanhistoriker

Ähnlich blieben viele während des Krieges in Großbritannien ausgebildete Spezialisten ihr Leben lang der Beschäftigung mit Japan verhaftet, so die Wissenschaftler Louis ALLEN, Ian NISH und Ronald P. DORE sowie der Diplomat Hugh CORTAZZI, der sich auch durch Schriften zur Geschichte profilierte. Der englische Historiker William G. BEASLEY ist ebenfalls zu nennen, der zwar seine Sprachausbildung hauptsächlich an der Schule der US-Marine erhalten hatte, später aber als Dolmetscher im Dienste seines Landes stand und während der Besatzungszeit der britischen Mission in Tokyo angehörte. Sein Landsmann Richard STORRY, der 1937–1940 an einer japanischen Hochschule als Lehrer für Wirtschaftswissenschaften tätig war, diente ebenfalls als Spezialist und Dolmetscher zur Befragung von Gefangenen in der britischen Armee. Vor allem er, der mit der ersten westlichen Überblickdarstellung über die Geschichte des modernen Japan einen Klassiker verfasste, war es, der nach dem Krieg in Großbritannien eine Japan-Historiografie mit der Universität Oxford als Zentrum aufbaute. Die britische Kriegsgeneration als Wissenschaftler

In der unmittelbaren Vorkriegszeit entstanden in den USA auch Spezialzeitschriften, die sich mit Ostasien beschäftigten und die bis heute bestehen. Dazu gehörte 1941 die *Far Eastern Quarterly* (ab 1956 *Journal of Asian Studies*), ein unabhängiges Periodikum der kurz zuvor gegründeten Far Eastern Association (ab 1956 Association of Asian Studies), die bald darauf auch die *Bibliography of Asian Studies* herausgab. Die Zeitschrift ist zwar interdisziplinär angelegt, doch dominieren unter den Autoren eindeutig die Historiker. Es ist bezeichnend, dass drei Veteranen der Kriegszeit, die an der Nachkriegsplanung beteiligt waren, Präsidenten der Gesellschaft wurden: REISCHAUER, BORTON und William LOCKWOOD. Gründung von Fachzeitschriften

c) Die japanische Geschichtsschreibung der frühen Nachkriegszeit

Die unterdrückte marxistische Historiografie erstand nach dem Zweiten Weltkrieg sofort wieder, sollte viele Jahre lang die Geschichtsschreibung des Landes dominieren und stieß bei der unruhigen Studentenschaft auf bereitwillige Aufnahme. Dieser Strömung kam die Anweisung der Besatzungsmacht an das Erziehungsministerium entgegen, an den Universitäten und Schulen Professoren und Lehrer wieder einzustellen, die zuvor wegen libe-

raler, antimilitaristischer oder gar „gefährlicher Gedanken" aus dem Dienst
entlassen worden waren [NISHI 1.c: 169 f.]. Unter den von den Amerikanern
aus den Gefängnissen Befreiten befand sich auch eine Reihe Historiker, so vor
allem prominente Mitglieder der linksgerichteten *Rekishigaku Kenkyukai* wie
Hani Goro. Sie belebten ihren Verband mitsamt ihrer Zeitschrift neu, wurden
über zehn Jahre lang zu der dominierenden Gruppierung und bezogen die
Sozialwissenschaft in ihre Forschung mit ein.

Wiedererstehung der marxistischen Wissenschaft

Hani selbst wurde 1947 ins Oberhaus gewählt und forderte mit Nachdruck
die Abschaffung der Monarchie: Nur eine Republik könne zum Weltfrieden
beitragen, denn alle japanischen Kriegsverbrechen seien im Namen des Kaisers begangen worden [YOSHIDA 1.c: 54 f.]. Historiker wie er und Hattori
Shiso aus der Vorkriegsgeneration sowie stark von ihnen beeinflusste jüngere
Wissenschaftler wie INOUE Kiyoshi und TOYAMA Shigeki, die der KPJ-nahen
Koza-Faktion zuzurechnen waren, feierten die amerikanischen Reformen als
nachgeholte bürgerliche Revolution. Die Rono-Faktion mit ihrer Ansicht von
einer gelungenen bürgerlichen Revolution hingegen war nach 1945 wenig
einflussreich. Viele ihrer Anhänger sollten schließlich in der Sozialistischen
Partei eine politische Heimat finden [HOSTON 1.c: 422–430].

Fortsetzung der ideologischen Spaltung

Marxistische Historiker sahen in der Geschichtsschreibung ein Instrument,
um die kulturellen Voraussetzungen für eine sozialistische Revolution zu
schaffen. Große Aufmerksamkeit wurde der „Geschichte des Volkes" gewidmet, d. h. ehemals unterdrückten Schichten wie den Arbeitern, der Landbevölkerung, den Frauen und der Klasse der Ausgestoßenen. Auch die Forschung zur „Bewegung von Freiheit und Volksrechten" der Meiji-Zeit und
zur Entwicklung des japanischen Kapitalismus erlebte eine Blüte [GAYLE 1.c;
NAGAHARA 1.a: 140–168]. Mit dem *reverse course* der Besatzungspolitik nahm
diese Richtung auf Dauer antiamerikanische und antikapitalistische Züge an,
verherrlichte bald die chinesische Revolution Mao Tse-tungs und bekämpfte
gewissermaßen als Oppositionsbewegung die konservative Staats- und Wirt-
schaftsführung, der unterstellt wurde, die reaktionären Vorkriegsstrukturen
mitsamt personeller Zusammensetzung unter demokratischem Mäntelchen
fortzusetzen. Ihren größten Erfolg errangen die Marxisten wohl dadurch,
dass sie die radikale Studentenbewegung der sechziger und siebziger Jahre
inspirierten.

Antiamerikanismus der Marxisten

d) EIN SONDERFALL IM WESTEN: E. HERBERT NORMAN UND SEINE BEDEUTUNG

Egerton Herbert NORMAN (1909–1957) wurde als Sohn eines kanadischen
Missionarsehepaars in Japans ländlicher Präfektur Nagano geboren und
wuchs unter Kindern verarmter Bauern auf. Er befand sich damit in einem
völlig anderen Umfeld als der ebenfalls aus einer Missionarsfamilie stam-
mende Edwin O. REISCHAUER, dessen Eltern sich dem Aufbau einer Univer-

Normans Familien-hintergrund

sität in Tokyo verschrieben hatten und fast nur Umgang mit der japanischen Oberschicht pflegten, und der in ähnliche Verhältnisse in Kyoto hineingeborene John W. HALL, der übrigens während des Zweiten Weltkriegs in der Aufklärungsabteilung der US-Marine tätig war. NORMAN, der sich auf Werke in japanischer Sprache stützen konnte und stark von der marxistischen Geschichtsschreibung der Zwischenkriegszeit beeinflusst war, fragte nach den strukturbedingten Ursachen für Japans Weg in die Katastrophe [NORMAN, Emergence 1.d; DERS., Soldier 1.d]. Er machte zum großen Teil das Elend der Landbevölkerung für das Erstarken des Militarismus verantwortlich: Sobald das Tokugawa-Regime beseitigt worden sei, habe die politische Führung auf einen Zentralstaat mit wirtschaftlichem und militärischem Aufbau hingesteuert, der die Wohlfahrt des Volkes ignoriert und unvermeidlich zu Krieg und Imperialismus geführt habe. Wie die japanischen Historiker, auf die er sich stützte, war für ihn die Restauration eine konterrevolutionäre Bewegung, die eine volle bürgerliche Revolution verhindert und Japan eine sich zunehmend militarisierende und absolutistische Staatsstruktur aufgezwungen habe. Langfristig betrachtet habe die Bevölkerung für die Restauration einen hohen Preis in Form von Repression im Innern und Aggression nach außen bezahlt.

Seit 1939 befand sich NORMAN im diplomatischen Dienst Kanadas, nahm an der Planung für die Besatzungszeit teil und wirkte nach 1945 an der Okkupationsverwaltung in Japan mit. Er unterstützte begeistert MacArthurs frühe Reformen und war umgekehrt auch der amerikanischen Besatzungsmacht genehm, die zu der Zeit gegen noch vorhandene feudale Strukturen vorgehen zu müssen glaubte. In Historikerkreisen Japans fanden seine Werke, als sie dort in Übersetzung erschienen, großen Beifall, war er doch von den jetzt wieder dominierenden Marxisten beeinflusst. NORMAN fiel aber in den USA bald in Ungnade, als er sich zunehmend kritischer über den *reverse course* äußerte, durch den die antikommunistisch eingestellten Konservativen gestärkt und die Reformen verwässert wurden [BOWEN, Norman 1.d: 60]. Durch den Kalten Krieg geriet er nicht nur ins politische, sondern auch ins wissenschaftliche Abseits. Ähnlich erging es Thomas A. BISSON, der einst in MacArthurs Stab an der Auflösung der Zaibatsu mitgewirkt hatte [BISSON 1.d; DERS. 7.b], 1947 aber enttäuscht aus Japan zurückkehrte und 1953 auch seinen Posten an der University of California verlor, nachdem er die Anhörungsverfahren McCarthys durchlaufen hatte [SCHONBERGER 8.a: 90–110]. Chinaexperten wie Owen Lattimore und John Service erging es ganz ähnlich.

Die diplomatischen Positionen, die NORMAN ab 1953 bekleidete, hatten keinerlei Bezug zu Japan mehr. Inzwischen war er als angeblicher [so BOWEN, Innocence 1.d; DERS., Norman 1.d] oder echter [BARROS 1.d] kommunistischer Spion aus den USA massiv angefeindet worden. Da es in den westlichen Ländern bald nur noch eine konservative Geschichtsschreibung über Japan gab, wurde er nicht nur politisch zur Zielscheibe von Führern antikommunistischer Kampagnen, sondern wurde auch von zahlreichen amerikanischen

Auf Norman wirkende Einflüsse

Normans Karriere

Reverse course auch in der Geschichtswissenschaft

Norman im Abseits

Historikern abgelehnt [z. B. AKITA 1.d]. Sein Werk geriet für Jahrzehnte in Vergessenheit, sollte später aber eine Renaissance erleben. Im Jahr 1957 hatte NORMAN jedoch Selbstmord begangen. Als kanadischer Botschafter in Ägypten war er in der aufgeheizten Atmosphäre der Suez-Krise wieder zum Ziel konservativer Angriffe aus den USA geworden.

e) DER WEG ZU EINER KONSERVATIVEN GESCHICHTSSCHREIBUNG IN JAPAN

Nachdem sich die Besatzungsmacht anfangs darauf beschränkt hatte, missliebige Stellen in Lehrbüchern durch Tusche streichen oder wegschneiden zu lassen und in einigen Fällen auch alte Werke einstampfte, untersagte sie den Geschichtsunterricht an den Schulen von Anfang 1946 bis zum Herbst des

Besatzungspolitik und Schulunterricht

Jahres ganz [NISHI 1.c: 180–183]. In dieser Zeit stellte das General Headquarter selbst eine „Geschichte des Pazifischen Krieges" zusammen und verteilte 50 000 Exemplare an Elementar- und Mittelschulen [NISHI 1.c: 166]. Es nahm aber an dem inzwischen durch das Erziehungsministerium, in dem weiterhin die alte konservative Beamtenschaft dominierte, erstellten neuen Lehrbuch

Neues Unterrichtsmaterial

Der Weg der Nation (*Kuni no ayumi*) erstaunlich wenig Eingriffe vor. Das GHQ hatte lediglich einige Vorgaben gemacht, z. B. die Propagierung von Shintoismus, Ultranationalismus und Militarismus zu vermeiden. Beachtung verdient dabei, dass der später noch vorzustellende IENAGA Saburo zu den Autoren des nun offiziellen Lehrbuches gehörte [CAIGER 1.e: 8–16]. Das Werk verherrlichte zwar den japanischen Nationalstaat nicht mehr und der Krieg wurde als schwerer Fehler bezeichnet, aber Kritiker, besonders aus den Reihen der *Rekishigaku Kenkyukai* sahen darin immer noch alte autoritäre Ideen enthalten, da ein Tenno-zentrisches Geschichtsbild vermittelt, der japanische Imperialismus heruntergespielt und Klassenkonflikte ignoriert würden [BROWNLEE 1.e: 205 f.; CONRAD 1.c: 206].

In Japan begann die Debatte um Kriegsschuld und -verbrechen unmittelbar nach der Niederlage, also mehr als ein Jahrzehnt früher als in Deutschland, führte zu einem viel tieferen Bruch mit der Geschichtsschreibung der vorherigen Epoche und politisierte die Historikerzunft bis auf den heutigen Tag

Polarisierung der Historiker

zutiefst. Dabei gerieten auch Wissenschaftler in die Kritik, die vor 1945 einen gewissen Mut bewiesen hatten wie Tsuda Sokichi. Seine Ablehnung der mythologischen Überhöhung des Kaiserhauses hatte ihn 1940 seinen Lehrstuhl an der Waseda-Universität gekostet und ihm die Verurteilung zu einer Gefängnisstrafe eingebracht, doch war er in einem Berufungsverfahren schließlich freigesprochen worden. Nach dem Kriege wurde er trotz seines Märtyrerimages zur Zielscheibe von Angriffen der marxistischen Schule, da er die Beibehaltung der Monarchie prinzipiell befürwortete [BROWNLEE 1.e: 186–200; NAGAHARA 1.a: 129–132; J. JOOS, Memories of a Liberal, Liberalism of Memory, in: SAALER/SCHWENTKER 1.i: 291–310].

Die marxistischen Historiker sahen ebenso wie die Amerikaner in der alten Sozialordnung die Hauptursache für den Krieg, vertreten durch die Machtgruppen Militär, konservative Politiker, Zaibatsu, Großgrundbesitzer und Bürokraten. Im Gegensatz zu den USA aber betrachteten die meisten japanischen Marxisten auch den Kaiserhof als kriegsstrebende Kraft, den die Besatzungsmacht aus politischer Raison schonte, und forderten daher die Abschaffung der Monarchie. Sie brachten daher nicht nur die Vorkriegs- und Kriegszeit, sondern die gesamte moderne Geschichte Japans auf den Prüfstand. Inspiriert von Karl Marx und Max Weber entstand eine breite sozialwissenschaftlich orientierte Geschichtsschreibung [HOSTON 1.a; CONRAD 1.c; KREBS 1.c]. Dabei sah man den Weg zu „Faschismus" und Krieg schon in der vom Kapitalismus geprägten Modernisierungsphase angelegt. Für die Marxisten war der Pazifische Krieg daher nicht einfach ein Konflikt zwischen Nationalstaaten oder ideologischen Lagern – liberal und faschistisch –, sondern eine Krise des Kapitalismus, der seines Charakters wegen automatisch zum Krieg habe führen müssen, insbesondere gegen China mit der durch Mao Tse-tung verkörperten Herrschaft des Volkes.

Marxistische Sicht und Besatzungsmacht

Mit dem *reverse course* setzte auch in der Geschichtsschreibung eine erste Veränderung ein, in deren Gefolge japanische und amerikanische Wissenschaftler zunehmend auseinander drifteten. Die noch dominierenden „Progressiven" Japans sahen die Niederlage von 1945 immer weniger als Befreiung an, sondern als Beginn der feindlichen Besatzung, und agierten von da an nicht mehr als jubelnde Kommentatoren der vor ihren Augen ablaufenden Reformen, sondern als scharfe Kritiker der zunehmend konservativen oder gar reaktionären Tendenzen in der Politik. Künftig, besonders seit dem von den „imperialistischen" Vereinigten Staaten geführten Koreakrieg, betätigten sie sich jahrzehntelang als unversöhnliche Oppositionsbewegung, sowohl gegen die eigene Regierung als auch gegen die USA. Immer stärker erhoben aber auch Japaner des rechten Spektrums, vorerst noch vereinzelt und zaghaft, ihre Stimme gegen die amerikanische Geschichtsicht. Sie waren nicht bereit, Japans Alleinschuld am Krieg gegen China und die Westmächte einzugestehen, sondern führten diese Auseinandersetzung auf die starre und verständnislose Politik der Westmächte in der Vorkriegszeit zurück sowie auf die gewaltsame Öffnung ihres Landes im 19. Jahrhundert, woraus eine Art „Hundertjähriger Krieg" entstanden sei. Ungeniert verwendeten diese Autoren nach Wiedererlangung der japanischen Souveränität den bis dahin tabuisierten Begriff „Großostasiatischer Krieg", mit dem seinerzeit die Befreiung Asiens als Ziel propagiert worden war, statt der von den Amerikanern verordneten Bezeichnung „Pazifischer Krieg" [NAGAHARA 1.a: 203; CONRAD 1. c: 204).

Kalter Krieg und japanische Geschichtswissenschaft

Erstarken der Konservativen nach Wiedererlangung der Souveränität

So benannte sich eine vierbändige Serie im Jahr nach der Wiedererlangung der japanischen Souveränität bezeichnenderweise *Vollständige Geschichte des Großostasiatischen Krieges* und gewährte dem China-Krieg im Gegensatz zur marxistischen Geschichtsschreibung nur wenig Raum, dem Konflikt mit den

USA hingegen fast 80 %. Der Autor Hattori Takushiro, ehemals Oberst im japanischen Generalstab, hatte für die amerikanische Besatzungsmacht diese Untersuchungen durchgeführt und dabei Zugang zu umfangreichem Quellenmaterial erhalten. Die meisten Autoren aber hatten weniger privilegierten Zugang zu den Quellen, sodass sie für lange Zeit auf die Akten des Internationalen Militärtribunals von Tokyo als wichtigste Grundlage für die Geschichtsforschung über die Jahre 1931–1945 angewiesen waren. Die konservative Reaktion auf die scharfen Angriffe der marxistischen Schule gegen das japanische „Establishment" verstärkte sich ab Mitte der fünfziger Jahre und sollte langfristig erheblich an Boden gewinnen. Prominenteste Vertreter der Konservativen waren zunächst keine Fachhistoriker, sondern die Schriftsteller Kamei Katsuichiro und Hayashi Fusao, die ihre Stimme in so verbreiteten Monatszeitschriften wie *Chûô Kôron* und *Bungei Shunjû* erhoben. Sie fühlten sich vor allem durch ein kleines Buch aus dem Iwanami-Verlag mit dem bescheidenen Titel *Geschichte der Showa-Zeit* (*Shôwashi*) provoziert, gemeinsam verfasst von den drei marxistischen Historikern TOYAMA Shigeki, Imai Seiichi und Fujiwara Akira, das schnell zu einem Bestseller geworden war und in revidierter Form immer wieder nachgedruckt wurde. Es vertrat ein Geschichtsbild, wie es seit den frühen Besatzungsjahren und dem Tokyoter Militärprozess auch von den USA verbreitet worden war: Krieg und Unterdrückung waren von der politisch-militärischen Staatsführung insgesamt durch „Konspiration" verschuldet worden. Daneben aber wurden in dem Werk auch der Kapitalismus insgesamt und damit auch die neue Herrschaftsschicht angeprangert [NAGAHARA 1.a: 169–173].

Kamei, der übrigens – ebenso wie Hayashi – wegen kommunistischer Aktivitäten in den Vorkriegsjahren eine Zeit lang im Gefängnis verbracht hatte, war anschließend zum nationalistischen Lager „konvertiert". Ihm geistig verwandte Autoren des rechten Lagers warfen den Marxisten eine plumpe Schwarzweißmalerei vor, mit der eine „Geschichte ohne Menschen" geschrieben worden sei, da keine Verantwortlichen für die angeblich verfehlte Entwicklung benannt, sondern nur pauschal die „herrschende Klasse" und deren Kampf gegen die „unterdrückte Klasse" angeprangert würden. Kamei, den man in Japan der „Romantischen Schule" zurechnet, war der Überzeugung, die negativen Auswirkungen der Modernisierung müssten überwunden werden durch eine Rückbesinnung auf den Geist des Kaiserreiches als „Revolte" gegen den Westen [DOAK 1.e: 78–106]. Hayashi veröffentlichte 1964 seine *Rechtfertigung des Groß-Ostasiatischen Krieges* (*Dai-Tô-A sensô kôteiron*). Er belebte die These von Japans Kampf zur Befreiung Asiens von westlichem Imperialismus, die auch erreicht worden sei, wieder und sprach auch die radikalsten Nationalisten von Schuld frei [DOAK 1.e: 107–109, 137–139].

Mit steigendem Wohlstand in Japan geriet nicht nur die KPJ in eine Krise, sondern auch die marxistische Historiografie, die sich sogar zu einer gewissen Selbstkritik veranlasst sah [TÔYAMA 1.e]. Eine stark revidierte Ausgabe der

Anfänge der Militär-
geschichtsschreibung

Kontroverse um die
„Showa-Geschichte"

Die angebliche
Befreiung Asiens
durch Japan

nun weniger dogmatischen *Shôwashi* war die Folge. Auch in marxistischen Kreisen wurde eine größere Interpretationsbreite erkennbar, nachdem Chruschtschow 1956 auf dem 20. Parteitag der KPdSU vernichtende Kritik an Stalin geübt und die marxistischen Historiker in ihrer ideologischen Standhaftigkeit erschüttert hatte, sodass bald kein Dogma mehr als unumstößlich galt. Ende der fünfziger Jahre ging daher die Dominanz der Kôza-Faktion in der marxistischen Geschichtsinterpretation zu Ende [NAGAHARA 1.a: 173]. Selbstzweifel der Marxisten

Der Kalte Krieg in der japanischen Geschichtsinterpretation verschärfte sich noch durch die aufgeheizte Stimmung während der Revision des amerikanischen Sicherheitsvertrags 1960. Zu dieser Zeit arbeitete eine Gruppe konservativer junger Historiker unter der Leitung von Tsunoda Jun, dem damaligen Direktor der Parlamentsbibliothek, an einem Sammelwerk zur Vorgeschichte des Pazifischen Krieges und erhielt dazu von offizieller Seite finanzielle Unterstützung und Zugang zu bis dahin verschlossenen Akten, vor allem zu denen des Außenministeriums und der Streitkräfte sowie zu privaten Papieren. Damit begann eine dokumentarisch gestützte Geschichtsschreibung, die ab 1962 als *Weg in den Pazifischen Krieg (Taiheiyô sensô e no michi)* in 7 Bänden und einem Dokumentenband publiziert wurde und leicht gekürzt später auch in englischer Übersetzung erschien [MORLEY 6.b; 6. c; 6. d; Choice 6.e; Confrontation 6.e]. Die über die Jahrzehnte verfolgte japanische Expansionspolitik wurde dabei nicht geleugnet und z. B. auch die Schuld zentraler Heeresstellen am Mandschureikonflikt oder die aggressive Haltung der Marine herausgearbeitet, aber insgesamt wurde Japan kein gezielter Plan für groß angelegte Eroberungen unterstellt. Japan erscheint auch nicht als Alleinschuldiger am Ausbruch des Krieges, sondern die USA hätten mit ihrer Politik erheblich mit dazu beigetragen. Konservativer Meilenstein: *Der Weg in den Pazifischen Krieg*

Die Serie stieß auf eine geradezu wütende Ablehnung der marxistischen Schule, die zwar die Pionierleistung ihrer konservativen Gegner bei der Auswertung von Quellen durchaus anerkannte, aber das Werk als eindeutig apologetisch kritisierte, insbesondere bezüglich der gegen China gerichteten Aggression. Angeprangert wurden auch die deklarierte Absicht, das Urteil des Tokyoter Kriegverbrecherprozesses zu widerlegen, und die Beschränkung auf Diplomatie- und Militärgeschichte [KREBS 1.c: 12–15]. Der durch diese Pionierarbeit nun auch für andere Wissenschaftler erleichterte Zugang zu den Dokumenten führte zu einer Belebung der Geschichtswissenschaft in den unterschiedlichen Lagern. Erwartungsgemäß blieb die progressive Richtung nicht untätig und veröffentlichte als Antwort auf das konservative Werk des ideologischen Gegners z. B. eine 23-bändige *Geschichte Japans* im Iwanami-Verlag unter Berücksichtigung der Wirtschafts- und Sozialgeschichte und fand damit großen Anklang bei Professoren und Studenten an Japans Universitäten. Kritik an dem konservativen Werk

Das japanische Außenministerium lieferte ebenfalls seinen Beitrag zur Geschichtsinterpretation. Es hatte schon 1952 nach der Wiedererlangung der Souveränität eine zweibändige Quellensammlung zu den japanischen

Bemühungen um einen Friedensschluss 1945 veröffentlicht. Die im Gefängnis als verurteilte Kriegsverbrecher einsitzenden ehemaligen Außenminister TOGO Shigenori [6.e] und SHIGEMITSU Mamoru [6.b] verfassten ihre Memoiren, die auch bald in Übersetzung erschienen. Außerdem führte das Ministerium die schon in der Vorkriegszeit begonnene Publikationsreihe diplomatischer Dokumente weiter. Der Bauunternehmer und ehemalige Diplomat KAJIMA Morinosuke gründete ein eigenes Friedensforschungsinstitut und gab eine insgesamt 38-bändige Serie *Diplomatiegeschichte Japans* (*Nihon gaikôshi*) heraus, die sich mit der Zeit von der ausgehenden Tokugawa-Ära bis zum Friedensvertrag von San Francisco beschäftigt. Die ersten Bände schrieb KAJIMA selbst, aber das Gros wurde von anderen ehemaligen Diplomaten verfasst, die bevorzugt Zugang zu entsprechenden Archivalien hatten. Das Ergebnis kann man als eine quasi offizielle Geschichtsschreibung bezeichnen. Die ersten drei Bände der Reihe erschienen auch in deutscher Übersetzung [KAJIMA 4.a].

Veröffentlichungen von Außenministerium und Diplomaten

Im Jahre 1966 begann ein Team von Wissenschaftlern der Forschungsabteilung im japanischen Verteidigungsamt (*Bôeichô Kenshûjo Senshishitsu*), das in Japan erst seit Januar 2007 den Rang eines Ministeriums (*Bôeishô*) besitzt mit der Arbeit an einer offiziellen Kriegsgeschichte für die Zeit 1931–1945 auf der Basis der erhaltenen militärischen Dokumente. Es sollte zwischen 1966 und 1979 auf 102 Bände anwachsen, war fast ausschließlich von ehemaligen Offizieren verfasst und hatte den Nebeneffekt, dass das Archiv des Instituts mit einiger Verzögerung auch anderen Wissenschaftlern offen stand.

Die japanische Geschichtswissenschaft entwickelte sich aber weiterhin bipolar, sodass der „Historikerstreit" zu einer Dauereinrichtung wurde, die Auseinandersetzungen verloren jedoch seit den späten sechziger Jahren an Aggressivität. Beide Lager publizieren in unterschiedlichen Zeitschriften und Verlagen und ignorieren die Ergebnisse der Gegenseite weitgehend, es sei denn, um Kritik daran zu üben. Mit dem Ende des Kalten Krieges 1989, übrigens auch das Jahr, in dem mit dem Tode Hirohitos die Showa-Ära endete, revidierten die Marxisten teilweise ihre Ansichten, sodass sie zu milderen Urteilen über die japanische Geschichte seit der Meiji-Zeit kamen und die Kontroversen weiter an Schärfe verloren [DE BARY 2.c: 1246–1248].

f) DIE ENTSTEHUNG EINER KONSERVATIVEN JAPAN-HISTORIOGRAFIE IN DEN USA

Die ersten amerikanischen Werke zur jüngsten Geschichte waren nach dem Zweiten Weltkrieg noch oft der Kriegspropaganda verhaftet, beruhten fast nur auf der schmalen Quellengrundlage des Tokyoter Gerichtshofes und waren zum Teil von Regierungsbeamten verfasst, die allerdings – ähnlich wie japanische Autoren in vergleichbarer Position – einen privilegierten Zugang zu den eigenen Akten erhielten [FEIS 6.e; LANGER/GLEASON 6.e]. So war

Offiziöse US-Historiografie

es nicht überraschend, dass Japan die Alleinschuld am Krieg angelastet wurde. Diesem Bild kam auch Butow, der als einer der ersten japanische Quellen verwendete, mit seiner Monografie über den Kriegspremier Tojo nahe [Butow 6.e], auch wenn er den General eher als engstirnigen Militär denn als wahnsinnig gewordenen Eroberer zeichnete. Die Armee erschien ohnehin als dominierender Faktor in der Ausrichtung der Politik und in ihr galten die mittleren Offiziersränge als Strippenzieher. Diesem schon während des Krieges von dem Journalisten Byas [1.b] gezeichneten Bild schloss sich in der frühen Nachkriegszeit so mancher Historiker an [Storry 6.c; Maxon 6.c].

Das Bild von der dominierenden Rolle der mittleren Heeresoffiziersränge

Daneben aber entstand parallel zu *reverse course* und Kaltem Krieg eine politisch motivierte Fachliteratur mit einer relativ wohlwollenden Haltung gegenüber dem Kaiserreich, das in seiner Geschichte mit beeindruckenden Leistungen habe aufwarten können. Der Harvard-Professor Edwin O. Reischauer wurde nun der bedeutendste amerikanische Japanhistoriker und verschrieb sich immer mehr einer antimarxistischen Linie in Wissenschaft und Politik, wobei er sich selbst sehr stark wandelte. Statt seines ursprünglichen Interesses an älteren Perioden beschäftigte er sich nun stärker mit der Zeitgeschichte und kam zu anderen Urteilen als früher. Er räumt selbst ein, dass er bei der Abfassung seines Frühwerkes *Japan: Past and Present* [1.f] kurz nach dem Zweiten Weltkrieg stark unter dem damals dominierenden Einfluss marxistischer Geschichtsinterpretation gestanden habe, und zwar besonders unter demjenigen Normans. Daher hatte er negative Urteile über die japanische Führungsschicht gefällt, einschließlich der Zaibatsu und der von ihm als Schwächlinge charakterisierten Parlamentarier. Reischauer beschreibt seine weitere Entwicklung dahingehend, dass er später aufgrund neuer Einsichten zu einer konservativeren Sicht gelangt sei, als er die intellektuelle Vielfalt und den unternehmerischen Elan der späten Tokugawa-Zeit als Voraussetzung der Modernisierung erkannt, der starren Sozialordnung weniger Gewicht beigemessen und außerdem die positiven Aspekte statt der repressiven Maßnahmen der neuen Meiji-Regierung sowie die Erfolge statt Misserfolge der parlamentarischen Entwicklung und Parteienregierung in Japan zu würdigen gelernt habe. Diese Tendenz wurde mit jeder revidierten Auflage stärker und ab 1970 erschien das Buch unter dem veränderten Titel *Japan: the Story of a Nation* [1.f], das ebenfalls mehrere Überarbeitungen mit immer konservativerer Ausrichtung erlebte [vgl. Reischauer 1.b: 119; Reischauer in: Bowen, Norman 1.d: 10]. Ein anderes seiner Werke, *The United States and Japan*, erschien ab 1977 in völlig neuer Form als *The Japanese* [1.f] und präsentiert die Entwicklung Japans als große Erfolgsgeschichte. Schließlich kam Reischauer während seiner Zeit als Botschafter im Tokyo der sechziger Jahren bei der Analyse der amerikanischen Besatzungszeit sogar zu dem Schluss, die Demokratisierung Japans sei nicht in erster Linie durch die Reformen der Okkupationsmacht verursacht worden, sondern hätte auch ohne die Maßnahmen der Amerikaner stattgefunden, wenn auch vielleicht nicht so schnell. Die Japaner hätten die Demokratie seit den 1870er Jahren

Reischauers Rolle und Wandlung

kontinuierlich selbst entwickelt, seien aber in den 1930er und 40er Jahren auf Hindernisse gestoßen, so wie andere Länder auch [REISCHAUER, Asienpolitik 1.f: 21].

Zur Zeit der französischen Niederlage in Indochina Mitte der fünfziger Jahre versuchte REISCHAUER den Weg aufzuzeigen, wie die Länder Asiens für Amerikas Ideen gewonnen bzw. zurückgewonnen werden könnten, statt der Attraktivität kommunistischer Ideen zu erliegen [REISCHAUER, Wanted 1.f]. Etwa ein Jahrzehnt später sollten diese Bemühungen in der „Modernisierungstheorie" als Gegenkonzept zu Radikalismus jedweder Art, besonders aber gegen den Marxismus, gipfeln. Dem war die bis dahin schwerste Krise der japanisch-amerikanischen Beziehungen in der Nachkriegszeit vorausgegangen, die wesentlich an der Entstehung der Theorie mitwirkte: Die 1960 durch die Revision des Sicherheitsvertrages ausgelösten öffentlichen Tumulte, die es den USA geraten erscheinen ließen, einen Mann wie REISCHAUER zum

Reischauer als US-Botschafter in Japan Botschafter in Tokyo zu ernennen. Dass er während seiner Amtszeit 1961–1966 nicht in allen Lagern über Sympathien verfügte, zeigte sich, als er Opfer eines Mordanschlags wurde, den er nur knapp überlebte.

Während dieser Zeit schritt die Propagierung der „Modernisierungstheo-

Modernisierungstheorie rie" voran. Eine wichtige Rolle spielte dabei Walt W. ROSTOW, ein Historiker, der sich vor allem mit dem Wirtschaftswachstum befasste und Stellvertretender Sonderassistent für nationale Sicherheit in der Kennedy- und Johnson-Regierung wurde. Er argumentierte, dass unterentwickelte Länder und ehemalige Kolonien den Stand fortgeschrittener industrieller Gesellschaften durch eine von der jeweiligen Regierung geleitete Modernisierung erreichen würden, nicht aber durch marxistisch inspirierte Experimente [ROSTOW 1.f]. Die revolutionären Erscheinungen in Ost- und Südostasien waren für ihn schlicht das Ergebnis sowjetischer Verschwörung. Ein Land wurde als umso fortschrittlicher beurteilt, je mehr es sich politisch-ökonomisch dem westlichen – und das hieß vor allem dem amerikanischen – Modell annäherte, d. h. liberaler Demokratie und kapitalistischer Wirtschaft. Die paternalistische Haltung der USA gegenüber Japan und ihre teleologische Sichtweise fanden ihr Pendant in der Geschichtsschreibung. Bei den angelegten Maßstäben erhielt das antikommunistische Japan gute Noten und wurde geradezu als einziges nicht-westliches Land zum Modell für Entwicklungsländer hochstilisiert, besonders für Asien [D. H. MENDEL, Japan as a Model for Developing Nations, in: SKRZYPCZAK 1.f: 191–207].

Hakone-Konferenz Mit finanzieller Unterstützung der Ford Foundation fand im Sommer 1960 eine Konferenz in dem japanischen Kurort Hakone statt, einer beschaulichen Oase im Gegensatz zum Hexenkessel Tokyo, wo gerade Straßenschlachten wegen der anstehenden Revision des amerikanisch-japanischen Sicherheits-

Conference on Modern Japan vertrages stattfanden. Zwei Jahre zuvor war die Conference on Modern Japan innerhalb der Association of Asian Studies unter dem Vorsitz von John W. HALL begründet worden. Sie führte an wechselnden Orten eine ganze Reihe internationaler Symposien durch, die sich ganz dem Thema „Modernisierung" widmeten. Teilnehmer waren vor allem Amerikaner, verstärkt durch einzelne Wissenschaftler aus anderen englischsprachigen Ländern und aus Japan. Daraus gingen insgesamt sechs Sammelbände hervor [JANSEN 1.f; LOCKWOOD 1.f; DORE 1.f; WARD 1.f; SHIVELY 1.f; MORLEY 1.f]. Parallel dazu erschienen andere Werke mit der gleichen Grundhaltung [z. B. WARD/ RUSTOW 1.f].

Die Anhänger der Modernisierungstheorie räumten zwar ein, dass die Einführung einer Demokratie kein Motiv der Restaurationsbewegung gewesen war, sahen dafür aber – so wurde ihnen zumindest von ihren Gegnern unterstellt – auch keine Notwendigkeit. Vielmehr konnten die meisten westlichen Teilnehmer der Konferenzserie keinerlei Alternative zu der autoritärbürokratischen Struktur des Meiji-Staates erkennen, die sich als sehr effektiv bei der Modernisierung erwiesen habe. Nur die an diesen Veranstaltungen und an den folgenden Publikationen mitwirkenden Japaner – TOYAMA Shigeki, Kawashima Takeyoshi und MARUYAMA Masao – stellten provozierende Fragen nach den eventuellen Versäumnissen bei der Gewährung von Rechten für die breite Bevölkerung und den repressiven Relikten, da sie eine Demokratisierung im Zusammenhang mit der Entwicklung eines modernen Staates eben nicht als überflüssig empfanden, da anderenfalls Faschismus und Aggressionskriegen Tür und Tor geöffnet würden [J. W. HALL, Changing Conceptions of the Modernization of Japan, in: JANSEN 1.f: 26–30, 38–39; MARUYAMA in: Ebd. 489–491; KINBARA 1.f: 23–35, 239–243].

Das Verhältnis von Modernisierung und Demokratie

Die marxistische Historikerschule empfand die Modernisierungstheorie schlicht als Affront, sah sich in die Defensive gedrängt und wehrte sich in einer Fülle von Zeitschriftenbeiträgen gegen die neue Tendenz, so vor allem in ihrem Organ *Rekishigaku Kenkyu* [NAGAHARA 1.a: 199–202; GAYLE 1.c: 152–155]. Sie übte Kritik daran, Modernisierung einseitig als Industrialisierung aufzufassen und deshalb Demokratisierung für überflüssig zu halten, um damit noch vorhandene feudale Strukturen inklusive einer angeblich stabilisierenden Rolle der Tenno-Institution zu rechtfertigen [WARD/RUSTOW 1. f: 5]. Bis dahin hatten die Marxisten als „Modernisierung" eigentlich die im angelsächsischen Demokratieverständnis wurzelnde humane Ethik eines E. Herbert NORMAN oder David C. HOLTOM [1.f] und einer Ruth BENEDICT verstanden. Nun zeigten aber ausgerechnet Amerikaner Verständnis für Japans Weg in den „Faschismus" der dreißiger Jahre [R. A. SCALAPINO, Japan, in: WARD/RUSTOW 1.f: 86].

Marxistische Kritik

Der Theorie vom Tokugawa-Regime als „früher Moderne" und Wegbereiter der Modernisierung, das statt Revolution eine Evolution erreicht habe und daher zum Modell für eine Wiedergeburt Japans in der Nachkriegszeit werden könne, wie von REISCHAUER und seinen Weggefährten gezeichnet [FAIRBANK u. a. 1.f; JANSEN 3.a; CRAIG 3.a], verweigerten die Marxisten ebenfalls ihre Zustimmung und betonten stattdessen den anachronistischen und repressiven Charakter der Shogunatszeit [INOUE 1.f: 221–223; SMITH 1.f; HALL/JANSEN 1.f].

Differenzen wegen des Charakters der Tokugawa-Zeit

Die Modernisierungstheorie klingt auch noch in einigen Publikationen an, die viel später erschienen, als diese Denkrichtung ihre dominierende Stellung in der Historiografie längst eingebüßt hatte [z. B. JANSEN, Making 3.a], so auch in einzelnen Teilen der sechsbändigen *Cambridge History of Japan*, besonders im 5. und 6. Band [2.c] über das 19. bzw. 20. Jahrhundert. Deren Planung ging allerdings bis in die 1970er Jahre zurück und zu den Herausgebern gehörten bezeichnenderweise die „Modernisierungstheoretiker" John W. HALL und Marius B. JANSEN. Von der neuen amerikanischen Historikergeneration wurde das Werk daher entsprechend kritisiert, hätte doch die Mehrheit der Japaner von dem aufgebauten Meiji-Staat nicht im geringsten profitiert, z. B. bezüglich größerer politischer Rechte und Freiheiten [J. W. DOWER, Sizing Up (and Breaking Down) Japan, in: HARDACRE, 1.f: 21–23]. Verschärft wurde der Konflikt dadurch, dass die konservative Geschichtsschreibung zu der Zeit, als Maoismus und Kulturrevolution ihren Höhepunkt erreichten, das erfolgreiche Japan einem bei der Modernisierung gescheiterten China gegenüberstellte.

Bei der langsam sich bildenden Schicht konservativer Historiker in Japan traf die Modernisierungstheorie auf Sympathie, schien doch der steigende Wohlstand im Lande die Richtigkeit der Ansichten zu bestätigen. Zu ihren frühen Adepten zählten auch eine Reihe enttäuschter Ex-Marxisten wie Sato Seizaburô, Ito Takashi oder BANNO Junji, die zwischen 1955 und 1958 aus der KPJ ausgeschlossen worden waren und dann die Modernisierungstheorie bereitwillig aufgriffen. Für sie war die Meiji-Restauration keine gescheiterte Revolution, sondern die gelungene Voraussetzung für den langfristigen Fortschritt [CONRAD 1.c: 120]. Die Modernisierungstheorie passte der japanischen Regierung ebenfalls ins Konzept, die zu dieser Zeit gerade die eigenen konservativen Historiker förderte und die sich selbst allzu gern, so besonders deutlich sichtbar bei dem Jubiläum der Meiji-Restauration im Jahre 1968, als Vollenderin des im Jahrhundert zuvor begonnenen Reformwerkes präsentierte. Eine offiziöse, schier endlose Quellensammlung *100 Jahre Meiji-Geschichte* (*Meiji hyakunenshi*) wurde in dem privaten Verlag Hara Shobô in Angriff genommen.

Gleichzeitig wurde in amerikanischen Fachkreisen das japanische Sammelwerk *Der Weg in den Pazifischen Krieg* mit großem Interesse aufgenommen und übte großen Einfluss aus, wohingegen die marxistische Richtung zunächst so gut wie gar nicht zur Kenntnis genommen wurde. In den USA war inzwischen eine neue Generation herangewachsen, die nicht mehr wie ihre Vorgänger aus den Kursen der Streitkräfte hervorgegangen und nicht durch die Kriegspropaganda oder den Tokyoter Kriegsverbrecherprozess geprägt war. Diese Historiker urteilten daher nicht mehr von der hohen moralischen Warte ihrer Väter aus, sondern empfingen starke Impulse durch ihre japanischen Kollegen. In ihrer revisionistischen Geschichtsschreibung erschienen jetzt nicht hitzköpfige junge Putschisten und jüngere Offiziere als die Gestalter der japanischen Politik, sondern diejenigen Kräfte, die verfassungs-

Spätwerke der Modernisierungstheorie

Günstige Aufnahme der Theorie durch Japans Konservative

Aufgreifen konservativer japanischer Tendenzen in den USA

mäßig dafür verantwortlich waren: Regierung und militärische Führung, die eine Autarkie und einen unangreifbaren „Verteidigungsstaat" angestrebt hätten. Der Einfluss findet sich z. B. im Werk von James CROWLEY [6.c] über die militärische Führung, deren Weg in den Zweiten Weltkrieg er auf das Streben nach Sicherheit, wirtschaftlicher Stabilität und nationaler Identität zurückführte. Wie schon in dem japanischen Vorbild war der Ausbruch des China-Krieges im Juli 1937 nicht das Ergebnis eines Tokyoter Planes, sondern des Chaos vor Ort. Allerdings bricht die Untersuchung mit dem Jahr 1938 ab. David J. Lu [6.e] vertrat sogar die Ansicht, es habe 1937–1941 immer wieder ernsthafte japanische Ansätze zu einem Friedensschluss mit China gegeben, doch seien diese nicht nur an dem Widerstand in Japan gescheitert, sondern auch an der Starrköpfigkeit Chiang Kai-sheks. Viele Autoren wie IRIYE [5.d] und HEINRICHS [6.e] sehen auch eine Mitschuld der USA an dem Weg in den Pazifischen Krieg.

Das Interesse vieler amerikanischer Autoren an Japans auswärtigen Beziehungen fand seit den fünfziger Jahren einen reichen Niederschlag in der Historiografie [JANSEN 5.d; CONROY 4.d; WHITE 4.c]. James W. MORLEY sorgte nicht nur für die englische Übersetzung des japanischen Sammelwerkes zum Weg in den Pazifischen Krieg, sondern publizierte auch einen Führer zu Japans Diplomatiegeschichte seit der Meiji-Zeit [MORLEY 2.a]. Eine Reihe internationaler Konferenzen befasste sich mit der Vorgeschichte des Kriegsausbruchs 1941. Zunächst standen dabei die Gründe im Mittelpunkt, die dazu geführt hatten [MAY/THOMSON 2.d]. Im Jahre 1969 fand am Kawaguchi-See in Japan eine bilaterale Konferenz statt, auf der die Rolle der unterschiedlichen Institutionen beider Länder in der Vorgeschichte von Pearl Harbor untersucht wurde [BORG/OKAMOTO 6.c]. Zum 50. Jahrestag des Kriegsausbruchs wurde ein Folgesymposium abgehalten, dessen Ergebnisse allerdings nur in japanischer Sprache veröffentlicht wurden. Die Beziehungen Japans zu anderen Ländern als den USA blieben dabei leider weitgehend unbeachtet, sieht man einmal von dem mit Krieg überzogenen China ab. Das Interesse an Diplomatiegeschichte ging ohnehin mit dem Vietnamkrieg zurück.

Diplomatiegeschichte

g) JAPAN 1931–1945: FASCHISTISCH ODER NUR AUTORITÄR?

Bei der Interpretation der japanischen Geschichte spielt die Kontroverse eine gewisse Rolle, ob es sich bei der Staatsstruktur seit den 1930er Jahren um eine Form von Faschismus gehandelt habe. Die Komintern hatte diese Frage zunächst nicht eindeutig bejaht, sondern sich in Widersprüche verwickelt. Sowjetische Autoren, die unter Pseudonym schrieben, sahen in Japans reaktionär-chauvinistischer Bewegung keine Entsprechung zum europäischen Faschismus [TANIN/YOHAN 1.g], der Verfasser ihres Vorwortes dagegen sehr wohl [ebd.: 7–22, bes. 8 f.]. Er, Karl Radek, war ein hoher Funktionär innerhalb der Komintern, bis er 1936 Stalins Säuberungen zum Opfer fiel.

Die Position der Komintern

Der Faschismus war zu dieser Zeit nach der von Moskau vorgegebenen Definition das Endstadium bürgerlich-kapitalistischer Herrschaft, wohingegen Japan als feudale Gesellschaft noch nicht einmal deren Anfangsstadium erreicht hatte. Nach dem Zweiten Weltkrieg wurde der Begriff „Faschismus" von marxistischer Seite jedoch so gut wie einheitlich angewandt, besonders von japanischen Autoren, und die vorhandenen Gemeinsamkeiten mit den totalitären Regimen Europas wurden betont. Dennoch waren sich die Marxisten der vorhandenen Unterschiede bewusst, sodass der Begriff „Tennosystem–Faschismus" eingeführt wurde. Unter dem kaiserlichen Schirm hatten demnach Monopolkapitalisten, Militärs, Großgrundbesitzer und Bourgeoisie die Basis für eine gegen das „Volk" und seine Interessen gerichtete Politik gebildet [zur japanischen Diskussion J. KISAKA, Recent Japanese Research on the Second World War, in: THE NATIONAL COMMITTEE 2.b: 245–265; HATANO 1.g].

Das konservative Lager in Japan lehnt dagegen den Begriff Faschismus durchweg als unklar und ideologiebehaftet ab. Dazu gehört auch der einflussreiche Ex-Marxist Ito Takashi, der sich mit dem Auffinden von umfangreichen Dokumenten einen Namen machte. Er betont vielmehr die Kontinuität der Politik durch die japanische Führungsschicht in der Zeit vom Ende des Ersten Weltkriegs bis zur amerikanischen Besatzungszeit und verleiht der Ära den Titel „reformistisch", da durchweg eine Änderung der innerjapanischen Wirtschaftslage und der Geltung nach außen angestrebt worden sei [KREBS 1.c: 20–22].

Ablehnung der Bezeichnung durch konservative Wissenschaftler

Weitgehende Ablehnung auch im Westen

Die meisten, aber längst nicht alle, konservativen Historiker der westlichen Welt lehnen den Begriff „Faschismus" ebenfalls ab [WILSON 1.g; DERS. 6.c; CROWLEY 6.c; PEATTIE 6.b; SMETHURST 6.c; BERGER 5.c; SHILLONY 6.c; DERS. 6.f; MITCHELL, Thought 5.c; DUUS/OKIMOTO 1.g; FLETCHER 1.g; DREA 1.g; KASZA 1.g]. Japan wird daher im Westen meist nicht mehr als Diktatur angesehen, in der Armee oder Faschisten herrschten, sondern als Land mit einem zwar autoritären, aber doch stark pluralistisch geprägten Herrschaftssystem, in dem Marine, Bürokratie, Parlament, Wirtschaft und Hof einen beachtlichen Einfluss behalten hätten. Besondere Abneigung erfuhr die Etikettierung „faschistisch" durch die Anhänger der Modernisierungstheorie mit ihrem positiven Japanbild. WILSON [1.g], BERGER [5.c], DUUS/OKIMOTO [1.g], FLETCHER [1.g], KREBS [6.d] und GARON [5.c] belegen, dass nationalsozialistische und faschistische Modelle durchaus starken Einfluss auf Intellektuelle, Bürokraten und Parteipolitiker in den reformistischen Kreisen um Konoe Fumimaro ausübten, aber letztlich scheiterten. Das Maß an Unterdrückung wird dabei im Vergleich zu den totalitären Mächten Europas als geringer dargestellt. Die oftmals brutale Geheimpolizei erscheint mehr an Zwangskonversion als an Ausrottung oppositioneller Elemente interessiert gewesen zu sein [TIPTON 1.g].

Der von der marxistischen Historiografie Japans stark beeinflusste Gavan MCCORMACK besteht dagegen darauf, den Begriff „Faschismus" für Japan unbedingt anzuwenden, da sich in den Jahren 1937–1940 die Beziehungen zwischen Staat und Gesellschaft entsprechend gewandelt hätten [McCor-MACK 1.g]. Ebenso argumentiert die neue Vietnam-Linke, die sogar den Begriff „Kaiser-Faschismus" übernimmt [BIX 1.g]. Einige westliche Historiker, die eher dem konservativen Lager zuzurechnen sind, warnen ebenfalls davor, dass mit der Ablehnung des Begriffs „Faschismus" häufig eine nicht zu verantwortende Beschönigung der Exzesse in der japanischen Geschichte einhergehe [CONROY 1.g: 327 f.]. SCALAPINO und STORRY sehen im Faschismus dem Charakter nach eine autoritär-modernisierende Staatsform und halten die Bezeichnung daher im Falle Japans für anwendbar [SCALAPINO 3.b; STORRY 1.g; DERS. 6.c]. Auch andere Autoren sehen eine gewisse Ähnlichkeit mit der Bewegung in Europa [BROOKER 1.g; REYNOLDS 1.g].

Befürworter des Begriffs im Westen

Der japanische Wissenschaftler mit dem größten Einfluss im In- und Ausland, MARUYAMA Masao, dessen wichtigste Essays auch in englischer Übersetzung erschienen [MARUYAMA 1.g], machte eine unterschwellige Pathologie statt einer gemeinsamen Verschwörung für das Verhalten der Staatsführung verantwortlich. Im Unterschied zu den Marxisten sah er nicht soziale und wirtschaftliche Gegensätze als Ursache des Faschismus an, sondern kulturelle und sozialpsychische. Er wehrte sich außerdem gegen die Gleichsetzung der japanischen Führung mit der des Hitler-Regimes durch die Alliierten, wie sie auf dem Tokyoter Kriegsverbrecherprozess manifest geworden war und sich lange hartnäckig hielt. MARUYAMA unterscheidet zwischen einem Faschismus als Bewegung und einem anderen als Staatsstruktur. Bei letzterem, der in Japan siegreichen Version, handele es sich seiner Ansicht nach nicht um einen Faschismus von unten wie in Deutschland oder Italien mit einer revolutionären Massenbasis und einer Übernahme der Herrschaft von außen, der sich in dieser Form in Japan mit dem gescheiterten Putschversuch von 1936 in Tokyo nicht durchsetzen konnte. Stattdessen sei schrittweise ein Faschismus von oben entwickelt worden, d. h. getragen von einem autoritären Regime aus Militär und Bürokratie mit einer sich ständig steigernden Faschisierung als Antwort auf die weite Verbreitung marxistischen und liberalen Gedankenguts sowie auf die Erstarkung der Arbeiterbewegung und die Unruhe unter der Landbevölkerung in den zwanziger Jahren. Dabei habe sich aber die faschistische Bewegung von unten durchaus als permanenter Stimulus für die Entwicklung des Faschismus von oben ausgewirkt. Diese Staatsform beruhte nach MARUYAMAS Ansicht darauf, dass eine bürgerliche Revolution in Japan ausgeblieben sei und sich daher eine „vormoderne" Form des Faschismus entwickelt habe [MARUYAMA 1.g: 65]. Für viele japanische Marxisten, die allerdings stark zu Flügelkämpfen neigen und in ihren Ansichten oft voneinander abweichen, war auch der Faschismus von unten nach 1936 noch sehr wirksam, indem er z. B. an Konoes „Neuer Ordnung" von 1940 mitgewirkt und die totale Mobilisierung propagiert habe [HATANO 1.g: 105 f.].

Maruyama Masaos Interpretation

Marxistische Kritik an Maruyama

Eine „von oben" ausgeübte Kontrolle dominiert auch die Thesen des lange Zeit sehr einflussreichen Soziologen Barrington MOORE [1.g]. Er sieht

Deutschland, Italien und Japan als industrialisierte Feudalgesellschaften an, deren autoritäre Strukturen von der verspäteten Modernisierung herrührten und eine Politik der Repression im Inneren und der Aggression nach außen verfolgten, betont aber den Unterschied zwischen dem Nationalsozialismus, der auf die aktive Zustimmung der Bevölkerung bauen konnte, und Japan, das mit der eher passiven Unterstützung der Bevölkerung den Autor vielmehr an das Wilhelminische Kaiserreich erinnert [MOORE 1.g: 228–313]. Für MOORE waren, in stark generalisierender Argumentation, diese Länder bei dem Übergang von der Agrar- zur Industriegesellschaft kapitalistisch-reaktionär vorgegangen im Gegensatz zu kapitalistisch-demokratisch oder revolutionär-kommunistisch. Die vor-industriellen Eliten seien nicht hinweggefegt worden, sondern hätten in einer historisch anomalen Rolle eine „Revolution von oben" durchgeführt, um ihre Länder zu modernisieren und zu industrialisieren, hätten aber darauf geachtet, ihre sozial dominierende Stellung zu behalten. Dazu seien Repression und letztlich Militarismus statt Demokratie erforderlich gewesen.

Barrington Moore und die „verspätete Modernisierung"

h) Die Bewegung im Westen gegen die konservative Geschichtssicht

Die Modernisierungstheorie starb ab Ende der sechziger Jahre einen schleichenden Tod, als die Vereinigten Staaten durch den Vietnamkrieg in eine tiefe Identitätskrise gerieten und sich dabei selbstkritische Stimmen erhoben. Das eigene Modell erschien jetzt nicht mehr von universaler Gültigkeit, sondern den Gegebenheiten in den unterschiedlichen Ländern wurde mehr Aufmerksamkeit eingeräumt, und Zweifel an der Lauterkeit eigener Handlungsmotive tauchten auf. Verstärkt wurde diese Tendenz durch den ungeahnten Wirtschaftsaufschwung in Japan, vor dem selbst die ökonomische Machtstellung der USA verblasste und Unsicherheit bezüglich deren Vorbildcharakter aufkommen ließ.

Der Einfluss des Vietnamkrieges

Der Stimmungsumschwung berührte auch die Geschichtsschreibung und die bis dahin zu beobachtende weitgehende wissenschaftlich-politische Einheit der Historiker zerfiel zusehends. Von der eher konservativen Association of Asian Studies spalteten sich Untergruppen ab, die sogar eigene Fachzeitschriften ins Leben riefen, so das seit 1968 erscheinende *Bulletin of Concerned Asian Scholars* (ab 2001: *Critical Asian Studies*) des im gleichen Jahr gegründeten COMMITTEE OF CONCERNED ASIAN SCHOLARS, das Konferenzen veranstaltete und mitunter daraus hervorgehende gemeinsame Publikationen präsentierte [z. B. FRIEDMAN/SELDEN 1.h]. Darin wird u. a. das zeitgenössische Verhalten der USA gegenüber Asien mit dem Japans in den 1930er und 40er Jahren verglichen, als es unter dem Banner des Antikommunismus die anderen Länder mit Krieg überzog und besetzte [FRIEDMAN/SELDEN 1.h: XI, 209]. Das Komitee warf den USA vor, zwanzig Jahre nach dem Nürnberger Prozess Kriegsverbrechen zu begehen, die seinerzeit als solche definiert

Gründung kritischer Gesellschaften und Publikationsorgane

worden seien [COMMITTEE OF CONCERNED ASIAN SCHOLARS 1.h: 123–127]. In Tokyo erschien mit ähnlicher Tendenz in englischer Sprache ab 1970 *Ampo: Japan Asia Quarterly Review,* herausgegeben vom Pacific-Asia Resource Center. Ebenfalls ab 1970 erschien das bis heute bestehende *Journal of Contemporary Asia* mit damals einziger Geschäftsadresse in Stockholm, das sich ebenfalls gegen das amerikanische Engagement in Asien richtete.

Desillusionierte jüngere Wissenschaftler griffen die Vätergeneration auf den Lehrstühlen und deren Modernisierungstheorie an und unterstellten ihr politische Absichten: Das von Japan gezeichnete günstige Bild über die Zeit 1868–1945 solle offensichtlich der amerikanischen Außenpolitik und damit der engen Bindung Tokyos an Washington dienen, indem es das dort etablierte reaktionäre Herrschaftssystem stütze, das Land als Juniorpartner an die USA binde und den Charakter des Pazifiks als „amerikanischer See" festschreibe. Man sah die Modernisierung Japans nicht mehr als Erfolgsgeschichte an, sondern als Fehlschlag, deren Konsequenz eine rücksichtslose Unterdrückung der breiten Bevölkerung gewesen sei. Diese Repression erscheine den Anhängern der Modernisierungstheorie eher als bedauerlicher, aber unvermeidlicher Kollateralschaden bei der Durchführung einer ansonsten richtigen Politik. Feudale Relikte seien dabei zu „Werten" erklärt worden, die eine Modernisierung erst ermöglicht hätten. Man warf den konservativen Historikern vor, ein viel günstigeres Urteil als die japanischen Kollegen zu fällen und deren Ansichten gar nicht zur Kenntnis zu nehmen. Gemeint war damit die „progressive" Schule, mit der die jungen Historiker der USA künftig eng kooperierten. Dadurch wurde auch in der jüngeren amerikanischen Historikergeneration das Interesse an der Volksgeschichte *(minshûshi)* und damit an den unterprivilegierten Klassen, besonders der Bauernschaft, geweckt. Im Gegensatz zu der Harmonie, wie sie von der älteren Historikergeneration gezeichnet worden war, rückten nun die Behandlung von Dissens und Konfrontation innerhalb der japanischen Gesellschaft in den Mittelpunkt [GLUCK 1.h].

So war es auch nicht verwunderlich, dass die Erinnerung an E. Herbert NORMAN wiederbelebt wurde, in dessen Nachfolge die jüngere Generation sich sah. Seine Werke wurden nun nachgedruckt und teilweise erstmals publiziert, herausgegeben und kommentiert von John W. DOWER [NORMAN 1.h], der zu einem der profiliertesten Begründer der neuen kritischen Richtung wurde und in seiner Einleitung, die man als Programm dieser Strömung bezeichnen kann, prominente Japanspezialisten dafür kritisierte, die Wissenschaft in den Dienst von Amerikas politischen Interessen zu stellen [DOWER, E. H. Norman, Japan and the Uses of History, in: NORMAN 1.h: 33, 45 f., 55–65; ähnlich auch HANE 3.e].

Viele Anhänger der Modernisierungstheorie fühlten sich zu Unrecht angegriffen und antworteten auf DOWERS Essay, am direktesten, ausführlichsten und in ungewöhnlich scharfer Form George AKITA [1.d], der NORMANS Werk völlig verdammte. Er warf dem zu diesem Zeitpunkt längst verstorbenen

(Marginalien rechts:)

Angriff auf die Modernisierungstheorie

Normans Renaissance

Kritik an Norman

Kanadier Oberflächlichkeit vor, sprach ihm jede Originalität ab, kritisierte die Konzentration auf Sekundärquellen und ging fast bis zum Vorwurf des Plagiats. Ihm widersprach Herbert Bix, der als Verfechter der neuen Richtung Dower somit zur Seite sprang [Bix 1.h, Pitfalls]. Die Wiederbelebung, die Normans Werk erfuhr, äußerte sich nicht nur im Druck seiner Schriften, sondern in zahlreichen Aufsätzen und Monografien zu seiner Person und seinem Werk [z. B. Bowen, Norman 1.d; ders., Innocence 1.d; Barros 1.d], nicht alle davon mit positiven Urteilen.

Neuinterpretationen der Kriegsverbrecherprozesse

Zu dieser Zeit brandmarkte Minear den Tokyoter Kriegsverbrecherprozess als Siegerjustiz, die mutwillig eine Konspirationsthese aufgestellt habe, und zog gleichzeitig gegen den Vietnamkrieg zu Felde, den er offen als Auslöser für seine Untersuchung nannte [Minear 7.c: X]. Der niederländische Richter des Verfahrens, B. V. A. Röling verglich nun in seinen Erinnerungen das aggressive Verhalten der Japaner mit dem der Amerikaner in Vietnam und anderen Teilen der Welt. US-Präsident Lyndon B. Johnson war daher für ihn, gemessen an den Urteilen von Tokyo, ein Mörder [Röling 7.c: 68, 71 f., 74, 108]. Er vertrat diese Ansicht auch auf einem Symposium zum Tokyoter Kriegsverbrechertribunal, wo sich andere Teilnehmer ähnlich äußerten [Hosoya 7.c: 22, 46, 139 f., 163, 170, 193, 195]. Sogar Telford Taylor, der amerikanische Hauptankläger auf den zwölf Nürnberger Folgeprozessen, stellte die Frage, was wohl geschehen würde, wenn an Vietnam die gleichen Maßstäbe angelegt würden wie in Nürnberg und Tokyo. Leider habe man es in tragischer Weise versäumt, den damals verkündeten Prinzipien nachzukommen [Taylor 1.h: 11–13, 241; ähnlich Stoler 6.i: 214; Falk/ Kolko/Lifton 1.h: 4, 229].

Chomsky [1.h: 16 f.] findet die Behauptung japanischer Autoren plausibel, so wie einst ihr eigenes Land würden die USA demonstrieren, dass sie mit bewaffneten Interventionen die Rolle des „Leitwolfs in Asien" anstrebten. Auch viele andere Wissenschaftler zogen den Vergleich zwischen Japans Krieg in China und Amerikas Verhalten in Vietnam [Conroy 1.h; Dower in: Norman 1.h: 86–88; J. W. Hall, Pearl Harbor Thirty Years After – Reflections on the Pathology of War and Nationalism, in: Fukuoka UNESCO 1.h: 8–19; M. B. Jansen, The China War and the Vietnam War,

Vergleich zwischen China-Krieg und Vietnamkrieg

in: Ebd. 19–28]. In beiden Ländern, Japan wie Amerika, habe die Bevölkerung anfangs nicht das Gefühl gehabt, einen Eroberungskrieg zu führen, sondern sich gegen Kommunisten und deren Verbündete zu verteidigen. Beide hätten sich zur Erfüllung dieser Mission in den bekriegten Ländern berufen gefühlt. In beiden Nationen seien die Regierungen keineswegs von radikalen Elementen gestellt worden, sondern eher von gemäßigten. Beide hätten behauptet, das Beste für das bekriegte Land – China bzw. Vietnam – anzustreben, und beide hätten sich vor Ort auf eine erstaunlich große Schicht von Kollaborateuren stützen können, die durchaus als Patrioten oder gar Nationalisten zu bezeichnen waren. Nur der Unterschied, dass die Amerikaner mit ihrer langen Tradition von Rede- und Pressefreiheit ihre Regierungen während der Kriegsjahre hätten kritisieren können, habe offensichtlich zu einer anderen Beendigung des Konflikts in Vietnam geführt. JOHNSON [7.c: 39 f.] kommt bei der Untersuchung des Kriegsverbrecherprozesses von Manila gegen den dabei zum Tode verurteilten General Yamashita zu dem Schluss, dass gemäß dem etablierten Prinzip der „Kommandoverantwortung" selbst bei fehlender eigener Beteiligung an Kriegsverbrechen auch Präsident George W. Bush wegen Folterungen in Guantanamo und im Irak vor ein Kriegsverbrechertribunal gestellt werden könnte. Ebenso mit Hinweis auf die Behandlung Yamashitas äußerten sich einige Autoren bezüglich der amerikanischen Gräuel von My Lai in Vietnam [in TROOBOFF 1.h: 33 f., 190, 208 f., 213; TAYLOR 1.h: 98, 103 f., 210–212], deren Vergleichbarkeit mit dem japanischen Nanking-Massaker BIX betont [War Crimes 1.h]. Ähnlich hart urteilt WILLIAMS [Abu Ghraib 1.h: 148], der REISCHAUERs berühmte Frage „What went wrong?" [in MORLEY 1.f: 489] jetzt nicht mehr auf den japanischen Militarismus der dreißiger und vierziger Jahre bezog, sondern auf die USA der Nachkriegszeit [s. auch WILLIAMS, Defending 1.h].

Viele Japaner, Wissenschaftler wie Laien, zogen ebenfalls die Parallele zwischen den eigenen und amerikanischen Kriegsverbrechen oder auch nur dem hoffnungslosen Festbeißen durch das militärische Engagement auf dem asiatischen Kontinent [ZINN 1.h: 14 f.; HAVENS 1.h: 5 f.; REISCHAUER, Asienpolitik 1.f: 22 f., 42 f.]. Das Ergebnis war unter anderem, sich auf eigene Gräuel in der Vergangenheit zu besinnen. Für den Historiker HORA Tomio und den Journalisten HONDA Katsuichi wurde der Vietnamkrieg zum Auslöser für ihre jahrzehntelangen Untersuchungen zu japanischen Kriegsverbrechen, insbesondere zum Massaker von Nanking [HORA 1.h: 55–172; HONDA 1.h].

Gleichzeitig erschütterte der relative Niedergang der eigenen Wirtschaftskraft das amerikanische Selbstbewusstsein angesichts des rasanten Aufschwungs in Japan. Dessen uralte Überzeugung von der eigenen Einmaligkeit erlebte ab den 1970ern neue Höhen, die zu dem Aufkommen des sogenannten *Nihonjinron* (Theorie des Japaner-Seins) führten, einer Art kulturellen Nationalismus, der die wirtschaftlichen Erfolge mit der eigenen Besonderheit erklärte [IIDA 1.h: 187–200; IROKAWA 1.h; OGUMA 1.h]. Japanische Politiker haben sich mit entsprechenden Verkündigungen hervorgetan wie Premierminister Nakasone, der 1986 in undiplomatischer Weise öffentlich verkündete, Japans Wirtschaftserfolge seien durch seine rassische Homogenität zu erklären, der das amerikanische Versagen gegenüberstehe, bedingt durch den hohen Bevölkerungsanteil von „Schwarzen, Puertoricanern und Hispanics".

Diese Theorie schwappte auch auf den Westen über. Ein Autor wie Hermann KAHN prophezeite in einem viel gelesenen Buch, Japan würde die Vereinigten Staaten bis zum Jahre 2000 bezüglich des Bruttosozialprodukts einholen [KAHN 1.h]. Den Schlüssel zum Erfolg fanden die Autoren bald im Konfuzianismus oder im Gruppendenken [IKE 1.h], in dem auf die Wirtschaft übertragenen Familiensystem oder aber im Fortbestehen feudal-militärischen Denkens. Auf jeden Fall glaubten viele Autoren, der Westen könnte oder

Nihonjinron

Japanisches Überlegenheitsgefühl

müsste aus Japans Erfolgen mit Gewinn für sich selbst lernen [z. B. VOGEL 1. h]. Äußerst populär bei der Herausbildung des *Nihonjinron* wurden die Bücher von NAKANE Chie über die „vertikale Gesellschaft", ein Gruppensystem mit hierarchischer Struktur nach dem Senioritätsprinzip, und von DOI Takeo über die Sehnsucht der Japaner nach Geborgenheit, für die auch eine Einschränkung der persönlichen Freiheit in Kauf genommen wird. Die Werke, im Original 1967 bzw. 1971 erschienen, wurden immer wieder neu aufgelegt und erschienen in englischer und deutscher Übersetzung, wodurch sie auch im Ausland Einfluss ausübten [NAKANE 1.h; DOI 1.h]. Die Übernahme von Überzeugungen à la *Nihonjinron* im Westen schmeichelte den Japanern zwar, blieb aber nicht unwidersprochen. Der einflussreiche Geisteswissenschaftler BEFU Harumi und andere kritische Autoren lehnten eine derartige „Ideologie" oder einen „Mythos" à la *Nihonjinron* ab, der nur eine Form von Nationalismus darstelle [BEFU, Nationalism 1.h; DALE 1. h]. Ohnehin trug die Wirtschaftskrise der 1990er Jahre dazu bei, dass Japans Selbstbewusstsein stark angeschlagen wurde und die Verkündigung der „Einmaligkeit" zurückging.

Langfristig einflussreicher wurde die profane Erklärung von Chalmers JOHNSON [1.h] für den Erfolg Japans, der ein aufsehenerregendes Buch über das Ministerium für Handel und Industrie *Tsûshô Sangyôshô*, kurz: *Tsûsanshô* (englisch: MITI) als „wirtschaftlichen Generalstab" verfasste, verbunden mit einer detaillierten Analyse der institutionellen Wurzeln in der Vorkriegszeit ab 1925 und im Rüstungsministerium während des Zweiten Weltkriegs.

i) Schulbuchkontroversen und Regierungspolitik

Auch unter den Geschichtslehrern japanischer Schulen machte sich marxistisches und pazifistisches Gedankengut breit [DUKE 1.i; THURSTON 1.i: 40–79; SERAPHIM 1.i: 86–107], das die seit den 1950ern heranwachsende unruhige Studentengeneration prägen sollte. Die nach dem Ende der Besatzungszeit vom Erziehungsministerium eingeführten neuen Schulbücher mit ihren restaurativen Tendenzen wurden von der Lehrerschaft oft abgelehnt. Der Historiker IENAGA Saburô, früher eher dem staatstreuen Lager angehörig und auf ältere Perioden der Geschichte spezialisiert, entschloss sich daher, sein selbst verfasstes Schulbuch *Neue Geschichte Japans* (*Shin Nihonshi*), das 1947 ohne Beanstandungen das Zulassungsverfahren des Erziehungsministeriums passiert hatte, in einer revidierten Ausgabe zu veröffentlichen, um die Verfehlungen in der japanischen Vergangenheit schonungsloser darzustellen. Sein 1952 eingereichtes Manuskript war nun stark von der marxistischen Historiografie beeinflusst, konnte nur mit Mühe die Prüfungsverfahren durchlaufen und erschien 1953 im Druck. Da das Erziehungsministerium in späteren Ausgaben eine Vielzahl von Änderungen als Voraussetzung für die weitere Zulassung forderte, der Autor aber nur teilweise zum Nachgeben bereit

Kritik am Nihonjinron

Mythos MITI

Lehrbücher und Regierungspolitik

Ienaga Saburos Kampf gegen das Erziehungsministerium

war, prozessierte er ab 1965 jahrzehntelang gegen den japanischen Staat wegen „Verstoßes gegen die Verfassung", unterstützt von Lehrerverbänden, Pädagogen, Parteien des linken Spektrums, Gewerkschaften und „progressiven" Historikern, die meist Mitglieder der Gesellschaft Rekishigaku Kenkyukai waren. [IENAGA 1.i: 151–196].

Im Jahre 1982 erfuhr die bis dahin lediglich als innerjapanisch geführte Diskussion um die Geschichtssicht einen Transfer auf die internationale Bühne. Japanische Zeitungen berichteten damals über versuchte Eingriffe des Erziehungsministeriums in den Inhalt der zum Zulassungsverfahren eingereichten Schulbücher und die dabei offensichtlich angestrebte Beschönigungen der Vergangenheit. Zwar waren nicht alle Informationen der Presse richtig, aber der Sturm war nicht mehr aufzuhalten. Der Schulbuchstreit sensibilisierte Medien und Öffentlichkeit und übte Druck auf die erschrockene Regierung aus. Außerdem wurden Japans Nachbarländer darauf aufmerksam. Insbesondere Südkorea und die Volksrepublik China, damals untereinander noch völlig verfeindet, fanden sich mit ihrer Kritik an Tokyo plötzlich im selben Lager wieder. Öl ins Feuer goss im gleichen Jahr noch der neu ernannte Premierminister Nakasone, als er bei seiner Amtsübernahme öffentlich die Überwindung des Geschichtsbildes forderte, wie es das Tokyoter Militärtribunal gegen die Hauptkriegsverbrecher geschaffen habe.

Schulbuchstreit in Japan 1982

Kritik aus China und Südkorea

Auch der Ienaga-Prozess fand nun in der Öffentlichkeit größere Aufmerksamkeit [ROSE 1.i: 54–120; FUHRT 1.i: 80–144; YOSHIDA 1.c: 69–93]. Graduell erfuhren die Lehrwerke in Japan zwar eine gewisse Revision im Sinne der Opferländer, besonders bezüglich des Krieges gegen China und der Kolonialherrschaft in Korea, aber im Jahre 1997 verlor IENAGA seinen Prozess vor dem Obersten Gerichtshof, der sein Argument zurückwies, die Zulassungspraxis für Schulbücher verstoße gegen die Verfassung. In Einzelfragen bezüglich der geforderten Änderungen erhielt er aber Recht [Y. NOZAKI/H. INOKUCHI, Japanese Education, Nationalism, and IENAGA Saburôs Texbook Lawsuits, in: HEIN/SELDEN 1.i: 98, 102–122].

Ienagas Niederlage

Verschärft wurde die internationale Krise durch Besuche japanischer Politiker, einschließlich mehrerer Premierminister, im Yasukuni-Schrein, der Weihestätte für die Kriegstoten, zu denen man seit 1978 auch die in den Kriegsverbrecherprozessen Verurteilten der Kategorie „A" zählt. Diese Aufwartung verletzte nicht nur die asiatischen Nachbarländern, sondern ist auch in Japan selbst umstritten, da sie nach Auffassung vieler Kritiker der verfassungsmäßig verfügten Trennung von Staat und Religion widerspricht [SERAPHIM 1.i: 226–257]. Sonntagsreden von Politikern, welche die Kriegsschuld herunterzuspielen oder gar zu leugnen suchten, verschlimmerten die internationalen Spannungen weiter. Seit der Einschreinung der als Hauptkriegsverbrecher Abgeurteilten im Jahre 1978 verweigerten allerdings die japanischen Kaiser, Hirohito ebenso wie Akihito, dem Schrein einen persönlichen Besuch.

Streit um den Yasukuni-Schrein

Seit Anfang der 1990er Jahre erlebten Geschichtsschreibung und Politik einen neuen Sturm, als Beweise über die Betreibung von Bordellen mit Zwangsprostituierten, meist Koreanerinnen – zeitgenössisch als „Militärtrösterinnen" (*jûgun ianfu*) verharmlost –, durch die japanischen Streitkräfte im

Streitfall Zwangs- Zweiten Weltkrieg auftauchten. Die Regierung in Tokyo leugnete anfangs die
prostitution Tatsachen, bis sie durch ein Forscherteam unter der Leitung von YOSHIMI Yoshiaki 1992 durch die vorgelegten eindeutigen Beweise zu einem Eingeständnis gezwungen wurde. Die Zahl der betroffenen Frauen, die nach dem Krieg aus Scham meist geschwiegen hatten, wird auf bis zu 200 000 geschätzt [YOSHIMI, 1.i; HICKS 1.i; SCHMIDT 1.i; TANAKA 1.i]. Das Parlament fasste 1995 eine Resolution, sich bei den Betroffenen zu entschuldigen, und ein Jahr später wurden Kompensationen gezahlt. Auch in die vom Erziehungsministerium zugelassenen Schulbücher fand der Fall künftig Eingang. So wurde Geschichtsschreibung vielfach zu einer effektiven Waffe gegen die meist konservativen Regierungen mit ihrem Hang zum Vertuschen.

In den neunziger Jahren tauchten in der Geschichtsschreibung außerdem Beweise auf, dass die japanische Armee in China, besonders die berüchtigte Einheit 731, auch als die Ishii-Truppe bezeichnet, grausame Experimente mit Gefangenen zur Wirkung von biologischen Kampfstoffen durchgeführt und solche Waffen später auch eingesetzt hatte [HARRIS 1.i; ENDICOTT/HAGER-

Aufdeckung der MAN 1.i; BÄRNIGHAUSEN, 1.i]. Wie üblich leugnete die japanische Regierung
biologischen Krieg- diese Tatsachen zunächst, doch ist das jahrzehntelange Verschweigen nicht ihr
führung allein anzulasten, sondern auch den USA, die an den Erkenntnissen aus den Experimenten für eigene Zwecke interessiert waren und dazu sogar einige der Täter in ihre Dienste genommen hatten. Die Sowjets hatten vergeblich darauf gedrängt, dieses Verbrechen im Tokyoter Militärtribunal zur Anklage zu bringen, doch hatten die Vereinigten Staaten dies zu verhindern gewusst. Es kam daher nur im sowjetischen Chabarowsk zu einem Prozess gegen den Täterkreis, soweit er in der Mandschurei in die Hände der Roten Armee gefallen war, und mehrere Todesurteile wurden vollstreckt [PROZESSMATE-RIALIEN 7.c]. Amerika und Japan taten die Anklagen gleichermaßen als „kommunistische Propaganda" ab. Die unermüdliche Aufklärungsarbeit japanischer Historiker hatte allerdings zur Folge, dass im August 2002 der Gerichtshof des Distrikts Tokyo in einem Urteil erstmals zu dem Schluss kam, dass die Einheit 731 und die von ihr begangenen Kriegsverbrechen tatsächlich existiert hätten.

Im Ausland ist die Ansicht weit verbreitet, dass in japanischen Schulbüchern und anderen Geschichtswerken keinerlei eigene Kriegsverbrechen erwähnt seien. Diese Behauptungen sind unzutreffend, auch wenn die Behandlung mal weniger gründlich und mal ausführlicher gerät. Das Bild wird weiter dadurch verfälscht, dass die Weltpresse sich meist an fragwürdigen Bestsellern

Unzureichende statt an seriöser Historiografie orientiert [dazu BARNARD 1.i]. Häufig wird
Kenntnis im Ausland auch voreilig aus törichten Äußerungen von Politikern auf den Inhalt von historischen Werken geschlossen, die dem Leser im Ausland aufgrund man-

gelnder Sprachkenntnisse verschlossen bleiben. Auf die Fachgeschichtsschreibung Japans trifft der Vorwurf des Verschweigens am wenigsten zu.

Richtig ist hingegen, dass die in Japan jahrzehntelang nahezu unangefochten regierende Liberaldemokratische Partei eine konservative Geschichtssicht förderte [WAKAMIYA 1.i]. Jedoch haben die Kabinette seit 1993, dem Amtsantritt von Premierminister Hosokawa Morihiro mit einer neuen Partei, eine Reihe von Entschuldigungen und Schuldbekenntnissen in wechselnden Formulierungen abgegeben. Besonders zum 50. Jahrestag des Kriegsendes erhitzte 1995 die Debatte, ob und wie Japan bei den überfallenen Ländern Asiens Abbitte leisten solle, die Gemüter, auch und gerade im Parlament [SEATON 1.i; YAMAZAKI 1.i; YOSHIDA 1.c]. SERAPHIM [1.i] demonstriert, wie sehr die japanische Regierung immer wieder unter Druck von konservativen Interessenverbänden gerät und sich zum Lavieren gezwungen sieht. *Das Problem japanischer Entschuldigungen*

Nicht immer aber werden Japans Entschuldigungen im Ausland zur Kenntnis genommen und der Grund dafür ist womöglich, dass es immer wieder zu „Rückfällen" kommt. Politiker können aber, zumindest wenn sie über Ministerämter verfügen, nicht mehr nach Belieben törichte Äußerungen ungestraft abgeben, sondern werden z. B. bei der Leugnung von Japans Kriegsschuld zum Rücktritt gezwungen [YOSHIDA 1.c: 144; WAKAMIYA 1.i: 11–15], so z. B. im Mai 1994 Justizminister Nagano Shigeto, der öffentlich verkündet hatte, Japan hätte den Zweiten Weltkrieg zur Befreiung Asiens geführt und das „angebliche" Massaker von Nanking sei eine böswillige Fabrikation. Als im März 2007 der kurzzeitige japanische Premier Abe Shinzo öffentlich die von der Regierung 1993 bereits eingestandene staatliche Beteiligung am System der Zwangsprostitution im Zweiten Weltkrieg leugnete, musste er sich nach einem internationalen Aufschrei entschuldigen. *Provozierende Äußerungen von Politikern*

Seit Mitte der achtziger Jahre wurde von kritischen Wissenschaftlern Japans die Forderung erhoben, nach deutschem Muster Gewissenserforschung zu betreiben, um eine Aussöhnung mit den Nachbarvölkern zu ermöglichen [AWAYA 1.i; FUHRT 1.i: 124 f.]. Auslöser war die Rede von Bundespräsident Richard von Weizsäcker zum 40. Jahrestag des Kriegsendes. Dies führte zwar einerseits zu ausgewogenen Vergleichen [AWAYA 1.i], stieß aber andererseits auf eine geradezu wütende Reaktion rechts-konservativer Autoren, die auf grundlegende Unterschiede im Verhalten beider Länder hinwiesen und zum Teil zu den Betreibern eines neuen Schulbuches gehörten: Kein staatlich angeordneter Massenmord durch Japan nach Art des Holocaust, dagegen ebenfalls im Unterschied zu Deutschland Zahlung von Reparationen. Im Übrigen seien die deutschen Schuldbekenntnisse ohnehin nur Heuchelei. Ihre Werke wurden häufig zu Bestsellern. *Deutschland als Vorbild* / *Gegenreaktion reaktionärer Kreise*

Diese Wissenschaftler, meist keine Fachhistoriker, empfanden vor allem die Inhalte von Schulbüchern als diffamierend für Japan. Den Begriff „Aggressionskrieg" fanden sie ebenso unangebracht wie die als übertrieben angesehenen Darstellungen von angeblichen Gräueltaten wie Nanking-Massaker, biologischen Kampfstoffen oder Zwangsprostitution. Sie erklärten daher zu ihrem Ziel, einer „masochistischen" Geschichtssicht entgegenzutreten und den positiven Aspekten der nationalen Vergangenheit den gebührenden Raum zu geben. Vor allem behaupteten sie, der Pazifische Krieg sei von Japan geführt worden, um Asien von dem Joch der weißen Kolonialherrschaft zu befreien. Sie gründeten daher 1995 zunächst eine Studiengesellschaft für liberale Geschichtssicht (*Jiyûshugi shikan kenkyûkai*) und 1996 schließlich eine Gesellschaft zur Abfassung eines neuen Geschichtslehrbuches (*Atarashii rekishi kyôkasho o tsukuru kai*). Nishio Kanji, Germanist, und Fujioka Nobukatsu, Erziehungswissenschaftler, waren die treibenden Kräfte. Das von ihnen propagierte Geschichtsbild sollte nicht mehr das von den Amerikanern oktroyierte sein und, mit Bezug der Autoren auf Richard MINEARs Sicht des Prozesses, nicht das angebliche Zerrbild des Tokyoter Kriegsverbrechertribunals widerspiegeln, sondern den Japanern ihren Stolz zurückgeben [SAALER 1.i].

Die Gesellschaft zur Erstellung eines neuen Schulbuchs

Als der Inhalt des in Arbeit befindlichen Textes durchsickerte, sprachen sich in Japan viele Intellektuelle wegen der revisionistischen Tendenz gegen die Zulassung aus, da vor allem die Kolonialherrschaft in Korea und die Kriegsverbrechen in China unausgewogen dargestellt seien. Das Erziehungsministerium, unter den Druck reaktionärer Kräfte geraten, ließ nach geringen Änderungen, die den Autoren auferlegt wurden, das Buch im Jahr 2001 für den Einsatz im Unterricht zu. Auch eine Buchhandelsausgabe erschien als *Geschichte des Volkes* (*Kokumin no rekishi*), wurde zum Bestseller und beweist, dass die darin verkündeten Ansichten Unterstützung in weiten Teilen der Bevölkerung finden. Eine revidierte Edition des Schulbuches im Jahre 2005 führte zu nationalen und internationalen Protesten und hatte in China tumultartige antijapanische Kundgebungen zur Folge. Die Pekinger Regierung, die diese Demonstrationen ursprünglich geschürt hatte, sah sich schließlich gezwungen, die Ausschreitungen zu unterbinden, da sich der Zorn womöglich auch gegen sie selbst richten könnte. Das erschreckte offizielle Japan versuchte abzuwiegeln: Die geringe Zahl von Schulen, die das neue Geschichtsbuch eingeführt hätten, ca. 2 %, stehe in keinerlei Verhältnis zu dem Aufsehen, das im In- und Ausland daraus entstanden sei.

Erneute internationale Spannungen

Andererseits erschienen vermehrt autobiografische Zeugnisse von Kriegsteilnehmern, die sich zu ihrer Schuld bekannten [BUCHHOLZ 1.i: 313–325, 363–374]. Im Jahr 1993 wurde als Reaktion auf restaurative Tendenzen in Tokyo auf private Initiative hin ein Forschungsinstitut zur Klärung der Kriegsverantwortung (*Kikan sensô sekinin kenkyûjo*) gegründet. Diese Einrichtung, die im Unterschied zu vergleichbaren deutschen Einrichtungen ohne öffentliche Gelder auskommen muss, hat es sich zur Aufgabe gemacht, die Kenntnis über Kriegsverbrechen zu verbreiten. Zahlreiche Veröffentlichungen und Symposien waren die Folge.

Kritische Reflexion

2. PERIODISIERUNG, HILFSMITTEL UND GESAMTDARSTELLUNGEN

a) Periodisierung und Hilfsmittel

Die in Japan übliche Periodisierung nach Regierungsjahren der jeweiligen Kaiser, die ihrer Herrschaftszeit ein Motto und damit einen Namen verliehen, ist für die Geschichtsschreibung nur bedingt zu übernehmen. Für diese Untersuchung handelt es sich um die Meiji- (1868–1912), Taisho- (1912–1926) und Showa-Zeit (1926–1989). Für die Japaner hat jede Ära Ära-Namen eine emotionale Bedeutung, doch bilden Anfang und Ende meist keine historischen Zäsuren, da die Epochenjahre unabhängig davon stattfanden. Einen deutlichen Neuanfang bildeten die Jahre 1868 mit der Meiji-Restauration, 1905 mit Japans Sieg über Russland und 1945 durch die Niederlage im Zweiten Weltkrieg. Die Taisho-Zeit hingegen wies keine historischen Zäsuren auf und die Ära der sogenannten Taisho-Demokratie begann auch erst 1918 und endete keineswegs mit dem Tod des Namensgebers. Showa hingegen, die Regierungszeit Kaiser Hirohitos, zerfällt in zwei sehr unterschiedliche Teile, die durch die japanische Kapitulation im August 1945 getrennt werden. Auch westliche Historiker folgen oft der japanischen Einteilung, zumindest für die Meiji- und Taisho-Zeit. Eine Ausnahme macht die Cambridge History of Japan [2.c], die dem 19. und 20. Jahrhundert jeweils eigene Bände widmet, obwohl die Jahre 1800 und 1900 keinerlei Zäsur bildeten und daher viele Artikel in den Zeitraum anderer Teile hineinreichen.

Die Zahl von Werken zur japanischen Geschichte mit enzyklopädischem Charakter ist in westlichen Sprachen sehr begrenzt. Auf Französisch liegt das in Lieferungen erscheinende historische Lexikon *Dictionnaire historique du Japon* [2.a] vor, herausgegeben von Iwao Seiichi. Einbändige Werke in englischer Sprache erschienen von Perkins [2.a] und Huffman [2.a]. Die *Kodansha Encyclopedia of Japan* [2.a] ist das umfangreichste Lexikon seiner Art. Enzyklopädische Werke Es ist allerdings nicht auf Geschichte beschränkt. Das Gleiche gilt für Bowring/Kornicki [2.a] mit ihrer *Cambridge Encyclopedia of Japan* sowie für das in deutscher Sprache erschienene Werk von Hammitzsch [2.a]. Von Iwao liegt ein biografisches Lexikon vor [2.a].

b) Bibliografien

Seit dem 19. Jahrhundert gibt es Bibliografien, die eine fast lückenlose Erfassung des Schrifttums ermöglichen. Der Philologe Wenckstern [2.b], der Bibliografien sich auch der historischen Forschung widmete, ist bis heute bekannt durch die von ihm begründete Bibliografie zur japanischen Geschichte, die später von

NACHOD [2.b], PRAESENT/HAENISCH [2.b] fortgeführt und für die letzten Bände von WALRAVENS [PRAESENT/WALRAVENS 2.b] bearbeitet wurde.

Seit 1957 (mit dem Berichtsjahr 1956) erscheint als selbständige Publikation der Association of Asian Studies die *Bibliography of Asian Studies* [2.b], die seit 1941 einen Anhang in der Zeitschrift *Far Eastern Quarterly*, der Vorgängerin des *Journal of Asian Studies*, gebildet hatte. Seit 2002 kann eine Online-Datenbank dieser Bibliografie genutzt werden. Seit 2001 stehen die *Historical Abstracts* [2.b] ebenfalls als Online-Datenbank – vorher in Druckform oder als CD-ROM – zur Verfügung, doch sind die Titel für Japan bzw. Asien sehr lückenhaft. Beide Datenbanken sind lizenzpflichtig, doch besitzen größere Bibliotheken für ihre Benutzer die entsprechenden Rechte.

Da die meisten westlichen Werke zur Geschichte Japans in den USA entstehen, dort für Dissertationen aber kein Druckzwang besteht, empfiehlt sich auch die Überprüfung der ab 1969 von UNIVERSITY MICROFILMS INTERNATIONAL herausgegebenen *Dissertation Abstracts International, A. The Humanities and Social Sciences*, und deren ab 1952 zur Verfügung stehenden *Amerikanische Dissertationen* Vorläufer *Microfilm Abstracts* [2.b]. Ab 2002 existiert eine Online-Datenbank dazu. Die meisten der darin aufgeführten Doktorarbeiten können als Kopien erworben werden oder sind als solche in Bibliotheken vorhanden.

Abgeschlossene Bibliografien in gedruckter Form, einige davon kommentiert, liegen in begrenzter Zahl vor, veralten aber schnell und sollten durch die Benutzung fortlaufender Verzeichnisse ergänzt werden. Dazu gehören vor *Abgeschlossene* allem SHULMAN [2.b], PERREN [2.b] und DOWER/GEORGE [2.b]. Einige Spe-*Bibliografien* zialbibliografien behandeln einzelne Zeitabschnitte oder besondere Gebiete, so z. B. das kommentierte Werk von MORLEY [2.b] zur Diplomatiegeschichte Japans.

Seit einer Reihe von Jahren entstehen auch bibliografische Reihen zum deutschsprachigen Japanschrifttum, so das ab 1989 in loser Folge erscheinende *Verzeichnis des deutschsprachigen Japan-Schrifttums* [2.b] mit wechselnden Herausgebern und seit 1990 das *Verzeichnis deutschsprachiger japan-Bibliografien bezogener Veröffentlichungen*, herausgegeben von HADAMITZKY u. a. [2.b]. *deutschsprachiger Werke* Seit Kurzem ist über das Internet die *Bibliografie zur historischen Japanforschung* [2.b] zugänglich, in die deutschsprachige Publikationen ab 2003 aufgenommen werden.

Bibliografien zu Werken in japanischer Sprache werden hier nicht vorgestellt, doch gibt es in loser Folge erscheinende Führer in englischer Sprache dazu, sodass sich der westliche Leser dadurch über ihre Inhalte und For-*Englischsprachige* schungstendenzen informieren kann. Zu nennen wären vor allem die Publi-*Führer zur japani-* kationen *An Introductory Bibliografy for Japanese Studies* [2.b], seit 1974 von *schen Historiografie* Toho Gakkai in Verbindung mit Japan Foundation herausgegeben, und *Historical Studies in Japan*, ediert von THE NATIONAL COMMITTEE OF JAPANESE HISTORIANS [2.b]. Als Monografie zum Thema „Außenbeziehungen" liegt von S. ASADA ein bibliografischer Führer [2.b] vor.

c) Gesamtdarstellungen

Lange Zeit war die verbreitetste Gesamtdarstellung zur modernen Geschichte Japans die Monografie von Richard STORRY [2.c], die seit 1960 auch in deutscher Übersetzung vorliegt. Ihr folgte bald die über einen kleinen Dokumentenanhang verfügende etwas kürzere Arbeit von TIEDEMANN [2.c]. Mit dem gestiegenen Interesse an Japan erschienen dann rasch Werke anderer Autoren aus dem angelsächsischen Sprachraum, so z. B. die teilweise inzwischen in überarbeiteter Form vorliegenden Arbeiten von BEASLEY [History 2.c; DERS., Experience 2.c], BORTON [2.c], REISCHAUER [Past, 1.f; DERS., Story, 1.f] und FAIRBANK u. a. [1.f]. Es folgten mit einigem zeitlichen Abstand DUUS [2.c], TOTMAN [2.c], McCLAIN [2.c], SIMS [2.c] und GORDON [2.c]. Das Werk von PYLE [2.c] besteht eher aus einer Reihe von Essays als einer geschlossenen Darstellung. Das Gleiche gilt für die beiden Bände der *Cambridge History* [2.c].

Überblicksdarstellungen aus dem englischsprachigen Raum

Auch auf Deutsch sind in den letzten Jahrzehnten überblicksartige Werke entstanden, so das von der marxistischen Perspektive beeinflusste Buch von HARTMANN [2.c]. Die neuere Arbeit von ZÖLLNER [2.c] legt den Schwerpunkt auf das 19. Jahrhundert. Inzwischen stehen auch in westlichen Sprachen Arbeiten von japanischen Autoren oder zumindest unter deren Beteiligung zur Verfügung. Dazu gehören neben den beiden bereits genannten Bänden der *Cambridge History* [2.c] z. B. TSUZUKI [2.c] und BENSON/MATSUMURA [2.c] sowie die marxistisch geprägten Monografien von HANE [2.c] und INOUE [1.f].

Werke deutscher Autoren

Werke japanischer Autoren bzw. mit deren Beteiligung

Zeitübergreifende Quelleneditionen, in denen japanische Dokumente in Übersetzung präsentiert werden, liefern vor allem die kommentierte Edition von DE BARY u. a. [2.c], bei der es sich um eine stark erweiterte Ausgabe eines älteren Werkes handelt, und die Publikation von Lu [2.c], der die Entwicklung von Japans sozialen, wirtschaftlichen und politischen Institutionen vorstellt.

Japanische Quellen in englischer Übersetzung

d) Überblicksdarstellungen zu speziellen Themen

Einige Überblicksarbeiten widmen sich besonderen Schwerpunkten. Mit der Außenpolitik beschäftigt sich NISH [Foreign Policy 2.d] in einer stark personenbezogenen Darstellung von der frühen Meiji-Zeit bis in den Zweiten Weltkrieg hinein und arbeitet dabei die graduelle Machtverlagerung zugunsten des Generalstabs auf Kosten des Außenministeriums heraus. Auch BARNHART [2.d] konzentriert sich auf die Außenbeziehungen, wohingegen TIPTON [2.d], WASWO [2.d] und NEARY [2.d] den sozialen Entwicklungen stärkere Beachtung schenken.

Speziellere Gesamtdarstellung

Andere überblicksartige Darstellungen widmen sich den bilateralen Beziehungen Japans zu den unterschiedlichen Ländern. Am gründlichsten erforscht ist das historische Verhältnis zu Großbritannien, wobei sich NISH als treibende Kraft große Verdienste erworben hat. HOSOYA und NISH haben

Geschichte der britisch-japanischen Beziehungen

als Gesamtherausgeber ein fünfbändiges Werk über die britisch-japanischen Beziehungen 1600–2000 ediert [2.d], wobei verschiedene Editoren für die einzelnen Bände verantwortlich zeichnen. Daneben entstand unter der Herausgeberschaft von Nish u. a. ein fünfbändiges Werk mit Biografien zu Personen, die in den britisch-japanischen Beziehungen eine Rolle spielten, und für die wiederum verschiedene Fachleute als Editoren der einzelnen Bände gewonnen werden konnten [2.d].

Ebenfalls stark personenbezogen sind die Sammelwerke von Cortazzi/ Daniels [2.d] zu den bilateralen Beziehungen und naturgemäß die Abhandlungen über die diplomatischen Vertreter Großbritanniens in Japan 1859–1972, Cortazzi [2.d] und die japanischen in England Nish [Envoys 2.d]. In einer jüngeren Monografie über die britisch-japanischen Beziehungen von 1900 bis 1945 legt Towle eine Überblicksdarstellung vor [2.d]. Es ist

Quellensammlung dann wieder Nish, der als Gesamtherausgeber für die Serie E mit dem Thema „Asien" der Quellenedition *British Documents on Foreign Affairs* verantwortlich zeichnet, die das britische Außenministerium ursprünglich für den Dienstgebrauch zusammengestellt hatte [2.d].

Weniger geschlossen, aber von Umfang und Gründlichkeit her ebenfalls beeindruckend sind die Untersuchungen zu den japanisch-amerikanischen

Amerikanische Dokumentensammlung Beziehungen in den einhundert Jahren seit der erzwungenen Landesöffnung. Vor allem liegt mit den *Foreign Relations of the United States* [2.d] für den gesamten Zeitraum eine nach Jahren geordnete Publikation diplomatischer Akten vor, wie sie sonst von keinem Land in dieser Kontinuität existiert, und in der Japan je nach Periode einen kleineren oder größeren Raum einnimmt. Unter den Darstellungen behandelt Reischauer das Thema mit politischen Absichten, um die Verbindung zwischen beiden Ländern zu stärken [Reischauer, United States 1.f]. Bei anderen Autoren dagegen kommen stärker die Gegensätze in der Moderne zur Sprache, so bei Schwantes [2.d], Neumann [2.d], Neu [2.d], May/Thomson [2.d], LaFeber [2.d] und Matray [2. d]. Für das japanisch-amerikanische Verhältnis in dem gesamten Zeitraum seit dem 19. Jahrhundert kann auch das Lexikon von Van Sant u. a. [2.d] herangezogen werden.

Für die deutsch-japanischen Beziehungen liegt zwar eine Fülle von Veröffentlichungen zu einzelnen Perioden und Themen vor, aber kaum Darstellungen, die den gesamten Zeitraum abdecken, so am ehesten noch die Sammelwerke von Kreiner [Kontakte 2.d; ders., Mittelmächte 2.d] und von Wippich/Spang [2.d]. Ein kürzlich in japanischer Sprache erschienenes dreibändiges Sammelwerk über die Jahre 1890–1945, herausgegeben von Kudo Akira und Tajima Nobuo, soll demnächst in englischer und deutscher Übersetzung erscheinen.

Abhandlungen zur Wirtschafts-geschichte Überblicke zur Wirtschaftsgeschichte des gesamten Zeitraums finden sich bei Pauer [2.d] und Nakamura [2.d]. In dem von Tolliday [2.d] edierten zweibändigen Werk finden sich ältere Aufsätze, die zuvor verstreut erschienen waren.

3. VON TOKUGAWA ZU MEIJI

a) DER ÜBERGANG

Die meisten Historiker stimmen darin überein, wenn auch mit unterschiedlicher Gewichtung, dass die Meiji-Restauration das Ergebnis von drei ineinandergreifenden Faktoren war: das Eindringen westlicher Mächte seit den 1850er Jahren, der Wandel der wirtschaftlichen Lage der Samurai, Kaufleute und Agrarbevölkerung sowie die Auseinandersetzungen innerhalb der herrschenden Elite, der alten Kriegerkaste, angesichts der schwachen Shogune.

Einige Historiker betrachten die Restauration als nationalistische Revolte oder gar Revolution gegen die Gefahr von außen zur Wahrung nationaler Interessen [TOTMAN 3.a; BEASLEY, Documents 3.a; DERS., Restoration 3.a] und nicht für das Wohlergehen der einzelnen Daimyate. Die Anstrengungen zur Rettung der staatlichen Eigenständigkeit zielten auf eine Stärkung des Kaisertums ab, basierend auf der *Kokugaku* [EARL 3.a; HAROOTUNIAN 3.a]. Dagegen spielten für andere Wissenschaftler partikulare Interessen innerhalb der nationalistischen Bewegung eine wichtige oder gar entscheidende Rolle, besonders für Choshu [CRAIG 3.a] und Tosa [JANSEN 3.a]. CRAIG und JANSEN sehen die These von der Verbindung zwischen niederen Samurai und Kaufleuten, die vor allem von marxistischen Historikern vertreten wird, als zu vereinfachend an, da es keine gültige Erklärung für ganz Japan gebe und die Aktivisten auf wenige Regionen beschränkt gewesen seien [ähnlich HAROOTUNIAN 3.a]. Auch andere konservative Historiker wie PITTAU [3.a] und AKITA [3.b] übten Kritik an den Marxisten und beurteilten im Gegensatz zu diesen die politische Führung als weniger traditionell, konservativ und oligarchisch.

NORMAN [Emergence 1.b] und HUBER [3.a] dagegen betonen mehr die innere soziale und wirtschaftliche Entwicklung als Auslöser, d. h. Klasseninteressen. Die sich mit der Kaufmannsschicht verbindenden Samurai an der Spitze der als konterrevolutionär anzusehenden Bewegung waren für NORMAN aber innerhalb ihrer Klasse die Ausnahme und neigten selbst zur Despotie gegen die Interessen der breiten Masse. Die Bedeutung der sozialen und wirtschaftlichen Entwicklung heben auch andere Autoren hervor, ohne eine Verelendung des Volkes als Resultat zu erkennen. Entscheidend waren für sie der Aufstieg der Kaufmannsklasse [SHELDON 3.a] und Verschiebungen innerhalb des Agrarstandes [SMITH 1.f], der sich allerdings nicht am Rande des Verhungerns befunden habe, sondern Anfang des 19. Jahrhunderts eine wohlhabende Schicht gebildet habe, durch die geschickt genutzte Möglichkeit sich mit eigenem Kapital als Unternehmer zu betätigen, wohingegen die Samurai relativ arm geworden seien [HANLEY/YAMAMURA 3.a]. Mit der sich zunehmend in antimarxistischen Bahnen entwickelnden amerikanischen Ge-

Gründe für die Meiji-Restauration

Nationale oder partikulare Interessen?

Kritik an marxistischen Interpretationen

Soziale und wirtschaftliche Gründe für die Restauration

schichtsschreibung griffen konservative Historiker immer stärker die Thesen NORMANS als einseitig und zu simpel an, so z. B. LOCKWOOD [3.d] und SMETHURST [3.a]. LOCKWOOD sah außerdem die Rolle des Staates als weniger dominant an und hob die Initiative kleiner Unternehmer hervor. SMITH [3.a] und NAKAMURA [3.a] stützten seine Ansichten.

Ausländische Interventionen als Auslöser Viele Autoren sehen in den Interventionen fremder Mächte den entscheidenden Faktor für die Meiji-Restauration. MITANI betont dabei aber nicht die *Gefahr* durch das Auftreten der Ausländer, sondern die *Chance*, die sich Japan dadurch geboten habe, nämlich aus der selbstverschuldeten Sackgasse auszubrechen [MITANI 3.a]. Meist aber wird eher die Bedrohung hervorgehoben, die andere Mächte für das Kaiserreich darstellten. Diese Erscheinung und damit auch der Beginn von Japans diplomatischen Beziehungen nehmen daher in der Geschichtsschreibung breiten Raum ein und spiegeln sich auch in veröffentlichten Quellen wider. Mit der deutschen Übersetzung des ersten Bandes von KAJIMAS Diplomatiegeschichte [4.a] liegt ein Werk vor, das reich mit Dokumenten ausgestattet ist und auch demjenigen Einblick in japanische *Quellenausgaben zu den auswärtigen Beziehungen* Quellen ermöglicht, der der Landessprache nicht mächtig ist. Deshalb ist auch die Dokumentation von BEASLEY [Documents 3.a] hilfreich. Eine Anthologie mit Augenzeugenberichten, von Ausländern wie Japanern, über die ausgehende Tokugawa-Zeit liegt von SCHWEBELL [3.a] vor. Die Begegnung mit den fremden Nationen werden in den Werken von BARR [3.a] und BEASLEY [Encounters 3.a] dokumentiert. Internationale Verträge finden sich im 1. Band von THE CENTRE FOR EAST ASIAN CULTURAL STUDIES TOKYO [3.a: 1–65] und offizielle amerikanische Dokumente ab 1861 in *Papers Relating to the Foreign Relations of the United States* [2.d].

Die Aktivitäten einzelner Nationen beim Aufbrechen des verschlossenen Japan und den beginnenden Beziehungen spiegeln sich in einer Reihe von *Die USA* Darstellungen wider, so für die führenden USA von NEU [2.d], NEUMANN [2.d] und IRIYE [3.a], die aber alle einen größeren Zeitraum als den Übergang von Tokugawa zu Meiji behandeln. An Gründlichkeit nicht zu übertreffen sind die Abhandlungen zu den Beziehungen zwischen Großbritannien und *Großbritannien* Japan. Sie führen jedoch oftmals in deterministischer Weise zum Abschluss des Bündnisses von 1902 hin. Das grundlegende Werk zum japanisch-britischen Verhältnis in den letzten Jahren des Shogunats legte BEASLEY [Opening 3.a] vor und den Übergang zur Meiji-Ära behandeln einige Bände der Serie von HOSOYA/NISH [2.d] sowie der Biografienreihe von NISH [Britain & Japan, 2.d].

Den frühen Kontakten zum benachbarten Russland sind die Werke von *Russland* LENSEN [Expedition 3.a; DERS., Push 3.a] gewidmet. Über die preußische Mission und die 1861 abgeschlossenen Verträge liegen der offizielle Bericht [BERG 3.a] und die Publikation von Expeditionsleiter EULENBURG-HERTE- *Preußen* FELD [3.a] vor. Die ausführlichste Abhandlung dazu stammt von STAHNCKE [3.a]. Über die Expedition und den nachfolgenden Einfluss Preußens bzw. Deutschlands existiert ein Sammelwerk von KREBS [3.a]. Zu Frankreichs

Einfluss, der bald im Schwinden begriffen war und daher in der Historio- Frankreich
grafie stiefmütterlich behandelt wird, schließt Sims [3.a] eine empfindliche
Lücke.

b) Die neue Staatsstruktur

Eine Reihe von japanischen Quellen mit Bezug zur Staatsstruktur liegt in
Übersetzung vor, so von Ito [3.b], Kido [3.b], Okuma [3.b], Stead [3.b].
Eine wissenschaftliche Geschichtsschreibung über die Meiji-Zeit aber begann
in Japan erst nach dem Zweiten Weltkrieg, und zwar besonders durch die
marxistische Schule. Diese konzentrierte sich auf wirtschaftliche wie soziale
Aspekte und hob dabei die großen Opfer hervor, die das gemeine Volk für die
ehrgeizige Politik der Regierung und militärische Expansion hatte bringen
müssen. Auch im Westen fand der Aufbau des neuen Staates großes Interesse,
so z. B. für die propagandistische Aufwertung des Kaisers als Integrations- Kaiser
figur [Fujitani 1.a; Large 3.b; Keene 3.b; Shillony, Enigma 6.f] und die
dazu entwickelte Mythologie. Die planmäßige Stärkung des Shintoismus
erfährt eine Behandlung bei Holtom [1.f], Lokowandt [3.b] und Hardacre
[3.b]. Die angeblich göttliche Herkunft der Herrscherdynastie begründete die Shintoismus
Besonderheit des japanischen Staatswesens (*kokutai*) und züchtete einen Kokutai
künstlich erzeugten, antiquierten Mythos heran [Antoni 3.b], der für alle
Japaner verbindlich war und den Monarchen unangreifbar machte. Gluck Mythologie
[1. a] sieht aber bei der Verbreitung der ideologischen Vorgaben häufig Zufälle
und inkonsequentes Verhalten am Werk, sodass überwiegend Streben nach
Fortschritt und individuellem Erfolg die japanische Geschichte geprägt hätten.

Die Mythologie musste aber mit einem am Westen orientierten Regierungssystem vereinbart werden, gipfelnd in einer Verfassung. Eine Abhandlung
über die Struktur der Jahre 1868–1871 bietet Wilson [3.b] und eine Quellensammlung bis zur Einführung des konstitutionellen Systems findet sich bei
The Centre For East Asian Cultural Studies Tokyo [3.a, Bd. 1: 76–92]
und McLaren [3. b]. Die für das monarchische System erforderliche Hof- Der Weg zu einem
beamtenschaft untersucht Titus [3.b]. Der Autor ist der Ansicht, dass die am Westen orien-
Politik bis 1945 ständig in Absprache mit dem Tenno formuliert wurde und – tierten System
ähnlich im Urteil von Crowley [6.c] – immer in der Hand der dafür vorgesehenen verfassungsmäßigen Organe geblieben war, ohne dabei, wie etwa bei
Maruyama behauptet [1.g], durch den Druck terroristischer *outlaws* bestimmt worden zu sein.

Die in der Aufbauphase entstandene Bewegung für Freiheit und Volks- Bewegung für Frei-
rechte fand seit den späten 1950ern große Beachtung, als Japan nach demo- heit und Volksrechte
kratischen Wurzeln in der eigenen Vergangenheit suchte, und erlebte den
Höhepunkt in den 1980er Jahren aus Anlass des Gedenkens zum Hundert-

jahrjubiläum. Die Interpretationen gingen dabei weit auseinander: Handelte es sich um eine breite Volksbewegung mit Erfolgen bis hin zur Taisho-Demokratie oder gar Nachkriegsordnung oder nur um das Werk von Taktikern und damit nur um scheinbare Freiheiten, deren vermeintliche Nutznießer oft brutal niedergeknüppelt wurden [zu dieser Diskussion S. OBINATA, The Freedom and Popular Rights Movement, in: THE NATIONAL COMMITTEE OF JAPANESE HISTORIANS 2.b: 227–243].

Ein Autor wie AKITA [3.b] führt die Verfassung nicht auf den Druck unterprivilegierter Kreise zurück, sondern auf die Einsicht und Überzeugung der aufgeklärten Elite innerhalb der Meiji-Oligarchie. Dagegen hatte der an amerikanischen Universitäten wirkende Japaner IKE Nobutaka der Bewegung für Freiheit und Volksrechte schon 1950 eine Studie gewidmet, also noch während der Besatzungszeit, in der er – ähnlich wie später REISCHAUER – die japanische Demokratie nicht als oktroyiert, sondern als Ergebnis einer indi- |Die demokratische Bewegung: Sieg oder Versagen?| genen Bewegung darstellt [IKE 3.b: XIII]. Er steht damit im Gegensatz zu NORMAN [Emergence 1.d; DERS., Soldier 1.d] und der bald darauf auch von SCALAPINO [3.b] vertretenen These vom „Versagen" der Demokratie. Viele Autoren billigten der Bewegung für Freiheit und Volksrechte nicht nur demokratisches, sondern geradezu revolutionäres Potenzial zu, besonders wenn man sie in Verbindung mit der gleichzeitig stattfindenden Auflehnung der Landbevölkerung gegen ihre Unterdrücker betrachtet [BOWEN 3.b]. Ähnlich sehen oft japanische Historiker das Streben nach demokratischen Rechten als erfolgreich an [z. B. BANNO, Establishment 3.b; DERS., Democracy 3.b]. Eine eigene Biografie widmete LEBRA dem vielleicht profiliertesten Vorkämpfer der Bewegung, Okuma Shigenobu, der darin als echter Demokrat und nicht als bloßer Taktiker erscheint [LEBRA 3.b]. BECKMANN [3.b] analysierte zu dem Thema die unterschiedliche Haltung der einzelnen Handlungsträger bei der Entstehung des konstitutionellen Systems. Ein Drittel seines Werkes besteht aus einem Anhang mit Dokumenten, die teilweise zum ersten Mal aus dem Japanischen übersetzt wurden.

Zahlreiche Studien sind der Wahl und Adaption des konservativen preußischen Modells für die japanische Verfassung gewidmet. Dazu und zu den |Der preußisch-deutsche Einfluss| zahlreichen deutschen und österreichischen Staatsrechtlern, welche die japanische Regierung berieten und von denen einige sich auch eine Zeit lang in Tokyo aufhielten, liegt eine Fülle von Studien vor [ANDO 3.b; KOKUBUN 3. b; SCHENCK 3.b; SIEMES 3.b; TAKII 3.b].

Mitunter sieht ein Autor den Einfluss Deutschlands auf die japanische |Das preußische Modell: Geburtsfehler des modernen Japan?| Regierungsstruktur langfristig als verhängnisvoll an, gewissermaßen als Geburtsfehler des modernen Staates mit der zwangsläufigen Folge äußerer Aggression und innerer Repression bis hin zum Zweiten Weltkrieg [MARTIN 3.b: 17–75]. Ähnlich stellt SCHENCK [3.b: 330] den Einfluss des deutschen Rechts als fatal hin, da er in Japan zu gesellschaftlicher Stagnation geführt habe. Die meisten Autoren aber vertreten die Ansicht, dass in der frühen Meiji-Zeit noch alle Optionen offen waren, zumal auch die Verfassung so vage formuliert war, dass unter ihr sowohl autoritäre als auch demokratische Regierungen möglich waren.

So leugnet ANDO [3.b] eine blinde Adaption alles Deutschen und betont, dass Japan bei aller Vorbildfunktion Preußens eigene Traditionen und Vorstellungen sowie Ideen aus anderen Ländern eingebracht habe. TAKII [3.b] zeigt auf, wie die Japaner fremdes Gedankengut untersuchten, assimilierten und adaptierten. Ähnlich vertritt RAHN [3.b] die Auffassung, das moderne japanische Recht sei nicht nur ein Produkt der Rezeption ausländischer Modelle, sondern hätte traditionelle Merkmale der japanischen Denkweise integriert. Auch sonst wird in der Fachliteratur klar, dass Deutschland nicht auf allen Gebieten des Rechtswesens als Modell diente, sondern z. B. im Straf- und Zivilrecht Anleihen in Frankreich gemacht und französische Juristen als Berater engagiert wurden. Zum Aufbau des Rechtswesen kann auf eine reiche Fachliteratur zurückgegriffen werden: EUBEL [3.b]; MEHREN [3.b]; RÖHL [3.b]; SCHENCK [3.b]. Eine Gesetzessammlung bietet ISHII [3.b]. Verbindung von fremdem und eigenem Gedankengut Japans modernes Recht

Einen bedeutenden Platz in der Struktur des neuartigen Staatswesens nahm das Militär ein. Die Auflösung der Samurai-Kaste und die Einführung der Wehrpflicht als radikalen Bruch mit der Vergangenheit behandelt KOIKE-GOOD [3.f]. Der Unwille der alten Kriegerkaste und daraus entstandene Erhebungen fanden daher in der Geschichtsschreibung große Beachtung, besonders die Führergestalt Saigo Takamoris und der Satsuma-Aufstand von 1877 [YATES 3.f; RAVINA 3.f].

Mit dem Anteil der Franzosen am Aufbau einer modernen Armee befasst sich ein Teil der Monografie von SIMS [3.a]. Der wesentlich größere Anteil Deutschlands aber hat naturgemäß mehr Beachtung gefunden, zumal er zu der verfassungsmäßig garantierten Unabhängigkeit des Militärs führte [PRESSEISEN 3.f; BÜRKNER 3.f; HACKETT 3.f; LONE 3.f]. Der lange vertretenen Ansicht, die Marine hätte sich weniger in die Politik eingemischt als die Armee, widerspricht SCHENCKING [3.f]. Die technische Seite der Marine wird von EVANS/PEATTIE [3.f] behandelt. Der Charakter der Armee Die Marine

c) DAS BILDUNGSWESEN

Die klassische Studie über die Entwicklung des japanischen Erziehungswesens von der Tokugawa-Ära bis in die frühe Okkupationszeit stammt von Herbert PASSIN [3.c], der selbst für die amerikanische Besatzungsmacht auf diesem Sektor tätig war und besonders die systematische Propagierung der politischen Ideologie sowie die Erleichterung sozialer Mobilität durch Schulbildung untersucht. Ein umfangreicher Quellenanhang rundet die Studie ab. Der Autor ist, ebenso wie DORE [R. P. DORE, Education – Japan, in: WARD/RUSTOW, 1.f: 176–204; DORE, Mobility, Equality, and Individuation in Modern Japan, in: DERS. 1.f: 113–150] von der Modernisierungstheorie beeinflusst, sodass bei der Beurteilung des Bildungswesens in der frühen Meiji-Zeit Einfluss der Modernisierungstheorie die Messlatte der zeitgenössischen europäisch-amerikanischen Werte und Standards angelegt wird. Eine nützliche Sammlung verstreut erschienener Schriften bietet BEAUCHAMP [3.c]. Die von Essays eingeleitete Bibliografie von BEAUCHAMP/RUBINGER [3.c] bringt es auf fast 1 000 Einträge und kann als Fortsetzung zu Passins Werk gesehen werden.

Die erste Generation der Meiji-Intellektuellen, die eine höhere Schulbildung nach westlichem Vorbild genossen hatte, wird von PYLE [3.c] dahingehend charakterisiert, dass sie sowohl „modern" als auch „japanisch" war. Langfristig ließen sich offenbar Japans Ziele eher mit denjenigen Preußens, das von DORE als „in some ways the most Confucian country in Europe" bezeichnet wird [R. P. DORE, Foreword, in: AMANO 3.c: VIII], als denen der angelsächsischen Länder vereinbaren. Dem Fach „Moralkunde" (*shûshin*), eingeführt zur Steigerung des Patriotismus, widmet sich R. K. HALL [3.c], der nach 1945 in der Besatzungsverwaltung für das Erziehungssystem zuständig war. RODEN [3.c] untersucht die soziale und intellektuelle Atmosphäre in den höheren Schulen Japans zu Beginn des 20. Jahrhunderts und zieht den Vergleich sowohl zu Großbritannien als auch zu Deutschland.

Der Einfluss ausländischen Denkens zeigt sich darin, dass viele der wichtigsten Bildungspolitiker in Japan Christen waren, die sich allerdings sowohl zu Pazifisten als auch zu Nationalisten entwickeln konnten. Ihr Anteil wird von DUKE [3.c] auf ca. 50 % beziffert. Von dem wohl einflussreichsten aus den Reihen der Christen, FUKUZAWA Yukichi, liegt eine Autobiografie [3.c] auch in deutscher Übersetzung vor.

Daneben wird dem langjährigen Erziehungsminister Mori Arinori und seinem Wirken große Aufmerksamkeit gewidmet [I. P. HALL 3.c; SWALE 3. c]. Dabei liefert SWALE keine reine Biografie nach Art der Vätergeneration, sondern bezieht die japanische Ideengeschichte mit ein. Die Tendenz Moris, das Ziel des Bildungssystems ausschließlich darin zu sehen, dem Interesse des Staates zu dienen und nicht der Entwicklung des Individuums, betont HORIO [3.c] und sieht in der Gängelung eine entscheidende Schwäche, an dem das japanische Erziehungswesen bis auf den heutigen Tag leide, veranschaulicht auch durch die autoritäre Haltung der Regierung in dem leidigen Schulbuchstreit. AMANO [3.c] aber zeigt, dass man die staatliche Zielsetzung der Meiji-Zeit auch positiver beurteilen kann: Das Erziehungswesen sei dazu bestimmt worden, eine moderne Gesellschaft mit größerer Chancengleichheit zu entwickeln und eine Facharbeiterschaft heranzubilden, um das Ziel einer schnellen Industrialisierung zu erreichen. Auch er aber räumt einige negative Begleiterscheinungen ein und führt z. B. das System der „Examenshölle" im heutigen Japan auf die Meiji-Zeit zurück, da zunehmend Testergebnisse wichtiger geworden seien als die Formung des Menschen durch moderne Pädagogik. Überwiegend positiv wird das in der Meiji-Zeit entstandene Bildungssystem auch bei KAIGO [3.c], der lange Zeit der bedeutendste mit Bildungsgeschichte befasste Historiker war, und HAASCH [3.c: 66–92] beurteilt.

Margin notes:

Verbindung von ausländischen Vorbildern und japanischer Tradition

Die Bedeutung japanischer Christen

Die Rolle von Erziehungsminister Mori

Negative Urteile zum Erziehungssystem

Positive Beurteilungen

Der japanische Wirtschaftsboom der 1980er Jahre führte dazu, dass man nach dem Schlüssel zum Erfolg im Bildungssystem suchte. MARSHALL [Learning 3.c] zeichnet nach, welche Kräfte bezüglich des Erziehungswesens nach Beginn der Modernisierung aufeinander geprallt waren und einen Kompromiss erforderlich machten. Er sieht die Japaner nicht als konsensgeprägte Träger einer monolithischen Kultur an, sondern als streitlustiges Volk, wie sich nirgends besser zeige als in den scharfen Kontroversen über das Schulwesen von der Meiji-Restauration bis zur Gegenwart. PLATT [3.c] wertet die Entwicklung ebenfalls aus Japans Geschichte und Tradition heraus und macht daher nicht nur ausländische Vorgaben, sondern auch konfuzianisches Denken für kulturelle Zusammenstöße verantwortlich. MARSHALL hat nachgewiesen, und zwar mit der Universität Tokyo im Zentrum seiner Untersuchung, wie in der Meiji-Ära die Grundlage für die Beschränkung akademischer Freiheiten gelegt wurde, die dann in den 1930ern in der Knebelung der Intellektuellen ihren Höhepunkt finden sollte. Er sieht darin aber nicht einseitig Parallelen zu dem autoritären Deutschland, sondern auch zu den kommunistischen Staaten und McCarthys Amerika [MARSHALL, Freedom 3.c: 2]. LINCICOME [3.c] konzentriert sich auf die Heranbildung von Lehrern, die für ihn nicht immer Werkzeug der konservativen Meiji-Regierungen waren, sondern oft Widerstand gegen die Gängelung geleistet hätten und sich an den Ideen von Pestalozzi und Herbart zum Wohle der Kinder orientiert hätten.

Kontroversen um das Bildungswesen in der Meiji-Zeit

d) WIRTSCHAFT UND INDUSTRIALISIERUNG

Zur politischen, wirtschaftlichen und sozialen Geschichte der Meiji-Zeit gab KORNICKI [3.d] ein vierbändiges Werk als Nachdruck verstreut erschienener Aufsätze mit den unterschiedlichsten Interpretationen heraus. Auf die zeitübergreifende Sammlung von TOLLIDAY [2.d] wurde bereits verwiesen. Die erste umfangreiche Wirtschaftsgeschichte für die japanische Moderne legte 1946 George C. ALLEN vor, der in der Zwischenkriegszeit als Lehrer an japanischen Universitäten tätig war, nach 1945 der Besatzungsmacht diente und später seine Erfahrungen in Neuauflagen und weiteren Publikationen verbreitete [ALLEN, History 3.d; DERS., Appointment 3.d].

Sammlungen älterer Aufsätze

Beginnende Wirtschaftshistoriografie

In der frühen Epoche nach 1945 herrschte die Ansicht von der überragenden und entscheidenden Rolle des Staates im japanischen Wirtschaftsaufbau vor, begründet in der dominierenden marxistischen Interpretation der Vorkriegszeit, die durch NORMAN auch im Westen verbreitet war. Demzufolge hatte eine despotische Staatsbürokratie die Industrialisierung initiiert, vorangetrieben und überwacht, sodass die Wirtschaftsstruktur einen halbfeudalen Charakter erhielt [DISTELRATH 1.h: 226 f.]. Unter diesem Einfluss befasste sich z. B. SMITH [3.a] mit dem kurzlebigen Experiment von Staatsbetrieben. Das starke Engagement der Regierung wird, auch wenn kleineren Unternehmern eine gewisse Bedeutung eingeräumt wird, in der lange als Standardwerk betrachteten Arbeit von LOCKWOOD ebenfalls betont [3.d]. Der in China geborene LOCKWOOD hatte als stellvertretender Leiter der Abteilung für japanische und koreanische Wirtschaft im amerikanischen Außenministerium Untersuchungen zu der ökonomischen Entwicklung Ostasiens für die Planung der Besatzungspolitik durchgeführt. Bald aber, in den 1960er Jahren, gerieten er und andere Wissenschaftler unter den Einfluss konservativer japanischer Kollegen, welche die Rolle der Regierung bei der Industrialisierung geringer bewerteten und den Unternehmern die größere Initiative zuschrieben [z. B. WRAY, Mitsubishi 3.d: 485–487]. Dieser Annahme schloss sich nun auch LOCKWOOD an, der innerhalb der antimarxistisch orientierten Conference on Modern Japan mit ihrer Modernisierungstheorie die führende Position auf dem Gebiet der Wirtschaft übernahm und deren zweites Symposium 1963 leitete [LOCKWOOD 1.f]. Die führende Rolle wird den dynamischen und wagemutigen Unternehmern auch von dem einflussreichen Autor Johannes HIRSCHMEIER, der als katholischer Missionar jahrzehntelang in Japan wirkte, zugeschrieben, deren Aktivitäten von dem aus der feudalen Periode ererbten starken Sinn des Volkes für Disziplin, Fleiß und Loyalität unterstützt worden seien [HIRSCHMEIER 3.d; DERS./YUI 3.d].

Betonung der Unternehmerinitiative (margin note)

Außerdem sahen die Autoren Japan am Ende der Tokugawa-Zeit zunehmend als nicht so rückständig an wie frühere Analysten und beurteilten daher die Startbedingungen für die Wirtschaft der Meiji-Zeit eher optimistisch [KREINER u. a. 3.d; JANSEN/ROZMAN 3.d; PAUER Bd. 1, 2.d]. Das wohl beste Beispiel für den in der Meiji-Zeit entstandenen neuen Typ von Wirtschaftsführern ist der Industrielle SHIBUSAWA Eiichi, für den auf eine Autobiografie [3.d] und eine Monografie zurückgegriffen werden kann: SHIBUSAWA war ländlicher Herkunft, konnte aber zum Gründer und Betreiber zahlreicher Industriebetriebe und zum Bankpräsidenten aufsteigen [KINZLEY 3.d]. Den von ihm propagierten industriellen Konfuzianismus erachten viele Autoren als Grundlage des Wirtschaftserfolges bis zum heutigen Tag, so schon BELLAH, der darin und in der dominierenden Samurai-Ethik eine Parallele zur protestantischen Kaufmannsethik sieht [BELLAH 3.d: 2 f.]. Modernisierungstheoretiker fanden unter Berufung auf ihn positive Aspekte im Weiterbestehen hierarchischer traditioneller Strukturen und Werte, die sich für den Wirtschaftsumbau instrumentalisieren ließen [z. B. R. A. SCALAPINO, Japan, in: WARD/RUSTOW 1.f: 64–90; MARSHALL 3.d]. Ergänzt wurden die indigenen guten Voraussetzungen dann durch die Tätigkeit ausländischer Fachkräfte [BEAUCHAMP/IRIYE 3.d; BURKS 3.d; JONES 3.d; PAUER, Technologietransfer 3.d; PEDLAR 3.d; UMETANI 3.d].

Rolle des Konfuzianismus in der Wirtschaft (margin note)

Samurai-Ethik (margin note)

Mitunter wird auch die Rolle der angestellten Firmenmanager betont, d. h. Spezialisten, welche die neuen Universitäten absolviert und oft über Auslandserfahrung verfügt hatten, in Führungspositionen mit beträchtlichem Einfluss gelangten und dabei für die Expansion sowie Diversifikation der Zaibatsu sorgten und den Prototyp des heute führenden Angestellten und

Die neue Managerklasse (margin note)

Managers ohne eigene Firma darstellen [KINMOTH 3.d; MORIKAWA 3.d: 46–54]. Auch das lange vernachlässigte Gebiet der Unternehmensgeschichte hat seit den 1980er Jahren eine starke Belebung erfahren [WRAY, Mitsubishi 3. d; DERS., Managing 3.d; FUKASAKU 3.d; PAUER 2.d]. Inzwischen war es zu einer fruchtbaren Zusammenarbeit zwischen Japanern und westlichen Historikern gekommen, die der japanischen Sprache mächtig waren, sodass eine Reihe von Gemeinschaftswerken entstanden [OHKAWA/ROSOWSKY 3.d; KLEIN/OHKAWA 3.d]. Diese Kooperation fiel mit dem erstaunlichen Wirtschaftsboom und der Modernisierungstheorie der 1960er Jahre zusammen, sodass die Urteile dieser Autoren zur ökonomischen Entwicklung überwiegend positiv ausfielen.

Unternehmensgeschichte

e) DIE LAGE DER LANDBEVÖLKERUNG UND ANDERES KONFLIKTPOTENZIAL

HAVENS [3.e] arbeitet die agrarische Ideologie der Meiji- und Taisho-Ära heraus, die eine besondere Spielart des Nationalismus hervorbrachte. In besserem Licht als bei den japanischen Marxisten erscheint bei den meisten westlichen Historikern die Lage der Landbevölkerung. In einer Pionierstudie untersuchte SMITH [1.f], die agrarischen Ursprünge des modernen Japan. Er kommt dabei zu der Feststellung, dass die starre Ständeordnung sich bereits Ende der Tokugawa-Zeit in einem Übergangsstadium befunden habe, die Landwirtschaft dabei kommerzialisiert worden sei und damit zu der schnellen Modernisierung Japans beigetragen habe. WASWO sieht die Lage der Landbevölkerung ebenfalls nicht als völlig hoffnungslos an. In ihren Augen waren die Großgrundbesitzer keineswegs so mächtig und so reaktionär, wie von Wissenschaftlern zuvor behauptet worden war, und die scharfe Kritik an den Zuständen habe schließlich die Landreform der Amerikaner 1946 erleichtert [WASWO 3.e: 2 f.].

Die Lage der Landbevölkerung

Auch SMETHURST [3.a] betont die positiven Seiten des japanischen Agrarsektors in der Meiji-Zeit. Das dramatische Anwachsen der Marktwirtschaft habe zu einem graduell steigenden Wohlstand geführt und oft Pächter zu Kleinunternehmern gemacht. Ebenso besteht bei WALTHALL [Protest 3.e; DIES., Peasant 3.e] die Bauernschaft aus „praktisch veranlagten Leuten". Auf der Basis von Berichten der Betroffenen stellt die Autorin die Interpretationen anderer Wissenschaftler in Frage, besonders die von Japans marxistischer Schule stark beeinflusste Studie von BIX [3.e]. Dieser nimmt den Faden von Hugh BORTON und E. Herbert NORMAN aus der Vorkriegszeit auf, um die angebliche Schönfärbung der japanischen Geschichte aus der Zeit der Modernisierungstheorie zu korrigieren. Dazu liefert er eine marxistische Interpretation, wonach eine heroische Bauernschaft sich hasserfüllt erhob, da sie – mitwirkend an einer welthistorischen Wende und pan-asiatischen Aufstandsbewegung – als Träger des Fortschritts eben rebellieren musste. Aller-

Positive Aspekte der Lage

Bauernunruhen

dings scheint BIX eher von Mao Tse-tung als von Marx beeinflusst zu sein, der die Bauernschaft bekanntlich als konservativ eingestuft hatte.

Die vom Vietnamkrieg geprägte Historikergeneration nahm sich natürlich auch des Wirtschaftsthemas an, verständlicherweise unter dem Einfluss japanischer Marxisten. So feierte John DOWER in seiner Einführung zu HALLI-DAYS [3.d: XVII–XXXIII] Geschichte des japanischen Kapitalismus den Autor als ersten Wissenschaftler, der die Stafette von NORMAN nach all den Jahren der banalen Modernisierungstheorie à la REISCHAUER und KAHN übernommen und damit endlich ein Werk zur Analyse in marxistischem Rahmen geliefert habe.

Marxistisch beein-
flusste Wirtschafts-
geschichte

Japan wurde nicht länger als Konsensgesellschaft charakterisiert. Es entstanden nun in schneller Folge Studien zu inneren Konflikten wie sozialen Protestbewegungen, politischer Opposition, staatlicher Repression, ideologischem Dissens und schließlich vor allem Bauernrebellionen. Nicht mehr die japanische Führungsschicht und ihre Politik standen im Mittelpunkt des Interesses, sondern die unteren, oft aufbegehrenden Schichten: Volk gegen Staat. In Monografien und einer ganzen Reihe von Sammelbänden untersuchten die Autoren für die Zeit von den 1850ern bis zu den späten 1920ern – und manchmal auch darüber hinaus – Bauernunruhen, städtische Erhebungen, studentischen Aufruhr, Attentate, Selbstmorde, Streiks und Putschversuche [KOSCHMANN 3.e; NAJITA/KOSCHMANN 3.e; KRAUSS 1.h; MOUER/SUGIMOTO 1.h; McCORMACK/SUGIMOTO, Democracy 3.e; DIES., Trajectory 3.e].

Soziale Konflikte in
Japans moderner
Geschichte

Der marxistische Historiker M. HANE, ein Amerikaner japanischer Herkunft, arbeitet in einer Studie, die bis 1945 reicht [HANE 3.e], die soziale Kehrseite von Japans Modernisierung heraus: Hunger, Wehrpflicht, Arbeitsbedingungen von Textilarbeiterinnen und Bergleuten, das Elend der Bauern, armutsbedingte Prostitution und die Lage der unterprivilegierten Klasse der Ausgestoßenen. Der Autor wurde in der Schicht junger amerikanischer Akademiker sehr einflussreich. Wie schon bei ihm, so erfuhr die Rolle der Frau in der Meiji-Zeit auch sonst breite Beachtung. TSURUMI [3.d] legt das erbarmungswürdige Schicksal der jungen Textilarbeiterinnen in der Phase der Industrialisierung dar und zieht den Vergleich zu anderen Werktätigen. Dass besonders politisch aktive oder unangepasste Frauen einen schweren Stand hatten und staatlicher Repression unterlagen, wird durch eine Fülle weiterer Untersuchungen belegt [SIEVERS 3.e; MACKIE 3.e; TOMIDA/DANIELS 3.e].

Das Elend breiter
Schichten

Deutlich wird in einer Reihe von Studien auch, dass die nur zart aufkeimenden Pflanzen „Sozialismus" oder „Anarchismus" vom Meiji-Staat mit einer Härte bekämpft wurden, die in keinem Verhältnis zu ihrem geringen Einfluss stand [NOTEHELFER 3.e; CRUMP 3.e; PLOTKIN 3.e; SPROTTE 3.e].

4. EXPANSIONSPOLITIK UND DER WEG ZUR GROSSMACHT

a) FRÜHE AUSSENPOLITIK UND TERRITORIALE GRENZZIEHUNG

Für die Außenpolitik der Meiji-Zeit liegen die ersten drei Bände von KAJIMAS [4.a] reich dokumentierter Diplomatiegeschichte in deutscher Übersetzung vor, die bis zum Russisch-Japanischen Krieg 1904/05 reicht und etwas von der patriotischen Haltung des Autors durchdrungen ist. Das größte Problem bestand für die Japaner anfangs in den ungleichen Verträgen. AUSLIN [4.a] befasst sich mit den jahrzehntelangen Verhandlungen über deren Abschaffung und der Kultur japanischer Außenpolitik im Anfangsstadium. HOARE [4.a], britischer Ex-Diplomat, widmet sich dem Aspekt der Vertragshäfen und Fremdenansiedlung. Japans Kampf um Gleichberechtigung

Zu den für die Etablierung einer modernen Diplomatie genutzten reichen Erfahrungen der Iwakura-Mission kann man das Sammelwerk von NISH [4.a] und die Chronik von KUME heranziehen, die neuerdings auch in englischer [KUME, Iwakura Embassy 4.a] und auszugsweise in deutscher Übersetzung vorliegt [KUME, Iwakura-Mission 4.a]. CALMAN [4.a] sieht in der langen Abwesenheit der politischen Führer die Geburtsstunde des japanischen Imperialismus. Noch weiter zurück verfolgt WAGNER [4.a] die Wurzeln der japanischen Expansion und kommt zu dem Schluss, schon in der Tokugawa-Zeit sei ideologisch und publizistisch energisch darauf hingearbeitet worden, besonders durch den einflussreichen Yoshida Shoin aus Choshu. BEASLEY [4.a] betont den Zusammenhang zwischen erfolgreicher Industrialisierung und imperialistischer Politik und sieht eine enge Wechselwirkung ökonomischer und militärischer Aspekte. Die Iwakura-Mission

Die Wurzeln der japanischen Expansionspolitik

Die Sicherung von umstrittenen Regionen begann Japan mit der Annexion des Königreiches Ryu-Kyu, künftig: Okinawa, für dessen Geschichte als Standardwerk vor allem KERR [4.a] heranzuziehen ist, das allerdings die Sicht der amerikanischen Besatzungsmacht wiedergibt und daher die Eigenständigkeit dieser Inseln betont. Über die Beunruhigung der USA über das japanische Engagement im Königreich Hawaii bis zur amerikanischen Annexion 1898 informiert ausführlich die Arbeit von CONROY [4.a]. Okinawa

Die zwischen Tokyo und St. Petersburg umstrittene territoriale Zugehörigkeit von Hokkaido und die Lösung des Problems im Vertrag von Shimoda 1855 werden im Rahmen der Beziehungen zwischen den beiden Ländern in den noch immer unverzichtbaren Werken von LENSEN [Expedition 3.a; DERS., Push 3.a] behandelt. STEPHAN widmet sich dem Schicksal der Insel Sachalin und der Kurilen-Kette [Sakhalin 4.a; DERS., Kuril], deren Zugehörigkeit durch den Vertrag von St. Petersburg 1875 festgelegt wurde – wie sich aber zeigen sollte: nur vorläufig, da die Gebiete nach dem Russisch-Japanischen Krieg und dem Zweiten Weltkrieg neu vergeben wurden. Hokkaido

Sachalin und die Kurilen

b) Der Chinesisch-Japanische Krieg 1894–1895

Da die Diplomatiegeschichte seit Ende der 1970er Jahre weitgehend als „altmodisch" verpönt war, widmeten sich ihr nur noch einige wenige Autoren, und zwar Vertreter der konservativen Schule. So legte Jansen [4.b] eine Überblicksdarstellung der japanisch-chinesischen Beziehungen vor. Etwa zwanzig Jahre später aber vollzog sich durch eine beträchtliche Anzahl von Studien einer jüngeren Historikergeneration zu den Außenbeziehungen eine historiografische Trendwende. Dazu gehört Lone [4.b], der aber nicht nur die militärischen Ereignisse und die Politik im Zusammenhang des Krieges mit China untersucht, sondern auch auf die Auswirkungen für die japanische Bevölkerung eingeht, die stark unter der finanziellen Belastung litt und daher dem Krieg meist ohne Begeisterung gegenüberstand. Die Regierung versuchte jedoch bald mit Erfolg, Patriotismus und Begeisterung nach den ersten militärischen Erfolgen zu schüren. Eine Überblicksdarstellung zum Krieg mit China 1894/95 liefert auch Paine [4.b], der die Auffassung Japans von einer besonderen zivilisatorischen Mission in Asien hervorhebt.

Diplomatiegeschichtliche Überblicksdarstellungen

Speziell mit der Rolle von Mutsu Munemitsu, Außenminister ab 1892, beschäftigt sich das Werk von Perez [4.b]. Von Mutsu [4.b] selbst liegen auch Memoiren in englischer Übersetzung vor, ebenso wie die von Hayashi Tadasu [4.b], der den Minister während dessen längerer Krankheit vertrat. Brooks [4.b] nimmt den Chinesisch-Japanischen Krieg als Ausgangspunkt für eine Studie zu Japans China-Politik bis 1938, und zwar konzentriert auf das Engagement des Außenministeriums, das zwischen 1931 und 1938 einen relativen Verlust an Einfluss zugunsten des Militärs hinnehmen musste. Mit der Friedensregelung von Shimonoseki 1895, der Dreierintervention und damit dem japanischen Verzicht auf die Liaotung-Halbinsel befassen sich intensiv Kajima [Bd. 2, 4.a] und – im Zusammenhang mit der deutschen Fernostpolitik – Wippich [4.b].

Die Rolle von Außenminister Mutsu

Der Friede von Shimonoseki und die Triple-Intervention

Der Ausgang des Krieges mit China war der eigentliche Beginn von Japans Kolonialpolitik. In dem von Myers/Peattie edierten Sammelband [4.b] werden Gründung, Management und Entwicklung der folgenden Kolonialgebiete von Historikern verschiedener Nationen behandelt: Taiwan, Korea, Süd-Sachalin, Kwantung-Pachtgebiet und Mikronesien. Unter anderem wird aufgezeigt, dass Japan versuchte, die Methoden und Erfahrungen der eigenen, weitgehend abgeschlossenen Modernisierung auf die neuen Gebiete zu übertragen, und dass es sich damit deutlich von den europäischen Kolonialmächten unterschied. Die Politik bis etwa 1930 erscheint in einem eher positiven Licht, während der Widerstand als unvernünftige Reaktion auf die Modernisierungspolitik und damit als eigentliche Ursache der japanischen Repression dargestellt wird. Das Werk hebt sich damit deutlich von dem bis dahin herrschenden Bild ab, geprägt durch den Tokyoter Kriegsverbrecherprozess, d. h. von einer gnadenlosen Ausbeutung der angegliederten Territorien. Die-

Beginn japanischer Kolonialpolitik

ser Veröffentlichung sollten noch zwei weitere Bände zur japanischen Expansion folgen [DUUS u. a. 4.b und DIES. 6.i].

Die wachsenden Spannungen, die sich nach dem Krieg von 1894/95 zwischen Japan und den ebenfalls expansiv in Ostasien vorgehenden Vereinigten Staaten entwickelten, führt IRIYE [4.b] vor allem auf ihre parallele Entwicklung und ähnliche Interessenlage in Asien zurück. Mit dem künftigen Antagonismus beschäftigt sich auch NIMMO [4.b], der die Geschichte bis 1945 weiterverfolgt.

c) Das Britisch-Japanische Bündnis 1902 und der Russisch-Japanische Krieg 1904–1905

Von der Dokumentation her wertvoll für Japans Bündnis mit Großbritannien und den Krieg mit Russland sind der 3. Band von KAJIMA [4.a] und die Memoiren von HAYASHI Tadasu [4.b], dem damaligen Gesandten in London und Architekten der Allianz. Als grundlegende Darstellung ist NISH [Alliance 4.c] anzusehen. Die Arbeit von WESTWOOD [4.c] hat den Vorteil, viele russische Quellen aufbereitet zu haben. Immer noch lesenswert für das Verständnis der Rivalität zwischen Japan und Russland in der Mandschurei und Korea sind die Werke von LENSEN [Korea 4.c; DERS., Balance 4.c].

Zum 100-jährigen Jubiläum von Japans Allianz mit Großbritannien und dem Krieg mit Russland fanden zahlreiche Symposien statt, und es erschienen viele Buchpublikationen. In dem Sammelwerk von O'BRIEN [4.c], wird das Bündnis aus vielerlei Perspektiven über die beiden Revisionen bis zu seinem Ende 1922 beleuchtet. Zum 100. Jahrestag des Russisch-Japanischen Krieges erschienen ein von KOWNER herausgegebener Band [KOWNER, Impact 4.c], dem noch ein zweiter folgte [CHAPMAN/INABA 4.c], und ein weiterer von KREINER [4.c]. KOWNER gab außerdem ein historisches Lexikon zum Russisch-Japanischen Krieg heraus [KOWNER, Dictionary 4.c]. Die globale Dimension des Konfliktes behandeln die beiden Sammelbände von STEINBERG [4.c] und WOLFF [4.c]. WELLS/WILSON [4.c] untersuchen in ihrem Werk den Krieg aus der kulturellen Perspektive, hauptsächlich seinen Niederschlag in der Literatur und im Denken von Intellektuellen. *(Jüngste Sammelbände)*

NISH [Origins 4.c] geht den Ursprüngen des Krieges nach, der anfangs wegen des großen Risikos und der zu erwartenden Kosten sehr umstritten war, wie vor allem aus der Abhandlung von OKAMOTO [4.c] hervorgeht. Ein Klassiker über die Diplomatie in diesem Krieg ist *The Diplomacy of the Russo-Japanese War* von WHITE [4.c], der sowohl japanisches als auch russisches Quellenmaterial verwendete und großen Nachdruck auf die Politik der neutralen Länder legt. Die von ihm dabei ebenfalls analysierte Haltung des deutschen Kaisers Wilhelm II. wird auch von anderen Autoren gründlich behandelt, so von STINGL [4.c] und MEHNERT [4.c]. Auf den militärischen Verlauf konzentriert sich CONNAUGHTON [4.c]. *(Diplomatie im Krieg)*

Esthus beschäftigt sich mit der Vermittlungsaktion des amerikanischen Präsidenten Roosevelt und den Friedensverhandlungen von Portsmouth [ESTHUS, Roosevelt 4.c; DERS., Eagle 4.c]. Die in den folgenden Jahren von den beiden ehemals kriegführenden Mächte Japan und Russland unternommenen Bemühungen, Reibungsflächen zu beseitigen und Drittmächte, besonders die USA, aus diesem Raum fernzuhalten, mündeten in die Entente von 1907 und die bis 1916 geschlossenen Geheimabkommen. Diese finden sich dokumentiert in dem Werk von PRICE [4.c]. SCHIMMELPENNINCK VAN DER OYE [4.c] geht der Ideologie des russischen Imperialismus nach, darunter der Frage, ob und wieweit sich das Zarenreich auch als asiatische Nation verstand und wie diese Einstellung den Weg in den Krieg mit Japan beeinflusste.

Amerikanische Vermittlung und Friedensschluss [marginal note]

d) DIE ANNEXION KOREAS

Als Klassiker für die Annexion Koreas galt lange das Werk von CONROY [4. d], das vorläufig auch das einzige zum Thema bleiben sollte. Im Gegensatz zu den Ergebnissen der damals in Japan dominierenden marxistischen Historiografie kommt der Autor zu dem Schluss, dass nicht wirtschaftliche Interessen für die Kolonialisierung ausschlaggebend gewesen seien, sondern eine Mischung von aktuellen Ereignissen, strategischen Ängsten, fehlgeleitetem Idealismus und schierem Opportunismus. Vor allem sei es darum gegangen, einer anderen Großmacht das Fußfassen in Korea unmöglich zu machen. DUUS [4.d] spricht in seinem sehr viel später erschienenen Werk von der allmählichen „Durchdringung" Koreas durch Japan für die Jahre 1895–1910, die zur Annexion geführt habe. Der Imperialismus, der sich dort entwickelte, ist für den Autor das Produkt einer komplexen Koalition aus Meiji-Führern, Politikern von niedrigem Rang, Journalisten, Geschäftsleuten und japanischen Residenten in Korea. Gleichzeitig aber habe auch „Korea" als wahnhafte Idee die Politik, Gesellschaft und Wirtschaft Japans durchdrungen, und zwar als Experimentierfeld und Chance, um mit einer erfolgreichen Kolonialbetätigung der westlichen Welt zu beweisen, dass man zur Spitze der zivilisierten Nationen gehöre. Ebenso wie CONROY lehnt er Verschwörungstheorien ab und kommt zu der Überzeugung, dass die Annexion zu Beginn der Meiji-Zeit keineswegs Regierungspolitik gewesen sei, die Idee danach bis 1910 auch nur zögerlich verfolgt worden sei und die japanische Industrialisierung nicht zwangsläufig zur Expansion habe führen müssen.

Gründe für die Annexion [marginal note]

Japans Sendungsbewusstsein [marginal note]

Auch DUDDEN [4.d] beschäftigt sich mit Japans Sendungsbewusstsein, verbunden mit der Frage, wie Tokyo die Annexion erfolgreich rechtfertigte und warum die Großmächte dieser Welt sie duldeten. Die Antwort lautet für ihn, die Kolonisierung sei von Japan als Übernahme einer „zivilisatorischen Mission" in einem Land mit „barbarischen" Zuständen gerechtfertigt und vom Ausland akzeptiert worden. Seit Korea, ebenso wie Taiwan, in den 1960er Jahren einen erstaunlichen ökonomischen Aufschwung erlebte, tendieren viele Autoren dazu, die Grundlagen dieses Fortschritts auf die Kolonialzeit zurückzuführen. So wird die japanische Herrschaft in dem Sammelwerk von MYERS/PEATTIE [4.b] mit relativem Wohlwollen dargestellt. Andere wissenschaftliche Untersuchungen ergaben, dass in den 1920er und 1930er Jahren Finanz-, Handels- und Industrieunternehmen von Koreanern unter japanischer Herrschaft entstanden, und zwar als Konglomerate, die an die Zaibatsu der Kolonialmacht erinnern und den Grundstein für die heutigen Konzerne des Landes legten [MCNAMARA 4.d; ECKERT 4.d]. WEINER [4.d] behandelt das Schicksal von Koreanern, die entweder als Arbeitskräfte oder als Studenten nach Japan einwanderten.

Auswirkungen auf die koreanische Wirtschaft

Auch die postnationalistische Geschichtsschreibung in Korea räumt meist ein, dass die Kolonie mitsamt der Arbeiterklasse von der durch Tokyo rigoros betriebenen Industrialisierung profitierte [SHIN/ROBINSON 4.d]. Japan traf aber in Korea auf wesentlich größeren Widerstand als auf Taiwan. LEE [4.d] untersucht die Zeit wachsenden japanischen Einflusses seit den 1870er Jahren und die Kolonialherrschaft unter diesem Aspekt. Er sieht die Auflehnung als Teil nationaler Revolutionen, wie sie besonders im 20. Jahrhundert in den unterschiedlichsten Teilen der Welt vor sich gingen. Sein Fazit lautet, dass die Koreaner zwar nicht selbst ihre Unabhängigkeit errungen hätten, ihre Aktivitäten aber zu der Entscheidung der Kairoer Konferenz vom November 1943 beigetragen hätten, dass Japan nach seiner Niederlage die Herrschaft über das Land aufgeben müsse.

Widerstand

5. DER ERSTE WELTKRIEG UND SEINE FOLGEN

a) Japan im Krieg und der Friedensschluss

Als Überblicksdarstellung ist das Werk von Dickinson [5.a] besonders geeignet, zumal der Autor auch Dokumente in japanischer Sprache heranzieht. Breiten Raum nimmt dort die in Tokyo erwogene Alternative zu einem Kriegseintritt an Englands Seite ein, nämlich ein japanisch-russisch-deutscher Block gegen die angelsächsischen Mächte nach einem zu schließenden Sonderfrieden zwischen Berlin und St. Petersburg. Dickinson verwendet auch zahlreiche unpublizierte englische Quellen, übersieht dabei aber, dass viele davon inzwischen in gedruckter Form vorliegen [*British Documents on Foreign Affairs* 1.d]. Die von dem Autor außerdem vernachlässigte deutsche Politik wird von Hayashima teilweise untersucht [5.a]. Er berücksichtigt die ergebnislos verlaufenen Kontakte zwischen Berlin und Tokyo zum Abschluss eines Sonderfriedens, während Nassua [5.a] das berüchtigte Zimmermann-Telegramm zum Thema macht. Die relativ gute Behandlung der Gefangenen von Tsingtau fand ebenfalls Beachtung in der Forschung [Burdick/Moessner 5.a].

Japans Fußfassen in China als entscheidendes Ergebnis des Ersten Weltkriegs in Ostasien und die immer neuen Versuche zur Einflusserweiterung im Nachbarland werden von Chi [5.a] und Coox/Conroy [5.a] dargestellt. Xu [5.a] zeichnet nach, wie China deshalb Schutz und Beistand bei anderen Mächten suchte und zu einem aktiven Mitspieler auf dem internationalen politischen Parkett wurde. Die Irritation der USA über den ständig wachsenden Einfluss Japans in China sieht Kawamura [5.a] als Wasserscheide in den bilateralen Beziehungen an, sodass sich die Spannungen im Zweiten Weltkrieg entladen hätten. Lange habe Washington die Gefahr nicht erkannt, dass eines Tages das Militär statt der verständigungsbereiten Parteipolitiker den Kurs dominieren würde. Dass die USA in Versailles unter dem Druck ihrer Alliierten erst einmal den japanischen Forderungen bezüglich China zustimmten, betrachten die meisten Autoren als Verrat, der das Reich der Mitte destabilisiert und dort sowjetischem Einfluss Tür und Tor geöffnet habe [z. B. Hsü 5.a: 503 f.]. Die Darstellung von Elleman [5.a] widerspricht diesem Urteil: Der US-Präsident habe erfolgreich einen Kompromiss ausgehandelt, indem Japan die politischen Rechte in Shantung verweigert und ihm nur wirtschaftliche Vorteile gewährt worden seien. So dauerte die Kontrolle über Tsingtau nur bis 1922 [Bauer 5.a]. Wie entsetzt China aber war, das nur in den Ersten Weltkrieg eingetreten war, um am Verhandlungstisch präsent zu sein, wird in der Abhandlung von Xu deutlich [5.a]. In einem Punkt aber zog es mit Japan an einem Strang, wenn auch vergeblich, nämlich mit der Forderung, die Gleichheit aller Rassen in dem Vertragstext festschreiben zu lassen [Shimazu 5.a].

Überblicksdarstellung

Die deutsche Japanpolitik

Versailles und Ostasien

Dass die japanische Machterweiterung auch die Beziehungen zu Groß-britannien und dessen Dominien verschlechterte, da sie mit einem relativen Machtverlust Englands einherging, wird von vielen Autoren thematisiert [KENNEDY 5.a; NISH 5.a; MARDER 5.a]. Für eine Verlängerung des Allianz-vertrages, der 1921 auslaufen würde, bestanden daher denkbar schlechte Voraussetzungen, denn Großbritannien musste eher eine Anlehnung an Amerika anstreben, auf das es zunehmend angewiesen war [DAVIS 5.a]. Die in Versailles festgeschriebene japanische Herrschaft über die ehemals deut-schen Kolonien im Pazifik nördlich des Äquators [PEATTIE 5.a] vergrößerte noch die Beunruhigung der angelsächsischen Nationen wegen der damit verbundenen Kontrolle über ein riesiges Seegebiet.

Auch Japans Teilnahme an der Sibirischen Intervention und sein verspäte-ter Abzug [MORLEY 5.a] verschärften die Spannungen zu den angelsächsi-schen Mächten. Die von den USA ausgelöste Intervention wird mitunter sogar als amerikanischer Versuch interpretiert, eine Machterweiterung Japans in Sibirien und der Mandschurei zu verhindern [UNTERBERGER 5.a]. MELTON [5.a] dagegen schreibt Wilson lautere Absichten zu und nimmt dessen Aufruf zu einer „humanitären Aktion" ernst. Erst die anderen Interventionsmächte Japan und die Sibiri-
England, Frankreich und Japan hätten die Rettungsaktion für die tschechische sche Intervention
Legion in einen antibolschewistischen Krieg umfunktioniert. Die Verbindung von Japans endgültigem Truppenabzug mit der Aufnahme diplomatischer Beziehungen zur Sowjetunion 1925 untersucht LENSEN [5.a].

b) DIE WASHINGTONER ORDNUNG

Viele Autoren sehen in Japans Verärgerung über die Ergebnisse der Washing-toner Konferenz 1921/22, besonders wegen der Beschränkungen zur Marine-rüstung, – und manchmal auch in Verbindung mit dem Folgeabkommen von London 1930 – den Ausgangspunkt für den Weg nach Pearl Harbor [GOLD-
STEIN/MAURER 5.b; WHEELER 5.b]. Verstärkt wurde der Zorn noch, als Jahre Spannungen wegen
später bekannt wurde, dass es seinerzeit den USA zum ersten Mal gelungen des Washingtoner
war, die japanischen Telegramme in großem Umfang zu entschlüsseln und die Abkommens
Kenntnis des Inhaltes für die Verhandlungen auszunutzen [YARDLEY 5.b; KAHN 5.b].

DINGMAN, der nach dem Krieg selbst als Marineoffizier in Japan gedient hatte und die Landessprache beherrscht, verfolgt die Idee der Rüstungsbe-schränkung vom Beginn des Ersten Weltkrieges bis zur Washingtoner Kon-ferenz und bettet dabei die Marineangelegenheiten in die nationale Politik der drei maritimen Mächte USA, Großbritannien und Japan ein [DINGMAN 5.b]. Anders als die meisten anderen Autoren [EVANS/PEATTIE 3.b; PELZ 6.b; S. ASADA, The Japanese Navy and the United States, in: BORG/OKAMOTO 6.c: 225–260] stellt er nicht einfach die westliche Haltung als vernünftig und den Verständnis für
in Japan aufkommenden Unmut als unvernünftig dar. Der einzige westliche Japans Marine

Historiker, der bis dahin Verständnis für die japanische Position gezeigt hatte, war lange Zeit A. TIEDEMANN, der die Sicherheitsbedenken der Admiralität für möglicherweise gerechtfertigt hielt. Seine Dissertation über das Kabinett Hamaguchi ist zwar unveröffentlicht, aber der Autor verfasste auch die Einleitung zum Londoner Flottenabkommen in MORLEY [6.b: 4–10]. Ähnlich wie DINGMAN und TIEDEMANN suchte später GOW [5.b] in seiner Studie über den Widerstand der radikalen „Flottenfraktion" gegen das „Washingtoner System" die Kritik an Admiral Kato Kanji in der Geschichtsschreibung abzumildern.

c) DIE TAISHO-DEMOKRATIE

Die meisten Autoren, die sich mit der Taisho-Ära befassen, berücksichtigen die Jahre ab 1918, als das erste echte Parteienkabinett gebildet wurde. Die sogenannten Reisunruhen als wesentlicher Anstoß für die Entstehung derartiger Regierungen werden bei LEWIS behandelt [5.c]. Für die meisten Historiker reicht die Periode dann bis ca. 1931, also bis zum Mandschurischen

Periodisierung   Zwischenfall, oder 1932 bis zum Ende der Parteienkabinette. Allgemein wird für diese Ära von der Taisho-Demokratie gesprochen, aber ein Autor wie GORDON [Labor 5.c] wählt für die Zeit, die er bereits mit 1905 beginnen lässt, den Begriff „imperiale Demokratie", die schließlich zu öffentlicher Unterstützung für eine expansionistische Politik geführt und mit dem Faschismus geliebäugelt habe.

NAJITA kritisiert an früheren Untersuchungen zu dem Zeitraum die Tendenz, und zwar nicht nur die der marxistischen Richtung, die Entwicklung vom Debakel des Pazifischen Krieges aus zu erklären und die Katastrophe auf

Positive Beurteilung   das „Versagen" der Parteien zurückzuführen. Dabei würden positive und dy-
der Parteien   namische Aspekte unberücksichtigt bleiben [NAJITA 5.c: VIII, 206 f.]. Vielmehr untersucht er selbst, wie seit der späten Meiji-Zeit in Japan neue Perspektiven durch die Politik der Parteien eröffnet wurden. Diese hätten aber erst mit der Bereitschaft, ihre totale Opposition gegen die anderen Eliten aufzugeben und Kompromisse zu schließen, Einfluss erringen können, also in der ersten Hälfte der Taisho-Zeit. Allerdings beschäftigt sich NAJITA nur mit der Vorgeschichte des Kabinetts Hara.

Zu ähnlichen Schlüssen kommt DUUS, der die Untersuchung bis 1927 weiterführt und die schrittweise Entwicklung des Zweiparteiensystems in den Mittelpunkt stellt, vertreten durch die beiden führenden Persönlichkeiten

Parteien und Genro   Hara Takashi (Kei) und Kato Takaaki (Komei). Die Übernahme des Amtes als Premierminister durch Hara 1918 sieht er als Kapitulation des Genro Yamagata an [DUUS 5.c: 101]. Dagegen arbeitet SAALER [5.c] die vorausgegangene Annäherung und wachsende, gute Zusammenarbeit zwischen beiden Männern – und damit zweier Machtgruppen – in der Vorgeschichte und während Haras Regierungszeit heraus, als der alte General die Zeichen der Zeit erkannt habe und den Parteien bzw. der konservativeren Seiyukai allmählich aus Einsicht entgegengekommen sei. Dabei ist zu erwähnen, dass sich bereits General Katsura Taro in der Meiji-Zeit als Parteigründer hervorgetan hatte [LONE 3.b].

Dass sich mit der liberaleren Strömung auch die Überwachung und Knebelung durch den Staat wandelten, demonstriert MITCHELL mit einer Untersuchung über die Zensur, wie sie von 1868–1945 ausgeübt wurde [MITCHELL, Censorship 5.c]. Ergänzend dazu verfasste er eine Untersuchung über den Justizapparat zur Verfolgung von politischen Verbrechen [MITCHELL, Justice 5.c], d. h. zur Verhinderung radikaler Veränderungen mit sozialistischer Orientierung. In einem weiteren Werk befasst sich der Autor mit der sogenannten „Gedankenkontrolle" [MITCHELL, Thought 5.c], die in den Friedensgesetzen von 1925 gipfelte. Er kommt allerdings zu dem Schluss, dass Japans Vorgehensweise im Vergleich zu anderen autoritären Regimen relativ mild gewesen sei und z. B. Todesurteile nicht verhängt bzw. nicht vollstreckt worden seien, außer gegen überführte Spione wie Richard Sorge und seine japanischen Mitarbeiter. Mit der Rolle der Geheimpolizei zur Überwachung politisch korrekten Verhaltens beschäftigt sich TIPTON [1.g]. Beim Vergleich mit den zeitgenössischen Diktaturen in Deutschland und der Sowjetunion kommt die Autorin ähnlich wie MITCHELL zu dem Schluss, die Unterdrückung sei in Japan viel geringer und eher mit dem Staat Bismarcks als demjenigen Hitlers vergleichbar gewesen. | Gesetzgebung, Justiz und Polizei

Eine Studie über die Massenmedien legt KASZA [5.c] vor, die zur Ergänzung von MITCHELLS Werken herangezogen werden kann. HUFFMAN [5.c] untersucht die Entstehung, das Anwachsen und die Hauptcharakteristika des Pressewesens in Japan von den zaghaften Anfängen in der Tokugawa-Zeit bis zur Taisho-Ära. Er zeichnet dabei nach, wie allmählich ein gut informiertes, stark politisiertes und mitunter kritisches Bürgertum entstand. | Die Presse

Befassen sich NAJITA, DUUS und SAALER hauptsächlich mit den konservativen Parteien, so liefert SMITH [5.c] eine Untersuchung der linksradikalen Studentengruppe *Shinjinkai*, die 1918 gegründet wurde und Kontakte zum Proletariat suchte, mit der Kommunistischen Partei in Verbindung stand und bis zu ihrer Zwangsauflösung zehn Jahre später großen Einfluss ausübte. Die Ideologie der kommunistischen Bewegung in Japan interpretierten SWEARINGEN/LANGER [5.c], wohingegen SCALAPINO [5.c] und BECKMANN/ÔKUBO [5.c] dazu mehr ereignisgeschichtlich berichten. Letztere liefern in einem Anhang Schlüsseldokumente in Übersetzung und Biografien von führenden Kommunisten. TOTTEN [5.c] untersucht die übrigen proletarischen Parteien und Organisationen verschiedener Minderheiten. Von den dreißiger Jahren an schworen viele Japaner sozialistischem Gedankengut ab und vollzogen einen ideologischen Wandel (*tenkô*) zu rechten Chauvinisten [STEINHOFF 5.c]. | Das linke Spektrum

Wechsel zwischen linkem und rechtem Lager

Die erste japanische Arbeiterorganisation, die 1912 gegründete *Yûaikai*, ihre Führung, Programm, Ziele, Organisation und Resonanz wird von LARGE untersucht [Rise 5.c]. In einem weiteren Werk schließt der Autor zeitlich daran an und beschäftigt sich mit der Nachfolgeorganisation *Nihon Rôdô Sôdômei* in der Zwischenkriegszeit bis zur Auflösung aller Gewerkschaften 1940 [LARGE, Workers 5.c]. Er kommt zu dem Schluss, dass die meisten Gewerkschaftsführer die radikalen Ansichten der rivalisierenden Organisation mit kommunistischer Ausrichtung ablehnten und ihre Ziele im Rahmen der bestehenden politischen Ordnung zu verwirklichen suchten. GORDON demonstriert, wie die jahrzehntelangen Auseinandersetzungen die Arbeitsbeziehungen formten [GORDON, Evolution 5.c; DERS., Labor 5.c]. Schließlich hätten die Kämpfe zwischen Arbeiterschaft und Unternehmern zu Eingriffen des Staates geführt, aber langfristig auch das „japanische Beschäftigungssystem" nach 1945 zur Folge gehabt: Arbeitsverhältnis auf Lebenszeit, Senioritätsprinzip und paternalistische Gewerkschaften. Mit der neuen Rolle der Frau nach dem Ersten Weltkrieg beschäftigt sich SATO [5.c].

Der Rolle der Bürokratie in der Sozialpolitik angesichts zahlreicher Arbeitskämpfe in der Industrie widmet sich GARON. Er untersucht dazu die Ursprünge in der Meiji-Zeit, die Krise zwischen Arbeiterschaft und Kapital nach dem Ersten Weltkrieg, die Rolle der progressiven „Sozialbürokraten" aus dem Innenministerium mit ihren Ausgleichsversuchen und die Statistenrolle der Gewerkschaften im Zweiten Weltkrieg. Der Autor belegt aber auch, dass die Sozialbürokraten nach dem Zweiten Weltkrieg unter der amerikanischen Besatzungspolitik zu ihrem früheren Konzept für Gewerkschafts- und Sozialgesetze zurückkehren konnten, sodass die Reformen nicht einseitig auf die Maßnahmen der USA zurückzuführen seien [GARON 5.c: 230, 233–237].

Zusammenfassend lässt sich sagen, dass in der Wissenschaft heute die Auffassung vorherrscht, die Parteien hätten keineswegs versagt, sondern sich als aktive Makler in dem Machtgeflecht von Bürokratie, Militär, Zaibatsu und Gewerkschaften bewährt, auch wenn sie sich oft opportunistisch, selbstzentriert und nur begrenzt der Demokratie sowie ihren eigenen Prinzipien verpflichtet zeigten. Noch stärker lehnte BERGER [5.c] in seinem Werk zu der 1940 ins Leben gerufenen Einheitsorganisation die These von der Schwäche des Parlamentarismus ab, der in Wirklichkeit den ganzen Zweiten Weltkrieg über trotz widrigster Umstände intakt geblieben sei. DREA [1.g] kommt mit seiner Untersuchung über die allgemeinen Wahlen des Jahres 1942 zu einem ähnlichen Ergebnis.

Die Gewerkschaften

Frauen in der Taisho-Zeit

Sozialpolitik

Trend zu positiver Beurteilung der weiteren Entwicklung

d) DIE AUSSENPOLITIK DER TAISHO-ZEIT

Einen Überblick über die Außenpolitik der Taisho-Zeit bietet IRIYE [5.d]. Die Washingtoner Ordnung, wie sie vor allem von Amerika angestrebt worden war, erwies sich seiner Ansicht nach als nicht tragfähig. Auch NISH [5.d] legt eine Untersuchung über einen größeren Zeitraum vor, nämlich von 1919 bis 1943. Die Sammelbände von BURNS/BENNETT [5.d] und IRIYE/COHEN [5.d] demonstrieren, wie die Diplomaten der wichtigsten interessierten Mächte in den krisenbeladenen Zwischenkriegsjahren auf der Suche nach einem klaren Kurs waren, wobei China den Dreh- und Angelpunkt der Politik bildete. Wegen dieser Bedeutung sind den Beziehungen zwischen Japan und dem Reich der Mitte viele Monografien gewidmet. BAMBA [5.d] orientiert sich dabei an der klassischen Gegenüberstellung von „Shidehara-Diplomatie" einerseits und „Tanaka-Diplomatie" andererseits. IRIYE [5.d] sieht die Politik der beiden Persönlichkeiten allerdings als nicht so unterschiedlich an, während es sich für die japanischen Marxisten dabei ohnehin in beiden Fällen um Imperialismus handelt: im Falle Shideharas um wirtschaftlichen und im Falle Tanakas um militärischen. In dieser Ära entwickelte sich auch die „zweigleisige Diplomatie", die von einigen Autoren wie BEASLEY [4.a] und BROOKS [4.b] schon für frühere Jahre angesetzt wird, die *eine* Richtung von zivilen Politikern geführt und von wirtschaftlicher Ausrichtung geprägt, die *andere* von Militärs dominiert und mit der Bereitschaft zu bewaffneten Aktionen.

Shidehara-Diplomatie und Tanaka-Diplomatie

Die Ära der Parteienkabinette kann von der Rolle des Militärs in der Politik nicht losgelöst betrachtet werden. Das übergroße Selbstvertrauen der japanischen Armee, besonders nach den Siegen über China und Russland, führte in Verbindung mit mangelnder Kampferfahrung durch das Ausbleiben der Feuertaufe im Ersten Weltkrieg zu einer Selbstüberschätzung, die von den dreißiger Jahren an bittere Lektionen zur Folge haben sollte, wie HUMPHREYS [5.d] in einer Monografie demonstriert. Der Autor beobachtet, wie in den 1920er Jahren der monolithische Charakter der Armee verloren ging, nicht zuletzt durch das Ende der weitgehenden Monopolstellung Choshus, und das Militär in der Öffentlichkeit an Rückhalt verlor. Auch deswegen bestand für die Armee der Zwang zur Kooperation mit den Parteien, wie ihn SAALER [5.c] herausarbeitet. Auch ein inaktiver General wie Tanaka Giichi hielt im Amt des Premierministers nicht alle Fäden in der Hand, wie vor allem das eigenmächtig ausgeführte Attentat der Kwantung-Armee auf Marschall Chang Tso-lin bewies. MORTON [5.d] beschreibt den Regierungschef als unberechenbar und unentschieden, hält aber das berüchtigte Tanaka-Memorandum für eine Fälschung.

Das Militär in der Taisho-Zeit

Tanaka Giichi: ein General als Premier

6. VON DER KRISE ZUM KRIEG

a) Die Wirtschaftskrise

Überblicksdarstellungen In seiner zeitübergreifenden Wirtschaftsgeschichte behandelt NAKAMURA [6.a] auch die Taisho-Zeit, als auf die Boomjahre des Ersten Weltkriegs eine Baisse folgte. Der Autor zeichnet nach, wie die Regierung sich bemühte, allerdings nicht immer erfolgreich, einen Ausgleich zwischen Angebot und Nachfrage zu schaffen, aber schließlich in den dreißiger Jahren gezwungen war, kriegsbedingte Wirtschaftskontrollen einzuführen, um die völlig unrealistischen Forderungen des Militärs zu erfüllen. In einem weiteren Werk zeigt er auf, wie diese Strukturen der Kriegswirtschaft den Boden für Japans erfolgreiche Entwicklung nach der Niederlage 1945 legten [NAKAMURA 6.h]. Aus dem Japanischen übersetzte Beiträge zur Wirtschaft vom Ersten Weltkrieg bis in die frühe Nachkriegszeit finden sich im 3. Band von NAKAMURA/ODAKA [6.a]. Für die Zwischenkriegszeit liegen als Wiederabdruck von verstreut erschienenen Aufsätzen Sammlungen vor, darunter mit Schwerpunkt auf den Jahren der Depression der 1. Band von DRYSDALE/GOWER [6.a] sowie ein Teil der Beiträge des 1. Bandes von LARGE [6.a], die das Thema Politik und Wirtschaft behandeln.

Mit der Geschäftswelt – Industriellen und Financiers – für die Jahre 1920–1942 befasst sich FLETCHER [6.a]. Er kommt zu dem Schluss, dass deren Interessen mitunter denen der Militärs zuwiderliefen, in anderen Fällen aber auch übereinstimmten. Viele Autoren sehen in den Strukturen und Techniken der Kriegsmobilisierung sowie der Fortsetzung der engen Zusammenarbeit zwischen den verschiedenen Ministerien und der Geschäftswelt in der Nachkriegszeit den Grund für das japanische Wirtschaftswunder [JOHNSON 1.h; NAKAMURA 6.f; DERS. 7.b; MORRIS-SUZUKI 6.a; SAMUELS, Nation 6.a; PAUER, War Economy 6.h]. In der Interpretation gibt es aber durchaus Unterschiede. FLETCHER [6.a] ist der These von SAMUELS [Business 6.a] vom „reziproken Einvernehmen" zwischen Staat und Wirtschaft näher als der derjenigen JOHNSONS [1.h], der von der Dominanz der Bürokratie ausgeht, da die „Kontrolle gegenseitige Zwänge auferlegt habe." KINZLEY, [6.a] ergänzt diese Untersuchung gewissermaßen dadurch, dass er die Notwendigkeit eines *modus vivendi* mit der Arbeitnehmerschaft aufzeigt. Ausgehend von der 1919 durch Industrielle und Politiker gegründeten Gesellschaft für Zusammenarbeit und Harmonie (*Kyôchôkai*), widerspricht er der verbreiteten Ansicht, die Japaner seien weniger kampflustig als andere Völker.

Den Arbeitsmarkt für Frauen untersucht HUNTER [6.a], besonders in der Textilindustrie mit Schwerpunkt auf den 1930er Jahren, als sich nach Ansicht der Autorin das Schicksal der Arbeiterinnen deutlich gebessert hatte. SMITH [6.a] beschäftigt sich mit den Auswirkungen der großen Depression auf die Landwirtschaft und den Versuchen, die negativen Auswirkungen abzumil-

Überblicksdarstellungen

Sammelbände

Unternehmerschaft, Staat und Militär

Die Arbeitnehmerschaft

Die Lage berufstätiger Frauen

dern, um der Destabilisierung Japans und der ständigen Putschgefahr entgegenzuwirken. Die Erinnerung an die Weltwirtschaftskrise ist seiner Ansicht nach heute dadurch stark verblasst, dass sie hinter den Schrecken des Pazifischen Krieges an Bedeutung eingebüßt hat. In Wirklichkeit seien die Auswirkungen auf das ländliche Japan beträchtlich gewesen und sie erscheinen bei ihm sehr viel schwerwiegender als etwa bei SMETHURST [3.a]. SMETHURST [6.a] beschäftigt sich außerdem in einer Biografie mit Takahashi Korekiyo, dem langjährigen Finanzminister und zeitweiligen Premier, dem er eine wirkungsvolle Finanzpolitik bescheinigt. Den in diesem Zusammenhang wichtigen Goldstandard für die japanische Währung und Auswirkungen auf die Stabilität bzw. die Destabilisierung des Staates behandelt METZLER [6.a]. Die Not der Agrarbevölkerung

b) DIE LONDONER FLOTTENKONFERENZ UND DER MANDSCHURISCHE KONFLIKT

Viele Autoren beschränken sich bei der Behandlung des Londoner Abkommens von 1930 auf westliche Dokumente und sehen daher Japan und das Problem der Flottenbegrenzung nur durch die „angelsächsische Brille" wie z. B. O'CONNOR [6.b] und WHEELER [5.b]. Die Empörung, die der Vertrag in Japan auslöste und die das politische System destabilisierte, wird hingegen nur deutlich in Werken, die auch die Quellen der Gegenseite in Tokyo berücksichtigen [SANDER-NAGASHIMA 6.b: 138–140; T. KOBAYASHI, The London Naval Treaty, 1930, in: MORLEY 6.b: 11–117]. Für die Aufzeichnungen dieser Periode von Harada Kumao, Genro Saionjis Sekretär, existiert eine englische Übersetzung [HARADA 6.b]. Die Empörung in Japan über das Londoner Abkommen von 1930

Die ausführlichste Untersuchung zu der gescheiterten zweiten Londoner Flottenkonferenz von 1935 zwecks Verlängerung des Washingtoner Abkommens stammt von PELZ [6.b]. Der Autor weist nach, dass sich Außenminister Hirota von einer Fortsetzung der Begrenzung für Großkampfschiffe als Gegenleistung von angelsächsischer Seite Zugeständnisse in China erhoffte, sich aber gegenüber der eigenen Marine ebenso wenig durchsetzen konnte wie die Premierminister dieser Jahre, die von inaktiven Admiralen gestellt wurden. Die zweite Londoner Flottenkonferenz von 1935

Die Auseinandersetzungen um die erste Londoner Konferenz von 1930, gipfelnd in dem Mordanschlag gegen Premier Hamaguchi, ging so nahtlos in die nationale Aufwallung durch den Mandschurischen „Zwischenfall" von 1931 über, dass die entsprechenden Essays bei MORLEY [6.b] in ein und denselben Band aufgenommen sind. Zur Vorgeschichte kann IRIYE [5.d] herangezogen werden. Noch weiter holt MATSUSAKA [6.b] aus und bietet eine gründliche Untersuchung von Japans schrittweisem Festsetzen in der Mandschurei seit dem Krieg gegen Russland 1904/05. Bei ihm erscheint nicht nur die Kwantung-Armee als ausgesprochen engagiert, sondern z. B. auch die Der Mandschurei-Konflikt 1931

Südmandschurische Eisenbahngesellschaft mit ihren zivilen Präsidenten, die im Mittelpunkt der Monografie steht, sowie das japanische Außenministerium. Mit dem Begriff „Taisho-Imperialismus" widerspricht der Autor der früheren Auffassung, Japan habe während dieser Periode seine Aspirationen auf territoriale Expansion weitgehend zurückgefahren.

Untersuchungen zum Ausbruch des Pazifischen Krieges beginnen oft mit dem „Mandschurischen Zwischenfall" von 1931 als Auftakt zu dem ständig wachsenden Einfluss Japans in China und sich verschärfenden Spannungen mit den USA. Als anerkannte Interpretationen für das folgende Jahrzehnt gelten die Studien von BORG [6.b] und COHEN [6.b] sowie das Sammelwerk von BORG/OKAMOTO [6.c]. Auch die beiden Sonderbände der offiziellen amerikanischen Aktenedition zum Thema Japan, ursprünglich als Weißbuch zum Nachweis von dessen Kriegsschuld konzipiert, beginnen mit dem Mandschurischen Konflikt [DEPARTMENT OF STATE 6.b].

Vom Mandschurei-Konflikt zum Pazifischen Krieg

Studien zum Ausbruch des Konfliktes von 1931 basierten zunächst vor allem auf den Akten des Kriegsverbrecherprozesses von Tokyo. Seit den 1970er Jahren aber wurde die Geschichtsschreibung auf eine breitere Grundlage gestellt und auch westliche Autoren benutzten zunehmend japanische Dokumente im Original. So behandelt PEATTIE [6.b] in einer Biografie einen der wichtigsten Drahtzieher der Eroberung, Ishiwara Kanji, und dessen Streben nach wirtschaftlicher Autarkie für Japan durch die Kontrolle über die Mandschurei, deren Bedeutung in diesem Zusammenhang auch von BARNHART [6.b] herausgearbeitet wird. JORDAN [6.b] widmet sich dem Übergreifen der Kampfhandlungen auf Shanghai 1932. Von japanischer Seite liegen die Memoiren des Diplomaten und späteren Außenministers SHIGEMITSU [6.b] und das Tagebuch von Hirohitos Chefadjutanten HONJO [6.b] in Übersetzung vor.

Mit der Einschaltung des Völkerbundes befasst sich NISH [6.b], der vor allem Japans ungeschicktes Verhalten gegenüber der Organisation, in welcher Japan nach Ansicht des Autors nie besonders engagiert war, und den Mangel an wahren Internationalisten in Tokyo hervorhebt. Dabei sei der Lytton-Report, der sonst meist als Verdammung des Aggressors angesehen wird, ausgewogen gewesen und habe auch Japan eine Zukunftsperspektive in der Mandschurei geboten. Im Gegensatz dazu sieht BURKMAN [5.d] Japans Mitarbeit im Völkerbund bis 1931, dem Jahr des Bruches, als ausgesprochen konstruktiv an und diese Organisation habe bis dahin sogar im Mittelpunkt von Tokyos Außenpolitik gestanden, um im Einvernehmen mit den Westmächten zu bleiben. Der Autor betrachtet außerdem die Politik der Nachkriegszeit als Wiederanknüpfen an diese Tradition.

THORNE [6.b] demonstriert, dass sowohl die USA als auch Westeuropa nicht adäquat auf die von Japan provozierte Mandschurei-Krise reagierten und zu großes Vertrauen in das internationale Vertragssystem hegten, das sich damals schon überlebt hatte, und die Langzeitwirkung unterschätzten. Man sah wohl auch eher Japan als das chaotische China in der Lage, amerikanische

Die internationalen Auswirkungen

Wirtschaftsinteressen in der Region zu schützen und ein Bollwerk gegen die Sowjetunion zu errichten, wie von J. H. WILSON [6.b] angenommen wird. Über diese Zeit geben eine Reihe von amerikanischen Memoiren Auskunft, so die von STIMSON [6.b; DERS./BUNDY 6.b], GREW [Jahre 6.b; DERS., Era 6.b].

Dass der Gedanke, im Fernen Osten statt auf China auf Japan als Ordnungsmacht zu setzen, auch künftig nicht ganz verschwand, findet seine Bestätigung z. B. in einem Memorandum, das der Diplomat J. A. MacMurray, der über lange Erfahrungen im Reich der Mitte verfügte, 1935 im Auftrag des US-Außenministeriums verfasste. Es kursierte bald in Diplomatenkreisen, wurde aber erst 1992 im Wortlaut veröffentlicht [WALDRON 6.b]. Offiziell stieß die Studie zwar auf Ablehnung, aber sie fiel bei einigen Diplomaten auf fruchtbaren Boden, so bei George F. KENNAN bei der Gestaltung der Nachkriegspolitik [KENNAN 6.b: 51 f.]. Japan als potenzielle Ordnungsmacht

Noch radikaler lauteten die Urteile von TANSILL [6.f] und KUBEK [6.e], die das japanische Reich als Bastion gegen die kommunistische Expansion in Ostasien ansahen und die Japaner als vernünftig präsentierten, die legitime Ziele verfolgt hätten, aber durch die kurzsichtigen und selbstgerechten US-Außenminister Stimson und Hull ständig zu immer kriegerischerer Haltung gezwungen worden seien. Dadurch seien die von Japan errichteten Deiche in Nordchina gegen die Sowjetunion und die Ausbreitung des Kommunismus gebrochen. Von den sechziger Jahren an mehrten sich die kritischen Stimmen gegen Roosevelts Politik, und daher fielen die Beurteilung von Tokyos Aktionen umso milder aus [FERRELL 6.b; CHOMSKY 6.c]. Japan als Bollwerk gegen den Kommunismus

Untersuchungen über die wirtschaftliche Entwicklung und die japanische Verwaltung der Mandschurei finden sich in den Sammelbänden zum Kolonialismus Japans von MYERS/PEATTIE [4.b], DUUS u. a. [4.b; 6.i]. YOUNG [6.b] legt dar, dass die japanische Herrschaft nicht nur die Mandschurei grundlegend veränderte, sondern auch das Mutterland, wo die Autorin einen „totalen" Imperialismus entstehen sieht, unter dem eine multidimensionale Mobilisierung der japanischen Gesellschaft in kultureller, militärischer, politischer, gesellschaftlicher und wirtschaftlicher Hinsicht stattfand. Sogar die Zaibatsu hätten sich nun mit der Armee arrangiert. Wirtschaftliche und soziale Experimente, die in der Mandschurei durchgeführt wurden, hätten auch Nachahmer im Mutterland gefunden, nicht nur in der Armee, sondern auch in der Bürokratie, den Parteien und unter Intellektuellen. Dagegen glaubt S. WILSON [6.b] zumindest für die ersten Jahre der Herrschaft über die Mandschurei eine eher begrenzte Begeisterung in der japanischen Öffentlichkeit zu erkennen. Die Mandschurisierung Japans?

Die Studie von MITTER [6.b] will den Mythos bekämpfen, in der Mandschurei hätten sich ein brutaler japanischer Imperialismus und ein unbeugsamer chinesischer Widerstand gegenübergestanden. Er beschreibt zwar für die Jahre 1931–1933 die Gegenwehr, aber auch das hohe Maß an Gleichgültigkeit und sogar an Kollaborationsbereitschaft, von dem die neuen Herren profitierten. DUARA [6.b] beschäftigt sich mit dem Ideal, das die Mand- Das Ende der Schwarz-Weiß-Malerei schurei einst hatte bilden sollen: Eine harmonische, multiethnische, transnationale, postkoloniale Gemeinschaft mit enormer Wirtschaftskraft, kosmopolitischen Städten und Elite-Universitäten, einer kollaborierenden Oberschicht und stabilen politischen Verhältnissen, wie sie auch heute als „ostasiatische Moderne" dastehen könnte. Viel mit dem Ideal beschäftigt sich auch

Ideal und tatsächliche Lage

YAMAMURO [6.b], der aber ebenso die tatsächliche Lage untersucht. Den sich entwickelnden Städten standen die Enteignung chinesischer Bauern, die Grausamkeiten der Kwantung-Armee und zunehmende Zwangsarbeit gegenüber. Andererseits entwickelte sich das Gebiet wirtschaftlich so erfolgreich, dass es nicht nur japanische, sondern auch große chinesische Einwanderungswellen in die Mandschurei gab. Der Boom machte einen Zustrom an Arbeitskräften in Industrie, Bergwerken und Eisenbahnen notwendig, sodass paradoxerweise unter der Herrschaft Japans die Mandschurei zunehmend sinisiert

Der Widerstand

wurde [GOTTSCHANG/LARY 6.b]. Mit dem Widerstand gegen die japanische Besatzung, oft unter kommunistischen Vorzeichen, beschäftigt sich das Werk von LEE [6.b].

c) VON DEN PUTSCHVERSUCHEN ZUM CHINA-KRIEG

In der sich schnell radikalisierenden Atmosphäre nutzte die Armee u. a. die Reservistenorganisation als Druckmittel, deren Entwicklung seit der Meiji-Zeit SMETHURST [6.c] beschreibt. Ursprünglich gegründet, um den ländlichen

Die Rolle des Reservistenverbandes

Zusammenhalt zu fördern, beteiligte sich der Verband zunehmend als Einschüchterungsinstrument, so z. B. Mitte der 1930er Jahre in den Kampagnen gegen den liberalen Verfassungsrechtler Minobe, dem MILLER [6.c] eine Monografie gewidmet hat. Die erste westliche Studie über den Ideologen Kita Ikki lieferte WILSON [6.c]. Das Werk von TANKHA [6.c] enthält auch die kurz nach dem Ersten Weltkrieg entstandene und von staatlicher Seite verbotene Programmschrift des Agitators in englischer Übersetzung. Mit dem

Kita Ikkis Bedeutung

fehlgeschlagenen Staatsstreich von 1936 beschäftigt sich am ausführlichsten SHILLONY [6.c]. LAURINAT [6.c] legt eine Untersuchung über das Militärgerichtsverfahren vor, das Kita zum Tode verurteilte und hinrichten ließ.

Japanische Einflusserweiterung in Nordchina

Die Übergangszeit vom Mandschurischen Konflikt zum Ausbruch eines regelrechten Krieges im Juli 1937, als Japan eine indirekte Herrschaft über weite Gebiete Nordchinas zu errichten versuchte, behandelt DRYBURGH [6. c]. Die herkömmliche Einteilung in dort vorherrschend kollaborationsbereite Kräfte und eine bis 1936 nachgiebige Zentralregierung ist der Autorin zu einfach. Sie interpretiert vielmehr Nachgiebigkeit im Sinne von Flexibilität gegenüber dem Druck der Besatzer. Vorgeschichte und erste Jahre des China-Krieges aus japanischer Sicht werden in dem von MORLEY [6.c] herausgege-

Kriegsausbruch

benen Sammelband behandelt. Dabei wird deutlich, dass zivile Regierungsmitglieder ebenfalls eine Aggressionspolitik unterstützten, auch wenn sie anfangs zu einer friedlichen Beilegung zu eigenen Konditionen bereit waren.

Die von dem japanischen Generalstab ins Leben gerufene deutsche Vermitt- Friedensversuche
lungsaktion wird ausführlich von KREBS behandelt [Deutschlandpolitik 6.d:
Kap. II,2]. Die nach dem Scheitern des Blitzkriegkonzepts gebildete Mario-
nettenregierung in Nanking unter Wang Ching-wei und das hohe Maß an Etablierung einer
chinesischer Kollaborationsbereitschaft wurden in einer Fülle von Veröffent- Gegenregierung in
lichungen diskutiert [BOYLE 6.c; BUNKER 6.c; BROOK 6.c]. Die vielseitigen Nanking
Aspekte der Besatzungspolitik finden eine Behandlung in dem Sammelband
von MACKINNON [6.c] und der chinesische Widerstand in der Monografie
von GATU [6.c].

Daneben beschäftigten sich einige Werke mit dem militärischen Verlauf. Militärischer Verlauf
Erscheint die Kuomintang in den meisten älteren Werken als militärisch des China-Krieges
passiv, so gibt es durchaus Autoren, die deren Leistungen unter den gegebenen Umständen sehr hoch einschätzen: HSIUNG/LEVINE [6.c]; VAN DE VEN
[6.c]. Zum Teil spiegelt sich darin eine Neubewertung Chiang Kai-sheks Kriegführung durch
durch die Volksrepublik China wieder, die jahrzehntelang den Kriegsbeitrag Nationalisten und
der Nationalisten kleingeredet hatte, aber seit den achtziger Jahren eine Kommunisten
veränderte Politik gegenüber Taiwan verfolgt.

Die oft brutale Kriegführung Japans, die ihren deutlichsten Ausdruck in Japanische Kriegs-
dem Massaker von Nanking fand und noch bis heute die bilateralen Bezie- gräuel
hungen zwischen beiden Ländern vergiftet, wird bei TIMPERLY [6.c], FOGEL
[6.c], HONDA [1.h], LI u. a. [6.c] beschrieben.

d) Das Bündnis mit Deutschland und Italien

Für die Beziehungen Japans zu den europäischen Achsenmächten liegen als
wichtigste offizielle Quellen in westlichen Sprachen die AKTEN ZUR DEUT-
SCHEN AUSWÄRTIGEN POLITIK [6.d] und die Dokumente des Tokyoter
Kriegsverbrecherprozesses vor [PRITCHARD/ZAIDE 7.c]. Seit den 1950er Jah- Westliche Quellen
ren erschienen mehrere Monografien zum Thema, die vor allem auf den
Akten des Tokyoter Tribunals und auf deutschen Dokumenten beruhen,
aber nur die Zeit vor Ausbruch des Pazifischen Krieges behandeln, wobei
die Arbeit von SOMMER besonders gründlich ist [SOMMER 6.d; SCHROEDER Frühe Darstellungen
6.d; FOX 6.d]. Zu den deutschen Militärberatern in China liegt ein von
MARTIN ediertes Sammelwerk vor [MARTIN, Beraterschaft 6.d]. Auf japani- Einbeziehung japa-
schen Quellen basierende Untersuchungen über diesen Zeitraum begannen nischer Quellen
erst später zu erscheinen, so von MORLEY [6.d], KREBS [Deutschlandpolitik 6.
d; DERS., Pearl Harbor 6.d; DERS., Schlichtungsbemühungen 6.d] und SAN-
DER-NAGASHIMA [6.d].

Für die gesamte Periode 1933 bis 1945 sind die Beiträge in KREINER/
MATHIAS [6.d] sowie in KREBS/MARTIN [6.d] und KRUG u. a. [6.d] heranzuziehen. Über die Kriegsjahre erschien zunächst das Werk von MARTIN
[Deutschland 6.d]. Italiens Position innerhalb der Dreierbeziehung wird
von FERRETTI [6.d] und HERDE thematisiert [HERDE, Sturz 6.d].

Zur Darstellung von Japans Verhältnis zur Sowjetunion und der zeitweise in Betracht gezogenen Einbeziehung in das Bündnis der Achsenmächte konnte der sowjetische Diplomat Kutakow [6.d] teilweise Archivmaterial der UdSSR nutzen, doch ist sein Werk noch stark vom Geist des Kalten Krieges geprägt. Unter Verwendung von russischsprachigem Material erschien in liberaleren Zeiten Haslam [6.d]. Schon vorher waren Werke zum Thema unter Einbeziehung japanischer Quellen von Lupke [6.d] und Morley [6.d] entstanden. Eine politische Biografie des damaligen Außenministers und treibenden Kraft hinter dem Abschluss sowohl des Dreimächtepaktes als auch des Neutralitätsabkommens mit der UdSSR, Matsuoka Yosuke, gibt es aus der Feder von Lu [6.d]. Neben der älteren Arbeit über die bilateralen Beziehungen während der Laufzeit des Neutralitätsvertrages von Lensen [6. d] ist hier vor allem auf das Werk von Slavinsky [6.d] hinzuweisen, das nach den Reformen im Russland der 1990er Jahre auf bis dahin geheimes Material zurückgreifen konnte. Der Autor kommt zu dem Schluss, Stalin sei im November 1940 durchaus bereit gewesen, dem Dreimächtepakt beizutreten, doch sei Hitler der Preis in Form territorialer Forderungen zu hoch gewesen. Die seit 1941 jahrelang von Japan betriebenen Versuche, einen Sonderfrieden zwischen Deutschland und der Sowjetunion zu vermitteln, werden von Krebs untersucht [G. Krebs, Japanische Vermittlungsversuche im deutsch-sowjetischen Krieg 1941–1945, in: Kreiner/Mathias 6.d: 239–288].

Zum Fall des deutschen Spions Richard Sorge liegt umfangreiche Literatur vor. Neben dem Gemeinschaftswerk von Deakin/Storry [6.d] kann auf eine Studie des Marinehistorikers Prange [6.d] zurückgegriffen werden, der nach 1945 einer der größten Sammler von japanischen Dokumenten wurde. Von der Öffnung sowjetischer Archive profitierten die Publikation von Whymant [6.d] und einige Beiträge aus einem Symposium in dem reichlich unkoordinierten Sammelwerk von Timmermann u. a. [6.d].

e) Der Weg in den Pazifischen Krieg

Die Tendenz zu einer deterministischen Geschichtssicht, wie sie schon bei Untersuchungen der Ereignisse seit 1931 zu beobachten war, verstärkt sich noch bei den Betrachtungen für die Jahre seit Ausbruch des China-Krieges 1937, und zwar nicht nur in der offiziösen amerikanischen Historiografie wie Feis [6.e] und Langer/Gleason [6.e], sondern auch bei Lu [6.e]. Detailuntersuchungen aber belegen, dass es in all diesen Jahren nicht an Versuchen fehlte, von angelsächsischer ebenso wie von japanischer Seite, den großen Krieg zu vermeiden. Butow [John Doe 6.e] liefert eine gründliche Untersuchung über eine private Friedensinitiative, die zwar in offizielle Ausgleichsgespräche zwischen der japanischen Botschaft in Washington und dem ame-

rikanischen Außenministerium mündete, aber allerlei Verwirrung stiftete. Die auch in englischer Übersetzung [IKE 6.e] vorliegenden Protokolle des japanischen Generalstabs über die Verbindungs- und Kaiserkonferenzen des Jahres 1941 zeigen, dass Tokyo sich die Entscheidung zum Angriff alles andere als leicht gemacht hatte. Japanische Historiker kommen mitunter zu dem Schluss, dass die amerikanische Abschreckungspolitik zu spät eingesetzt habe und dann zu massiv gewesen sei, sodass sie genau das Gegenteil des beabsichtigten Effekts erzielt habe [z. B. MORLEY, Confrontation 6.e].

Die Bemühungen des langjährigen amerikanischen Botschafters in Tokyo, Joseph C. Grew, um einen Ausgleich sind gut belegt [GREW, Jahre 6.b; DERS., Era 6.b; HEINRICHS 6.e]. Ebenso bezeugt eine Monografie von BEST englische Bemühungen zur Vermeidung des Krieges [BEST, Britain 6.e]. Von japanischer Seite liegen ein Teil der Erinnerungen von KONOE [6.e], Premier bis Oktober 1941, und dem ehemaligen Außenminister TOGO [6.e] in Übersetzungen vor.

Die Ausrichtung der Politik gegenüber Japan durch die Regierung Roosevelt ist in der amerikanischen Geschichtswissenschaft äußerst umstritten und spiegelt mitunter den Kampf zwischen Isolationisten und Interventionisten vor Ausbruch des Pazifischen Krieges wider. Erstere erheben den Vorwurf, Roosevelt habe die Nation manipuliert, um einen Grund für den von ihm angestrebten Krieg zu erhalten. Bereits in der Vorkriegszeit erschien ein einflussreiches Werk zur amerikanischen Ostasienpolitik von GRISWOLD [6. e]. Der Autor kam zu der Überzeugung, der Kurs der USA in Fernost sei von der Verkündung der *open door* bis zum Mandschurei-Konflikt wiederholt auf Ziele konzentriert gewesen, die außerhalb der Notwendigkeiten und der Erreichbarkeit Amerikas gelegen hätten und damit zum Scheitern verurteilt gewesen seien. Diese Gedanken griff nach dem Zweiten Weltkrieg der Spitzendiplomat George F. KENNAN [6.b] auf und kritisierte: Die moralistische und legalistische Argumentation Washingtons habe den Eindruck einer größeren Entschlossenheit zur Intervention erweckt als tatsächlich bestanden habe. Dabei seien die Schwäche Chinas und die Ambitionen der Sowjetunion nicht berücksichtigt worden. Ähnlich argumentierte SCHROEDER [6.d], die moralistische Parteinahme für China habe entgegen den wahren Sicherheitsinteressen der USA einen Ausgleich mit Japan blockiert.

Viele Autoren betonen die Passivität Roosevelts gegenüber Ostasien während seiner frühen Amtsjahre [PRATT 6.e; BORG 6.b; OFFNER 6.e]. Aus innenpolitischen Gründen, so die Argumentation vieler Wissenschaftler, sei dem Präsidenten wegen der starken isolationistischen Strömung auch wenig Spielraum geblieben [JONES 6.e; COLE 6.e; DOENECKE 6.e]. Man findet aber auch die Ansicht, die Japan-Politik sei in den dreißiger Jahren eindeutiger, aktiver Teil der amerikanischen Diplomatie gewesen und habe einen hohen Stellenwert besessen [LAFEBER 6.e; DALLEK 6.e]. Der Präsident sei jedoch gleichzeitig darauf bedacht gewesen, Provokationen zu vermeiden. Die meisten Wissenschaftler stimmten lange Zeit mit LANGER/GLEASON [6.e] überein, dass Roosevelt einen vorsichtigen Kurs in Ostasien verfolgt habe, bis die Achsenmächte ihn gezwungen hätten, sich ihrer Expansionspolitik entgegenzustem-

Kritik an Roosevelt

Relative Passivität der USA in der Ostasienpolitik

Geteilte Meinungen über Roosevelts passives Vorgehen

men oder aber eine isolierte Festung USA aufzubauen. Bis Ende der 1960er Jahre aber brach der Konsens zusammen und bis zu den 1980ern waren viele Historiker weit kritischer gegenüber der starren Haltung der USA. Dazu gehörten Autoren wie BURNS [6.e] und SCHALLER [6.e]. Die These, dass sich auf beiden Seiten zu viele Akteure einmischten und in dem entstandenen Chaos der Weg in die Katastrophe fast zum Selbstläufer geworden sei, vertreten: UTLEY [6.e], ANDERSON [6.e] und WORTH [Choice, 6.e]. MILLER [6.e] ist der Ansicht, dass nicht das Ölembargo, das sonst als Hauptursache für Tokyos Kriegsbeschluss angeführt wird, ausschlaggebend gewesen sei, sondern das Einfrieren japanischer Devisen- und Goldbestände in den USA.

Auch gegenüber der anfangs überwiegenden Überzeugung von Japans Alleinschuld am Ausbruch des Pazifischen Krieges und der Richtigkeit von Roosevelts Politik wie z. B. von Basil RAUCH [6.e] vertreten, der einige Jahre im Dienste der amerikanischen Marineakademie gestanden hatte, erhoben sich schon früh Stimmen, die der amerikanischen Führung die Verantwortung für den Pazifischen Krieg anlasteten [FLYNN 6.f; MORGENSTERN 6.f; BEARD, Foreign Policy 6.e; DERS., Roosevelt 6.e; TANSILL 6.f; BARNES 6.f; THEOBALD 6.f], da der Präsident trotz der eingegangenen Verpflichtung, den Krieg zu vermeiden, die Japaner zum Angriff angestachelt habe. Einige Autoren behaupten sogar, der Präsident habe so gehandelt, um durch diese „Hintertür" – so der von Morgenstern [6.f: 85] geprägte, aber erst durch den Titel von TANSILLS Buch [6.f] populär gewordene Begriff – unter Täuschung der landeseigenen Öffentlichkeit den ersehnten Grund zum Kriegseintritt gegen Hitler zu erhalten [so auch bei FLYNN 6.f; BARNES 6.f]. TANSILLS Werk, das nicht unwidersprochen blieb, war besser mit Dokumenten belegt als alles, was bis dahin von revisionistischer Seite geschrieben worden war, doch war dem Autor von offizieller Seite nicht die gleiche großzügige Nutzung von Archiven und Tagebüchern wie LANGER/GLEASON und FEIS gewährt worden. Bei den kritischen Autoren handelte es sich meist um die gleichen, die vorher schon den amerikanischen Eintritt in den Ersten Weltkrieg als Fehler dargestellt und sich in der Vorgeschichte des Pazifischen Krieges für eine streng isolationistische Politik eingesetzt hatten.

Außerdem entstand eine Literatur, gemäßigter als etwa TANSILL, wonach die USA den Krieg ehrenhaft und zu eigenem Vorteil hätten vermeiden können: Japan habe de facto die Achse verlassen und außerdem gegen die Aufhebung von Handelsrestriktionen eine Verpflichtung angeboten, keinerlei weitere Gewalt mehr anzuwenden und die Besetzung von Südindochina rückgängig zu machen. Bezüglich China hätte man den Ausgang des Krieges in Europa abwarten können, sodass sich die USA ganz auf Hitler hätten konzentrieren können, während Japan als Bollwerk gegen die Sowjetunion hätte dienen können [GREW, Era 6.b; JONES 6.e; SCHROEDER 6.d].

Die größte Kontroverse um Roosevelts Politik aber entzündete sich an der Frage, ob die amerikanische Regierung wirklich von dem japanischen Angriff auf Pearl Harbor überrascht worden sei. Die sogenannten Revisionisten ver-

Zweifel an der Alleinschuld Japans

Die Hintertür zum Krieg?

Gemäßigtere Kritik an den USA

suchten dabei zu beweisen, dass Roosevelt absichtlich die Pazifische Flotte in Pearl Harbor als Köder auslegte, um die Japaner zu einem Angriff zu verführen, oder doch zumindest die deutlich erkennbaren Anzeichen für den Überfall ignorierte, um durch diese „Hintertür" mit einer geeinten Nation im Rücken einen Grund zum Eintritt in den europäischen Krieg zu erhalten [TANSILL 6.f; MORGENSTERN 6.f; BARNES 6.f; THEOBALD 6.f; KIMMEL 6.f; TOLAND 6.f; WILFORD 6.f; STINNETT 6.f; VICTOR, 6.f]. Für RUSBRIDGER/ NAVE [6.f] ist Churchill der Intrigant. Andere Autoren machen dagegen eine Häufung von Pannen, bodenlosem Leichtsinn und mangelnde Koordination als Ursache für die Katastrophe von Pearl Harbor verantwortlich [COSTELLO 6.f; CHAMBERLIN 6.e; GANNON 6.f].

Pearl Harbor als Intrige Roosevelts

Pearl Harbor: Nur eine Panne?

Da klare dokumentarische Beweise für eine Intrige Roosevelts nie auftauchten, sondern nur Schlüsse aus den gegebenen Umständen gezogen wurden, fehlt es auch nicht an Autoren, für welche die Verschwörungsthese jeglicher Grundlage entbehrt. Zu diesen „Anti-Revisionisten", von ihren Gegnern als Hofhistoriker geschmäht, gehören z. B. FEIS [6.e] und LANGER/GLEASON [6.e]. Die Überraschung habe vielmehr daher gerührt, dass man in Washington eher mit einem Angriff auf Südostasien gerechnet habe. Ähnliche Ansichten vertreten FARAGO [6.f], MILLIS [6.f], PRANGE [Pearl Harbor 6.f], PRATT [6.e], RAUCH [6.e], WOHLSTETTER [6.f].

Im Zusammenhang mit Pearl Harbor geriet auch die Funkaufklärung der Alliierten immer stärker in das Visier der Historiker, war doch zu dieser Zeit der Telegrammschlüssel von Japans Marine und Außenministerium bereits dechiffriert worden. Die abgefangenen Texte und die daraus gewonnenen Erkenntnisse spielten eine zentrale Rolle in den zahlreichen amerikanischen Untersuchungsausschüssen, welche die Schuldfrage für die Katastrophe von Pearl Harbor klären sollten. Die Arbeit der Komitees, deren Ergebnisse vor allem die lokalen Kommandeure auf Hawaii, General Short und Admiral Kimmel, zu Sündenböcken machten und damit die Washingtoner Führung weitgehend von dem Vorwurf des Leichtsinns und der Verantwortungslosigkeit reinwuschen, zog sich bis in die Nachkriegszeit hin [BARTLETT 6.f; TOLAND 6.f; PRANGE, Dawn 6.f]. Die Protokolle des US-Kongresses unter Einschluss vieler japanischer Telegramme liegen in gedruckter Form vor [*Hearings of the Joint Committee* 6.f], ebenso wie eine Dokumentation von WORTH [6.f].

Funkaufklärung und Schuldfrage

Von den 1970er Jahren an wurden in den USA in schneller Folge die bis dahin weitgehend geheimen Dokumente des Entschlüsselungsdienstes zur Benutzung freigegeben und erschienen z. T. auch im Druck [DEPARTMENT OF DEFENSE 6.f]. Auf der Basis von nun leichter zugänglichem Archivmaterial entstanden daher vermehrt Studien zu dem Thema wie von HOLMES [6.f] und LEWIN [6.f].

f) Vom Kriegsausbruch zur Kapitulation

Die militärischen Aktionen wurden von den meisten beteiligten Mächten durch offizielle Kriegsgeschichten aufgearbeitet. Die Operationen der USA sind nach Heer und Marine getrennt behandelt. Die Armee findet ihre Beschreibung in den elf Bänden des Office of the Chief of Military History [6.g] und drei weiteren Bänden *China-Burma-India Theater* [Dass. 6.g]. Für die amerikanischen Seeoperationen liegt ein 15-bändiges Werk vor, herausgegeben von Morison [6.g]. Für das britische Heer und die Landkriegführung kann auf die fünf Bände von Kirby [6.g] verwiesen werden und für die Operationen der Marine auf die sechs Bände von Great Britain, Ministry of Defence [6.g]. Australiens Kriegsbeitrag wurde in *Australian War Memorial* dargestellt [21 Bände, 6.g].

Offizielle Kriegsgeschichten

Das 102-bändige japanische Serienwerk liegt leider nicht in Übersetzung vor. Es sollen daher einige Monografien vorgestellt werden, die von Japanern stammen oder von ihnen mitverfasst wurden und auf Englisch oder Deutsch vorliegen. So schildert ein ehemaliges Mitglied des Generalstabs die Aktionen der japanischen Armee im Pazifischen Krieg [Hayashi 6.i]. Tsuji, ein anderer hoher Offizier, behandelt die Eroberung von Malaya und Singapur [6.i]. Zwei ehemalige Teilnehmer und Stabsoffiziere der Marine befassen sich mit der Midway-Schlacht [Fuchida/Okumiya 6.i]. Das Tagebuch von Admiral Ugaki Matome, Yamamoto Isorokus rechter Hand, liegt für die Jahre 1941–1945 vor, allerdings mit einigen Lücken [Ugaki 6.i]. Mit der 1944 entwickelten Kamikaze-Taktik beschäftigen sich Inoguchi u. a. [6.i]. Außerdem liegen die Memoiren des Diplomaten Kase [6.h] sowie der beiden Außenminister Shigemitsu [6.b] und Togo [6.e] vor.

Übersetzungen aus dem Japanischen

Eine Reihe übersetzter Werke befasst sich mit der japanischen Besatzungspolitik in Südostasien. Bei Fujiwara [6.j] handelt es sich um geheimdienstliche Operationen der Armee in Südostasien, bei Shiraishi/Shiraishi [6.j] um die Besatzungspolitik in den unterschiedlichen Gebieten des Raumes und bei Shiraishi/Furuta [6.j] um Indochina. Die japanische Präsenz in Indonesien wird in den Monografien von Satô [6.j] und Goto [6.j] untersucht sowie in dem Sammelwerk von Reid/Oki [6.j]. Bei United States, Department of Commerce [6.j] handelt es sich um einen japanischen Untersuchungsbericht zur Militärverwaltung in Indonesien.

Japanische Untersuchungen zur Besatzungspolitik in Südostasien

Den ersten Gesamtüberblick für den Pazifischen Krieg lieferte Toland [6. g] mit einer eher journalistischen Arbeit. Durch Interviews, die großen Raum einnehmen und mitunter zu subjektiven Beurteilungen führen, und die Auswertung von gedruckten japanischen Quellen berücksichtigte er auch die Sicht von Amerikas Gegner. Bald darauf erschienen auch die ersten wissenschaftlichen Gesamtdarstellungen: Dull [6.g], Costello [6.g], Spector [6. g], Willmott [Empires; Barrier; War, alle 6.g]. Über den britischen Kriegsbeitrag zur See liegt der zweite Band von Marder [6.g] vor und über die Kämpfe in Südostasien das Sammelwerk von Bond/Tachikawa

Gesamtdarstellungen

[6.g]. THORNE [6.g] untersucht die Zusammenarbeit der angelsächsischen Mächte gegen Japan und deren unterschiedliche Zielsetzung. Er liefert damit eine der wenigen Diplomatiegeschichten des Pazifischen Krieges.

Da es über den militärischen Verlauf des Krieges und die japanische Besatzungspolitik kaum wissenschaftliche Kontroversen gibt, wird hier nicht im Einzelnen auf Beschreibungen eingegangen, sondern auf das Literaturverzeichnis verwiesen.

Die japanische Propaganda behandelt KUSHNER [6.h]. Er arbeitet dazu die Institutionen und ihre Vorgehensweisen zur Beeinflussung der Öffentlichkeit heraus. DOWER [6.i] und SPECTOR [6.g], letzterer ein Vietnam-Veteran, betonen den sich auf beiden Seiten austobenden Rassismus, der zu unvorstellbaren Grausamkeiten im Pazifischen Krieg führte. Ansonsten werden in der Geschichtsschreibung meist nur die von Japanern verübten Gräuel dargestellt. Eine allgemeine Behandlung finden diese Kriegsverbrechen bei TANAKA [6.i], REES [6.i] und LI [6.i]. Speziell dem Leid der Kriegsgefangenen widmet sich DAWS [6.i]. In dem Sammelwerk von KRATOSKA wird die Zwangsarbeit dargestellt, die Ausländer in den besetzten Gebieten und im japanischen Mutterland verrichten mussten [KRATOSKA, Labor 6.i]. Auf Literatur zur biologischen Kriegführung, den dazu durchgeführten Humanexperimenten und zur Zwangsprostitution wurde bereits weiter oben eingegangen (s. Kap. II.1.i).

Daneben interessierte sich die Geschichtsschreibung zunehmend für soziale Entwicklungen, kulturelle Besonderheiten und vor allem die wirtschaftliche Lage. HAVENS [6.h] widmet sich dem Alltagsleben der Japaner unter den Kriegsbedingungen. Eine amerikanische Untersuchung über die Lebensmittelversorgung während des Krieges entstand in der Besatzungszeit unter Mitarbeit von Japanern [JOHNSTON 6.h]. PAUER behandelt dieses Thema mit starker Berücksichtigung der organisierten Nachbarschaftsverbände [PAUER, Nachbarschaftsgruppen 6.h]. Der Gruppenpsychologie in der Kriegszeit widmet sich IRITANI [6.h] und bringt dabei auch die Beziehung zwischen Kaiser, militärischer und ziviler Elite einerseits sowie der Bevölkerung andererseits zur Sprache. Er argumentiert, dass ein übersteigertes Gruppendenken für die Aggression gegen China und Südostasien verantwortlich gewesen sei.

Die erste Untersuchung zur japanischen Wirtschaft im Krieg stammt aus der Feder von einem der „New Dealer" aus der Besatzungsverwaltung, BISSON [1.d], der später in den USA in Ungnade fiel. Auf den Untersuchungen der amerikanischen Siegermacht für die eigene Marine beruht das Werk von COHEN [6.h], der erbeutete japanische Dokumente und Interviews zugrunde legte.

Den Weg Japans zur Kapitulation verfolgt BUTOW [6.k] in einer frühen Studie akribisch auf der Basis der damals vorhandenen Quellen, wohingegen die meisten späteren Untersuchungen oft etwas spekulativ sind oder pauschale Behauptungen aufstellen. Das gilt auch für Übersetzungen aus dem Japanischen, die wissenschaftlichen Ansprüchen nicht genügen [PACIFIC WAR RESEARCH SOCIETY, Lost 6.k; DIES., Longest 6.k]. KREBS [Krieg im Pazifik

[margin notes:]
Kriegspropaganda

Kriegsgräuel

Kriegsalltag in Japan

Die Wirtschaft im Krieg

Der Weg zur Kapitulation

6. k; DERS., Japan im Pazifischen Krieg 6. k] hat in neueren Untersuchungen auch das letzte Kriegsjahr und die Suche nach einem Friedensschluss auf der Basis japanischer Quellen verfolgt.

Der Versuch, im Sommer 1945 durch sowjetische Vermittlung einen Friedensschluss zu erreichen, wurde von LENSEN [6.d] und SLAVINSKY [6.d] behandelt. Letzterer führt Stalins ablehnende Haltung nicht nur auf Beutegier zurück, sondern auch auf das Motiv, sich für die Niederlage von 1905 rächen und deshalb unter Bruch des Neutralitätspaktes noch am Krieg gegen Japan teilnehmen zu wollen. Den letzten Akt des Dramas, die sowjetische Kriegführung in Fernost, behandelt GLANTZ ausführlich [6.i]. Das Schicksal der in sowjetische Hand gefallenen Kriegsgefangenen untersucht DÄHLER [6.i].

Die Verbindung von der Vorkriegs- zur Nachkriegszeit zieht DOWER [6.h], indem er das Leben und die Politik von Yoshida Shigeru verfolgt, der hinter den Kulissen aktiv an einer Beendigung des Krieges mitwirkte und ab 1946 mehrmals das Amt des Premierministers bekleidete. IRIYE [6.h] behandelt die Wechselwirkung von Kultur und internationalen Beziehungen. Er sieht eine teilweise Ähnlichkeit zwischen japanischen und amerikanischen Zukunftsvorstellungen, so z. B. in dem Interesse an einer Dekolonisation in Asien, weswegen es in der Nachkriegszeit zwischen beiden Ländern zu einer „Wiederaufnahme der Partnerschaft" habe kommen können.

Äußerst umstritten sind in der Geschichtsschreibung die Gründe und die Art der Kriegsbeendigung. HASEGAWA [Racing 6.k] sieht den sowjetischen Angriff als entscheidendes Motiv für die japanische Kapitulation an, aber in einem von ihm herausgegebenen Sammelwerk [HASEGAWA, End 6.k] vertreten Autoren aus verschiedenen Nationen unterschiedliche Auffassungen, ob diese neue Entwicklung oder aber die Atombomben ausschlaggebend

War der Einsatz der Atombomben unbedingt erforderlich? gewesen seien. Bis heute herrscht eine heftige Kontroverse, ob der Einsatz der nuklearen Waffe wirklich unbedingt notwendig gewesen sei oder nicht vielleicht ein Friedensschluss auf einem anderen Wege hätte erreicht werden können. In den USA dominierte lange Zeit die von dem ehemaligen Kriegsminister STIMSON 1947 in einem Artikel in *Harper's Magazine* in die Welt gesetzte und später in etwas erweiterter Form in seinen Memoiren [STIMSON/BUNDY 6.b: 612–633] aufgenommene Behauptung als allgemeingültige Ansicht, die Atombomben hätten das partout zur Fortsetzung des Krieges entschlossene Japan zur Kapitulation veranlasst und einer Million amerikani-

Rechtfertigung des Einsatzes scher Soldaten das Leben gerettet, die sonst bei einer Invasion gefallen wären. STIMSON selbst muss als tragische Figur bezeichnet werden, da gerade er vor einem Einsatz der Atombomben gewarnt hatte, sich aber nicht hatte durchsetzen können und sich nach der Kriegsbeendigung überreden ließ, den Abwurf ohne Einschränkung öffentlich zu rechtfertigen [ALPEROVITZ, Hiroshima 6.k].

Pikanterweise hatte eine offizielle amerikanische Untersuchung für den Dienstgebrauch aus dem Jahr 1946 den Eindruck erweckt, Tokyo habe schon lange vor dem Abwurf der Atombomben auf eine Kapitulation hingearbeitet, die auch ohne die beiden Atombomben sehr wahrscheinlich gewesen wäre [Japan's Struggle to End the War (Pacific Report No. 2), Washington 1946, in: *United States Strategic Bombing Survey*, Vol. 7 6.k]. In MacArthurs Stab arbeitete vor allem Brigadegeneral Bonner Fellers an der Verbreitung dieser Geschichtssicht, der über enge Kontakte zu dem ehemaligen Präsidenten Herbert Hoover verfügte und wie dieser vor einer sowjetischen Machterweiterung in Ostasien warnte, dazu auf eine Reinwaschung von Kriegsschuld und damit Stärkung des Tennos hinarbeitete. Fellers war verwandt mit der Ehefrau des Diplomaten Terasaki Hidenari, einer Amerikanerin, und unterhielt enge Beziehungen mit diesem, der zu jener Zeit als Verbindungsmann zwischen Kaiserhof und Besatzungsmacht fungierte. Die aus diesen Verbindungen entstandene Studie von 1946 über die japanische Kapitulation [H. IGUCHI, The First Revisionists: Bonner Fellers, Herbert Hoover, and Japan's Decision to Surrender, in: GALLICCHIO 1.i: 51–84; KREBS, Terasaki 7.a], verstärkt durch andere kritische Stimmen, hatte zu Druck auf STIMSON geführt, unter Einsatz einer Handvoll Ghostwriter, um seine apologetische Version in *Harper's Magazine* und in seinen Memoiren unter das Volk zu bringen [BIRD, Color 6.k: 88–98; ALPEROVITZ, Hiroshima 6.k: 487–523]. Wie erfolgreich dieser Vorstoß war, zeigte sich darin, dass bis weit in die sechziger Jahre hinein viele Autoren die Ansicht von der Unvermeidbarkeit des Einsatzes der Atombomben wiederholten, so z. B. FEIS: Zumindest seien die Politiker der USA von der Notwendigkeit der Abwürfe überzeugt gewesen, auch wenn sie sich geirrt haben mögen, und daher sei der Einsatz gerechtfertigt [FEIS, Japan Subdued 6.k; DERS., Atomic Bomb 6.k].

Für die Untersuchung des *United States Strategic Bombing Survey [6. k]* waren zahlreiche überlebende japanische Politiker und Militärs interviewt worden. Die Studie wurde auch zur Grundlage eines Buches aus dem Jahre 1948, in dem der britische Physiknobelpreisträger BLACKETT behauptet, Truman habe mit der Atombombe in der Hinterhand auf den Rückzug der UdSSR aus Osteuropa und eine Begrenzung ihres Einflusses in Ostasien abgezielt und deshalb den Abwurf auf den schon fast geschlagenen Feind Japan angeordnet. Der Einsatz sei daher nicht so sehr der letzte militärische Akt des Zweiten Weltkrieges als vielmehr die erste große Operation im kalten diplomatischen Krieg gegen die Sowjetunion gewesen [BLACKETT 6.k: 173]. Frühe Kritik am Einsatz der Atombomben

Als ca. 20 Jahre später zahlreiche amerikanische Dokumente zur Benutzung freigegeben wurden und eine neue Sichtweise erlaubten, übernahm ALPEROVITZ [Diplomacy 6.k] diese Schlussfolgerung und bezeichnete das Japan vom August 1945 als ohnehin schon geschlagen. Er fand ein stärkeres Echo als andere Zweifler vor ihm, da sein Werk in der aufgeheizten Atmosphäre des Vietnamkrieges erschien. Unterstützt von einem siebenköpfigen Mitarbeiterteam legte er 1995 eine stark erweiterte Neuausgabe vor, die auch in deutscher Übersetzung erschien [ALPEROVITZ, Hiroshima 6.k]). Auch andere Autoren bestritten die Notwendigkeit des Einsatzes mit unterschiedlichen Argumenten, wenn auch meist weniger radikal als Alperovitz: SHER- Radikale Kritik an dem Einsatz

WIN [6.k]; TAKAKI [6.k]; LIFTON/MITCHELL [6.k]; BIRD/LIFSCHULTZ [6.k]; BIRD/SHERWIN [6.k].

Die Ansicht von der grundsätzlichen Kapitulationsbereitschaft Japans vor dem Abwurf der Bomben wurde in den USA hingegen von der „traditionalistischen" Fraktion bekämpft, die den Einsatz daher rechtfertigte: FERRELL [6.k]; MADDOX [Weapons 6.k; DERS., New Left 6.k]; NEWMAN, Truman [6.k]; ALLEN/POLMAR [6.k]; WEINTRAUB [6.k]. Dazu gehörte auch ROSE [Yalta 6.k; DERS., Victory 6.k], der als Historiker im Dienste des US-Außenministeriums stand. Er ging hart ins Gericht mit den von ihm als „Revisionisten" bezeichneten Autoren, für die nun eher Amerika als die Sowjetunion der Bösewicht des Kalten Krieges war.

Eine mittlere Position nimmt Barton BERNSTEIN ein, der seit den siebziger Jahren in einer Reihe von Aufsätzen wesentliche Aussagen sowohl von Traditionalisten als auch Revisionisten anzweifelte und für den das Kriegsende „wahrscheinlich" – im Gegensatz zu ALPEROVITZ' „bestimmt" – auch ohne die Atombomben erreichbar gewesen wäre. Er vertritt jedoch die Ansicht, dass keine der Alternativen den Krieg ebenso schnell beendet hätte wie die Atombomben, dass jedoch eine Kombination anderer Mittel – wie der sowjetische Kriegseintritt oder das Eingehen auf japanische „Friedensfühler" – vielleicht ebenfalls zum Ziel geführt hätte, ohne dass man eine Invasion hätte durchführen müssen, und daher hätte versucht werden sollen. Er stimmt zwar der These von der „atomaren Diplomatie" gegen die Sowjetunion zu, sieht diese Absicht aber als sekundär gegenüber dem Interesse an einer schnellen Kriegsbeendigung an [z. B. BERNSTEIN, Understanding 6.k; DERS., Conclusion: the Interpretive Dialogue, 1998–2005, and Various Proposals for Understanding the Ending of the War and Why and How Japan Surrencered, in: HASEGAWA, End 6.k: 228–242]. Daher wurde er selbst von beiden Seiten angegriffen. Zu ähnlichen Schlüssen wie BERNSTEIN kamen SKATES [6.k], WALKER [6.k], FRANK [6.k] und ZEILER [6.k]. Eine kommentierte Sammlung unterschiedlicher Auffassungen mit anschließender Dokumentation bildet das Werk von KORT [6.k], der auch einige japanische Quellen in Übersetzung liefert.

In Japan war die Erörterung der Atombombenabwürfe von der amerikanischen Besatzungsmacht, die pikanterweise die Presse- und Redefreiheit eingeführt hatte, schlichtweg verboten worden [BRAW 6.k]. Die Lage änderte sich erst mit der Wiedererlangung der Souveränität, woraufhin die marxistische Geschichtsschreibung den Einsatz der Atombomben als Mittel zur Einschüchterung der Sowjetunion betonte, so wie es einige der genannten westlichen Autoren auch taten. Konservative japanische Historiker wie ASADA [6.k] sind sich dagegen nicht sicher, ob Japan ohne die Atombomben kapituliert hätte. Sie halten es zwar für möglich, aber nicht für gesichert. Allgemein lässt sich sagen, dass die japanische Öffentlichkeit sich heute wegen Hiroshima und Nagasaki eher als Opfer- denn als Tätervolk sieht [ORR 6.k].

Diskurs in Japan

Eine Ausstellung des National Air and Space Museum, einem Teil der Smithsonian Institution in Washington, zum 50. Jahrestag des Kriegsendes 1995 mit der Enola Gay, dem Bomber von Hiroshima, im Mittelpunkt, rief schon in der Planungsphase scharfe Proteste in den USA hervor, da die Veranstalter nicht nur den Bau der Bombe, sondern auch die Entscheidung für ihren Einsatz und damit Hinweise auf wissenschaftliche Kontroversen und auf Zweifel in der politischen und militärischen Führung über den Sinn des Unternehmens zum Ausdruck zu bringen gedachten. Außerdem planten sie, aus dem Friedensmuseum in Hiroshima entliehene Stücke auszustellen, um die Zerstörungen sowie die Auswirkungen auf die Bevölkerung und die Folgen für den Eintritt in das nukleare Zeitalter sowie den Beginn des Kalten Krieges darzustellen. *Ausstellungspläne mit der Enola Gay*

Konservative Kreise, darunter einflussreiche Kongressabgeordnete, patriotische Organisationen und Veteranenverbände führten heftige Attacken gegen die Museumsführung. Man warf ihr antiamerikanisches und projapanisches Verhalten vor, da der Einsatz der Atombomben offensichtlich als aggressiv, unmoralisch und ungerechtfertigt dargestellt und die „konterkulturellen" Werte" der Vietnam-Ära auf den „letzten guten Krieg der USA" projiziert werden sollten. Unter diesem Druck wurde das Konzept mehrmals geändert, aber jedes Zugeständnis des Museums wurde mit immer neuen Forderungen beantwortet. Schließlich wurde in dem Programm die ursprünglich eingeplante historiografische Kontroverse ganz ausgeklammert, eine Entscheidung, die nun wiederum den Einspruch von Wissenschaftlern wie ALPEROVITZ, BERNSTEIN, SHERWIN, BIRD und LIFTON zur Folge hatte, deren Ablehnung der offiziellen Geschichtssicht bekannt war. Mit der Begründung, der „Missbrauch öffentlicher Gelder" müsse verhindert werden, wurden die Vorbereitungen zur Ausstellung gestoppt und der Direktor des Museums, Martin Harwit, zum Rücktritt gezwungen. Die ursprünglich konzipierte Ausstellung wurde abgesagt und schließlich in kleinerem Rahmen und anderer Form abgehalten. Dabei beschränkte man sich auf bau- und flugtechnische Details neben der Präsentation des restaurierten Flugzeuges sowie der Darstellung der Nuklearforschung. Kritiker sahen in der Aufgabe des ursprünglichen Konzeptes einen klaren Akt politischer Zensur [zu der Kontroverse s. HARWIT 6.k; LINENTHAL/ENGELHART 6.k; O'REILLY/ROONEY 6.k; NEWMAN, Enola Gay 6.k: 97–133; BIRD/LIFSCHULTZ 6.k: 317–409]. Der ursprünglich geplante Text zu der Ausstellung findet sich bei NOBILE [6. k: 1–126]. *Kritik an der Planung* *Aufgabe der Ausstellung in der ursprünglich geplanten Form*

Einige Autoren aber gehen auch mit Direktor HARWIT und seinen wichtigsten Mitarbeitern hart ins Gericht: Sie hätten sich einseitig auf ALPEROVITZ und einige wenige ähnlich orientierte Wissenschaftler gestützt, ohne die Ansichten anderer zu berücksichtigen. Außerdem sei HARWIT stark von den Japanern beeinflusst worden, u. a. bei Besuchen in Hiroshima [NEWMAN, Enola Gay 6.k; O'REILLY/ROONEY 6.k]. Viele Japaner waren schockiert über die Absage der ursprünglich geplanten Ausstellung, zumal zahlreiche Ame-

Kritik in Japan an der amerikanischen Ausstellungspolitik

rikaner sogar die reine Erwähnung der Opfer als unpatriotisch empfanden [D. Yui, Between Pearl Harbor and Hirohima/Nagasaki: Nationalism and Memory in Japan and the United States, in: Hein/Selden 6.k: 52–72].

Die Kriegsschuld des Kaisers

Ein historiografisches Erbe des Pazifischen Krieges ist auch die Behandlung von Kaiser Hirohito, d. h. seiner Kriegsschuld. In Japan wurde es 1945 erstmals möglich, sich kritisch mit dem Tenno zu beschäftigen, und eine gnadenlose Anprangerung durch die marxistische Schule war die Folge. Konservative Wissenschaftler hingegen betonen die Verfassungsmäßigkeit seines Verhaltens und seine beschränkten Eingriffsmöglichkeiten. Hirohitos Tod im Jahre 1989 belebte die Diskussion im In- und Ausland noch einmal [Crump 6.l] und führte zu weiteren Monografien. Im Westen sind die Urteile

Westliche Urteile

ähnlich gespalten wie in Japan: Betrachten manche Historiker den Tenno eher als gemäßigt, der es als konstitutioneller Monarch als seine Pflicht ansah, den Empfehlungen seiner Minister und sonstigen Ratgeber zu folgen, sodass er nur als Ratifizierer am Ende eines politischen Findungsprozesses erscheint [Butow, Tojo 6.e; Mosley 6.l; Titus 3.b; Large 6.l; Drea 6.l; Shillony 6.l] – ähnlich in der aus dem Japanischen übersetzten Monografie von Hata [6.l] –, so ist er für andere eindeutig ein Kriegsverbrecher und aktiver Kriegstreiber, am extremsten bei Bergamini [6.l] und Behr [6.l]. Auf den Werken der marxistische Schule in Japan basiert die Arbeit von Bix [6.l]. Für ihn war Hirohito daher ein echter Kriegslenker mit aktiver Beteiligung am Entscheidungsprozess und damit auch an dem Beschluss zur Eröffnung der Feindseligkeiten gegen die angelsächsischen Mächte 1941. Einige Gemeinsamkeiten mit Bix teilt Wetzler [6.l], nach dessen Ansicht Hirohito die Politik und den Krieg tatkräftig führte, aber der japanische Entscheidungsprozess pluralistisch war, sodass der Tenno nur als eine der daran beteiligten Figuren agierte, allerdings mit einer aktiven Rolle und mit guten Informationsquellen, eben in der von ihm ausgefüllten verfassungsmäßigen Stellung des militärischen Oberkommandierenden. Breiten Raum nimmt bei Hata [6.l] das Verhalten Hirohitos in der Besatzungszeit ein, als der Kaiser eine konstruktive Rolle bei der Demokratisierung der Staatsstruktur gespielt habe.

Large [3.b] und Shillony [6.l] untersuchen Hirohito im Vergleich zu seinen beiden Vorgängern, dem Meiji- und dem Taisho-Tenno. Bleibt noch zu erwähnen, dass folgende Biografen Hirohitos über keinerlei japanische Sprachkenntnisse verfügen und bei ihnen daher reichlich Fehler und Lücken vorhanden sind: Mosley, Bergamini und Behr. Über die Hofbeamtenschaft informiert das bereits erwähnte Werk von Titus [3.b] und über den Genro

Die Männer um den Hof

Saionji eine Monografie von Connors [6.l]. Aus diesem Kreis liegen auch eine Reihe von Tagebüchern und anderen Quellen vor. Zu den wichtigsten davon gehören die Aufzeichnungen von Harada, dem Sekretär des letzten Genro, die auf Mikrofilm in der englischen Übersetzung des Tokyoter Kriegsverbrechertribunals zur Verfügung stehen [Harada 6.l]. Eine ähnlich wichtige Quelle bilden die auszugsweise auf Englisch publizierten Tagebücher des Hofbeamten Kido [6.l], der zuletzt den wichtigsten Posten als

Lordsiegelbewahrer bekleidete. Mit der häufig geübten Kritik an der groß-
zügigen Behandlung des Kaisers gerät auch die amerikanische Besatzungspolitik unter Beschuss, da sie darauf abgezielt habe, den Tenno für eine
Stabilisierung einzusetzen und damit konservative bis reaktionäre Kräfte in
die Staatsführung zu bringen. Deshalb ist Japan für NAKAMURA [6.l] bis auf
den heutigen Tag noch immer seiner feudalen oder traditionsbeladenen Vergangenheit verhaftet.

Kritik an der scho-
nenden Behandlung
Hirohitos durch die
Amerikaner

7. DIE NACHKRIEGSZEIT IN JAPAN

a) Literatur zur Besetzung des Landes und Gesamtdarstellungen

Nachkriegsplanung Über die während des Zweiten Weltkriegs in den USA durch eine Reihe von Ausschüssen durchgeführten Planungen für die Neugestaltung Japans informiert ausführlich JANSSENS [7.a]. Einen guten Überblick bietet auch MAYO [M. J. MAYO, American Wartime Planning for Occupied Japan: the Role of the Experts, in: WOLFE 7.a: 3–51]. HELLEGERS [Bd. 1, 7.a] ist eine Quellenedition, die aber an Umfang weit übertroffen wird von der Reproduktion amerikanischer Dokumente auf Mikrofiche von IOKIBE [Occupation, 1. Serie, 7.a] von 1987. Als Bericht eines Beteiligten kann BORTON [1.b] herangezogen werden. Die Übergangszeit Den schwierigen Übergang des Landes von der Beendigung des Krieges zur Nachkriegsgesellschaft behandelt am gründlichsten DOWER [7.a: 85–200] in einer eher alltags- als politikgeschichtlichen Untersuchung. Die Auswirkungen des Kriegsendes auf ganz Asien, geprägt von Instabilität und bewaffneten Auseinandersetzungen, beschreibt SPECTOR [7.a].

Quelleneditionen Die umfangreichste Dokumentation zur gesamten Besatzungszeit bilden die 2. und 3. Serie der Mikrofiche-Sammlung von IOKIBE, [7.a] aus den Jahren 1989 und 1991 mit Zigtausenden von Seiten. Die Akten der FAR EASTERN COMMISSION [7.a] sind ebenfalls verfilmt. Weitere umfangreiche Sammlungen enthalten trotz ihrer teilweise japanischen Titel amerikanische Dokumente im englischen Original: Die 55-bändige *History of the Nonmilitary Activities* [7.a], ein Band in der Ausgabe des japanischen Finanzministeriums [ÔKU-RASHÔ 7.a] und eine Ergänzung zu *Reports of General MacArthur* [7.a]. Außerdem enthält ein Band der Dokumente zu Trumans Präsidentschaft Quellen zur Besatzungsverwaltung in Japan [MERRILL Bd. 5, 7.a]. Für die Zeit der Reformen, d. h. bis 1948, können die Sammlungen *Political Reorientation* [7.a] und diejenige von MARTIN [7.a] herangezogen werden.

Memoiren Memoiren liegen auf amerikanischer Seite ebenfalls in großer Zahl vor. MACARTHUR [6.i] selbst hat der Besatzungszeit einige Kapitel in seinen Erinnerungen gewidmet, ebenso wie seine beiden engsten Mitarbeiter, WHITNEY [7.a] und WILLOUGHBY [7.a]. Auch der Vertreter des amerikanischen Außenministeriums bei der Besatzungsverwaltung, SEBALD [7.a], verfasste Memoiren über diese Zeit. Als weiterer beteiligter US-Diplomat legte FINN [7.a] ein Werk vor, das eher eine wissenschaftliche Untersuchung wurde als Erinnerungen, doch profitierte der Autor stark von seinem Insider-Wissen und seinen Kontakten. COHEN [7.a], ein Beamter der mittleren Rangebene in der Besatzungsverwaltung, untersucht die Okkupationszeit aus der Perspektive des New Deal. Ein Briefwechsel von einer Reihe junger Beteiligter findet sich bei CARY [7.a]. Mit dem an der Besatzungsverwaltung als Commonwealth-Vertreter beteiligten Australier BALL [Japan 7.a; DERS., Diplomat 7.a] kam ein ausgesprochener Gegner MacArthurs und seiner Politik zu Wort, der

besonders den Umkehrkurs kritisierte. Die Memoiren anderer Beteiligter auf
alliierter Seite werden weiter unten im Zusammenhang mit konkreten Pro-
jekten der Besatzungspolitik vorgestellt. Von Japanern kann kaum auf übersetzte Erinnerungen zurückgegriffen werden. Zu nennen sind aber die gekürzt erschienenen Memoiren YOSHIDAS, [Japan 7.a], kürzlich auch in einer
Neuausgabe mit vier zusätzlich aufgenommenen kleinen Schriften erschienen
[YOSHIDA, Meiji 7.a].

An Überblicksdarstellungen über die Ära ist als früheste Abhandlung
diejenige des Historikers und Journalisten KAWAI [7.a] zu erwähnen, der
prägende Jahre in den USA verbracht hatte. SCHALLER [Occupation 7.a] stellt
im Gegensatz zu den meisten anderen Autoren nicht die Umwandlung Japans
in den Mittelpunkt seiner Untersuchung, sondern die Entwicklung der Japan-
und Ostasienpolitik der Regierung Truman als „Eindämmung" des Kommunismus mit dem Wendepunkt 1947/48. Einige Sammelwerke stellen die Versuche zur Demokratisierung in den Vordergrund wie WARD/SAKAMOTO [7.a]
und, im Vergleich mit der Behandlung Deutschlands, WOLFE [7.a]. Dabei ist
zu erwähnen, dass Robert E. WARD als einer der wenigen schon vor dem
Zweiten Weltkrieg aus amerikanischen Universitäten hervorgegangenen Japanwissenschaftler an der Besatzungsadministration beteiligt war, während
Robert WOLFE ein ähnliches Amt in Deutschland ausübte, wo er mit Akten
zu Kriegsverbrechen befasst war. Eine sechsbändige Sammlung älterer, verstreut erschienener Aufsätze findet sich bei BEAUCHAMP [7.a].

Überblicksdarstel-
lungen

Sammelwerke

Aufsatzsammlung

Als umfangreichste japanische Darstellung, die in Übersetzung vorliegt,
erschien ca. 20 Jahre nach dem Original in revidierter und stark erweiterter
Form *Inside GHQ* von TAKEMAE [7.a]. Als beachtenswertes Nebenergebnis
dieser Untersuchung druckte TAKEMAE, teilweise in Zusammenarbeit mit
Kollegen, die Protokolle der Interviews mit ehemaligen Beteiligten in loser
Folge in einer japanischen Fachzeitschrift in englischer Sprache ab [TAKEMAE
u.a 7.a]. In seiner Monografie warnt TAKEMAE davor, die Wende 1947/48, die
für zahlreiche Japaner zu einem traumatischen Erlebnis geführt habe, über-
zubetonen, da viele der Reformen wegen ihrer bereits festen Verankerung in
der Bevölkerung nicht mehr hätten rückgängig gemacht werden können.

Interviews

Für die gesamte Zeit 1945–1952 können auch die Biografien herangezogen
werden, die sich mit den beiden führenden Persönlichkeiten auf beiden Seiten
befassen, MacArthur und Yoshida. Dabei hat der amerikanische General
westliche Autoren offenbar mehr fasziniert. Es gibt Werke von MANCHESTER
[7.a], SCHALLER [MacArthur 7.c] und vor allem die umfangreichste Arbeit
von JAMES [Bd. 3, 6.i]. Die eher journalistische Arbeit von MANCHESTER geriet
zum Heldenepos und fand als solches eine große Verbreitung. SCHALLER stellt
die Versuche MacArthurs in den Mittelpunkt, seine militärische Position in
Asien einzusetzen, um die amerikanische Präsidentschaft zu erringen, und
gewährt dabei einen tiefen Einblick in die innenpolitischen Auswirkungen,
welche die Beziehungen der USA zum Fernen Osten hervorriefen. Über
Yoshida sollte die Monografie von DOWER [Empire 6.h] herangezogen wer-

Biografien

den, die allerdings dem angeblich reaktionären Politiker eine negative Färbung aus der Sicht der Vietnam-Generation verleiht. FINN [7.a] verknüpft Schicksal und Politik der beiden Hauptakteure, MacArthur und Yoshida. Einen großen Vorteil gegenüber den Verfassern früherer Werke konnte SCHONBERGER [7.a] nutzen, als er mit Hilfe von neu freigegebenen Dokumenten Ende der achtziger Jahre die vorherrschende Ansicht widerlegte, MacArthur habe die Besatzungspolitik allein bestimmt.

b) DIE REFORMPOLITIK

Quellen zur Entstehung der Verfassung

Die Entstehungsgeschichte und die verschiedenen Entwürfe der neuen Verfassung sind gut dokumentiert in RÖHL [7.b]. Eine noch viel ausführlichere Quellensammlung steht mit über 400 Mikrofiches zur Verfügung [*Framing the Constitution* 7.b]. Eine umfangreiche Dokumentation ist auf CD-ROM erhältlich [MOORE/ROBINSON, Constitution 7.b]. Dem Leiter der Government Section in SCAP, WHITNEY, zufolge war die neue Verfassung allein auf das energische Vorgehen MacArthurs gegen das Beharren auf japanischer Seite zurückzuführen [7.a: 246–262]. Sein damaliger Mitarbeiter als Leiter der Gesetzgebungsabteilung WILLIAMS [7.b: 16 f.) sieht aber auch einen starken Einfluss durch die Kommunistische Partei Japans, die im chinesischen Exil ein Programm für die Nachkriegszeit ausgearbeitet habe. Die einzige weibliche Teilnehmerin in der Verfassungskommission berichtet über ihr Engagement zur Stärkung der Rechte für die japanischen Frauen [SIROTA-GORDON 7.b: 103–125]. Ebenso wie sie konnte ein weiterer energischer Mitarbeiter an der Ausarbeitung auf eine lange Japanerfahrung vor dem Krieg zurückblicken [WILDES 7.b].

Unterschiedliche Interpretationen zur Entstehungsgeschichte

Darstellungen mit unterschiedlichen Interpretationen zur Entstehungsgeschichte der Verfassung finden sich in den Monografien von KATAOKA [7.b], KOSEKI [7.b], MCNELLY [7.b]. HELLEGERS [7.a] weist in Band 2 auf die mangelnde Kommunikation zwischen Besatzungsmacht und den Behörden vor Ort hin und sieht darin den Grund für den Einfluss erzkonservativer Japaner. Andere Autoren betonen dagegen die partnerschaftliche Zusammenarbeit zwischen der Besatzungsmacht und liberalen Kreisen Japans [MOORE/ROBINSON, Partners 7.b]. KOSEKI zeigt auf, wie es den Japanern gelang, in der abschließenden Diskussion entscheidende Bestimmungen zu „nipponisieren" und dabei z. B. den Artikel 9, den Verzicht auf Kriegführung und Truppen, zu verwässern. Noch gründlicher erbringt INOUE den Nachweis, dass die Japaner nicht eine rein oktroyierte Verfassung akzeptieren mussten, sondern durch „Übersetzen", d. h. durch Nuancierungen in Details, Kompromisse erreichten, welche die Amerikaner entweder gar nicht bemerkten oder denen sie Verständnis entgegenbrachten und sich daher nachgiebig zeigten [INOUE

Der umstrittene Artikel 9

7. b]. KATAOKA [7.b] betont als Ziel der Verfassung eine Schonung des Kaisers. MCNELLY [7.b] legt als Ergebnis einer fast lebenslangen Beschäftigung mit der

japanischen Nachkriegsverfassung eine Abhandlung vor, in welcher er besonders den Artikel 9 – Verbot von Streitkräften und Kriegführung – und MacArthurs „Pazifismus" behandelt.

Zum Erlass neuer bzw. zur Änderung alter Gesetze durch die Besatzungsmacht sind eine Reihe von Werken heranzuziehen [EUBEL 3.b; RÖHL 3.b]. Dazu liegt auch der Bericht von einem der Hauptbeteiligten vor, OPPLER [7.b], dem Leiter der juristischen Abteilung innerhalb der Government Section. Die gesellschaftlichen Auswirkungen der reformierten Gesetze, z. B. auf die Stellung der Frau, von Minderheiten, Industriebetrieben und Umweltschutzgruppen untersucht UPHAM [7.b]. Die Situation und die Rechte der Frauen finden auch Berücksichtigung in Band 4 des von BEAUCHAMP [7.a] herausgegebenen Werkes.

In enger Beziehung zur neuen Verfassung stehen Parlamentarismus und Neugründung von Parteien. Damit befasste sich zunächst der deutschstämmige Hans BAERWALD gründlich, der zweieinhalb Jahre als Sprachoffizier für die Besatzungsverwaltung tätig war [BAERWALD, Parliament 7.b]. MASUMI [7. b] stellt die Parteienentwicklung bis zur Neuordnung 1955 in den Mittelpunkt. Mit den sozialistischen Parteien von 1945 bis in die frühen sechziger Jahre beschäftigt sich das Gemeinschaftswerk von COLE u. a. [7.b]. Obwohl diese Kräfte, so der Schluss der Autoren, weitgehend die Rolle einer Daueropposition übernehmen mussten, spielten sie doch eine wichtige Rolle im Parlament. Mit der Kommunistischen Partei befasst sich die Studie von POHL [7.b]. Das Sammelwerk von MCCORMACK/SUGIMOTO [3.e] behandelt u. a. auch die Besatzungszeit. Die nach Ansicht der Amerikaner zur Demokratisierung notwendige Säuberung von belasteten Personen in führenden Stellungen wird in einer weiteren Studie von BAERWALD [Purge 7.b] untersucht. Die als weiteres Instrument zur Beseitigung feudaler Strukturen gedachte Landreform wird vor allem von DORE [7.b] mitsamt ihren sozialen, wirtschaftlichen und politischen Konsequenzen behandelt und in den historischen Kontext gestellt.

Der Aufbau eines modernen Gewerkschaftswesens mit seiner radikalen Anfangsphase wird von MOORE [7.b] behandelt. CARLILE [7.b] beginnt seine Untersuchung dazu mit dem Ende des Ersten Weltkriegs, legt den Schwerpunkt aber auf die Besatzungszeit.

Zwei Dokumentensammlungen mit Hunderten von Mikrofiches zur Wirtschaftspolitik während der Besatzungszeit einschließlich der Dekonzentration und Landreform legt IOKIBE [Economic Reform 7.b] von 1994 und 1995 vor. Sie sind allerdings leicht mit den anderen Quellensammlungen des Herausgebers zu verwechseln, da sie den gleichen Haupttitel *The Occupation of Japan* tragen, und werden daher in dieser Untersuchung zur Identifizierung mit dem Erscheinungsjahr versehen. Zu den anfänglich starken Eingriffen der Besatzungsmacht in die Wirtschaftsstruktur, insbesondere bezüglich der Auflösung der Zaibatsu und der Anti-Monopolgesetzgebung, gehört der Bericht des für die Zerschlagung der Konzerne hauptverantwortlichen

Marginalien:

Die Neugründung von Parteien

Sozialistische Parteien

Die Kommunistische Partei

Säuberungen

Landreform

Gewerkschaftswesen

Quellensammlungen zur Wirtschaftspolitik

BISSON [7.b], der mit Recht als ausgewiesener Kenner Ostasiens galt und dessen politische Überzeugungen mit der New-Deal-Atmosphäre der frühen Besatzungszeit konform gingen. Eine wissenschaftliche Bestandsaufnahme nach zwei Jahrzehnten unternahm HADLEY [7.b], die 1946/47 in der Government Section von SCAP beschäftigt war und ausführt, wie die Auflösung der Konzerne zunächst zu einem anwachsenden wirtschaftlichen Wettbewerb, größeren Investitionen und einer Qualitätssteigerung der Produkte führte, wie in der späteren Phase aber eine Neukonzentration stattfand, planmäßig gefördert von der Regierung, die sich davon eine Stärkung der Wirtschaft erhoffte.

Auflösung der Zaibatsu

Die Wirtschaftspolitik im Vergleich zu Deutschland untersucht speziell für die Antimonopolgesetzgebung HALEY [7.b], der Mitarbeiter der Besatzungsverwaltung wie Bisson mit ihrem Drang nach Beschränkungen für die Kartelle schlicht für unzureichend informiert hält und sie unter dem Einfluss kommunistischer oder anderer linksgerichteter Ideologie sieht. KOCH [7.b] befasst sich mit der Umstellung der japanischen Kriegswirtschaft auf die zivilen Bedürfnisse nach 1945. DEES [7.b] legt als ehemaliger Mitarbeiter der Besatzungsverwaltung eine Untersuchung über die Grundlagen der japanischen Technologie der Okkupationszeit vor. Mit UCHINO [7.b] kommt ein Beamter der japanischen Regierung mit der Zuständigkeit für Wirtschaftsplanung aus jener Zeit zu Wort.

Dem frühen Werk von COHEN [6.h] folgte etwa ein Jahrzehnt später ein weiteres [COHEN 7.b], gesponsert von der Japan-Society, in welchem er sich sehr bemüht, die Besatzungszeit und die darin gelegten wirtschaftlichen Grundlagen als Erfolgsgeschichte darzustellen. Ein ähnlich positives Bild zeichnet das Sammelwerk von SUMIYA [7.b], in dem japanische Autoren, beauftragt vom Ministerium für Handel und Industrie (MITI), die Geschichte der wirtschaftlichen Erholung in der Nachkriegszeit beschreiben. Kritischer geht YAMAMURA [7.b] ans Werk, der zwischen der Demokratisierung während der Besatzungszeit und der angeblichen Entdemokratisierung nach Wiedererlangung der Souveränität unterscheidet. MORRIS-SUZUKI/SEIYAMA [7.b] stellen dagegen die Ansichten der japanischen Marxisten zur Wirtschaft der Nachkriegszeit vor, die im Westen weitgehend ignoriert oder aber als realitätsfremd abgetan werden. Von dem führenden Wirtschaftshistoriker NAKAMURA [7.b] liegt auch für die Nachkriegszeit eine Überblicksdarstellung vor. Eine neuere Untersuchung, die auch während des Krieges angestellte Planungen der USA mit berücksichtigt, stammt von NISHIDA [7.b]. Nachdrucke älterer, verstreut erschienener Aufsätze zur Wirtschaftsgeschichte bieten der 5. Band von BEAUCHAMP [7.a], der 2. Band von DRYSDALE/GOWER [6.a] und TOLLIDAY [7.b]. Ein Sammelwerk mit Originalbeiträgen stammt dagegen von TERANISHI/KOSAI [7.b].

Positives Bild der Wirtschaft

Kritische Urteile

Die für eine Demokratisierung als unverzichtbar angesehenen Reformen des Erziehungswesens, vor allem des Schulsystems, behandeln als Beteiligte an der Besatzungsverwaltung HALL [7.b] und PASSIN [7.b]. Das Bildungs-

system steht auch im Zentrum der Untersuchung von NISHI [1.c]. TSUCHI-
MOCHI [7.b] beschäftigt sich mit der ersten amerikanischen Bildungskommis-
sion, die 1946 nach Japan reiste. Nach Ansicht des Autors aber verfügten die
Mitglieder über äußerst geringe Kenntnisse zu Japan. Eine gründliche Quellensammlung zum Erziehungswesen findet sich bei BEAUCHAMP/VARDAMAN
[7.b]. Mit dem Bildungssystem befassen sich auch die Beiträge im 3. Band von
BEAUCHAMP [7.a].

c) DIE KRIEGSVERBRECHERPROZESSE

Die Akten des Tokyoter Kriegsverbrecherprozesses gegen die Hauptverantwortlichen der Klasse A erschienen auf Japanisch in den sechziger Jahren im
Druck, wurden auf Englisch aber erst mit großer Verspätung publiziert und
durch Indices erschlossen [PRITCHARD/ZAIDE 7.c; PRITCHARD, The Tokyo
War Crimes Trial 7.c]. Etwa 20 Jahre später erschien dann eine noch voll-   Veröffentlichung der
ständigere Ausgabe mit 124 Bänden [PRITCHARD, The Tokyo Major War   Prozessdokumente
Crimes Trial 7.c]. Der Hauptankläger Joseph B. KEENAN veröffentlichte
eine Bestandsaufnahme schon kurz nach dem Ausbruch des Koreakrieges,
in dem er trotz des zur Abschreckung abgehaltenen Tribunals nun wieder
massenhaft verübte Kriegsverbrechen sah – bezeichnenderweise nur von der
Gegenseite [KEENAN/BROWN 7.c: V]. Die vom Mehrheitsvotum – acht von elf   Abweichende
Richtern – abweichenden Beurteilungen der Richter aus Indien, Frankreich,   Urteile
Australien, den Philippinen und den Niederlanden sind in einem Band der
Prozessdokumente enthalten [PRITCHARD/ZAIDE, Bd. 21, 7.c]. Der Inder
Radhabinod PAL genießt in Japan hohes Ansehen, da er auf dem Prozess
nicht die Expansionspolitik Tokyos anprangerte, sondern die Angeklagten in
allen Punkten unschuldig fand und ihrem Verhalten die Schrecken des west-
lichen Imperialismus gegenüberstellte. Im Jahr 2005 wurde ihm zu Ehren ein
Denkmal im Yasukuni-Schrein errichtet, der umstrittenen Stätte zur Verehrung der japanischen Kriegstoten.

Auch MINEAR [7.c] prangerte in einer der ersten Monografien zu diesem
Thema das Verfahren als Siegerjustiz an. Wie unterschiedlich der Prozess   Unterschiedliche
noch Jahrzehnte später beurteilt wird, zeigen die Beiträge von einem inter-   Beurteilungen
nationalen Symposium [HOSOYA u. a. 7.c]. Auslöser war ein Film von 1983
über den als Rechtsbeugung dargestellten Tokyoter Prozess. In einer neueren
Studie widerspricht TOTANI [7.c] vehement dem Vorwurf, auf den Militär-
tribunalen sei „Siegerjustiz" geübt worden. Vielmehr führt die Autorin die
Verdienste der alliierten Anklagevertreter auf, Kriegsverbrechen dokumentiert und die Verantwortung der Täter aufgedeckt zu haben. Damit seien die
Prinzipien von Nürnberg angewandt und ein Standard für die Zukunft
etabliert worden.

Den Schwerpunkt auf Kriegsverbrecherprozesse gegen Japaner außerhalb
ihres Mutterlandes legt PICCIGALLO [7.c], so z. B. auf den Philippinen, in den

Prozesse außerhalb
Japans

britischen Dominien, China und der UdSSR. Über den Strafprozess in Chabarowsk wegen biologischer Waffen existiert eine sowjetische Dokumentation [PROZESSMATERIALIEN 7.c]. Der Wert von OSTENS Studie [7.c] liegt in der Darstellung der von der japanischen Rechtswissenschaft später eingenommenen Haltung, insbesondere was das Strafrecht betrifft. Der Autor kommt zu dem Schluss, dass aus diesem Kreis keinerlei Versuche zur juristischen Vergangenheitsaufarbeitung ausgegangen seien, sondern stattdessen Kritik an Verfahrensmängeln des Militärtribunals geäußert worden sei.

Bis 1978 wurden die über 1 000 als Kriegsverbrecher Verurteilten, darunter diejenigen der Klasse A, in den Yasukuni eingeschreint und wurden damit den Gefallenen mit mythisch überhöhtem Heldenstatus gleichgestellt. Das Tribunal wurde hingegen von den „progressiven" Historikern gerechtfertigt, die aber die Verschonung zahlreicher Politiker einschließlich des Tennos kritisierten, sodass MINEAR von ihnen angegriffen wurde [IENAGA 1.i: 7], sich aber missverstanden fühlte: Er habe die Taten der Angeklagten gar nicht leugnen wollen, sondern nur die Form des Verfahrens kritisiert [R. MINEARS Einleitung in: IENAGA 1.i: IX–X].

d) UMKEHRKURS UND KALTER KRIEG

Umkehrkurs

Mit dem Umkehrkurs in der Besatzungspolitik endeten nicht nur die Kriegsverbrecherprozesse, sondern die Haltung der USA gegenüber der kommunistischen Bewegung Japans wandelte sich [OINAS-KUKKONEN 7.c]. So mancher Autor sieht in dieser abrupten Wende eine Belastung der bilateralen Beziehungen zwischen den beiden Ländern bis auf den heutigen Tag [DUKE 1.i; JOHNSON 7.d: 6]. Auch neuere Studien sehen in dem Umkehrkurs eine historische Zäsur wie SUGITA [7.c].

Quellensammlungen

An Dokumentensammlungen zu Umkehrkurs und Kaltem Krieg kann man neben den Jahresbänden der FOREIGN RELATIONS OF THE UNITED STATES [2.d] auf ETZOLD/GADDIS [7.d], den 8. Band von Merrill [7.d] und die Mikrofiche-Sammlungen von IOKIBE [7.b] von 1994 und 1995 zurückgreifen.

Die Japan Lobby in
den USA

SCHONBERGER [7.a] rückt die erfolgreiche Tätigkeit der *Japan Lobby* und deren Sieg im Gerangel um die Besatzungspolitik in den Mittelpunkt seiner Untersuchung. Der Kalte Krieg, der nun im Fernen Osten herrschte, wird von Wissenschaftlern, die als „revisionistisch" angesehen werden, einseitig den USA angelastet. Bei ihnen klingen mitunter die Überzeugungen älterer Autoren wie BEARD wieder an und sie sehen die amerikanische Politik in Asien als Kampf gegen sowjetische Interessen und als Versuch an, dadurch das kapitalistische System innerhalb der Vereinigten Staaten zu retten [WILLIAMS 7.d; KOLKO 7.d; LAFEBER 6.e; DERS. 7.d; ALPEROVITZ 7.d: 75–121; HOROWITZ 7.d; BERNSTEIN, Politics 7.d; FORSBERG 7.d].

e) Vom Koreakrieg zum Frieden von San Francisco

Die direkten Auswirkungen des Koreakrieges auf Japan, besonders die sich für das Land ergebenden Vorteile, werden in der Monografie von Bowen [7.e] behandelt. Die Dokumente zur Friedenskonferenz von San Francisco, für deren Abhaltung der neue Konflikt endgültig den Ausschlag gegeben hatte, finden sich in den Bände für 1951 und 1952 von Foreign Relations of the United States [2.d]. Eine frühe Abhandlung liefert Dunn [7.e]. Yoshitsu [7.e] untersucht, wie die Planungen und Verhandlungen durch Proteste innerhalb Japans, dessen wirtschaftliche Schwäche und den Kalten Krieg beeinflusst wurden. *(Japan und der Koreakrieg)*

Japans Anstrengungen, nicht alle von Erfolg gekrönt, eine Friedensregelung nicht nur mit den Westmächten zu erreichen, sondern auch mit der Sowjetunion, China, Indien, Korea und den Ländern Südostasiens ist Gegenstand der Monografie von Jain [7.e]. Die untrennbar mit dem Abschluss des Friedensabkommens verbundene Unterzeichnung des Sicherheitsvertrages und die Remilitarisierung Japans werden bis auf den heutigen Tag in Politik und Historiografie heftig diskutiert. Die Allianz bis zu der 1960 unter bürgerkriegsähnlichen Begleitumständen vollzogenen Revision verfolgt Swenson-Wright [7.e]. *(Friedensschlüsse mit anderen Ländern)* *(Der Sicherheitsvertrag)*

Untrennbar mit dem Friedensvertrag von San Francisco verbunden ist auch das Problem Okinawa, da die Inselgruppe bis 1972 von Japan abgetrennt und von den USA direkt verwaltet wurde. Außerdem wurden den Amerikanern dort zahlreiche Militärbasen zugestanden. Zwei noch vor der Rückgabe an das Mutterland entstandene Arbeiten unter Auswertung japanischer Quellen stammen von Higa [7.e] und Watanabe [7.e]. Eldridge [7.e] konzentriert sich auf die Besatzungsjahre und kommt zu dem Schluss, die Regierung in Tokyo sei relativ indifferent bezüglich des territorialen Status für die Inselgruppe gewesen und habe sogar selbst in einer „Botschaft des Kaisers" eine langfristige Verpachtung angeboten. Anhalt [7.e] und Sarantakes [7.e] verfolgen die Entwicklung bis zur Rückgabe der Inselkette an Japan.

III. Quellen und Literatur

1. HISTORISCHE JAPANFORSCHUNG

a) Der Beginn westlicher und japanischer Historiografie

T. Fujitani, Splendid Monarchy: Power and Pageantry in Modern Japan, Berkeley 1996.

H. Fukuzawa, Aspekte der Marx-Rezeption in Japan: Spätkapitalisierung und ihre sozio-ökonomischen Folgen, dargestellt am Beispiel der japanischen Gesellschaft, Bochum 1981.

C. Gluck, Japan's Modern Myth: Ideology in the Late Meiji Period, Princeton 1985.

R. K. Hall (Hg.), J. Gauntlett (Übers.), Kokutai no hongi: Cardinal Principles of the National Entity of Japan, Cambridge/Mass. 1949.

G. A. Hoston, Marxism and the Crisis of Development in Prewar Japan, Princeton 1986.

M. J. Mayo, The Western Education of Kume Kunitake, in: MN 28 (1973), S. 3–67.

M. Mehl, Eine Vergangenheit für die japanische Nation. Die Entstehung des Historischen Forschungsinstituts *Tôkyô daigaku Shiryô hensanjo* (1868–1895), Frankfurt/M. 1992.

J. Murdoch, A History of Japan, 3 Bde., Leipzig 1910–1926.

K. Nagahara, Niju-seiki Nihon no rekishigaku (Japans Geschichtswissenschaft im 20. Jahrhundert), Tokyo 2003.

G. B. Sansom, The Western World and Japan: a Study in the Interaction of European and Asiatic Cultures, London 1950.

b) Die Förderung der angelsächsischen Japan-Historiografie durch den Zweiten Weltkrieg

R. Benedict, The Chrysanthemum and the Sword: Patterns of Japanese Culture, Boston 1946.

H. Borton, American Presurrender Planning for Postwar Japan, New York 1967.

H. Byas, Government by Assassination, New York 1942.

Center for Japanese Studies at the University of Michigan (Hg.), Japan in the World, the World in Japan: Fifty Years of Japanese Studies at Michigan, Ann Arbor 2001.

R. V. Dingman, Language at War: U.S. Marine Corps Japanese Language Officers in the Pacific War in: JoMH 68 (2004), S. 853–883.

M. B. Jansen, Stages of Growth, in: Japan Foundation, Japanese Studies in the United States. Teil I: History and Present Condition, Tokyo 1988, S. 27–68.

D. Keene, Chronicles of My Life: an American in the Heat of Japan, New York 2008.

P. Loureiro, „Boulder Boys": Naval Japanese Language School Graduates, in: New Interpretations in Naval History. Selected Papers from the Fourteenth Naval History Symposium. Held at Annapolis, Maryland, 23–25 September 1999. Hg. v. R. C. Balano, C. L. Symonds, Annapolis/Md. 2001, S. 366–388.

T. McNelly, Witness to the 20th Century: the Life Story of a Japan Specialist. Philadelphia 2006.

S. Oba, The „Japanese" War: London University's WW II Secret Teaching Programme and the Experts Sent to Help Beat Japan, Sandgate 1995.

E. O. Reischauer, My Life between Japan and America, New York 1986.

S. Ryang, Japan and National Anthropology: a Critique, London 2004.

U. Straus, The Anguish of Surrender: Japanese POWs of World War II, Seattle 2003.

O. D. Tolischus (Hg.), Through Japanese Eyes, New York 1945.

c) Die japanische Geschichtsschreibung der
frühen Nachkriegszeit

S. Conrad, Auf der Suche nach der verlorenen Nation. Geschichtsschreibung in Westdeutschland und Japan 1945–1960, Göttingen 1999.

C. Cornelissen u. a. (Hg.), Erinnerungskulturen: Deutschland, Italien und Japan seit 1945, Frankfurt/M. 2003.

C. A. Gayle, Marxist History and Postwar Japanese Nationalism, London 2003.

G. A. Hoston, The State, Identity, and the National Question in China and Japan, Lawrenceville 1994.

G. Krebs, Tendenzen der japanischen Zeitgeschichtsschreibung, Tokyo 1983.

T. Nishi, Unconditional Democracy: Education and Politics in Occupied Japan, 1945–1952, Stanford 1982.

T. Yoshida, The Making of the „Rape of Nanking": History and Memory in Japan, China and the United States, Oxford 2006.

d) Ein Sonderfall im Westen: E. Herbert Norman und seine Bedeutung

G. Akita, An Examination of E. H. Norman's Scholarship, in: JoJSt 3 (1977), S. 375–419.

J. Barros, No Sense of Evil: the Espionage Case of E. Herbert Norman, Toronto 1986.

T. A. Bisson, Japan's War Economy, New York 1945.

R. W. Bowen, E. H. Norman: His Life and Scholarship, Toronto 1984.

Ders. (Hg.), Innocence is not Enough: the Life and Death of Herbert Norman, Vancouver 1986.

E. H. Norman, Japan's Emergence as a Modern State, New York 1940.

Ders., Soldier and Peasant in Japan: the Origins of Conscription, New York 1943.

e) Der Weg zu einer konservativen Geschichtsschreibung in Japan

J. S. Brownlee, Japanese Historians and the National Myths, 1600–1945: the Age of the Gods and Emperor Jimmu, Vancouver 1997.

J. Caiger, Ienaga Saburô and the First Post War Japanese History Textbook, in: MASt 3 (1969), S. 1–16; auch in Beauchamp, Bd. 3, S. 39–55, s. u. 7.a.

K. M. Doak, Dreams of Difference: the Japan Romantic School and the Crisis of Modernity, Berkeley 1994.

S. Tôyama, Sengo no rekishigaku to rekishi ishiki (Geschichtswissenschaft und Geschichtsbewusstsein in der Nachkriegszeit), Tokyo 1968.

f) Die Entstehung einer konservativen Japan-Historiografie in den USA

R. P. Dore (Hg.), Aspects of Social Change in Modern Japan, Princeton 1967 (Studies in the Modernization of Japan 3).

J. K. Fairbank u. a., East Asia. The Modern Transformation, Boston 1960, überarb. Aufl. Boston 1989 (A History of East Asian Civilisation, Bd. 2).

J. W. Hall, M. B. Jansen (Hg.), Studies in the Institutional History of Early Modern Japan, Princeton 1968.

H. Hardacre (Hg.), The Postwar Development of Japanese Studies in the United States, Leiden 1998.

D. C. Holtom, Modern Japan and Shintô Nationalism: a Study of Present-day Trends in Japanese Religions, Chicago 1947.

K. Inoue, Geschichte Japans, Frankfurt/M. 1993.

M. B. Jansen (Hg.), Changing Japanese Attitudes Toward Modernization, Princeton 1965 (Studies in the Modernization of Japan 1).

S. KINBARA, „Nihon kindaika" ron no rekishizô (Das Geschichtsbild der „Modernisierungstheorie"), Tokyo 1968.

W. W. LOCKWOOD (Hg.), The State and Economic Enterprise in Japan, Princeton 1965 (Studies in the Modernization of Japan 2).

J. W. MORLEY (Hg.), Dilemmas of Growth in Prewar Japan, Princeton 1971 (Studies in the Modernization of Japan 6).

E. O. REISCHAUER, Japan: Past and Present, New York 1946.

DERS., Wanted: an Asian Policy, New York 1955.

DERS., The United States and Japan, Cambridge/Mass. 1965.

DERS., Die amerikanische Asienpolitik. Das Edwin O. Reischauer-Hearing vom 31. Januar 1967, Hamburg 1967.

DERS., The Japanese, Rutland 1977.

DERS., Japan: the Story of a Nation, New York 1981.

W. W. ROSTOW, The Stages of Economic Growth: a Non-Communist Manifest, New York 1960.

D. H. SHIVELY (Hg.), Tradition and Modernization in Japanese Culture, Princeton 1971 (Studies in the Modernization of Japan 5).

E. SKRZYPCZAK (Hg.), Japan's Modern Century, Tokyo 1968.

T. C. SMITH, The Agrarian Origins of Modern Japan, Stanford 1959.

R. E. WARD (Hg.), Political Development in Modern Japan, Princeton 1968 (Studies in the Modernization of Japan 4).

DERS., D. A. RUSTOW (Hg.), Political Modernization in Japan and Turkey, Princeton 1964.

g) JAPAN 1931–1945: FASCHISTISCH ODER AUTORITÄR?

H. BIX, Rethinking „Emperor-System Fascism": Ruptures and Continuities in Modern Japanese History, in: BCAS 14,2 (April–June 1982), S. 2–19.

P. BROOKER, The Faces of Fraternalism: Nazi Germany, Fascist Italy, and Imperial Japan, Oxford 1991.

H. CONROY, Concerning Japanese Fascism, in: JoASt 40 (1981), S. 327–328.

E. J. DREA, The 1942 Japanese General Election, Lawrence 1979.

P. DUUS, D. I. OKIMOTO, Fascism and the History of Pre-War Japan: the Failure of a Concept, in: JoASt 39 (1979/80), S. 65–76.

M. FLETCHER, The Search for a New Order: Intellectuals and Fascism in Prewar Japan, Chapel Hill/NC 1982.

S. HATANO, Zur Kontroverse um den Faschismus in Japan, in: ZfG 47 (1999), S. 103–108.

G. KASZA, Fascism from Below? A Comparative Perspective on the Japanese Right, 1931–1936, in: JoCH 19 (1984), S. 607–629.

M. MARUYAMA, Thought and Behaviour in Modern Japanese Politics, Oxford 1963.

G. McCormack, Nineteen-Thirties Japan: Fascism?, in: BCAS 14,2 (April–June 1982), S. 20–32.

B. Moore, Social Origins of Dictatorship and Democracy, Boston 1966. Dt. Ausg.: Soziale Ursprünge von Diktatur und Demokratie. Die Rolle der Grundbesitzer und Bauern bei der Entstehung der modernen Welt, Frankfurt/M. 1969.

E. B. Reynolds (Hg.), Japan in the Fascist Era, New York 2004.

R. Storry, Japanese Fascism in the Thirties, in: Wiener Library Bulletin 20,4 (1966), S. 1–7.

O. Tanin, E. Yohan, Militarism and Fascism in Japan, New York 1934.

E. K. Tipton, The Japanese Police State: the Tokkô in Interwar Japan, Honolulu 1990.

G. M. Wilson, A New Look at the Problem of „Japanese Fascism", in: Comparative Studies in Society and History 10 (1968), S. 401–412.

h) Die Bewegung im Westen gegen die konservative Geschichtssicht

H. Befu (Hg.), Cultural Nationalism in East Asia: Representation and Identity, Berkeley 1993.

H. Bix, The Pitfalls of Scholastic Criticism: a Reply to Norman's Critics, in: JoJSt 4 (1978), S. 391–411.

Ders., War Crimes Law and American Wars in the Twentieth Century Asia, in: Hitotsubashi Journal of Social Studies 33 (2001), S. 119–132.

N. Chomsky, Im Krieg mit Asien. Bd. 1: Indochina und die amerikanische Krise, Frankfurt/M. 1972.

Committee of Concerned Asian Scholars, The Indochina Story: a Fully Documented Account, New York 1971.

H. Conroy, Japan's War in China: Historical Parallel to Vietnam?, in: Pacific Affairs 43 (1970), S. 61–72.

P. Dale, The Myth of Japanese Uniqueness, London 1986.

G. Distelrath, Die japanische Produktionsweise. Zur wissenschaftlichen Genese einer stereotypen Sicht der japanischen Wirtschaft, München 1996.

T. Doi, Freiheit in Geborgenheit. Zur Struktur japanischer Psyche, Frankfurt/M. 1982.

R. A. Falk, G. Kolko, R. J. Lifton (Hg.), Crimes of War: a Legal, Political-documentary and Psychological Inquiry into the Responsibility of Leaders, Citizens, and Soldiers for Criminal Acts in Wars, New York 1971.

E. Friedman, M. Selden (Hg.), America's Asia: Dissenting Essays on Asian-American Relations, New York 1971.

Fukuoka UNESCO Association (Hg.), Towards a New Phase in Japanese-American Relations: Papers and Discussions, The Second International Seminar on Japanese Studies, June 24–26, 1974, Fukuoka 1975.

C. GLUCK, The People in History: Recent Trends in Japanese Historiography, in: JoASt 38 (1978), S. 25–50.

T. R. H. HAVENS, Fire Across the Sea: the Vietnam War and Japan, 1965–1975, Princeton 1987.

K. HONDA, The Nanjing Massacre: a Japanese Journalist Confronts Japan's National Shame, Armonk/NY 1999.

T. HORA, Kindai senshi no nazo (Rätsel der modernen Kriegsgeschichte), Tokyo 1967.

Y. IIDA, Rethinking Identity in Modern Japan. Nationalism and Aesthetics, London 2002.

N. IKE, Japan: the New Superstate, Stanford 1973.

D. IROKAWA, The Culture of the Meiji Period, Princeton 1985.

C. A. JOHNSON, MITI and the Japanese Miracle: the Growth of Industrial Policy, 1925–1975, Stanford 1982.

H. KAHN, The Emerging Japanese Superstate: Challenge and Response, Englewood Cliffs 1970.

E. S. KRAUSS (Hg.), Conflict in Japan, Honolulu 1984.

R. E. MOUER, Y. SUGIMOTO, Images of Japanese Society, London 1986.

C. NAKANE, Die Struktur der japanischen Gesellschaft, Frankfurt/M. 1985.

E. H. NORMAN, Origins of the Modern Japanese State: Selected Writings of E. H. Norman. Hg. u. eingel. v. J. W. DOWER, New York 1975.

E. OGUMA, A Genealogy of „Japanese" Self-images, Melbourne 2002.

T. TAYLOR, Nürnberg und Vietnam. Eine amerikanische Tragödie, München 1971.

P. D. TROOBOFF (Hg.), Law and Responsibility in Warfare: the Vietnam Experience, New York 1975.

E. F. VOGEL, Japan as Number One: Lessons for America, Cambridge/Mass. 1979.

D. WILLIAMS, Defending Japan's Pacific War: the Kyoto School Philosophers and Post-White Power, London 2005.

DERS., After Abu Ghraib: American Empire, the Left-wing Intellectual and Japan Studies, in: R. KERSTEN, D. WILLIAMS (Hg.), The Left in the Shaping of Japanese Democracy. Essay in Honour of J. A. Stockwin, London 2006, S. 140–161.

H. ZINN, Vietnam: the Logic of Withdrawal, Boston 1967.

i) SCHULBUCHKONTROVERSEN UND REGIERUNGSPOLITIK

R. W. ASPINALL, Teacher's Unions and the Politics of Education in Japan, Albany 2001.

K. AWAYA, Sensô sekinin, sengo sekinin. Nihon to Doitsu wa dô chigau ka (Kriegsverantwortung, Nachkriegsverantwortung. Wie unterscheiden sich Japan und Deutschland?), Tokyo 1994.

C. Barnard, Language, Ideology and Japanese History Textbooks, London 2003.

T. Bärnighausen, Medizinische Humanexperimente der japanischen Truppen für biologische Kriegsführung in China 1932–1945, Frankfurt/M. 2002.

P. Buchholz, Schreiben und Erinnern. Über Selbstzeugnisse japanischer Kriegsteilnehmer, München 2003.

B. C. Duke, Japan's Militant Teachers: a History of the Left-wing Teachers' Movement, Honolulu 1973.

S. Endicott, E. Hagerman, The United States and Biological Warfare: Secrets From the Early Cold War and Korea, Bloomington 1998.

V. Fuhrt, Erzwungene Reue. Vergangenheitsbewältigung und Kriegsschulddiskussion in Japan 1952–1998, Hamburg 2002.

M. Gallicchio (Hg.), Memories of the Asia-Pacific War in U.S.-East Asian Relations, Durham/NC 2007.

S. H. Harris, Factories of Death: Japanese Biological Warfare, 1932–1945 and the American Cover-Up, überarb. Aufl. New York 2002 (1. Aufl. 1994).

L. Hein, M. Selden (Hg.), Censoring History: Citizenship and Memory in Japan, Germany, and the United States, Armonk/NY 2000.

G. Hicks, Comfort Women: Japan's Brutal Regime of Enforced Prostitution in the Second World War, New York 1995.

S. Ienaga, Japan's Past, Japan's Future: One Historian's Odyssey, Lanham/Md. 2001.

S. Richter (Hg.), Contested Views of a Common Past: Revisions of History in Contemporary East Asia, Frankfurt/M. 2008.

Dies., W. Höpken (Hg.), Vergangenheit im Gesellschaftskonflikt: Ein Historikerstreit in Japan, Köln 2003.

C. Rose, Interpreting History in Sino-Japanese Relations: a Case Study in Political Decision Making, London 1998.

S. Saaler, Politics, Memory and Public Opinion: the History Textbook Controversy and Japanese Society, München 2005.

S. Saaler, W. Schwentker (Hg.), The Power of Memory in Modern Japan, Folkstone 2008.

D. A. Schmidt, Ianfu: the Comfort Women of the Japanese Imperial Army of the Pacific War: Broken Silence, Lewiston 2000.

P. Seaton, Japan's Contested War Memories: the „Memory Rifts" in Historical Consciousness of World War II, London 2007.

F. Seraphim, War Memory and Social Politics in Japan, 1945–2005, Cambridge/Mass. 2006.

Y. Tanaka, Japan's Comfort Women: Sexual Slavery and Prostitution during World War II and the U.S. Occupation, London 2002.

D. R. Thurston, Teachers and Politics in Japan, Princeton 1973.

Y. Wakamiya, The Postwar Conservative View of Asia: how the Political Right has Delayed Japan's Coming to Terms with its History of Aggression in Asia, Tokyo 1999.

J. W. Yamazaki, Japanese Apologies for World War II: a Rhetorical Study, London 2006.

Y. Yoshimi, Comfort Women: Sexual Slavery in the Japanese Military during World War II, New York 2000.

2. HILFSMITTEL UND GESAMTDARSTELLUNGEN

a) Enzyklopädische Werke und Handbücher

R. Bowring, P. Kornicki (Hg.), The Cambridge Encyclopedia of Japan, Cambridge 1993.

Dictionnaire historique du Japon, hg. v. S. Iwao, Tokyo 1963–.

H. Hammitzsch u. a. (Hg.), Japan-Handbuch, Wiesbaden 1981. Gekürzte Ausgabe: Japan-Handbuch: Land und Leute, Kultur- und Geistesleben, Stuttgart 1990.

J. L. Huffman (Hg.), Modern Japan: an Encyclopedia of History, Culture, and Nationalism, New York 1998.

S. Iwao (Hg.), Biographical Dictionary of Japanese History, Tokyo 1978.

The Kodansha Encyclopedia of Japan, 9 Bde., Tokyo 1983. Supplement, Tokyo 1986.

D. Perkins, Encyclopedia of Japan: Japanese History and Culture: from Abacus to Zori, New York 1991.

b) Bibliografien

S. Asada (Hg.), Japan and the World 1853–1952. A Bibliographical Guide to Recent Scholarship in Japanese Foreign Relations, New York 1989.

Bibliographie zur historischen Japanforschung, http://www.historische-japanforschung.de.

Bibliography of Asian Studies, hg. v. Association of Asian Studies, Ann Arbor 1957–, ab 2002 Online-Datenbank. Vorläufer: Far Eastern Quarterly, seit 1941.

J. W. Dower, T. S. George, Japanese History and Culture from Ancient to Modern Times: Seven Basic Bibliographies, 2., überarb. u. aktual. Aufl. New York 1995.

Historical Abstracts = lizenzpflichtige Online-Datenbank.

An Introductory Bibliography for Japanese Studies, übers. v. Tôhô Gakkai, Tokyo 1974–.

J. W. Morley (Hg.), Japan's Foreign Policy 1868–1941: a Research Guide, New York 1974.

O. Nachod, Bibliographie von Japan. Bd. 1, 2: 1906–26, Leipzig 1928; Bd. 3: 1927–1929, Leipzig 1931; Bd. 4: 1930–1932. Aus dem Nachlass, erg. u. hg. v. H. Praesent, Leipzig 1935 (ND Stuttgart 1970).

The National Committee of Japanese Historians (Hg.), Historical Studies in Japan. Erscheint in unregelmäßigen Abständen. Siehe vor allem: Historical Studies in Japan (VII), 1983–1987. Japan at the XVIIth International Congress of Historical Sciences in Madrid, Tokyo 1990.

R. Perren (Übers.), Japanese Studies from Pre-History to 1990, Manchester 1992.

H. Praesent, W. Haenisch (Bearb.), Bibliographie von Japan. Bd. 5: 1933–1935 mit Ergänzungen für die Jahre 1906–1932, Leipzig 1937; Bd. 6: 1936–1937 mit Ergänzungen für die Jahre 1906–1935, Stuttgart 1940 (ND Stuttgart 1970).

H. Praesent (Bearb.), Bibliographie von Japan. Bd. 7: 1938–1943, Teil 1: Deutschsprachige Literatur, hg. v. H. Walravens, Hamburg 1985.

Ders. (Bearb.), Deutsch-japanische Bibliographie 1938–1945, hg. v. H. Walravens, Berlin 2006.

F. J. Shulman, Japan, Oxford 1989.

University Microfilms International, Dissertation Abstracts International. A. The Humanities and Social Sciences. Ann Arbor, Mich. 1969– (vorher Microfilm Abstracts 1938–). Ab 2002 als Internet-Datenbank: University Microfilms International, ProQuest Dissertations & Theses, Ann Arbor 2002–.

Verzeichnis des deutschsprachigen Japan-Schrifttums. Wien 1989–, Hg. wechselnd.

Verzeichnis deutschsprachiger japanbezogener Veröffentlichungen = Bibliography of Japan: German-language Publications on Japan, hg. v. W. Hadamitzky u. a., München 1990–.

F. von Wenckstern (Übers.), Bibliography of the Japanese Empire: From 1859–93 A. D., Leiden 1895.

Ders., Bibliography of the Japanese Empire. Bd. 2: Comprising the Literature from 1894 to the Middle of 1906 with Additions and Corrections to the First Volume and a Supplement to Léon Pagès' Bibiliographie Japonaise, Tokyo 1907 (ND Stuttgart 1970).

c) Gesamtdarstellungen

W. T. de Bary u. a. (Übers.), Sources of Japanese Tradition, 2. Aufl., Bd. 2: 1600 to 2000, New York 2005.

W. G. Beasley, The Modern History of Japan, London 1990.

Ders., The Japanese Experience: a Short History of Japan, Berkeley 1999.

J. Benson, T. Matsumura, Japan, 1868–1945: From Isolation to Occupation, Harlow 2001.

H. Borton, Japan's Modern Century: From Perry to 1970, New York 1970.

The Cambridge History of Japan. Bd. 5: The Nineteenth Century, hg. v. M. B. Jansen, Cambridge/Mass. 1989; Bd. 6: The Twentieth Century, hg. v. P. Duus, Cambridge 1988.

P. Duus, The Rise of Modern Japan, Boston 1976.

A. Gordon, A Modern History of Japan: From Tokugawa Times to the Present, New York 2003.

M. Hane, Modern Japan. A Historical Survey, San Francisco 1992; auch: Boulder 2001.

R. Hartmann, Geschichte des modernen Japan. Von Meiji bis Heisei, Berlin 1996.

D. J. Lu, Japan: A Documentary History. Bd. 2: 1800–1968, New York 1997.

J. L. McClain, Japan: a Modern History, New York 2001.

K. B. Pyle, Japan Rising: the Resurgence of Japanese Power and Purpose, New York 2007.

R. Sims, Japanese Political History since the Meiji Renovation, 1868–2000, London 2001.

R. Storry, Geschichte des modernen Japan, München 1960.

A. Tiedemann, Kleine Geschichte des modernen Japan, Frankfurt/M. 1962.

C. Totman, A History of Japan, Malden/Mass. 2000.

C. Tsuzuki, The Pursuit of Power in Modern Japan 1825–1995, Oxford 2000.

R. Zöllner, Geschichte Japans. Von 1800 bis zur Gegenwart, Paderborn 2006.

d) Überblicksdarstellungen zu speziellen Themen

M. A. Barnhart, Japan and the World since 1868, New York 1995.

British Documents on Foreign Affairs: Reports and Papers from the Foreign Office Confidential Print, hg. v. K. Bourne u. a. Teil 1: From the Mid-nineteenth Century to the First World War, Ser. E: Asia, 1860–1914, hg. v. I. H. Nish, 25 Bde., Frederick/Md. 1989–94; Teil 2: From the First to the Second World War, Ser. E: Asia, 1914–1939, hg. v. A. Trotter, 50 Bde., 1991–1997; Teil 3: From 1940 through 1945, Ser. E: Asia, hg. v. A. Best, 8 Bde., 1997.

H. Cortazzi (Hg.), British Envoys in Japan, 1859–1972, Folkstone 2004.

Ders., G. Daniels (Hg.), Britain and Japan 1859–1991: Themes and Personalities, London 1991.

Foreign Relations of the United States, Diplomatic Papers, 1932–, Washington 1948– (Titel der vorausgegangenen Bde.: Papers Relating to the Foreign Relations of the United States, 1861–1931).

C. Hosoya, I. H. Nish (Hg.), The History of Anglo-Japanese Relations, 1600–2000. Bd. 1: I. Nish, Y. Kibata (Hg.), The Political Diplomatic Dimension, 1600–1930, New York 2000; Bd. 2: Dies. (Hg.), The Political Diplomatic Dimension, 1930–2000, New York 2002; Bd. 3: I. Gow u. a. (Hg.), The Military Dimension, New York 2003; Bd. 4: J. Hunter, S. Sugiyama (Hg.), Economic and Business Relations, New York 2002; Bd. 5: G. Daniels, C. Tsuzuki (Hg.), Social and Cultural Perspectives, New York 2002.

J. Kreiner (Hg.), Deutschland – Japan. Historische Kontakte, Bonn 1984.

Ders. (Hg.), Japan und die Mittelmächte im Ersten Weltkrieg und in den zwanziger Jahren, Bonn 1986.

W. LaFeber, The Clash: US-Japanese Relations Throughout History, New York 1997.

J. I. Matray (Hg.), East Asia and the United States: an Encyclopedia of Relations since 1784, 2 Bde., Westport 2002.

E. R. May, J. C. Thomson Jr. (Hg.), American-East Asian Relations: a Survey, Cambridge/Mass. 1972.

T. Nakamura, Wirtschaftliche Entwicklung des modernen Japan, Tokyo 1985.

I. H. Neary, The State and Politics in Japan, Cambridge 2002.

C. E. Neu, The Troubled Encounter: the United States and Japan, New York 1975.

W. L. Neumann, America Encounters Japan: from Perry to MacArthur, Baltimore 1963.

I. H. Nish, Japanese Foreign Policy, 1869–1942: Kasumigaseki to Miyake-zaka, London 1977.

I. H. Nish (Hg.), Japanese Envoys in Britain, 1862–1964. Folkstone 2007.

Ders. u. a. (Hg.), Britain & Japan: Biographical Portraits, 5 Bde., Folkestone 1994–2005.

Papers Relating to the Foreign Relations of the United States, 1861–1931, Washington 1865–1946 (erscheint nach Jahrgängen, einige Sonderbände). Ab 1932: Foreign Relations of the United States, Washington 1948.

E. Pauer (Hg.), Papers on the History of Industry and Technology of Japan, 3 Bde., Marburg 1995.

R. S. Schwantes, Japanese and Americans: a Century of Cultural Relations, New York 1955.

E. K. Tipton, Modern Japan: a Social and Political History, London 2002.

S. Tolliday (Hg.), The Economic Development of Modern Japan, 1868–1945; From the Meiji Restoration to the Second World War, 2 Bde., Cheltenham 2001.

P. Towle, From Ally to Enemy: Anglo-Japanese Relations, 1900–45, Folkstone 2006.

J. van Sant u. a., Historical Dictionary of United States-Japan Relations, Lanham/Md. 2007.

A. Waswo, Modern Japanese Society, 1868–1994, Oxford 1996.

R.-H. Wippich, C. W. Spang (Hg.), Japanese-German Relations, 1895–1945: War, Diplomacy and Public Opinion, London 2006.

3. VON TOKUGAWA ZU MEIJI

a) Der Übergang

P. Akamatsu, Meiji 1868: Revolution and Counterrevolution in Japan, New York 1972.

P. Barr, The Coming of the Barbarians: the Opening of Japan to the West, 1853–1870, New York 1967.

W. G. Beasley, Great Britain and the Opening of Japan 1834–1858, London 1951.

Ders. (Übers. u. Hg.), Select Documents on Japanese Foreign Relations, 1853–1868, London 1955.

Ders., The Meiji Restoration, Stanford 1972.

Ders. (Hg.), Japan Encounters the Barbarian: Japanese travellers in America and Europe, New Haven 1995.

A. Berg, Die preußische Expedition nach Ost-Asien nach amtlichen Quellen, 4 Bde., Berlin 1864–1873.

The Centre for East Asian Cultural Studies Tokyo (Übers.), Meiji Japan through Contemporary Sources, 3 Bde., Tokyo 1969–1972.

A. M. Craig, Chôshû in the Meiji Restoration, Cambridge/Mass. 1961.

D. M. Earl, Emperor and Nation in Japan: Political Thinkers of the Tokugawa Period, Seattle 1964.

Graf P. zu Eulenburg-Hertefeld (Hg.), Ost-Asien 1860–1862 in Briefen des Grafen Fritz zu Eulenburg, Berlin 1900.

S. B. Hanley, K. Yamamura, Economic and Demographic Change in Preindustrial Japan, 1600–1868, Princeton 1977.

H. D. Harootunian, Toward Restauration: the Growth of Political Consciousness in Tokugawa Japan, Berkeley 1970.

T. M. Huber, The Revolutionary Origins of Modern Japan, Stanford 1981.

A. Iriye, Across the Pacific: an Inner History of American-East Asian Relations, New York 1967.

M. B. Jansen, Sakamoto Ryôma and the Meiji Restoration, Princeton 1961.

Ders., The Making of Modern Japan, Cambridge/Mass. 2000.

G. Krebs (Hg.), Japan und Preußen, München 2002.

J.-P. Lehmann, The Roots of Modern Japan, London 1982.

G. A. Lensen, Russia's Japan Expedition of 1852 to 1855, Gainesville 1955.

Ders., The Russian Push toward Japan: Russo-Japanese Relations, 1697–1875, Princeton 1959.

H. Mitani, Escape from Impasse: the Decision to Open Japan, Tokyo 2006.

M. Nagai, M. Urrutia (Hg.), Meiji ishin: Restoration and Revolution, Tokyo 1985.

J. Nakamura, Agricultural Production and the Economic Development of Japan, 1873–1922, Princeton 1966.

J. Pittau, Political Thought in Early Meiji Japan, 1868–1889, Cambridge/Mass. 1967.

S. Saaler, Die Bedeutung der Epochenmarke 1868 in der japanischen Geschichte: Restauration, Revolution, Reform, in: Saeculum 56,1 (2005), S. 68–104.

G. C. Schwebell (Hg.), Die Geburt des modernen Japan in Augenzeugenberichten, Frankfurt/M. 1981.

C. D. Sheldon, The Rise of the Merchant Class in Tokugawa Japan, 1600–1868, Locust Valley 1958.

R. Sims, French Policy Towards the Bakufu and Meiji Japan 1854–1894: a Case of Misjudgement and Missed Opportunities, Richmond 1998.

R. J. Smethurst, Agricultural Development and Tenancy Disputes in Japan 1870–1940, Princeton 1986.

T. C. Smith, Political Change and Industrial Development in Japan: Government Enterprise, 1868–1880, Stanford 1955.

H. Stahncke, Die diplomatischen Beziehungen zwischen Deutschland und Japan 1854–1868, Stuttgart 1987.

C. Totman, The Collapse of the Tokugawa Bakufu, 1852–1868, Honolulu 1980.

b) Die neue Staatsstruktur

G. Akita, Foundations of Constitutional Government in Modern Japan, 1868–1900, Cambridge/Mass. 1967.

J. Ando, Die Entstehung der Meiji-Verfassung. Zur Rolle des deutschen Konstitutionalismus im modernen japanischen Staatswesen, München 2000.

K. Antoni, Shintô und die Konzeption des japanischen Nationalwesens (Kokutai): Der religiöse Traditionalismus in Neuzeit und Moderne Japans, Leiden 1998.

J. Banno, The Establishment of the Japanese Constitutional System, London 1992.

Ders., Democracy in Pre-War Japan. Concepts of Government 1871–1937: Collected Essays, London 2001.

G. M. Beckmann, The Making of the Meiji Constitution: the Oligarchs and the Constitutional Development of Japan, 1868–1891, Lawrence 1957.

R. W. Bowen, Rebellion and Democracy in Meiji Japan: a Study of Commoners in the Popular Rights Movement, Berkeley 1980.

S. D. Brown, Kido Takayoshi and the Meiji Restoration: a Political Biography 1833–1877, Diss. Madison/Wisc. 1952.

P. Eubel, Das japanische Rechtssystem: ein Grundriß mit Hinweisen und Materialien zum Studium des japanischen Rechts, Frankfurt/M. 1979.

H. Hardacre, Shintô and the State, 1868–1988, Princeton 1991.

N. Ike, The Beginnings of Political Democracy in Japan, Baltimore 1950.

R. Ishii (Hg.), Japanese Culture in the Meiji Era, Vol. X: Legislation, Tokyo 1958.

H. Ito, Commentaries on the Constitution of the Empire of Japan, Tokyo 1906.

D. Keene, Emperor of Japan: Meiji and his World, 1852–1912, New York 2002.

T. Kido, The Diary of Kido Takayoshi. 3 Bde., Tokyo 1983–86.

N. Kokubun, Die Bedeutung der deutschen für die japanische Staatslehre unter der Meiji-Verfassung, Frankfurt/M. 1993.

S. S. Large, Emperors of the Rising Sun: Three Biographies, Tokyo 1997.

J. C. Lebra, Okuma Shigenobu, Statesman of Meiji Japan, Canberra 1973.

E. Lokowandt, Die rechtliche Entwicklung des Staats-Shintô in der ersten Hälfte der Meiji-Zeit (1868–1890), Wiesbaden 1978.

B. Martin, Japan and Germany in the Modern World, Providence 1995.

W. W. McLaren (Hg.), Japanese Government Documents, 2 Bde., Washington D.C. 1979.

A. von Mehren (Hg.), Law in Japan: the Legal Order in a Changing Society, Cambridge/Mass. 1963.

S. Okuma, Fifty Years of New Japan, 2 Bde., London 1910.

G. Rahn, Rechtsdenken und Rechsauffassung in Japan. Dargestellt an der Entwicklung der modernen japanischen Zivilrechtsmethodik, München 1990.

W. Röhl, History of Law in Japan since 1868, Leiden 2005.

R. A. Scalapino, Democracy and the Party Movement in Prewar Japan: the Failure of the First Attempt, Berkeley 1953.

P.-C. Schenck, Der deutsche Anteil an der Gestaltung des modernen japanischen Rechts- und Verfassungswesens. Deutsche Rechtsberater im Japan der Meiji-Zeit, Stuttgart 1997.

J. Siemes, Die Gründung des modernen japanischen Staates und das deutsche Staatsrecht. Der Beitrag Hermann Roeslers, Berlin 1975.

A. Stead, Unser Vaterland Japan, Leipzig 1904.

K. Takii, The Meiji Constitution: the Japanese Experience of the West and the Shaping of the Modern State, Tokyo 2007.

D. A. Titus, Palace and Politics in Prewar Japan, New York 1974.

R. A. Wilson, Genesis of the Meiji Government in Japan 1868–1871, Berkeley 1957.

c) Das Bildungswesen

I. Amano, Education and Examination in Modern Japan, Tokyo 1990.

E. R. Beauchamp (Hg.), Learning to be Japanese: Selected Readings on Japanese Society and Education, Hamden 1978.

Ders., R. Rubinger, Education in Japan: a Source Book, New York 1989.

B. C. Duke (Hg.), Ten Great Educators of Modern Japan: a Japanese Perspective, Tokyo 1989.

Y. Fukuzawa, Eine autobiographische Lebensschilderung, Tokyo 1971.

G. Haasch (Hg.), Bildung und Erziehung in Japan: ein Handbuch zur Geschichte, Philosophie, Politik und Organisation des japanischen Bildungswesens von den Anfängen bis zur Gegenwart, Berlin 2000.

I. P. Hall, Mori Arinori, Cambridge/Mass. 1973.

R. K. Hall, Shûshin: the Ethics of a Defeated Nation, New York 1949.

T. Horio, Educational Thought and Ideology in Meiji Japan: State Authority and Intellectual Freedom, Tokyo 1988.

T. Kaigo, Japanese Education: its Past and Present, Tokyo 1965.

M. E. Lincicome, Principle, Praxis, and the Politics of Educational Reform in Meiji Japan, Honolulu 1995.

B. K. Marshall, Academic Freedom and the Japanese Imperial University, 1868–1939, Berkeley 1992.

Ders., Learning to Be Modern: Japanese Political Discourse on Education, Boulder 1994.

H. Passin, Society and Education in Japan, New York 1965.

B. Platt, Burning and Building: Schooling and State Formation in Japan, 1750–1890, Cambridge/Mass. 2004.

K. B. Pyle, The New Generation in Meiji Japan: Problems of Cultural Identity, 1885–1895, Stanford 1969.

D. P. Roden, Schooldays in Imperial Japan: a Study in the Culture of a Student Elite, Berkeley 1980.

A. Swale, The Political Thought of Mori Arinori: a Study in Meiji Conservatism, Richmond 2000.

d) Wirtschaft und Industrialisierung

G. C. Allen, A Short Economic History of Modern Japan, 4. Aufl. London 1981 (1. Aufl. 1946).

Ders., Appointment to Japan: Memories of Sixty Years, London 1983.

E. R. Beauchamp, A. Iriye (Hg.), Foreign Employees in Nineteenth Century Japan, Boulder 1990.

R. N. Bellah, Tokugawa Religion: the Values of Pre-Industrial Japan, Glencoe 1957.

A. W. Burks (Hg.), The Modernizers: Overseas Students, Foreign Employees, and Meiji Japan, Boulder 1985.

P. Francks, Rural Economic Development in Japan: from the Nineteenth Century to the Pacific War, London 2006.

Y. Fukasaku, Technology and Industrial Growth in Prewar Japan: the Mitsubishi-Nagasaki Shipyard 1884–1934, London 1992.

J. Halliday, A Political History of Japanese Capitalism, New York 1975.

J. Hirschmeier, The Origins of Entrepreneurship in Meiji Japan, Cambridge/Mass. 1964.

Ders., T. Yui, The Development of Japanese Business, 1600–1973, London 1975.

M. B. Jansen, G. Rozman, Japan in Transition: From Tokugawa to Meiji, Princeton 1986.

H. Jones, Life Machines: Hired Foreigners and Meiji Japan, Vancouver 1979.

E. Kinmoth, The Self-made Man in Meiji Japanese Thought: From Samurai to Salary Man, Berkeley 1981.

W. D. Kinzley, Industrial Harmony in Modern Japan: the Invention of a Tradition, London 1991.

L. R. Klein, K. Ohkawa (Hg.), Economic Growth: the Japanese Experience since the Meiji Era, Homewood 1968.

P. Kornicki (Hg.), Meiji Japan: Political, Economical and Social History 1868–1912, London 1998. Bd. 1: The Emergence of the Meiji State; Bd. 2: The Growth of the Meiji State; Bd. 3: The Mature Meiji State; Bd. 4: The End of Meiji and Early Taishô.

J. V. Koschmann (Hg.), Authority and the Individual in Japan: Citizen Protest in Historical Perspective, Tokyo 1978

J. Kreiner u. a. (Hg.), Japans Wandel von der Agrar- zur Industriegesellschaft. Fallstudien regionaler Entwicklungen, Opladen 1983.

W. W. Lockwood, The Economic Development of Japan, erw. Aufl. Princeton 1968 (1. Aufl. 1954).

B. K. Marshall, Capitalism and Nationalism in Prewar Japan: the Ideology of the Business Elite, 1868–1941, Stanford 1968.

H. Morikawa, Zaibatsu: the Rise and Fall of Family Enterprise Groups in Japan, Tokyo 1992.

K. Ohkawa, H. Rosowsky, Japanese Economic Growth: Trend Acceleration in the Twentieth Century, Stanford 1973.

E. Pauer (Hg.), Technologietransfer Deutschland-Japan von 1850 bis zur Gegenwart, München 1992.

N. Pedlar, The Imported Pioneers: Westerners Who Helped Build Modern Japan, Sandgate 1990.

E. Shibusawa, The Autobiography of Shibusawa Eiichi: From Peasant to Entrepreneur, Tokyo 1994.

E. P. Tsurumi, Factory Girls: Women in the Thread Mills of Meiji Japan, Princeton 1990.

N. Umetani, The Role of Foreign Employees in the Meiji Era in Japan, Tokyo 1971.

A. Waswo, Japanese Landlords: the Decline of a Rural Elite, Berkeley 1977.

W. D. Wray, Mitsubishi and the N.Y.K 1870–1914: Business Strategy in the Japanese Shipping Industry, Cambridge/Mass. 1984.

Ders., Managing Industrial Enterprise: Cases from Japan's Prewar Experience, Cambridge/Mass. 1989.

e) Die Lage der Landbevölkerung und anderes Konfliktpotenzial

H. Bix, Peasant Protest in Japan, 1590–1884, New Haven 1986.

J. Crump, The Origins of Socialist Thought in Japan, New York 1983.

M. Hane, Peasants, Rebels, Women, and Outcastes: the Underside of Modern Japan, New York 2003 (1. Aufl. 1982).

T. R. H. Havens, Farm and Nation in Modern Japan: Agrarian Nationalism, 1870–1940, Princeton 1974.

V. Mackie, Feminism in Modern Japan: Citizenship, Embodiment and Sexuality, Cambridge 2003.

G. McCormack, Y. Sugimoto (Hg.), Democracy in Contemporary Japan, Armonk/NY 1986.

Dies. (Hg.), The Japanese Trajectory, Cambridge 1988.

T. Najita, J. V. Koschmann (Hg.), Conflict in Modern Japanese History: the neglected Tradition, Princeton 1982.

I. L. Plotkin, Anarchism in Japan: a Study of the Great Treason Affair 1910–1911, Lewiston 1990.

S. Sievers, Flowers in the Salt: the Beginnings of Feminist Consciousness in Modern Japan, Stanford 1983.

M. H. Sprotte, Konfliktaustragung in autoritären Herrschaftssystemen: eine historische Fallstudie zur frühsozialistischen Bewegung im Japan der Meiji-Zeit, Marburg 2001.

H. Tomida, G. Daniels (Hg.), Japanese Women Emerging from Subservience, 1868–1945, Folkstone 2005.

A. Walthall, Social Protest and Popular Culture in Eighteenth-Century Japan, Tucson 1986.

Dies. (Hg. u. Übers.), Peasant Uprising in Japan: a Critical Anthology of Peasant Histories, Chicago 1991.

f) Das Militär

A. Bürkner, Probleme der japanischen Wehrverfassung von der Meiji-Zeit bis in die Gegenwart, Diss. phil. Bonn 1973.

D. C. Evans, M. R. Peattie (Hg.), Kaigun: Strategy, Tactics, and Technology in the Imperial Japanese Navy, 1887–1941, Annapolis/Md. 1997.

R. F. Hackett, Yamagata Aritomo in the Rise of Modern Japan, 1838–1922, Cambridge/Mass. 1971.

U. Koike-Good, Die Auflösung der Samuraiklasse und die Samuraiaufstände: ein Beitrag zur japanischen Geschichte von 1868 bis 1878, Bern 1994.

S. Lone, Army, Empire and Politics in Meiji Japan: the Three Careers of General Katsura Tarô, New York 2000.

E. L. Presseisen, Before Aggression: Europeans Prepare the Japanese Army, Tucson 1965.

M. Ravina, The Last Samurai: the Life and Battles of Saigô Takamori, Hoboken 2004.

J. C. Schencking, Making Waves: Politics, Propaganda, and the Emergence of the Imperial Japanese Navy, 1868–1922, Stanford 2005.

C. L. Yates, Saigô Takamori: the Man behind the Myth, New York 1995.

4. EXPANSIONSPOLITIK UND DER WEG ZUR GROSSMACHT

a) Frühe Aussenpolitik und territoriale Grenzziehung

M. R. Auslin, Negotiating with Imperialism: the Unequal Treaties and the Culture of Japanese Diplomacy, Cambridge/Mass. 2004.

W. G. Beasley, Japanese Imperialism, 1894–1945, Oxford 1987.

D. Calman, The Nature and Origins of Japanese Imperialism: a Reinterpretation of the Great Crisis of 1873, London 1992.

H. Conroy, The Japanese Frontier in Hawaii, 1868–1898, Berkeley 1953.

J. E. Hoare, Japan's Treaty Ports and Foreign Settlements: the Uninvited Guests, 1858–1899, Sandgate 1994.

M. Kajima, Geschichte der japanischen Außenbeziehungen, 3 Bde., Wiesbaden u. a. 1976–1980.

G. H. Kerr, Okinawa: the History of an Island People, Rutland 1958.

K. Kume, The Iwakura Embassy, 1871–1873, hg. v. G. Healey, 5 Bde., Princeton 2002.

Ders., Die Iwakura-Mission: das Logbuch des Kume Kunitake über den Besuch der japanischen Sondergesandtschaft in Deutschland, Österreich und der Schweiz im Jahre 1873, übers. u. hg. v. P. Pantzer, München 2002.

I. H. Nish (Hg.), The Iwakura Mission in America and Europe: a New Assessment, Richmond 1998.

J. J. Stephan, Sakhalin: a History, Oxford 1971.

Ders., The Kuril Islands: Russo-Japanese Frontiers in the Pacific, Oxford 1974.

W. Wagner, Japans Außenpolitik in der frühen Meiji-Zeit (1868–1894). Die ideologische und politische Grundlegung des japanischen Führungsanspruchs in Ostasien, Stuttgart 1990.

b) Der Chinesisch-Japanische Krieg 1894–1895

B. J. Brooks, Japan's Imperial Diplomacy: Consuls, Treaty Ports, and War in China 1895–1938, Honolulu 2000.

P. Duus u. a. (Hg.), The Japanese Informal Empire in China, 1895–1937, Princeton 1989.

A. Iriye, Pacific Estrangement: Japanese and American Expansion, 1897–1911, Cambridge/Mass. 1972.

T. Hayashi, The Secret Memoirs of Count Tadasu Hayashi, London 1915.

M. B. Jansen, Japan and China: From War to Peace, 1894–1972, Chicago 1975.

S. Lone, Japan's First Modern War: Army and Society in the Conflict with China, 1894–95, Basingstoke 1994.

M. Mutsu, Kenkenroku. A Diplomatic Record of the Sino-Japanese War, 1894–95, Princeton 1982.

R. H. Myers, M. R. Peattie (Hg.), The Japanese Colonial Empire, 1895–1945, Princeton 1984.

W. F. Nimmo, Stars and Stripes Across the Pacific: the United States, Japan, and the Asia/Pacific Region, 1895–1945, Westport 2001.

S. M. C. Paine, The Sino-Japanese War of 1894–1895: Perceptions, Power, and Primacy, Cambridge 2003.

L. G. Perez, Japan Comes of Age: Mutsu Munemitsu and the Revision of the Unequal Treaties, Madison/N.J. 1999.

R.-H. Wippich, Japan und die deutsche Fernostpolitik 1894–1898. Vom Ausbruch des Chinesisch-Japanischen Krieges bis zur Besetzung der Kiautschou-Bucht. Ein Beitrag zur Wilhelminischen Weltpolitik, Stuttgart 1987.

c) Das Britisch-Japanische Bündnis 1902
und der Russisch-Japanische Krieg 1904–05

J. Chapman, C. Inaba (Hg.), Rethinking the Russo-Japanese War, 1904–1905. Bd. II: The Nichinan Papers, Folkestone 2007 (Bd. I s. u. Kowner).

R. M. Connaughton, The War of the Rising Sun and the Tumbling Bear: a Military History of the Russo-Japanese War of 1904–05, London 1988.

R. A. Esthus, Double Eagle and Rising Sun: the Russians and Japanese at Portsmouth in 1905, Durban/NC 1988.

Ders., Theodore Roosevelt and Japan, Seattle 1966.

R. Kowner, Historical Dictionary of the Russo-Japanese War, Lanham/Md. 2006.

Ders. (Hg.), The Impact of the Russo-Japanese War, London 2007.

Ders. (Hg.), Rethinking the Russo-Japanese War, 1904–05. Bd. I: Centennial Perspectives, Folkstone 2007 (Bd. II s. o. Chapman/Inaba).

J. Kreiner (Hg.), Der Russisch-Japanische Krieg (1904/05), Bonn 2005.

G. A. Lensen, Korea and Manchuria between Russia and Japan, 1895–1904, Tallahassee 1966.

Ders., Balance of Intrigue: International Rivalry in Korea and Manchuria, 1884–1899, Honolulu 1982.

U. Mehnert, Deutschland, Amerika und die „gelbe Gefahr": Zur Karriere eines Schlagworts in der Großen Politik, 1905–1917, Stuttgart 1995.

I. H. Nish, The Anglo-Japanese Alliance: the Diplomacy of Two Island Empires, 1897–1907, 2. Aufl. London 1985 (1. Aufl. 1966).

Ders., The Origins of the Russo-Japanese War, London 1985.

P. P. O'Brien (Hg.), The Anglo-Japanese Alliance, 1902–1922, London 2004.

S. Okamoto, The Japanese Oligarchy and the Russo-Japanese War, New York 1970.

E. B. Price, The Russo-Japanese Treaties of 1907–1916 Concerning Manchuria and Mongolia, Baltimore 1933 (ND New York 1971).

D. Schimmelpenninck van der Oye, Toward the Rising Sun: Russian Ideologies of Empire and the Path to War with Japan, DeKalb 2001.

J. D. Steinberg u. a. (Hg.), The Russo-Japanese War in Global Perspective: World War Zero, Bd. 1, Leiden 2005 (Bd. 2 s. u. Wolff).

W. Stingl, Der Ferne Osten in der deutschen Politik vor dem Ersten Weltkrieg (1902–1914), 2 Bde., Frankfurt/M. 1978.

D. Wells, S. Wilson (Hg.), The Russo-Japanese War in Cultural Perspective, 1904–1905, Basingstoke 1999.

J. N. Westwood, Russia against Japan, 1904–05: a New Look at the Russo-Japanese War, Basingstoke 1986.

J. A. White, The Diplomacy of the Russo-Japanese War, Princeton 1964.

D. Wolff u. a. (Hg.), The Russo-Japanese War in Global Perspective: World War Zero, Bd. 2, Leiden 2007 (Bd. 1 s. o. Steinberg).

d) Die Annexion Koreas

H. Conroy, The Japanese Seizure of Korea 1868–1910: a Study of Realism and Idealism in International Relations, Philadelphia 1960.

A. Dudden, Japan's Colonization of Korea: Discourse and Power, Honolulu 2005.

P. Duus, The Abacus and the Sword: the Japanese Penetration of Korea, 1895–1910, Berkeley 1995.

C. J. Eckert, Offspring of Empire: the Koch'ang Kims and the Colonial Origins of Korean Capitalism, 1876–1945, Seattle 1991.

C.-S. Lee, The Politics of Korean Nationalism, Berkeley 1965.

D. L. McNamara, The Colonial Origins of Korean Enterprise, 1910–1945, New York 1990.

A. Schmid, Korea between Empires, 1895–1919, New York 2002.

G.-W. Shin, M. E. Robinson, Colonial Modernity in Korea, Cambridge/Mass. 1999.

M. Weiner, The Origins of the Korean Community in Japan, 1910–1923, Atlantic Highlands 1989.

5. DER ERSTE WELTKRIEG UND SEINE FOLGEN

a) Japan im Krieg und der Friedensschluss

W. Bauer, Tsingtau 1914 bis 1931. Japanische Herrschaft, wirtschaftliche Entwicklung und die Rückkehr der deutschen Kaufleute, München 2000.

C. Burdick, U. Moessner, The German Prisoners of War in Japan, 1914–20, Lanham/Md. 1984.

M. Chi, China Diplomacy, 1914–1918, Cambridge/Mass. 1970.

A. C. Coox, H. Conroy (Hg.), China and Japan: a Search for Balance since World War I, Santa Barbara 1978.

C. B. Davis, Partners and Rivals: Britain's Imperial Diplomacy Concerning the United States and Japan in China, 1915–1922, New York 1987.

F. R. Dickinson, War and National Reinvention: Japan in the Great War, 1914–1919, Cambridge/Mass. 1999.

B. A. Elleman, Wilson and China: a Revised History of the Shandong Question, Armonk/NY 2002.

R. H. Fifield, Woodrow Wilson and the Far East: the Diplomacy of the Shantung Question, New York 1952.

A. Hayashima, Die Illusion des Sonderfriedens. Deutsche Verständigungspolitik mit Japan im ersten Weltkrieg, München 1982.

I. C. Y. Hsü, The Rise of Modern China, Oxford 2000.

N. Kawamura, Turbulence in the Pacific: Japanese-US Relations during World War I, Westport 2000.

M. D. Kennedy, The Estrangement of Great Britain and Japan, 1916–1935, Manchester 1969.

G. A. Lensen, Japanese Recognition of the U.S.S.R.: Soviet-Japanese Relations 1921–1930, Tokyo 1970.

A. J. MARDER, Old Friends, New Enemies: the Royal Navy and the Imperial Japanese Navy. Strategic Illusions, 1936–1941, Oxford 1981.

C. W. MELTON, Between War and Peace: Woodrow Wilson and the American Expeditionary Force in Siberia, 1918–1921, Macon 2001.

J. W. MORLEY, The Japanese Thrust into Siberia, New York 1957.

M. NASSUA, „Gemeinsame Kriegführung. Gemeinsamer Friedensschluß." Das Zimmermann-Telegramm vom 13. Januar 1917 und der Eintritt der USA in den 1. Weltkrieg, Frankfurt/M. 1992.

I. H. NISH, Alliance in Decline: a Study in Anglo-Japanese Relations 1908–23, London 1972.

M. R. PEATTIE, Nan'yô: the Rise and Fall of the Japanese in Micronesia, 1885–1945, Honolulu 1988.

N. SHIMAZU, Japan, Race and Equality: the Racial Equality Proposal of 1919, London 1998.

B. M. UNTERBERGER, America's Siberian Expedition, 1918–1920: a Study of National Policy, Durham/NC 1956.

G. XU, China and the Great War: China's Pursuit of a New National Identity and Internationalization, Cambridge 2005.

b) DIE WASHINGTONER ORDNUNG

R. DINGMAN, Power in the Pacific: the Origins of Naval Arms Limitation, 1914–1922, Chicago 1976.

E. GOLDSTEIN, J. MAURER (Hg.), The Washington Conference 1921–22: Naval Rivalry, East Asian Stability and the Road to Pearl Harbor, Ilford 1994 (ursprünglich Beiträge in der Zeitschrift Diplomacy & Statecraft, Vol. 4,3, 1993).

I. GOW, Military Intervention in Pre-War Japanese Politics: Admiral Kato Kanji and the „Washington System", Richmond 2000.

D. KAHN, The Reader of Gentlemen's Mail: Herbert O. Yardley and the Birth of American Codebreaking, New Haven 2004.

I. H. NISH (Hg.), Anglo-Japanese Alienation, 1919–1952: Papers of the Anglo-Japanese Conference on the History of the Second World War, Cambridge 1982.

G. E. WHEELER, Prelude to Pearl Harbor: the United States Navy and the Far East, 1921–1931, Columbia/Missouri 1963.

H. O. YARDLEY, The American Black Chamber, Indianapolis 1931 (ND New York 1981).

c) DIE TAISHO-DEMOKRATIE

G. M. BECKMANN, G. ÔKUBO, The Japanese Communist Party 1922–1945, Stanford 1969.

G. M. BERGER, Parties out of Power in Japan, 1931–1941, Princeton 1977.

G. L. Bernstein, Japanese Marxist: a Portrait of Kawakami Hajime, 1879–1946, Cambridge/Mass. 1976.

P. Duus, Party Rivalry and Political Change in Taishô Japan, Cambridge/ Mass. 1968.

S. Garon, The State and Labor in Modern Japan, Berkeley 1987.

A. Gordon, The Evolution of Labor Relations in Japan: Heavy Industry, 1853–1955, Cambridge/Mass. 1985.

Ders., Labor and Imperial Democracy in Prewar Japan, Berkeley 1991.

J. L. Huffman, Creating a Public: People and Press in Meiji Japan, Honolulu 1997.

G. J. Kasza, The State and the Mass Media in Japan, 1918–1945, Berkeley 1988.

S. S. Large, The Rise of Labor in Japan: the Yūaikai, 1912–1919, Tokyo 1972.

Ders., Organized Workers and Socialist Politics in Interwar Japan, Cambridge 1981.

M. L. Lewis, Rioters and Citizens: Mass Protest in Imperial Japan, Berkeley 1990.

R. H. Mitchell, Thought Control in Prewar Japan, Ithaca 1976.

Ders., Censorship in Imperial Japan, Princeton 1983.

Ders., Janus-Faced Justice: Political Criminals in Imperial Japan, Honolulu 1992.

T. Najita, Hara Kei in the Politics of Compromise, 1905–1915, Cambridge/ Mass. 1967.

S. Saaler, Zwischen Demokratie und Militarismus: Die Kaiserlich-Japanische Armee in der Politik der Taishô-Zeit (1912–1926), Bonn 2000.

B. Sato, The New Japanese Woman: Modernity, Media, and Women in Interwar Japan, Durham/NC 2003.

R. A. Scalapino, The Japanese Communist Movement, 1920–1966, Berkeley 1967.

H. D. Smith, Japan's First Student Radicals, Cambridge/Mass. 1972.

P. G. Steinhoff, Tenkô: Ideology and Societal Integration in Prewar Japan, New York 1991.

R. Swearingen, P. Langer: Red Flag in Japan, 1919–1951: International Communism in Action 1919–1951, Cambridge/Mass. 1952.

G. O. Totten, The Social Democratic Movement in Prewar Japan, New Haven/Conn. 1966.

d) Die Aussenpolitik der Taisho-Zeit

N. Bamba, Japanese Diplomacy in a Dilemma: New Light on Japan's China Policy, 1924–1929, Vancouver 1972.

T. Burkman, Japan and the League of Nations. Empire and World Order, 1914–1938, Honolulu 2008.

R. D. BURNS, E. M. BENNETT (Hg.), Diplomats in Crisis: United States-Chinese-Japanese Relations, 1919–1941, Santa Barbara 1974.

L. HUMPHREYS, The Way of the Heavenly Sword: the Japanese Army in the 1920's, Stanford 1995.

A. IRIYE, After Imperialism: the Search for a New Order in the Far East, 1921–1931, Cambridge/Mass. 1965.

DERS., W. COHEN (Hg.), American, Chinese, and Japanese Perspectives on Wartime Asia, 1931–1949, Wilmington 1990.

M. B. JANSEN, The Japanese and Sun Yat-sen, Cambridge/Mass. 1954.

W. F. MORTON, Tanaka Giichi and Japan's China Policy, Folkstone 1978.

I. H. NISH, Japanese Foreign Policy in the Interwar Period, Westport 2002.

6. VON DER KRISE ZUM KRIEG

a) DIE WIRTSCHAFTSKRISE

P. DRYSDALE, L. GOWER (Hg.), The Japanese Economy. Teil 1, Bd. 1: Japan before the Pacific War, London 1998; Bd. 2: Postwar Growth, London 1998.

W. M. FLETCHER, The Japanese Business Community and National Trade Policy, 1920–1942, Chapel Hill/NC 1989.

J. HUNTER, Women and the Labour Market in Japan's Industrializing Economy: the Textile Industry before the Pacific War, London 2003.

W. D. KINZLEY, Industrial Harmony in Modern Japan: the Invention of a Tradition, London 1991.

S. S. LARGE (Hg.), Shôwa Japan: Political, Economic and Social History, 1926–1989, 4 Bde., London 1998.

M. METZLER, Lever of Empire: the International Gold Standard and the Crisis of Liberalism in Prewar Japan, Berkeley 2006.

T. MORRIS-SUZUKI, The Technological Transformation of Japan: from the Seventeenth to the Twentieth Century, Cambridge 1994.

T. NAKAMURA, Economic Growth in Prewar Japan, New Haven 1983.

DERS., K. ODAKA (Hg.), Economic History of Japan, 1600–1990. Bd. 3: Economic History of Japan 1914–1955: a Dual Structure, Oxford 2003.

R. J. SAMUELS, The Business of the Japanese State: Energy Markets in Comparative and Historical Perspective, Ithaca 1987.

DERS., „Rich Nation, Strong Army": National Security and the Technological Transformation of Japan, Ithaca 1994.

R. J. SMETHURST, From Foot Soldier to Finance Minister: Takahashi Korekiyo, Japan's Keynes, Cambridge/Mass. 2007.

K. D. SMITH, A Time of Crisis: Japan, the Great Depression, and Rural Revitalization, Cambridge/Mass. 2001.

b) Die Londoner Flottenkonferenz und
der Mandschurische Konflikt

M. A. Barnhart, Japan Prepares for Total War: the Search for Economic Security, 1919–1941, Ithaca 1987.

D. Borg, The United States and the Far Eastern Crisis of 1933–1938: From the Manchurian Incident through the Initial Stage of the Undeclared Sino-Japanese War, Cambridge/Mass. 1964.

W. I. Cohen, America's Response to China: an Interpretative History of Sino-American Relations, New York 1971.

Department of State, Foreign Relations of the United States: Papers Relating to Japan, 1931–1941, 2 Bde., Washington D.C. 1943.

P. Duara, Sovereignty and Authenticity: Manchukuo and the East Asian Modern, Lanham/Md. 2003.

R. H. Ferrell, Frank B. Kellogg, Henry L. Stimson, New York 1963.

T. R. Gottschang, D. Lary, Swallows and Settlers: the Great Migration from North China to Manchuria, Ann Arbor 2000.

J. C. Grew, Zehn Jahre in Japan, Stuttgart 1947.

Ders., Turbulent Era: a Diplomatic Record of Forty Years, 1904–1945, 2 Bde., Boston 1952.

K. Harada, Fragile Victory: Prince Saionji and the 1930 London Treaty Issue from the Memoirs of Harada Kumao. Übers., Einl. u. Annotation v. T. F. Mayer-Oakes, Detroit 1968.

S. Honjo, Emperor Hirohito and his Chief Aide-de-Camp: the Honjô Diary, 1933–36, Tokyo 1982.

D. A. Jordan, China's Trial by Fire: the Shanghai War of 1932, Ann Arbor 2001.

G. F. Kennan, American Diplomacy, 1900–1950, Chicago 1951.

C.-S. Lee, Counterinsurgency in Manchuria: the Japanese Experience, Santa Monica 1967.

Y. T. Matsusaka, The Making of Japanese Manchuria, 1904–1932, Cambridge/Mass. 2001.

R. Mitter, The Manchurian Myth: Nationalism, Resistance, and Collaboration in Modern China, Berkeley 2000.

J. W. Morley (Hg.), Japan's Road to the Pacific War. Japan Erupts: the London Naval Conference and the Manchurian Incident, 1928–1932, New York 1984.

I. H. Nish, Japan's Struggle with Internationalism: Japan, China and the League of Nations, 1931–33, London 1993.

R. G. O'Connor, Perilous Equilibrium: the U.S. and the London Conference of 1930, Lawrence 1962.

M. R. Peattie, Ishiwara Kanji and Japan's Confrontation with the West, Princeton 1975.

S. Pelz, Race to Pearl Harbor: the Failure of the Second London Naval Conference and the Onset of World War II, Cambridge/Mass. 1974.

B. J. Sander-Nagashima, Die deutsch-japanischen Marinebeziehungen 1919 bis 1942, Diss. phil. Hamburg 1998.

M. Shigemitsu, Die Schicksalsjahre Japans. Vom ersten bis zum Ende des zweiten Weltkrieges 1920–1945, Frankfurt/M. 1959.

H. L. Stimson, The Far Eastern Crisis: Recollections and Observations, New York 1936.

Ders., M. Bundy, On Active Service in Peace and War, New York 1948.

C. Thorne, The Limits of Foreign Policy: the West, the League and the Far Eastern Crisis of 1931–1933, London 1972.

A. Waldron (Hg. u. Einf.), How the Peace Was Lost: the 1935 Memorandum: Developments Affecting American Policy in the Far East, Prepared for the State Department by John Van Antwerp MacMurray, Stanford 1992.

J. H. Wilson, American Business and Foreign Policy 1920–1933, Lexington 1971.

S. Wilson, The Manchurian Crisis and Japanese Society, 1931–33, London 2002.

S. Yamamuro, Manchuria under Japanese Domination, Philadelphia 2006.

L. Young, Japan's Total Empire: Manchuria and the Culture of Wartime Imperialism, Berkeley 1998.

c) Von den Putschversuchen zum China-Krieg

D. Borg, S. Okamoto (Hg.), Pearl Harbor as History: Japanese-American Relations, 1931–1941, New York 1973.

J. H. Boyle, China and Japan at War, 1937–1945: the Politics of Collaboration, Stanford 1972.

T. Brook, Collaboration: Japanese Agents and Local Elites in Wartime China, Cambridge/Mass. 2005.

D. M. Brown, Nationalism in Japan: an Introductory Historical Analysis, Berkeley 1955.

G. E. Bunker, The Peace Conspiracy: Wang Ching-Wei and the China War, 1937–1941, Cambridge/Mass. 1972.

N. Chomsky, American Power and the New Mandarins, New York 1967.

J. B. Crowley, Japan's Quest for Autonomy: National Security and Foreign Policy, 1933–1938, Princeton 1966.

K. Doak, A History of Nationalism in Modern Japan: Placing the People, Leiden 2006.

M. Dryburgh, North China and Japanese Expansion, 1933–1937: Regional Power and the National Interest, Richmond 2000.

J. A. Fogel (Hg.), The Nanjing Massacre in History and Historiography, Berkeley 2000.

D. Gatu, Village China at War: the Impact of Resistance to Japan, 1937–1945, Vancouver 2007.

J. C. Hsiung, S. I. Levine (Hg.), China's Bitter Victory: the War with Japan, 1937–1945, Berkeley 1992.

M. Laurinat, Kita Ikki (1883–1937) und der Februarputsch 1936. Eine historische Untersuchung japanischer Quellen des Militärgerichtsverfahrens, Berlin 2006.

F. F. Li u. a. (Hg.), Nanking 1937: Memory and Healing, London 2002.

S. MacKinnon u. a. (Hg.), China at War: Regions of the Japanese Empire, 1941–1945, Cambridge 2007.

Y. C. Maxon, Control of Japanese Foreign Policy: a Study of Civil-Military Rivalry, 1930–1945, Berkeley 1957.

F. O. Miller, Minobe Tatsukichi: Interpreter of Constitutionalism in Japan, Berkeley 1965.

J. W. Morley (Hg.), Japan's Road to the Pacific War. The China Quagmire: Japan's Expansion on the Asian Continent 1933–1941, New York 1983.

Y. Oka, Konoe Fumimaro: a Political Biography, Tokyo 1983.

B.-A. Shillony, Revolt in Japan: the Young Officers and the February 26, 1936 Incident, Princeton 1973.

R. J. Smethurst, A Social Basis for Prewar Japanese Militarism: the Army and the Rural Community, Berkeley 1974.

R. Storry, The Double Patriots: a Study of Japanese Nationalism, London 1957.

B. Tankha, Kita Ikki and the Making of Modern Japan: a Vision of Empire, Folkstone 2006.

H. J. Timperly (Hg.), The Japanese Terror in China, New York 1938.

H. J. van de Ven, War and Nationalism in China, 1925–1945, London 2003.

G. M. Wilson, Radical Nationalist in Japan: Kita Ikki, 1883–1937, Berkeley 1969.

M. Yu, Dragon's War: Allied Operation and the Fate of China, 1937–47, Annapolis/Md. 2006.

d) Das Bündnis mit Deutschland und Italien

Akten zur Deutschen Auswärtigen Politik 1918–1945, Serien C, D, E, Baden-Baden/Frankfurt/M./Göttingen 1950–.

F. W. Deakin, G. R. Storry, Richard Sorge. Die Geschichte eines großen Doppelspiels, Berlin 1965.

V. Ferretti, Il Giappone e la Politica estera Italiana 1935–41, Mailand 1983.

J. P. Fox, Germany and the Far Eastern Crisis 1931–1938: a Study in Diplomacy and Ideology, Oxford 1982.

J. Haslam, The Soviet Union and the Threat from the East, 1933–41: Moscow, Tokyo, and the Prelude to the Pacific War, Pittsburgh 1992.

P. Herde, Japan und der Sturz Mussolinis. Das Ende des faschistischen Regimes im Spiegel von „Magic", in: W. Altgeld u. a. (Hg.), Menschen, Ideen, Ereignisse in der Mitte Europas, Konstanz 1999, S. 193–230.

G. Krebs, Japans Deutschlandpolitik 1935–1941. Eine Studie zur Vorgeschichte des Pazifischen Krieges, 2 Bde., Hamburg 1984.

Ders., Japanische Schlichtungsbemühungen in der deutsch-polnischen Krise 1938/39, in: Japanstudien 2 (1990), S. 207–258.

Ders., Deutschland und Pearl Harbor, in: HZ 253 (1991), S. 313–369.

Ders., B. Martin (Hg.), Formierung und Fall der Achse Berlin-Tôkyô, München 1994.

J. Kreiner, R. Mathias (Hg.), Deutschland-Japan in der Zwischenkriegszeit, Bonn 1990.

H.-J. Krug u. a., Reluctant Allies. German-Japanese Naval Relations in World War II, Annapolis/Md. 2001.

L. N. Kutakow, Japanese Foreign Policy on the Eve of the Pacific War: a Soviet View, Tallahassee 1972.

G. A. Lensen, The Strange Neutrality: Soviet Japanese Relations during the Second World War 1941–1945, Tallahassee 1972.

D. J. Lu, Agony of Choice: Matsuoka Yosuke and the Rise and Fall of the Japanese Empire, 1880–1946, Lanham/Md. 2002.

H. Lupke, Japans Rußlandpolitik von 1939 bis 1941, Frankfurt/M. 1962.

B. Martin, Deutschland und Japan im Zweiten Weltkrieg. Vom Angriff auf Pearl Harbor bis zur deutschen Kapitulation, Göttingen 1969.

Ders. (Hg.), Die deutsche Beraterschaft in China 1927–1938. Militär, Wirtschaft, Außenpolitik, Düsseldorf 1981.

J. W. Morley (Hg.), Japan's Road to the Pacific War. Deterrent Diplomacy: Japan, Germany, and the USSR, 1935–1940, New York 1976.

G. W. Prange u. a., Target Tokyo: the Story of the Sorge Spy Ring, New York 1984.

P. W. Schroeder, The Axis Alliance and Japanese-American Relations, 1941, Ithaca 1958.

B. Slavinsky, The Japanese-Soviet Neutrality Pact: a Diplomatic History, 1941–1945, London 2004.

T. Sommer, Deutschland und Japan zwischen den Mächten 1935–1940. Vom Antikominternpakt zum Dreimächtepakt, Tübingen 1962.

H. Timmermann u. a. (Hg.), Spionage, Ideologie, Mythos – der Fall Richard Sorge, München 2005.

R. Whymant, Richard Sorge – der Mann mit den drei Gesichtern, Hamburg 1999.

e) Der Weg in den Pazifischen Krieg

I. H. Anderson, Standard Vacuum Oil Company and United States East Asian Policy, 1933–1941, Princeton 1975.

C. A. Beard, American Foreign Policy in the Making 1932–1940: a Study in Responsibilities, New Haven 1946.

Ders., President Roosevelt and the Coming of the War 1941, New Haven 1948.

A. Best, Britain, Japan and Pearl Harbor: Avoiding War in East Asia 1936–41, London 1995.

J. M. Burns, Roosevelt: the Soldier of Freedom, New York 1970.

R. J. C. Butow, Tojo and the Coming of the War, Princeton 1961.

Ders., The John Doe Associates: Backdoor Diplomacy for Peace, 1941, Stanford 1974.

W. H. Chamberlin, Amerikas Zweiter Kreuzzug. Kriegspolitik und Fehlschlag Roosevelts, Bonn 1952.

W. S. Cole, Roosevelt and the Isolationists, 1932–1945, Lincoln 1983.

R. Dallek, Franklin D. Roosevelt and American Foreign Policy, 1932–1945, Oxford 1979. Mit neuem Vorwort ebd. 1995.

J. D. Doenecke, Storm on the Horizon: the Challenge to American Intervention, 1939–1941, Lanham/Md. 2000.

H. Feis, The Road to Pearl Harbor: the Coming of the War between the United States and Japan, Princeton 1950.

A. W. Griswold, The Far Eastern Policy of the United States, New York 1938.

W. H. Heinrichs, American Ambassador: Joseph C. Grew and the Development of the United States Diplomatic Tradition, Boston 1966.

C. Hull, The Memoirs of Cordell Hull, 2 Bde., New York 1948.

N. Ike (Übers. u. Hg.), Japan's Decision for War: Records of the 1941 Policy Conferences, Stanford 1967.

A. Iriye, The Origins of the Second World War in Asia and the Pacific, New York 1989.

F. C. Jones, Japan's New Order in East Asia 1937–45, London 1954.

F. Konoe, The Memoirs of Prince Fumimaro Konoe, Tokyo [1945].

A. Kubek, How the Far East Was Lost: American Policy and the Creation of Communist China, Chicago 1963.

W. LaFeber (Hg.), The Origins of the Cold War, 1941–1947: a Historical Problem with Interpretations and Documents, New York 1971.

W. L. Langer, S. E. Gleason, The World Crisis and American Foreign Policy, 1952–53. Bd. 1: The Challenge to Isolation, 1937–1940, New York 1952; Bd. 2: The Undeclared War, 1940–1941, New York 1953.

D. J. Lu, From the Marco Polo Bridge to Pearl Harbor: Japan's Entry into World War II, Washington 1961.

E. S. Miller, Bankrupting the Enemy: the US Financial Siege of Japan before Pearl Harbor, Annapolis/Md. 2007.

J. W. MORLEY (Hg.), Japan's Road to the Pacific War. The Fateful Choice: Japan's Advance into Southeast Asia, 1939–1941, New York 1980.

DERS. (Hg.), Japan's Road to the Pacific War. The Final Confrontation: Japan's Negotiations with the United States, 1941, New York 1994.

A. A. OFFNER, The Origins of the Second World War: American Foreign Policy and World Politics, 1917–1941, New York 1975.

J. W. PRATT, Cordell Hull, 2 Bde., New York 1964 (= The American Secretaries of State and their Diplomacy, Bd. XII, XIII).

B. RAUCH, Roosevelt from Munich to Pearl Harbor: a Study in the Creation of a Foreign Policy, New York 1950.

M. SCHALLER, The United States Crusade in China, 1937–1945, New York 1979.

S. TOGO, Japan im Zweiten Weltkrieg. Erinnerungen des japanischen Außenministers 1941–42 und 1945, Bonn 1958.

J. UTLEY, Going to War with Japan, 1937–1941, Knoxville 1985.

J. E. Wilz, From Isolation to War, 1931–1941, London 1968.

R. H. WORTH, No Choice but War: the United States Embargo against Japan and the Eruption of War in the Pacific, Jefferson/N.C. 1995.

f) DIE KONTROVERSE UM PEARL HARBOR

H. E. BARNES (Hg.), Perpetual War for Perpetual Peace, Caldwell 1953.

B. BARTLETT, Cover-Up: the Politics of Pearl Harbor, 1941–1946, New Rochelle 1978.

CONGRESS OF THE UNITED STATES, s. u. Hearings of the Joint Committee.

J. COSTELLO, Days of Infamy: MacArthur, Roosevelt, Churchill – the Shocking Truth Revealed: How Their Secret Deals and Strategic Blunders Caused Disasters at Pearl Harbor and the Philippines, New York 1994.

DEPARTMENT OF DEFENSE, United States of America, The „Magic" Background of Pearl Harbor, 5 Bde. in 8 Teilbänden, Washington D.C. 1978.

L. FARAGO, Codebrecher am Werk. Trotzdem kam es zu Pearl Harbor, Berlin 1967.

J. T. FLYNN, The Final Secret of Pearl Harbor, New York 1945.

M. V. GANNON, Pearl Harbor Betrayed: the True Story of a Man and a Nation Under Attack, New York 2001.

Hearings of the Joint Committee on the Investigation of the Pearl Harbor Attack, 39 Parts, Washington D.C. 1946.

P. HERDE, Pearl Harbor, 7. Dezember 1941, Darmstadt 1980.

W. J. HOLMES, Double-edged Secrets: U.S. Naval Intelligence Operations in the Pacific during World War II, Annapolis/Md. 1998.

H. A. KIMMEL, Admiral Kimmel's Story, Chicago 1955.

R. LEWIN, The American Magic: Codes, Ciphers, and the Defeat of Japan, New York 1982.

W. Millis, This is Pearl! The United States and Japan – 1941, New York 1947.

G. E. Morgenstern, Pearl Harbor: the Story of the Secret War, New York 1947.

G. W. Prange, At Dawn We Slept: the Untold Story of Pearl Harbor, New York 1981.

Ders. u. a., Pearl Harbor: the Verdict of History, New York 1986.

J. Rusbridger, E. Nave, Betrayal at Pearl Harbor: How Churchill Lured Roosevelt into War, London 1991.

R. B. Stinnett, Pearl Harbor: wie die amerikanische Regierung den Angriff provozierte und 2476 ihrer Bürger sterben ließ, Frankfurt/M. 2003.

C. C. Tansill, Back Door to War, Chicago 1952.

R. A. Theobald, Das letzte Geheimnis von Pearl Harbor. Washingtons Anteil an dem japanischen Angriff, Berlin 1963.

J. Toland, Infamy: Pearl Harbor and its Aftermath, New York 1982.

G. Victor, The Pearl Harbor Myth: Rethinking the Unthinkable, Washington D.C. 2007.

T. Wilford, Pearl Harbor Redefined: USN Radio Intelligence in 1941, Lanham/Md. 2001.

R. Wohlstetter, Pearl Harbor: Signale und Entscheidungen, Zürich 1966.

R. H. Worth (Hg.), Pearl Harbor: Selected Testimonies, Fully Indexed, from the Congressional Hearings (1945–1946) and Prior Investigations of the Events Leading up to the Attack, Jefferson/NC 1993.

g) Offizielle Kriegsgeschichten und Gesamtdarstellungen

Australian War Memorial, Australia in the War of 1939–1945, 21 Bde., Canberra 1952 ff.

B. Bond, K. Tachikawa (Hg.), British and Japanese Military Leadership in the Far Eastern War, 1941–1945, London 2004.

J. Costello, The Pacific War, New York 1982.

P. S. Dull, Die Kaiserlich Japanische Marine, 1941–1945, Stuttgart 1980.

Great Britain, Ministry of Defence (Navy), War with Japan, 6 Bde., London 1995.

S. W. Kirby, The War against Japan, 5 Bde., London 1957–1969.

A. J. Marder u. a., Old Friends, New Enemies: the Royal Navy and the Imperial Japanese Navy. Bd. 2: The Pacific War, 1942–1945, Oxford 1990.

S. E. Morison (Hg.), History of United States Naval Operations in World War II, 15 Bde., Boston 1947–1962.

Office of the Chief of Military History, United States Army in World War II, the War in the Pacific, 11 Bde., Washington D.C. 1948–1963.

Dass., China-Burma-India Theater, 3 Bde., Washington D.C. 1953–1959.

R. H. Spector, Eagle against the Sun: The American War with Japan, New York 1985.

C. THORNE, Allies of a Kind: the United States, Britain and the War against Japan, 1941–1945, London 1978.

J. TOLAND, The Rising Sun: the Decline and Fall of the Japanese Empire, 1936–1945, New York 1970.

H. P. WILLMOTT, Empires in the Balance: Japanese and Allied Pacific Strategies to April 1942, Annapolis/Md. 1982.

DERS., The Barrier and the Javelin: Japanese and Allied Pacific Strategies, February to June 1942, Annapolis/Md. 1983.

DERS., The War with Japan: the Period of Balance, May 1942–October 1943, Wilmington/Del. 2002.

h) POLITIK, WIRTSCHAFT UND ALLTAG IM KRIEG

J. B. COHEN, Japan's Economy in War and Reconstruction, Minneapolis 1949.

J. W. DOWER, Empire and Aftermath: Yoshida Shigeru and the Japanese Experience, 1878–1954, Cambridge/Mass. 1979.

T. R. H. HAVENS, Valley of Darkness: the Japanese People and World War Two, New York 1978.

T. IRITANI, Group Psychology of the Japanese in Wartime, London 1991.

A. IRIYE, Power and Culture: the Japanese-American War 1941–1945, Cambridge/Mass. 1981.

B. F. JOHNSTON, Japanese Food Management in World War II, Stanford/Cal. 1953.

T. KASE, Journey to the Missouri, New Haven/Conn. 1952.

B. KUSHNER, The Thought War: Japanese Imperial Propaganda, Honolulu 2006.

T. NAKAMURA, Lectures on Modern Japanese Economic History, 1926–1994, Tokyo 1994.

E. PAUER, Nachbarschaftsgruppen und Versorgung in den japanischen Städten während des Zweiten Weltkrieges, Marburg 1993.

DERS. (Hg.), Japan's War Economy, London 1999.

B.-A. SHILLONY, Politics and Culture in Wartime Japan, New York 1981.

i) DIE KRIEGFÜHRUNG

L. ALLEN, Burma: the Longest War, London 1984.

T. J. CUTLER, 23.–26. Oktober 1944. Entscheidung im Pazifik. Die größte Seeschlacht der Geschichte, Berlin 1996.

R. DÄHLER, Die japanischen und die deutschen Kriegsgefangenen in der Sowjetunion 1945–1956, Münster 2007.

G. DAWS, Prisoners of the Japanese: POWs of World War II in the Pacific, New York 1994.

J. W. Dower, War Without Mercy: Race and Power in the Pacific War, New York 1986.

P. Duus u. a. (Hg.), The Japanese Wartime Empire, 1931–1945, Princeton 1996.

M. Fuchida, M. Okumiya, Midway. Die entscheidendste Seeschlacht der Weltgeschichte, München 1977.

D. M. Glantz, The Soviet Strategic Offensive in Manchuria, 1945: „August Storm", London 2003.

S. Hayashi with A. D. Coox, Kogun: The Japanese Army in the Pacific War, Quantico 1959.

T. M. Huber, Japan's Battle of Okinawa: April–June 1945, Leavenworth 1990.

R. Inoguchi u. a., The Divine Wind: Japan's Kamikaze Force in World War II, Toronto 1978.

D. C. James, The Years of MacArthur, 3 Bde., Boston 1970, 1975, 1985.

P. H. Kratoska (Hg.), Asian Labor in the Wartime Japanese Empire: Unknown Histories, Armonk/NY 2006.

P. Li (Hg.), Japanese War Crimes, London 2003.

D. MacArthur, Reminiscences, New York 1964.

G. W. Prange u. a., Miracle at Midway, New York 1982.

L. Rees, Horror in the East: Japan and the Atrocities, London 2001.

Romanus, Sunderland, s. u. 6.g Office of the Chief of Military History

M. A. Stoler, Allies in War: Britain and America against the Axis Powers, 1940–1945, London 2005.

Y. Tanaka, Hidden Horrors. Japanese War Crimes in World War II, Boulder/Colo. 1996.

M. Tsuji, Singapore: the Japanese Version, New York 1962.

M. Ugaki, Fading Victory: the Diary of Admiral Matome Ugaki, 1941–1945, Pittsburgh 1991.

j) Die japanische Besatzungszeit in Südostasien

H. Antlöv, S. Tonnesen (Hg.), Imperial Policy and South East Asian Nationalism, Richmond 1995.

S. K. Aung San, Aung San of Burma: a Biographical Portrait by his Daughter, Edinburgh 1991.

T. Friend, The Blue-Eyed Enemy: Japan against the West in Java and Luzon, 1942–1945, Princeton 1988.

I. Fujiwara, F. Kikan, Japanese Army Intelligence Operations in Southeast Asia during World War II, Hongkong 1983.

K. Goto, „Returning to Asia": Japan-Indonesia Relations, 1930 s–1942, Tokyo 1997.

P. Herde, Großostasiatische Wohlstandssphäre. Die japanische Besatzungs-politik auf den Philippinen und in Indonesien im Zweiten Weltkrieg und ihre Folgen, Stuttgart 2002.

P. H. Kratoska, The Japanese Occupation of Malaya, 1941–1945: a Social and Economic History, London 1998.

A. Reid, A. Oki (Hg.), The Japanese Experience in Indonesia: Selected Memoirs of 1942–1945, Athens/Ohio 1986.

E. B. Reynolds, Thailand's Secret War: the Free Thai, OSS, and SOE during World War II, Cambridge 2005.

S. Satô, War, Nationalism and Peasants: the Situation in Java 1942–1945, London 1994.

S. Shiraishi, T. Shiraishi (Hg.), The Japanese in Colonial Southeast Asia, Ithaca 1993.

T. Shiraishi, M. Furuta (Hg.), Indochina in the 1940 s and 1950 s, Ithaca 1992.

United States, Department of Commerce, Office of Technical Services, Japanese Military Administration in Indonesia, Washington D.C. 1963.

k) Kriegsbeendigung und das Problem Hiroshima

T. B. Allen, N. Polmar, Code Name Downfall: the Secret Plan to Invade Japan and why Truman Dropped the Bomb, New York 1995.

G. Alperovitz, Atomic Diplomacy: Hiroshima and Potsdam. The Use of the Atomic Bomb and the American Confrontation with Soviet Power, New York 1965.

Ders., Hiroshima. Die Entscheidung für den Abwurf der Bombe, Hamburg 1995.

S. Asada, The Mushroom Cloud and National Psyches: Japanese and American Perceptions of the A-Bomb Decision, 1945–1995, in: The JoAEAR 4,2 (Summer 1995), S. 95–116.

B. J. Bernstein, Understanding the Atomic Bomb and the Japanese Surrender: Missed Opportunities, Little-known Near Disasters, and Modern Memory, in: DH 19 (1995), S. 227–273.

K. Bird, The Color of Truth: McGeorge Bundy and William Bundy: Brothers in Arms, New York 1998.

Ders., L. Lifschultz, Hiroshima's Shadows: Writings on the Denial of History and the Smithsonian Controversy, Stony Creek 1998.

K. Bird, M. Sherwin, American Prometheus: the Triumph and Tragedy of J. Robert Oppenheimer, New York 2005.

P. M. S. Blackett, Militärische und politische Folgen der Atomenergie, Berlin 1949.

M. Braw, The Atomic Bomb Suppressed: American Censorship in Japan 1945–1949, Armonk/NY 1991.

R. J. C. Butow, Japan's Decision to Surrender, Stanford 1954.

H. Feis, Japan Subdued: the Atomic Bomb and the End of the War in the Pacific, Princeton 1961.

Ders., The Atomic Bomb and the End of World War II, Princeton 1966.

R. H. Ferrell, Harry S. Truman: a Life, Columbia 1994.

R. B. Frank, Downfall: the End of the Imperial Japanese Empire, New York 1999.

M. Harwit, An Exhibit Denied: Lobbying the History of Enola Gay, New York 1996.

T. Hasegawa, Racing the Enemy: Stalin, Truman, and the Surrender of Japan, Cambridge/Mass. 2005.

Ders. (Hg.), The End of the Pacific War. Reappraisals, Stanford 2007.

L. Hein, M. Selden (Hg.), Living with the Bomb: American and Japanese Cultural Conflicts in the Nuclear Age, Armonk/NY 1997.

M. Kort, The Columbia Guide to Hiroshima and the Bomb, New York 2007.

G. Krebs, Japan im Pazifischen Krieg. Herrschaftssystem und politische Willensbildung, Habil. Hamburg 2000 (erscheint voraussichtl. München 2009).

Ders., Der Krieg im Pazifik 1943–1945, in: H. Boog, G. Krebs, D. Vogel, Das Deutsche Reich in der Defensive. Strategischer Luftkrieg in Europa, Krieg im Westen und in Ostasien 1943–1944/45 (= Das Deutsche Reich und der Zweite Weltkrieg, Bd. 7, hg. v. Militärgeschichtlichen Forschungsamt), Stuttgart 2001, S. 641–771.

R. J. Lifton, G. Mitchell, Hiroshima in America, Fifty Years of Denial, New York 1995.

E. Linenthal, T. Engelhart (Hg.), History Wars: the Enola Gay and Other Battles for the American Past, New York 1996.

R. J. Maddox, The New Left and the Origins of the Cold War, Princeton 1973.

Ders., Weapons for Victory: the Hiroshima Decision Fifty Years Later, Columbia 1995.

R. P. Newman, Truman and the Hiroshima Cult, East Lansing, 1995.

Ders., Enola Gay and the Court of History, New York 2004.

P. Nobile (Hg.), Judgement at the Smithsonian: the Bombing of Hiroshima and Nagasaki, New York 1995.

C. T. O'Reilly, W. A. Rooney, The Enola Gay and the Smithsonian Institution, Jefferson/NC 2005.

J. J. Orr, The Victim as Hero: Ideologies of Peace and National Identity in Postwar Japan, Honolulu 2001.

The Pacific War Research Society, The Day Man Lost: Hiroshima, 6 August 1945, Tokyo 1972.

Dies., Japan's Longest Day, Tokyo 1973.

L. A. Rose, After Yalta, New York 1973.

Ders., Dubious Victory: the United States and the End of World War II, Kent 1974.

M. J. Sherwin, A World Destroyed: the Atomic Bomb and the Grand Alliance, New York 1975.

J. R. Skates, The Invasion of Japan: Alternative to the Bomb, Columbia/SC 1994.

R. Takaki, Hiroshima: Why America Dropped the Atomic Bomb, New York 1995.

H. S. Truman, Memoiren. Bd. I: Das Jahr der Entscheidungen (1945), Stuttgart 1955.

The United States Strategic Bombing Survey: A Collection of the 31 Most Important Reports Printed in 10 Volumes, New York 1976 (jeder Bericht mit eigener Paginierung).

J. S. Walker, Prompt and Utter Destruction: Truman and the Use of Atomic Bombs against Japan, Chapel Hill/NC 1997.

S. Weintraub, The Last Great Victory: the End of World War II, July/August 1945, New York 1995.

T. W. Zeiler, Unconditional Defeat: Japan, America, and the End of World War II, Wilmington 2004.

l) Das Problem Hirohito

E. Behr, Hirohito: Behind the Myth, London 1989.

D. Bergamini, Japan's Imperial Conspiracy, New York 1971.

H. Bix, Hirohito and the Making of Modern Japan, New York 2000.

L. Connors, The Emperor's Adviser: Saionji Kinmochi and Pre-War Japanese Politics, London 1987.

T. Crump, The Death of an Emperor: Japan at the Crossroads, London 1989.

E. J. Drea, In the Service of the Emperor: Essays on the Imperial Japanese Army, Lincoln, 1998.

K. Harada, Saionji-Harada Memoirs, 1931–1940: Complete Translation into English. 3 Mikrofilme, Washington D.C. 1977.

I. Hata, Hirohito: The Shôwa Emperor in War and Peace, Folkstone 2007.

K. Kido, The Diary of Marquis Kido, Frederick/MD 1984.

S. S. Large, Emperor Hirohito and Showa Japan: a Political Biography, London 1992

L. Mosley, Ein Gott dankt ab. Hirohito – Kaiser von Japan, Oldenburg 1967.

M. Nakamura, The Japanese Monarchy: Ambassador Joseph Grew and the Making of the „Symbol Emperor System", 1931–1991, Armonk/NY 1992.

B.-A. Shillony, Enigma of the Emperors: Sacred Subservience in Japanese History, Folkstone 2005.

P. Wetzler, Hirohito and War: Imperial Tradition and Military Decision Making in Prewar Japan, Honolulu 1997.

7. DIE NACHKRIEGSZEIT IN JAPAN

a) Literatur zur Besetzung des Landes und Gesamtdarstellungen

W. M. Ball, Japan: Enemy or Ally?, New York 1949.

Ders., Intermittent Diplomat: the Japan and Batavia Diaries of W. Macmahon Ball, Melbourne 1988.

E. R. Beauchamp (Hg.), Dimensions of Contemporary Japan, New York 1998. Bd. 1: History of Contemporary Japan, 1945–1998; Bd. 2: Japanese Society since 1945; Bd. 3: Education and Schooling in Japan since 1945; Bd. 4: Women and Women's Issues in Post Word War II Japan; Bd. 5: The Japanese Economy and Economic Issues since 1945; Bd. 6: Japan's Role in International Politics since World War II.

M. Caprio, Y. Sugita (Hg.), Democracy in Occupied Japan: the U.S. Occupation and Japanese Politics and Society, London 2007.

O. Cary (Hg.), From a Ruined Empire: Letters – Japan, China, Korea 1945–46, Tokyo 1984 (urspr.: War-wasted Asia, Tokyo 1975).

T. Cohen, Remaking Japan: the American Occupation as New Deal, New York 1987.

J. W. Dower, Embracing Defeat: Japan in the Wake of World War II, New York 1999.

Far Eastern Commission, Records of the Far Eastern Commission. Mikrofilm-Sammlung und gedruckter Guide, Wilmington 1992.

R. B. Finn, Winners in Peace: MacArthur, Yoshida, and Postwar Japan, Berkeley 1992.

A. Gordon (Hg.), Postwar Japan as History, Berkeley 1993.

D. M. Hellegers, We, the Japanese People: World War II and the Origins of the Japanese Constitution, 2 Bde., Stanford 2001.

History of the Nonmilitary Activities of the Occupation of Japan, 1945–1951. Nihon senryô GHQ seishi, 55 Bde., Tokyo 1990.

M. Iokibe (Hg.), The Occupation of Japan. Serie 1: U.S. Planning Documents 1942–1945, Bethesda/Md. 1987; Serie 2: US and Allied Policy, 1945–1952, Bethesda/Md. 1989; Serie 3: Reform, Recovery and Peace 1945–1952, Bethesda/Md. 1991 (jeweils als Mikrofiche-Sammlung u. gedruckter Guide).

R. V. A. Janssens, „What Future for Japan?" U.S. Wartime Planning for the Postwar Era, 1942–1945, Amsterdam 1995.

K. Kawai, Japan's American Interlude, Chicago 1960.

G. Krebs, The Spy Activities of Diplomat Terasaki Hidenari in the USA and his Rôle in Japanese-American Relations, in: I. Neary (Hg.), Leaders and Leadership in Japan. Richmond/Surrey 1996, S. 190–205.

W. Manchester, American Caesar: Douglas MacArthur, 1880–1964, Boston 1978.

E. M. Martin, The Allied Occupation of Japan, New York 1948.

D. MERRILL (Hg.), Documentary History of the Truman Presidency. Bd. 5: Creating a Pluralistic Democracy in Japan: the Occupation Government, 1945–1952, Bethesda/Md. 1996.

ÔKURASHÔ ZAISEISHITSU (Finanzministerium, Büro für Finanzgeschichte) (Hg.), Shôwa zaiseishi. Shûsen kara kôwa made (engl. Untertitel: The Financial History of Japan: The Allied Occupation Period, 1945–1952), Bd. 20, Tokyo 1984.

Political Reorientation of Japan, September 1945 to September 1948, Report of the Government Section, Supreme Commander for the Allied Powers, 2 Bde., Washington D.C. 1949.

Reports of General MacArthur. Bd. I, Supplement: MacArthur in Japan: the Occupation: Military Phase, Washington D.C. 1966.

M. SCHALLER, The American Occupation of Japan: the Origins of the Cold War in Asia, New York 1985.

DERS., Douglas MacArthur: the Far Eastern General, New York 1989.

H. B. SCHONBERGER, Aftermath of War: Americans and the Remaking of Japan, 1945–1952, Kent 1989.

W. J. SEBALD, R. BRINES, With MacArthur in Japan: a Personal History of the Occupation, New York 1965.

R. H. SPECTOR, In the Ruins of Empire: the Japanes Surrender and the Battle for Postwar Asia, New York 2007.

E. TAKEMAE, Inside GHQ: the Allied Occupation of Japan and its Legacy, London 2002.

DERS. u.a., Interviewprotokolle in: Tōkyō Kei-Dai Gakkai-shi, 1976–1988.

R. E. WARD, Y. SAKAMOTO (Hg.), Democratizing Japan: the Allied Occupation, Honolulu 1987.

C. WHITNEY, MacArthur: His Rendezvous with History, New York 1964.

C. A. WILLOUGHBY, J. CHAMBERLAIN, MacArthur 1941–1951, New York 1954.

R. WOLFE (Hg.), Americans as Proconsuls: United States Military Government in Germany and Japan, 1945–1952, Carbondale 1984.

S. YOSHIDA, Japan im Wiederaufstieg. Die Yoshida-Memoiren, Düsseldorf 1963.

DERS., Yoshida Shigeru: Last Meiji Man, hg. v. H. NARA, Lanham/Md. 2007.

b) DIE REFORMPOLITIK

H. H. BAERWALD, The Purge of Japanese Leaders under the Occupation, Berkeley 1959.

DERS., Japan's Parliament: an Introduction, Cambridge 1974.

E. R. BEAUCHAMP, J. M. VARDAMAN (Hg.), Japanese Education Since 1945: a Documentary Study, Armonk/NY 1994.

T. A. BISSON, Zaibatsu Dissolution in Japan, Berkeley 1954.

L. E. CARLILE, Divison of Labor: Globality, Ideology, and War in the Shaping of the Japanese Labor Movement, Honolulu 2005.

J. B. COHEN, Japan's Postwar Economy, Bloomington/Ind. 1958.

A. B. COLE u. a., Socialist Parties in Postwar Japan, New Haven 1966.

B. C. DEES, The Allied Occupation and Japan's Economic Miracle: Building the Foundations of Japanese Science and Technology 1945–1952, Sandgate 1997.

R. P. DORE, Land Reform in Japan, London 1959.

Framing the Constitution of Japan, Primary Sources in English 1944–1949, Bethesda/Md. 1989 (Mikrofiche-Sammlung u. gedruckter Guide).

H. FUKUI, Party in Power: the Japanese Liberal-Democrats and Policy-making, Berkeley 1970.

E. M. HADLEY, Antitrust in Japan, Princeton 1970.

J. O. HALEY, Antitrust in Germany and Japan: the First Fifty Years, 1947–1998, Seattle 2001.

R. K. HALL, Education for a New Japan, New Haven 1949.

K. INOUE, MacArthur's Japanese Constitution: a Linguistic and Cultural Study of Its Making, Chicago 1991.

M. IOKIBE (Hg.), The Occupation of Japan. Serie 1: Economic Reform 1945–1952. Deconcentration and Modernization of Economic Power, Bethesda/Md. 1994; Serie 2: Economic Reform 1945–1952. Land Reform, and Japan's Place in the Postwar World Economy, Bethesda/Md. 1995 (jeweils als Mikrofiche-Sammlung u. gedruckter Guide).

T. KATAOKA, The Price of a Constitution: the Origins of Japan's Postwar Politics, New York 1990.

M. KOCH, Rüstungskonversion in Japan nach dem Zweiten Weltkrieg. Von der Kriegswirtschaft zu einer Weltwirtschaftsmacht, München 1998.

S. KOSEKI, The Birth of Japan's Postwar Constitution, Boulder/Colo. 1997.

J. MASUMI, Postwar Politics in Japan, 1945–1955, Berkeley 1985.

T. MCNELLY, The Origins of Japan's Democratic Constitution, Lanham/Md. 2000.

J. MOORE, Japanese Workers and the Struggle for Power, 1945–1947, Madison/Wisc. 1983.

R. A. MOORE, D. L. ROBINSON: Partners for Democracy: Crafting the New Japanese State under MacArthur, Oxford 2002.

DIES. (Hg.), The Constitution of Japan: a Documentary History of its Framing and Adoption, 1945–1947, Princeton 1998. 1 CD-ROM mit Beiheft.

T. MORRIS-SUZUKI, T. SEIYAMA (Hg.), Japanese Capitalism since 1945: Critical Perspectives, Armonk/NY 1989.

T. NAKAMURA, The Postwar Japanese Economy: its Development and Structure, Tokyo 1981.

S. NISHIDA, Der Wiederaufbau der japanischen Wirtschaft nach dem Zweiten Weltkrieg. Die amerikanische Japanpolitik und die ökonomischen Nachkriegsreformen in Japan 1942–1952, Stuttgart 2007.

A. C. OPPLER, Legal Reform in Occupied Japan: a Participant Looks Back, Princeton 1976.

H. PASSIN, Society and Education in Japan, New York 1965.

M. POHL, Die Kommunistische Partei Japans. Ein Weg ohne Peking und Moskau, Hamburg 1976.

W. RÖHL, Die japanische Verfassung, Frankfurt/M. 1963.

B. SIROTA-GORDON, The Only Woman in the Room: a Memoir, Tokyo 1997.

M. SUMIYA (Hg.), A History of Japanese Trade and Industry Policy, Oxford 2004.

J. TERANISHI, Y. KOSAI (Hg.), The Japanese Experience of Economic Reforms, New York 1993.

S. TOLLIDAY (Hg.), The Economic Development of Modern Japan, 1945–1995: from Occupation to the Bubble Economy, 2 Bde., Cheltenham 2001.

G. H. TSUCHIMOCHI, Education Reform in Postwar Japan: the 1946 U.S. Education Mission, Tokyo 1993.

T. UCHINO, Japan's Postwar Economy: an Insider's View of its History and its Future, Tokyo 1978.

F. K. UPHAM, Law and Social Change in Postwar Japan, Cambridge/Mass. 1987.

H. E. WILDES, Typhoon in Tokyo: the Occupation and its Aftermath, New York 1954.

J. WILLIAMS, Japan's Political Revolution under MacArthur: a Participant's Account, Athens, Georgia 1979.

K. YAMAMURA, Economic Policy in Postwar Japan: Growth Versus Economic Democracy, Berkely 1967.

c) DIE KRIEGSVERBRECHERPROZESSE

C. HOSOYA u. a. (Hg.), The Tokyo War Crimes Trial: an International Symposium, Tokyo 1986.

C. JOHNSON, Nemesis: the Last Days of the American Republic, New York 2006.

J. B. KEENAN, B. F. BROWN, Crimes Against International Law, Washington D.C. 1950.

R. H. MINEAR, Victor's Justice: the Tokyo War Crime Trials, Princeton 1971.

P. OSTEN, Der Tokyoter Kriegsverbrecherprozess und die japanische Rechtswissenschaft, Berlin 2003.

P. R. PICCIGALLO, The Japanese on Trial: Allied War Crimes Operations in the East, 1945–1951, Austin 1979.

R. J. PRITCHARD (Hg.), The Tokyo War Crimes Trial: Judgement and Annexes, New York 1981.

DERS., The Tokyo War Crimes Trial: Review of the Judgment. Proceedings in Chambers, New York 1981.

DERS., The Tokyo War Crimes Trial: Separate Opinions, New York 1981.

DERS., The Tokyo War Crimes Trial: the Comprehensive Index and Guide to the Proceedings of the International Military Tribunal for the Far East, 5 Bde., New York 1981–87.

DERS. (Komm., Übers. u. Hg.), The Tokyo Major War Crimes Trial: the Records of the International Military Tribunal for the Far East, with an Authoritative Commentary and Comprehensive Guide. A Collection in 124 Volumes, Lewiston 1998–2006.

DERS, S. M. ZAIDE (Hg.), The Tokyo War Crimes Trial: the Complete Transcripts of the Proceedings of the International Military Tribunal for the Far East in 22 Volumes, New York 1981.

Prozessmaterialien in der Strafsache gegen ehemalige Angehörige der japanischen Armee wegen Vorbereitung und Anwendung der Bakterienwaffe, Moskau 1950.

B. V. A. RÖLING, The Tokyo Trial and Beyond: Reflections of a Peacemonger, Cambridge 1993.

T. TAYLOR, Die Nürnberger Prozesse. Hintergründe, Analysten und Erkenntnisse aus heutiger Sicht, München 1994.

Y. TOTANI, The Tokyo War Crimes Trial: the Pursuit of Justice in the Wake of World War II, Cambridge/Mass. 2008.

d) UMKEHRKURS UND KALTER KRIEG

G. ALPEROVITZ, Cold War Essays, Garden City, New York 1970.

B. J. BERNSTEIN (Hg.), Politics and Policies of the Truman Administration, Chicago 1970.

T. H. ETZOLD, J. L. GADDIS (Hg.), Containment: Documents on American Policy and Strategy, 1945–1950, New York 1978.

A. FORSBERG, America and the Japanese Miracle: the Cold War Context of Japan's Postwar Economic Revival, 1950–1960, Chapel Hill/NC 2000.

D. HOROWITZ, The Free World Colossus: a Critique of American Foreign Policy in the Cold War, New York 1971.

C. JOHNSON, Conspiracy at Matsukawa, Berkeley 1972.

G. KOLKO, The Politics of War: the World and United States Foreign Policy, 1943–1945, New York 1968.

W. LaFEBER, America, Russia, and the Cold War, 1945–1967, New York 1967.

D. MERRILL (Hg.), Documentary History of the Truman Presidency. Bd. 1, 2, 5, 8, Bethesda/Md. 1995–1996.

H. OINAS-KUKKONEN, Tolerance, Suspicion, and Hostility: Changing U.S. Attitudes toward the Japanese Communist Movement, 1944–1947, Westport 2003.

Y. Sugita, Pitfall or Panacea: the Irony of US Power in Occupied Japan 1945–1952, New York 2003.
W. A. Williams, The Tragedy of American Diplomacy, New York 1962.

e) Vom Koreakrieg zum Frieden von San Francisco

G. Anhalt, Okinawa zwischen Washington und Tôkyô: Betrachtungen zur politischen und sozialen Entwicklung 1945–1972, Marburg 1991.
J. Bowen, The Gift of the Gods: the Impact of the Korean War on Japan, Hampton/Va. 1984.
F. S. Dunn, Peace-Making and the Settlement with Japan, Princeton 1963.
R. D. Eldridge, The Origins of the Bilateral Okinawa Problem: Okinawa in Postwar U.S.-Japan Relations, 1945–1952, London 2001.
M. Higa, Politics and Parties in Postwar Okinawa, Vancouver 1963.
R. K. Jain, Japan's Postwar Peace Settlements, Atlantic Highlands, 1978.
N. E. Sarantakes, Keystone: the American Occupation of Okinawa and U.S.-Japanese Relations, College Station, Texas 2000.
J. Swenson-Wright, Unequal Allies? United States Security and Alliance Policy Toward Japan, 1945–1960, Stanford 2005.
A. Watanabe, The Okinawa Problem: a Chapter in Japan-U.S. Relations, Melbourne 1970.
M. Yoshitsu, Japan and the San Francisco Peace Settlement, New York 1883.

Anhang

ABKÜRZUNGEN

BCAS	Bulletin of Concerned Asian Scholars
DH	Diplomatic History
HZ	Historische Zeitschrift
JoAEAR	Journal of American-East Asian Relations
JoASt	Journal of Asian Studies
JoCH	Journal of Contemporary History
JoJSt	Journal of Japanese Studies
JoMH	Journal of Military History
MASt	Modern Asian Studies
MN	Monumenta Nipponica
ND	Nach- bzw. Neudruck
ZfG	Zeitschrift für Geschichtswissenschaft

ZEITTAFEL

1853	Landung eines US-Geschwaders unter Matthew C. Perry in der Bucht von Edo (heute Tokyo)
1854	Vertrag von Kanagawa
1856	Townsend Harris nimmt seine Arbeit als US-Generalkonsul in Japan auf.
1867	Rücktritt des letzten Shoguns
1868	Meiji-Restauration
1869	Aufhebung der traditionellen Einteilung in vier Klassen
1871	Abschaffung der Daimyate
	Die Klasse der Ausgestoßenen wird abgeschafft.
	Freundschaftsvertrag mit China als ebenbürtige Partner
1871/72	Iwakura-Mission nach Amerika und Europa
1873	Einführung der allgemeinen Wehrpflicht
	Debatte um eventuelle gewaltsame „Öffnung" Koreas durch Japan
	Verkündung der Religionsfreiheit
1874	Taiwan-Expedition
	Beginn der Bewegung für Freiheit und Volksrechte
1875	Vertrag von St. Petersburg: Sachalin wird russisch, die Kurilen werden Japan zugesprochen.
1876	Annexion der Ogasawara-Inseln (Bonin)
	Abschaffung des Samurai-Standes
1877	Satsuma-Aufstand
1878	Gründung des Generalstabs (*sanbô honbu)*
1879	Annexion von Okinawa (Ryû-Kyû)
ab 1880	Matsukata-Reformen zur Stabilisierung der Währung
1881	„Krise von 1881", Gründung der Liberalen Partei (*Jiyûtô*) unter Itagaki Taisuke aus Tosa
1882	Gründung der Reformpartei für verfassungsmäßige Regierung (*Rikken Kaishintô*) durch Okuma Shigenobu
1884	In Anlehnung an Europa System mit fünf Adelsstufen etabliert
1885	Einführung eines Kabinettssystems
1889	Ermordung von Erziehungsminister Mori Arinori
	Erlass der Verfassung
1890	Erste Wahlen, Parlamentseröffnung
1894	Handels- und Schifffahrtsvertrag mit Großbritannien, Aufgabe der Exterritorialität bis 1899 vorgesehen
1894/95	Der Krieg mit China endet mit einem Sieg für Japan. Friedensvertrag von Shimonoseki am 17. April 1895: China muss

	Taiwan und die Liaotung-Halbinsel abtreten und die Unabhängigkeit Koreas anerkennen.
1895	Russisch-französisch-deutsche Triple-Intervention: Japan muss auf die Liaotung-Halbinsel verzichten.
1898	Die USA annektieren Hawaii und übernehmen nach dem Sieg über Spanien die Philippinen und Guam.
1899	Japan erhält seine Souveränität zurück.
1900	Niederschlagung des Boxer-Aufstandes in China unter Beteiligung Japans
1902	Bündnisvertrag mit Großbritannien
1904/05	Russisch-Japanischer Krieg. 8. Februar 1904: Beginn durch japanischen Angriff auf die russische Flotte in Port Arthur
1905	Fall der Festungen Port Arthur im Januar und Mukden im März
	27./28. Mai: Sieg Japans über Russlands Baltische Flotte in der Seeschlacht von Tsushima
	5. September: Friedensvertrag von Portsmouth unter amerikanischer Vermittlung: Abtretung der Liaotung-Halbinsel (Kwantung-Pachtgebiet), der Südhälfte von Sachalin und der Südmandschurischen Eisenbahn an Japan, Anerkennung Koreas als japanisches Interessengebiet durch Russland
	12. August: Revision des Bündnisses mit Großbritannien
	18. November: Protektoratsvertrag mit Korea
1907	Ausgleichsvertrag mit Russland
1908	Gentlemen's agreement zur Beendigung japanischer Einwanderung nach USA
1909	Ermordung Ito Hirobumis
1910	Annexion Koreas durch Japan
1911	Japan erhält die volle Zollhoheit zurück.
	Todesstrafe für Sozialisten und Anarchisten wegen angeblicher Pläne zur Ermordung des Kaisers
1912	Tod Kaiser Meijis, Beginn der Taisho-Ära
1913	„Politische Krise von Taisho"
1914	Siemens-Skandal: Die Bestechung von Marineoffizieren führt zum Rücktritt der Regierung.
	August: Japan tritt gegen Deutschland in den Ersten Weltkrieg ein.
1915	Japan stellt „21 Forderungen" an China.
1916	Kriegskonvention mit Russland
1918	Reisunruhen; Hara Takashi wird Premier (ermordet im November 1921) und begründet die Parteienkabinette der „Taisho-Demokratie".
1918–1922	Sibirische Intervention

1921/22	Washingtoner Konferenz, Verträge über Begrenzung der Großkampfschiffe und über den Status quo im asiatisch-pazifischen Raum
1923	1. September: Starkes Erdbeben in Tokyo/Yokohama
1925	Einführung des allgemeinen Wahlrechts für Männer, Erlass des Gesetzes zur Wahrung der öffentlichen Sicherheit
1926	Dezember: Tod Kaiser Taishos, Beginn der Showa-Ära
1927	Beginn einer schweren Wirtschafts- und Finanzkrise
1929	Ermordung von Chang Tso-lin, dem Warlord der Mandschurei, durch japanische Armeekreise; die Regierung unter General Tanaka Giichi wird zum Rücktritt gezwungen.
1930	Londoner Flottenkonferenz, Japans Zustimmung zu weiteren Rüstungsbeschränkungen zur See destabilisiert die Politik; Anschlag auf Premier Hamaguchi (daran verstorben 1931)
1931	März und Oktober: Putschversuche, die nur knapp scheitern 18. September: Sprengstoffanschlag japanischer Heeresoffiziere auf die Bahnlinie bei Mukden; anschließend Eroberung der gesamten Mandschurei
1932	Ermordung von Premierminister Inukai; Ende der Parteienkabinette Oktober: Marionettenstaat Manchukuo gegründet, 1934 zum Kaiserreich erklärt
1933	Frühjahr: Austritt aus dem Völkerbund
1935/36	Scheitern der Londoner Flottenkonferenz
1936	26. Februar: Putschversuch junger Offiziere, nach drei Tagen niedergeschlagen November: Abschluss des Antikominternpaktes Dezember: Zwischenfall von Sian: Chiang Kai-shek wird zur Zusammenarbeit der Kuomintang mit der Kommunistischen Partei gegen Japan gezwungen.
1937	7. Juli: Beginn des Krieges gegen China nach einem Feuergefecht zwischen japanischen Soldaten und chinesischen Einheiten in der Nähe von Peking November: Fall von Shanghai Dezember: Fall von Nanking, in der Folge wochenlange Gräueltaten der japanischen Truppen an der Zivilbevölkerung und gefangenen chinesischen Soldaten
1938	16. Januar: Japan lässt die deutsche Vermittlungsaktion mit China scheitern und verkündet „Nichtanerkennung" Chiang Kai-sheks. November: Verkündung der „Neuen Ordnung in Ostasien" (*Tô-A shinchitsujo*), bestehend aus Japan, China und Manchukuo

1939	ab Juli: Für Japan verlustreicher Krieg mit der UdSSR bei Nomonhan an der Grenze zur Mongolei. Waffenstillstand am 15. September
	23. August: Deutsch-sowjetischer Nichtangriffspakt, worauf Japan die Bündnisgespräche mit Berlin und Rom abbricht und die Regierung in Tokyo zurücktritt.
	1. September: Ausbruch des Zweiten Weltkriegs in Europa, Japan erklärt seine Neutralität
1940	März: Proklamation einer chinesischen Gegenregierung in Nanking
	Juli: Armee erzwingt Bildung eines neuen Kabinetts unter Fürst Konoe zwecks Wiederannäherung an Deutschland
	22. September: Japan besetzt den Norden von Französisch-Indochina.
	27. September: Abschluss des Dreimächtepaktes mit Deutschland und Italien
	12. Oktober: Gründung der Gesellschaft zur Unterstützung der Kaiserlichen Herrschaft (*taisei yokusankai*)
1941	März: Aufnahme von Ausgleichsgesprächen mit den USA
	13. April: Abschluss eines Neutralitätsvertrages mit der UdSSR
	22. Juni: Deutschland beginnt Krieg gegen die Sowjetunion, Japan bleibt neutral.
	21. Juli: Besetzung des Südens von Französisch-Indochina, als Folge Wirtschaftsembargo der USA und anderer westlicher Länder
	6. September: Kaiserliche Konferenz billigt Kriegsbeschluss.
	Oktober: Kabinettsbildung durch General Tojo Hideki
	26. November: Note des US-Außenministers Cordell Hull von Japan als Ultimatum angesehen und macht Japans Kriegsbeschluss endgültig.
	7./8. Dezember: Japanischer Überfall ohne Kriegserklärung auf die Flottenbasis von Pearl Harbor auf Hawaii, gleichzeitig Angriff auf Britisch-Malaya und die amerikanischen Philippinen
	11. Dezember: Kriegserklärung Deutschlands und Italiens an die USA
1942	Januar: Beginn des Angriffs auf Niederländisch-Indien (Indonesien)
	15. Februar: Die britische Festung Singapur kapituliert.
	Mai: Seeschlacht im Korallenmeer. Die Philippinen und Burma gelangen in japanische Hand.
	3.–7. Juli: Japanische Niederlage in der See-/Luftschlacht von Midway; Plan zur Eroberung von Hawaii wird aufgegeben.

August: Japanischer Vorstoß in den Südpazifik bleibt auf der Salomonen-Insel Guadalcanal stecken, heftige Kämpfe bis Februar 1943 enden mit japanischem Rückzug.

1943 Kriegswende auf Neuguinea. Auf der Konferenz von Casablanca fordern die Alliierten die bedingungslose Kapitulation ihrer Kriegsgegner.
Unabhängigkeitserklärung von Burma (1.8.) und Philippinen (14.10.)
September: Italien schließt mit den Alliierten einen Waffenstillstand.

1944 Japans Vorstoß von Burma nach Indien; Gegenoffensive endet im Mai 1945 mit der Einnahme von Rangun.
19./20. Juni: See-/Luftschlacht in der Philippinen-See
Juni/Juli: Eroberung von Saipan und anderen Marianen-Inseln durch die USA
18. Juli: Rücktritt der Regierung unter General Tojo nach dem Fall von Saipan
Oktober: Amerikanische Landung auf der Philippinen-Insel Leyte und Sieg in der See-/Luftschlacht in der Bucht von Leyte; Beginn der japanischen Kamikaze-Taktik
ab November: Bombardierungen des japanischen Mutterlandes von Basen auf Saipan und anderen Marianen-Inseln aus

1945 Februar: Einnahme von Manila durch US-Truppen
Februar: UdSSR sagt auf der Konferenz von Jalta Eintritt in den Pazifischen Krieg zu für die Zeit drei Monate nach Kriegsende in Europa
Februar/März: Eroberung der Insel Iwojima durch die Amerikaner
1. April: US-Landung auf Okinawa, Eroberung zieht sich bis Ende Juli hin
5. April: Die UdSSR kündigt gegenüber Japan das Neutralitätsabkommen mit Wirkung vom April 1946.
April: Japanische Offensive in Südchina
Juli: Japanische Bitte an die Sowjetunion um Vermittlung eines Friedens mit den USA und Großbritannien wird nicht erfüllt
26. Juli: Potsdamer Erklärung, Forderung nach bedingungsloser Kapitulation wiederholt
6. August: Atombombe auf Hiroshima
7. August: Sowjetische Kriegserklärung an Japan
8. August: Atombombe auf Nagasaki
10. August: Japan erklärt Kapitulationsbereitschaft
15. August: Förmliche Kapitulation Japans, Rundfunkansprache des Kaisers

	2. September: Unterzeichnung der Kapitulationsurkunde auf dem amerikanischen Schlachtschiff Missouri
1946	1. Januar: Kaiser Hirohito widerruft seine „Göttlichkeit". ab Mai: Internationaler Militärgerichtshof für den Fernen Osten gegen die Hauptkriegsverbrecher; Urteilsverkündung November 1948 3. November: Verkündung der neuen Verfassung
1947	Für den 1. Februar angekündigter Generalstreik des öffentlichen Dienstes von der Besatzungsmacht verboten; bald darauf Beginn des Umkehrkurses
ab 1948	amerikanische Wirtschaftshilfe für Japan
1949	Gründung des MITI (Ministry of International Trade and Industry)
1950	Juni: Ausbruch des Koreakrieges
1951	September: Beginn der Friedenskonferenz von San Francisco
1951	8. September: Friedensvertrag, in Kraft getreten am 28. April 1952 Gleichzeitiger Abschluss eines japanisch-amerikanischen Sicherheitsvertrags und eines mit der Regierung auf Taiwan ausgehandelten japanisch-nationalchinesischen Friedensvertrags

Der asiatisch-pazifische Raum 1943 – 1945

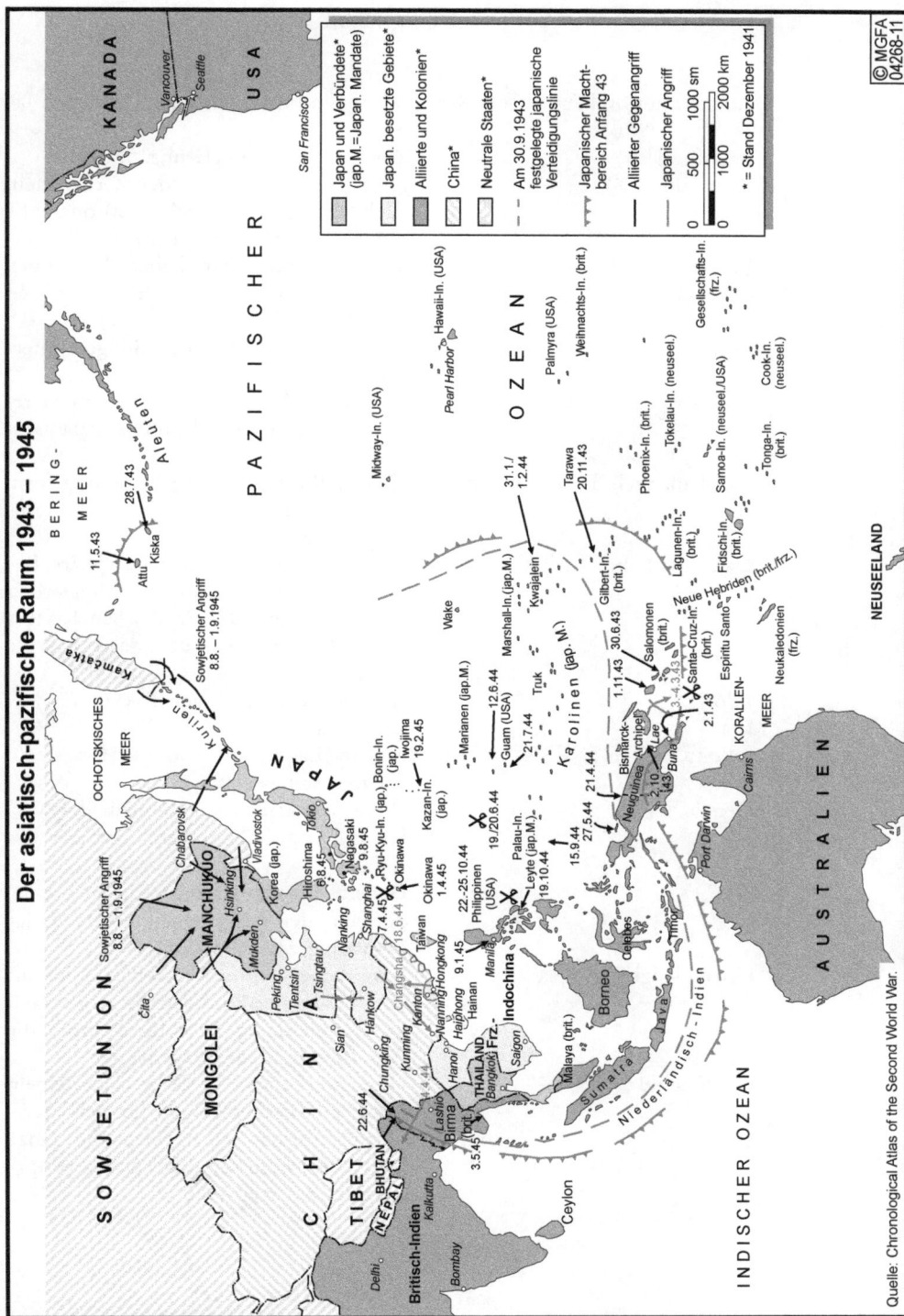

Legend:

- Japan und Verbündete* (jap.M. = Japan. Mandate)
- Japan. besetzte Gebiete*
- Alliierte und Kolonien*
- China*
- Neutrale Staaten*
- Am 30.9.1943 festgelegte japanische Verteidigungslinie
- Japanischer Machtbereich Anfang 43
- Alliierter Gegenangriff
- Japanischer Angriff

* = Stand Dezember 1941

0   500   1000 sm
0   1000   2000 km

© MGFA
04268-11

KANADA — Vancouver, Seattle, San Francisco
USA

PAZIFISCHER OZEAN

BERING-MEER

Aleuten
Attu 11.5.43 — Kiska 28.7.43

Midway-In. (USA)
Pearl Harbor — Hawaii-In. (USA)
Palmyra (USA)
Weihnachts-In. (USA)
Wake
Marshall-In. (jap.M.)
Kwajalein 31.1./1.2.44
Gilbert-In. (brit.)
Tarawa 20.11.43
Phoenix-In. (brit.)
Tokelau-In. (neuseel.)
Gesellschafts-In. (frz.)
Samoa-In. (neuseel./USA)
Cook-In. (neuseel.)
Tonga-In. (brit.)
Lagunen-In. (brit.)
Fidschi-In. (brit.)
Neue Hebriden (brit./frz.)
Espiritu Santo
Neukaledonien (frz.)
Santa-Cruz-In. (brit.)
Salomonen (brit.)
Neuguinea
Bismarck-Archipel
Lae 2.10.
Cairns
Port Darwin

OCHOTSKISCHES MEER
Kamtschatka
Kurilen
Sowjetischer Angriff 8.8. – 1.9.1945

SOWJETUNION
Sowjetischer Angriff 8.8. – 1.9.1945
Čita
MONGOLEI
MANCHUKUO — Hsinking, Mukden
Chabarowsk
Wladiwostok
Korea (jap.)
Tokio
JAPAN
Hiroshima 6.8.45
Nagasaki 9.8.45
Ryu-Kyu-In. (jap.)
Okinawa 1.4.45
Bonin-In. (jap.)
Iwojima 19.2.45
Kazan-In. (jap.)
Marianen (jap.M.) 12.6.44
Guam (USA) 21.7.44
Truk
Karolinen (jap. M.)
Palau-In. 15.9.44 27.5.44 21.4.44
Kwajalein

Peking, Tientsin, Tsingtau
Nanking, Shanghai 7.7.45 18.6.44
Changsha, Hankow
CHINA
Sian, Chungking, Kunming
Hanoi, Haiphong
THAILAND — Bangkok (Frz.)
Saigon
Indochina
Lashio, Birma 3.5.45
Rangun 22.6.44
TIBET, NEPAL, BHUTAN
Britisch-Indien
Delhi, Kalkutta, Bombay
Ceylon

Taiwan
Hongkong, Kanton, Nanning
Hainan
Manila 9.1.45
Philippinen (USA) 22.–25.10.44
Leyte 19.10.44
Malaya (brit.)
Sumatra
Borneo
Java
Celebes
Timor
Niederländisch-Indien

INDISCHER OZEAN

AUSTRALIEN

KORALLEN-MEER

NEUSEELAND

Quelle: Chronological Atlas of the Second World War.

GLOSSAR

Amaterasu Ômikami 天照大神 — Sonnengöttin, mythische Urmutter Japans

Bakufu 幕府 — Zelt- (= Militär-)regierung, Shogunat

Burakumin 部落民 — Dorfbewohner, Kaste der Geächteten, auch: Eta 穢多 (viel Schmutz) oder Hinin 非人 (Nicht-Menschen)

Bushidô 武士道 — Weg des Samurai, ritterlicher Ehrenkodex

Chôshû 長州 — Daimyat im Westen der Hauptinsel Honshû 本州

Daimyô 大名 — Feudalherr, der direkt dem Shôgun unterstand

Daimyat — westliche Wortschöpfung für den Herrschaftsbereich eines Daimyô; japanisch: han 藩

Dajôkan, auch: Daijôkan 太政官 — Großer Rat des Staates; Regierungsform vor Einführung des westlichen Kabinettsystems

Daitōa kyōeiken 大東亜共栄圏 — Großostasiatische Wohlstandssphäre, Bezeichnung der japanischen Regierung nach Eröffnung des Pazifischen Krieges für das Gebiet Asiens, über das Tokyo die Kontrolle anstrebte

Edo 江戸 — alter Name des heutigen Tokyo

Eta — s. u. Burakumin

fukoku kyôhei 富国強兵 — Reiches Land, starke Streitkräfte; Motto der Reformbewegung

Genrô 元老 — ältere Staatsmänner, außerhalb der Verfassung von 1889 stehende Berater des Kaisers

GHQ — General Headquarter der Siegermächte, de facto der Amerikaner, während der Besatzungszeit 1945–1952

Gozen kaigi 御前会議 — Kaiserliche Konferenz, höhere Stufe als die Verbindungskonferenz (s. u. Renraku kaigi), um deren Beschlüsse durch die Autorität des Tennô abzusegnen

hakkô ichiu 八紘一宇 — Die acht Ecken der Welt unter einem Dach; archaischer Slogan für den Herrschaftsanspruch Japans über die ganze Welt unter Führung des Kaisers, propagiert vor allem ab 1940

Harakiri	s. u. Seppuku
Hinin	s. u. Burakumin
Hizen 肥前	Daimyat auf Kyûshû 九州
Jūshin 重臣	ältere Staatsmänner; Weiterentwicklung der mit mehr Prestige und Autorität ausgestatteten Genrō aus der Meiji-Zeit und als Nachfolger für diese
Kizokuin 貴族院	Adelshaus; Oberhaus, zweite Kammer des japanischen Parlaments 1890–1947. Als Sangiin 参議院 (Haus der Räte) ab 1947 zweite Kammer des japanischen Parlament unter der neuen Verfassung
Kōdō-ha 皇道派	Faktion des kaiserlichen Weges; Kôdô-Faktion, bis Mitte der 1930er dominierende Heeresclique
Kokugaku 国学	Nationale Schule; Bewegung während der Tokugawa-Zeit zur Rückbesinnung auf altjapanische Mythen und Werte
Kokutai 国体	Staatskörper; die Japan eigentümliche Staatsform unter der wohlwollenden Herrschaft des Tennô
Konfuzianismus	Ethiklehre des chinesischen Gelehrten Konfuzius (6.–5. Jh. v. Chr.), die mit dem Eindringen der chinesischen Kultur nach Japan seit dem 6. Jahrhundert n. Chr. auch dort stark an Einfluss gewann, so die Festlegung von Beziehungen Herrscher/Untertan, Mann/Frau, Vater/Sohn, älterer/jüngerer Bruder
Naikaku chôsakyoku 内閣調査局	Untersuchungsamt des Kabinetts, gegründet 1935, das später zum Planungsbüro (Kikakuchô 企画庁, Mai 1937) aufgewertet und bald durch Fusion mit dem Rohstoffamt (Shigenkyoku 資源局) unter dem neuen Namen Planungsamt (Kikakuin 企画院, Oktober 1937) schließlich 1943 zum Rüstungsministerium (Gunjushô 軍需省) umgewandelt wurde.
Naimudaijin (Naishô) 内務大臣 (内相)	Lordsiegelbewahrer, einer der höchsten Hofbeamten
Meiji ishin 明治維新	Meiji-Erneuerung; Meiji-Restauration, der Umsturz von 1968 zur Entmachtung des Shogunats

Minseitô, Kurzform für: Rikken Minseitô 立憲民政党	Demokratische Partei konstitutioneller Regierung; eine der beiden großen Parteien der Vorkriegszeit, 1927 aus verschiedenen Vorläufern hervorgegangen
MITI	Ministry of International Trade and Industry; japanisch: Tsûshô Sangyôshô (Tsûsanshô) 通商産業省 （通産省）
Mitogaku 水戸学	Mito-Schule; Denkschule, geprägt von shintoistischem und konfuzianischem Geist, abzielend auf Reformen des in schwere Krisen geratenen Tokugawa-Shogunats
Mitsubishi-Konzern	s. u. Zaibatsu
Mitsui-Konzern	s. u. Zaibatsu
Purge	Entfernung von politisch belasteten Personen aus Ämtern und Wirtschaftspositionen; entsprach der Entnazifizierung in Deutschland
Renraku kaigi 連絡会議	Verbindungskonferenz, seit November 1937 das wichtigste politische Gremium, bestehend aus Regierungsspitze und den beiden Stabschefs, um in Koordination wichtige Beschlüsse herbeizuführen
Samurai 侍	Kriegeradel und höchster Stand, der als einziger zum Tragen von Waffen berechtigt war
Satsuma 薩摩	Daimyat im Süden von Kyûshû 九州
Seiyûkai 政友会	Abkürzung für Rikken Seiyûkai 立憲政友会 (Partei der Freunde konstitutioneller Regierung); 1900 aus Vorläufern hervorgegangene große Partei Japans
Seppuku 切腹	ritueller Selbstmord; außerhalb Japans meist als *Harakiri* bezeichnet
Shôgun 将軍	Militärdiktator, der zwar formell seine Macht vom Tennô erhielt, in Wirklichkeit aber den Kaiserhof zu einem Schattendasein verurteilte
Shogunat	westliche Wortschöpfung, s. u. Bakufu
Shûgiin 衆議院	Unterhaus, erste Kammer des japanischen Parlaments 1890–
sonnô jôi 尊王攘夷	Verehrt den Kaiser, vertreibt die Barbaren. Slogan der Kräfte, die auf die Meiji-Restauration hinarbeiteten
Sumitomo-Konzern	s. u. Zaibatsu

Sūmitsuin 枢密院

Taisei Yokusankai 大政翼賛会

Tennô 天皇

Tokugawa 徳川

Tosa 土佐

Tōsei-ha 統制派

Yasuda-Konzern

Zaibatsu 財閥

Geheimer Staatsrat, verfassungsmäßiges Beratungsorgan des Kaisers

Gesellschaft zur Unterstützung der Kaiserlichen Herrschaft; nach Auflösung aller Parteien am 12. 10. 1940 gegründete Einheitsorganisation

himmlischer Herrscher; Titel des japanischen Monarchen seit dem 6. oder 7. Jahrhundert, der Mythologie nach von der Sonnengöttin Amaterasu abstammend

Familie des Shôgun, die der Zeit 1603–1867 den Namen gab (auch: Edo-Zeit)

Daimyat auf Shikoku 四国

Tôsei-Faktion (Kontroll-Faktion), ab 1936 dominierende Heeresclique

s. u. Zaibatsu

wörtlich: Finanzcliquen; Holdinggesellschaften in Familienbesitz, dazu gehören vor allem Mitsubishi 三菱, Mitsui 三井, Sumitomo 住友 und Yasuda 安田

REGISTER

Personenregister

OLDENBOURG GRUNDRISS DER GESCHICHTE

Herausgegeben von Lothar Gall, Karl-Joachim Hölkeskamp und Hermann Jakobs

Band 1a: *Wolfgang Schuller*
Griechische Geschichte
6., akt. Aufl. 2008. 275 S., 4 Karten
ISBN 978-3-486-58715-9

Band 1b: *Hans-Joachim Gehrke*
Geschichte des Hellenismus
4. durchges. Aufl. 2008. 328 S.
ISBN 978-3-486-58785-2

Band 2: *Jochen Bleicken*
Geschichte der Römischen Republik
6. Aufl. 2004. 342 S.
ISBN 978-3-486-49666-6

Band 3: *Werner Dahlheim*
Geschichte der Römischen Kaiserzeit
3., überarb. und erw. Aufl. 2003. 452 S.,
3 Karten
ISBN 978-3-486-49673-4

Band 4: *Jochen Martin*
Spätantike und Völkerwanderung
4. Aufl. 2001. 336 S.
ISBN 978-3-486-49684-0

Band 5: *Reinhard Schneider*
Das Frankenreich
4., überarb. und erw. Aufl. 2001. 224 S.,
2 Karten
ISBN 978-3-486-49694-9

Band 6: *Johannes Fried*
Die Formierung Europas 840–1046
3., überarb. Aufl. 2008. 359 S.
ISBN 978-3-486-49703-8

Band 7: *Hermann Jakobs*
Kirchenreform und Hochmittelalter
1046–1215
4. Aufl. 1999. 380 S.
ISBN 978-3-486-49714-4

Band 8: *Ulf Dirlmeier/Gerhard Fouquet/
Bernd Fuhrmann*
Europa im Spätmittelalter 1215–1378
2. Aufl. 2009. 390 S.
ISBN 978-3-486-58796-8

Band 9: *Erich Meuthen*
Das 15. Jahrhundert
4. Aufl., überarb. v. Claudia Märtl 2006.
343 S.
ISBN 978-3-486-49734-2

Band 10: *Heinrich Lutz*
Reformation und Gegenreformation
5. Aufl., durchges. und erg.
v. Alfred Kohler. 2002. 288 S.
ISBN 978-3-486-49585-0

Band 11: *Heinz Duchhardt*
Barock und Aufklärung
4., überarb. u. erw. Aufl. des Bandes
„Das Zeitalter des Absolutismus" 2007.
302 S.
ISBN 978-3-486-49744-1

Band 12: *Elisabeth Fehrenbach*
Vom Ancien Régime zum Wiener Kongreß
5. Aufl. 2008. 323 S., 1 Karte
ISBN 978-3-486-58587-2

Band 13: *Dieter Langewiesche*
Europa zwischen Restauration
und Revolution 1815–1849
5. Aufl. 2007. 260 S., 3 Karten
ISBN 978-3-486-49765-6

Band 14: *Lothar Gall*
Europa auf dem Weg in die Moderne
1850–1890
5. Aufl. 2009. 332 S., 4 Karten
ISBN 978-3-486-58718-0

Band 15: *Gregor Schöllgen,
Friedrich Kießling*
Das Zeitalter des Imperialismus
5., überarb. u. erw. Aufl. 2009. 277 S.
ISBN 978-3-486-58868-2

Band 16: *Eberhard Kolb*
Die Weimarer Republik
7., durchges. u. erw. Aufl. 2009. 343 S.,
1 Karte
ISBN 978-3-486-58870-5

Band 17: *Klaus Hildebrand*
Das Dritte Reich
6., neubearb. Aufl. 2003. 474 S., 1 Karte
ISBN 978-3-486-49096-1

Band 18: *Jost Dülffer*
Europa im Ost-West-Konflikt
1945–1991
2004. 304 S., 2 Karten
ISBN 978-3-486-49105-0

Band 19: *Rudolf Morsey*
Die Bundesrepublik Deutschland
Entstehung und Entwicklung bis 1969
5., durchges. Aufl. 2007. 343 S.
ISBN 978-3-486-58319-9

Band 19a: *Andreas Rödder*
Die Bundesrepublik Deutschland 1969–1990
2003. 330 S., 2 Karten
ISBN 978-3-486-56697-0

Band 20: *Hermann Weber*
Die DDR 1945–1990
4., durchges. Aufl. 2006. 355 S.
ISBN 978-3-486-57928-4

Band 21: *Horst Möller*
Europa zwischen den Weltkriegen
1998. 278 S.
ISBN 978-3-486-52321-8

Band 22: *Peter Schreiner*
Byzanz
3., völlig überarb. Aufl. 2008.
340 S., 2 Karten
ISBN 978-3-486-57750-1

Band 23: *Hanns J. Prem*
Geschichte Altamerikas
2., völlig überarb. Aufl. 2008.
386 S., 5 Karten
ISBN 978-3-486-53032-2

Band 24: *Tilman Nagel*
Die islamische Welt bis 1500
1998. 312 S.
ISBN 978-3-486-53011-7

Band 25: *Hans J. Nissen*
Geschichte Alt-Vorderasiens
1999. 276 S., 4 Karten
ISBN 978-3-486-56373-3

Band 26: *Helwig Schmidt-Glintzer*
Geschichte Chinas bis zur mongolischen
Eroberung 250 v. Chr.–1279 n. Chr.
1999. 235 S., 7 Karten
ISBN 978-3-486-56402-0

Band 27: *Leonhard Harding*
Geschichte Afrikas im 19. und
20. Jahrhundert
2., durchges. Aufl. 2006. 272 S., 4 Karten
ISBN 978-3-486-57746-4

Band 28: *Willi Paul Adams*
Die USA vor 1900
2. Aufl. 2009. 294 S.
ISBN 978-3-486-58940-5

Band 29: *Willi Paul Adams*
Die USA im 20. Jahrhundert
2. Aufl., aktual. u. erg. v. Manfred Berg
2008. 302 S.
ISBN 978-3-486-56466-0

Band 30: *Klaus Kreiser*
Der Osmanische Staat 1300–1922
2., aktual. Aufl. 2008. 262 S., 4 Karten
ISBN 978-3-486-58588-9

Band 31: *Manfred Hildermeier*
Die Sowjetunion 1917–1991
2. Aufl. 2007. 238 S., 2 Karten
ISBN 978-3-486-58327-4

Band 32: *Peter Wende*
Großbritannien 1500–2000
2001. 234 S., 1 Karte
ISBN 978-3-486-56180-7

Band 33: *Christoph Schmidt*
Russische Geschichte 1547–1917
2. Aufl. 2009. 261 S., 1 Karte
ISBN 978-3-486-58721-0

Band 34: *Hermann Kulke*
Indische Geschichte bis 1750
2005. 275 S., 12 Karten
ISBN 978-3-486-55741-1

Band 35: *Sabine Dabringhaus*
Geschichte Chinas 1279–1949
2. Aufl. 2009. 282 S., 1 Karte
ISBN 978-3-486-59078-4

Band 36: *Gerhard Krebs*
Das moderne Japan 1868–1952
2009. 241 S.
ISBN 978-3-486-55894-4

Band 37: *Manfred Clauss*
Geschichte des alten Israel
2009. 259 S., 6 Karten
ISBN 978-3-486-55927-9